Friedrich Techen

Die Bürgersprachen der Stadt Wismar

Friedrich Techen

Die Bürgersprachen der Stadt Wismar

ISBN/EAN: 9783743676459

Hergestellt in Europa, USA, Kanada, Australien, Japan

Cover: Foto ©Andreas Hilbeck / pixelio.de

Weitere Bücher finden Sie auf **www.hansebooks.com**

DIE
BÜRGERSPRACHEN
DER
STADT WISMAR.

VON

FRIEDRICH TECHEN.

LEIPZIG.
VERLAG VON DUNCKER & HUMBLOT.
1906.

Vorwort.

Die Wismarschen Bürgersprachen sind schon im Jahre 1840 von Dr. Burmeister und die älteren nochmals im Meklenburgischen Urkundenbuche veröffentlicht. Die Ausgabe Burmeisters[1] ist selten geworden und genügt den Ansprüchen, die man an eine solche zu stellen hat, nicht: sie ist unzuverlässig und für die spätere Zeit unvollständig. Im Urkundenbuche aber sind die einzelnen Texte zu sehr zerstreut, als dafs sie, deren Sinn sich oft nur durch Vergleichung der verwandten Stellen erfassen läfst, dem Forscher recht nutzbar wären, und es wird, ehe dort auch die jüngeren Texte vorgelegt werden können, noch manches Jahr vergehn. Dafs auch in den dort gedruckten Fassungen hier und da eine Verbesserung möglich war, erwähne ich nur, um festzustellen, dafs bei Abweichungen meine Lesung die bessere sein wird. Aufserdem waren ein Register und eine den Inhalt der Bürgersprachen systematisch ordnende und erklärende Einleitung dringend erforderlich. Unvermeidlich war dabei der Übelstand, dafs die Kapitel dieser Einleitung, die fast das gesamte Leben und Treiben der Bürger berührt, nur sehr ungleichmäfsig ausfallen konnten. Es ist versucht worden, auch die Bürgersprachen anderer Städte dafür zu verwerten. Ich bilde mir aber nicht ein, dafs mir alle gedruckten Texte bekannt geworden sind — um ungedruckte habe ich mich nicht bemüht — und dafs ich überhaupt die Literatur voll ausgenutzt habe. In solchen Dingen ist übel

[1] Die Bürgersprachen und Bürgerverträge der Stadt Wismar. Wismar, in Commission der H. Schmidt u. von Cosselschen Rathsbuchhandlung. 1840. — Damit man Citate nach Burmeister auch in der neuen Ausgabe ohne Schwierigkeit auffinden könne, habe ich auf S. XV f. eine Konkordanztafel beigefügt.

daran, wer keine Bibliothek am Orte hat. Darauf allerdings ist mein Streben gerichtet gewesen, die Hansischen, Lübischen und Meklenburgischen Editionen auszuschöpfen. Die Geschichte der Bürgersprache überhaupt und ihren etwaigen Zusammenhang mit dem echten Dinge zu behandeln, schien besser dem Rechtshistoriker vom Fache überlassen bleiben zu sollen, und ich habe mich deshalb darauf beschränkt, das für Wismar Notwendige zu sagen und auf die Einrichtungen in näher verwandten Städten hinzuweisen.

Zu Danke verpflichtet bin ich für das aufmerksame Entgegenkommen der Verwaltungen namentlich der Lübeckischen Stadtbibliothek, aber auch der Schweriner Regierungsbibliothek und der Rostocker Universitätsbibliothek. Im einzelnen habe ich mich, wie immer, der Hülfe Crulls zu erfreuen gehabt. Tief aber beklage ich es, dafs ich unserm Koppmann nicht mehr die gedruckte Arbeit habe vorlegen können, für deren Aufnahme in die Hansischen Geschichtsquellen er warm eingetreten ist und die zum Drucke herzurichten er sich noch in seinen letzten Tagen bemüht hat.

Wismar 1905, Palmarum.

F. Techen.

Inhaltsübersicht.

Konkordanztafel.

Burm.	Techen.
S. 1	I § 1—5.
S. 2	I § 5—II.
S. 3	III, IV § 1.
S. 4	IV § 1—VII § 2.
S. 5	VII § 3—IX.
S. 6	X—XI § 10.
S. 7	XI § 11—XIII § 6.
S. 8	XIII § 7—XV § 6.
S. 9	XV § 7—XVI § 9.
S. 10	XVI § 10—XVII § 9.
S. 11	XVII § 10—XVIII § 5.
S. 12	XVIII § 6—XXI § 5.
S. 13	XXI § 6—§ 19.
S. 14	XXI § 20—§ 22c.
S. 15	XXI § 22c—XXIV § 3.
S. 16	XXIV § 4—XXV § 7.
S. 17	XXV § 7—XXVI § 2.
S. 18	XXVI § 3—§ 13h.
S. 19	XXVI § 13h—XXIX § 2.
S. 20	XXIX § 3—XXXI § 11.
S. 21	XXXI § 12—§ 19.
S. 22	XXXI § 19—XXXIII § 7.
S. 23	XXXIII § 18—XXXIV § 11.
S. 24	XXXIV § 11—§ 18.
S. 25	XXXIV § 18—XXXVI § 4.
S. 26	XXXVI § 5—§ 13.
S. 27	XXXVI § 14—§ 22.
S. 28	XXXVI § 22—XXXVII § 3e.
S. 29	XXXVII § 3e—XL § 8.
S. 30	XL § 9—§ 19.
S. 31	XL § 20—XLII § 11.
S. 32	XLII § 11—§ 28.
S. 33	XLII § 23—XLIV § 1.
S. 34	XLIV § 2—§ 12.
S. 35	XLIV § 12—§ 20.
S. 36	XLIV § 21—XLVI § 6.
S. 37	XLVI § 7—§ 16.
S. 38	XLVI § 16—§ 26.
S. 39	XLVI § 26—XLVII § 4.
S. 40	XLVII § 4—§ 16.
S. 41	XLVII § 16—§ 28.
S. 42	XLVII § 29—XLVIII § 5.
S. 43	XLVIII § 6—§ 18.
S. 44	XLVIII § 19—§ 29.
S. 45	XLVIII § 29—§ 43.
S. 46	XLVIII § 43—XLIX § 2.
S. 47	XLIX § 3—§ 21.
S. 48	XLIX § 22—§ 34.
S. 49	XLIX § 34—§ 48.
S. 50	XLIX § 48—LI § 6.
S. 51	LI § 6—LII § 15.
S. 52	LII § 16—§ 29.
S. 53	LII § 30—§ 41.
S. 54	LII § 42—§ 61.
S. 55	LII § 62—LV § 1.
S. 56	LV § 2—LVI § 10.
S. 57	LVI § 11—LIX § 11.
S. 58	LIX § 11—§ 25.
S. 59	LIX § 25—§ 36.
S. 60	LIX § 37—§ 45.
S. 61	LIX § 46—§ 60
S. 62	LIX § 61—LXI § 1.
S. 63	LXI § 2—LXVII.
S. 89	LXXI § 1—§ 5.

Burm.	Techen.
S. 90	LXXI § 6–§ 15.
S. 91	LXXI § 16–§ 23.
S. 92	LXXI § 23–§ 30.
S. 93	LXXI § 30–§ 38.
S. 94	LXXI § 39–§ 45.
S. 95	LXXI § 46–§ 49.
S. 96	LXXI § 50–§ 58.
S. 97	LXXI § 59–§ 69.
S. 98	LXXI § 70–§ 81.
S. 99	LXXI § 82–§ 94.
S. 100	S. 363 Anm. * (1603).
S. 133	LXXII § 1–§ 2.

Burm.	Techen.
S. 134	LXXII § 2–§ 10.
S. 135	LXXII § 11–§ 17.
S. 136	LXXII § 17–§ 23.
S. 137	LXXII § 23–§ 29.
S. 138	LXXII § 29–§ 36.
S. 139	LXXII § 36–§ 42.
S. 140	LXXII § 42–§ 48.
S. 141	LXXII § 49–§ 56.
S. 142	LXXII § 57–§ 65.
S. 143	LXXII § 66–§ 75.
S. 144	LXXII § 76 und Schlufs.

Einleitung.

I. Geschichte der Wismarschen Bürgersprache.

Bevor man allgemeiner die Fähigkeit erwarb, Geschriebenes lesen zu können, und weiter die Erfindung Gutenbergs die Möglichkeit bot, durch den Druck Gesetze und Verordnungen bekannt zu machen, war mündliche Verkündigung der einzig gangbare Weg dafür. Die zu diesem Zwecke früher mehrmals im Jahre, später einmal jährlich berufene Bürgerversammlung hiefs bei uns *bursprake*[1]. Anfänglich hatte die Versammlung, wie es schon im Namen ausgedrückt liegt,

[1] Zuerst Hamburger Stadtrecht 1270, VI § 19. Lüb. Urkb. VI, Nr. 126 S. 172, Nr. 132 S. 180; *buwersprake* 1425 Lüb. Urkb. VI, S. 622; *borghersprake* 1416 HR. I, 6, S. 301 § 2, 1480 Wism. Weinbuch S. 216, 1539 Wism. Zeugeb. S. 599, auch in der Überschrift von LXXI; entstellt *burgersprake* 1480 § 2 (Abschrift aus dem 16. Jh.) oder *burgerspracke* LXX, Überschrift. Schon 1479 schreibt der vom Rheine stammende Klaus Bischof in seinem Weinkellerjournal S. 21 *burghersprach*, und im 16. Jahrh. ist die hochdeutsche Übersetzung *burgersprache* oder *bürgersprach* allgemein (Zeugeb. fol. 29v 1551, Kämmereirechnung 1599, Überschrift von LXXII). Und da sie nicht nur zutrifft, indem *bur* den erbgesessenen Bürger als solchen bezeichnete, sondern auch üblich geblieben ist, habe ich kein Bedenken mich ihrer zu bedienen. Der Lateinische Ausdruck ist fast ausschliefslich *civiloquium*, selten begegnet *burgiloquium* (Mekl. Urkb. VI, Nr. 3743), *plebiloquium* (Hans. Urkb. III, S. 46 f., Napiersky, Quellen des Rigischen Rechts S. LXXXVIII), *generale edictum aut civiloquium* (Mekl. Urkb. VII, Nr. 4465), *plebiscitum* oft in den späteren Hamburger Kämmereirechnungen. In Köln sagte man *morgensprache* (Hegel, Verfassungsgesch. S. CLXXXIX), in Hannover *stadtkundigung* (Pufendorf, observ. jur. univ. IV, app. S. 215), in Bremen auch *kundige rulle* (Pufend. a. a. O. II, app. S. 104). Der Braunschweigische Ausdruck *echteding* (Ordinarius § 77, 119, 131, Urkb. der St. B. I, S. 167, 176, 179) eröffnet zugleich einen Ausblick in ein anderes Gebiet.

nicht nur zuzuhören, sondern mit zu beschliefsen [1], aber da der Stamm der in Erinnerung zu rufenden Verordnungen gröfser und gröfser ward, das Verordnungsrecht des Rates sich festete und ausdehnte, das Mitbeschliefsungsrecht der Bürgerschaft aber eine Einschränkung erfuhr, so wurden früh die Bürger nur zum Hören versammelt. Möglicherweise in Wismar, das seine Anfänge als Stadt nicht weiter als auf den Ausgang der zwanziger Jahre des 13. Jahrhunderts zurückführen kann [2], von Ursprung an. Die Folge war, dafs die in den Bürgersprachen verkündeten Verordnungen selbst Bürgersprachen benannt wurden.

Während in Hamburg [3] und Rostock [4] die Bürgersprache schon im Jahre 1270 erwähnt wird, in Lübeck 1314 [5], ist das älteste Zeugnis für Wismar vom Jahre 1323 [6]. Der älteste datirte Text aber, den wir haben [7], ist vom Jahre 1345, und die allgemeine Bürgersprache [8] ist in der auf uns gekommenen Fassung nicht wesentlich älter. In den ersten Jahren, aus denen Texte vorliegen, ward noch mehrmals Bürgersprache gehalten, seit dem Jahre 1354 aber nur noch Einmal, und zwar der Regel nach zu Himmelfahrt [9].

---

[1] Darauf bezog sich 1583 der bürgerschaftliche Ausschufs in seiner Klage über willkürliche Änderung der Bürgersprache durch den Rat.

[2] Hans. Gesch.-Bl. 1903, S. 121 ff.

[3] Stadtrecht 1270, VI § 19.

[4] Mekl. Urkb. II, Nr. 1207.

[5] Urkb. des Bistums Lüb. Nr. 447, 449 (nach Frensdorff, Stadt- u. Gerichts-Verf. Lübecks S. 165 Anm. 5). Lüb. Urkb. II, Nr. 98 beweist für das Jahr 1297 nur, dafs man in Hamm diese Institution als dort bestehend voraussetzte. — Ein ähnliches Zeugnis für die Seestädte im allgemeinen bietet ein Beschlufs der Kaufleute, die Gotland besuchen, vom J. 1287 (Hans. Urkb. I, Nr. 1024).

[6] Mekl. Urkb. VII, Nr. 4465.

[7] II.

[8] I, eingezeichnet wahrscheinlich 1344, da die Ratslinie, die die zweite Hälfte des Buches einnimmt, mit diesem Jahre beginnt.

[9] Drei Texte sind für das J. 1351 vorhanden, zwei für 1345, 1347, 1349, 1350, 1353. Himmelfahrt war der Termin der Ratsumsetzung, die vom J. 1468 an allerdings erst am Tage darauf vorgenommen ward, während die Neuwahlen fast durchgängig auf andere Tage fielen. Sonntag nach Himmelfahrt ist die Bürgersprache gehalten 1356, am Tage vor Himmelfahrt 1371, 1372, 1375, Mittwoch nach Himmelfahrt 1387. Zu Ende des 16. Jhs. und im 17. Jh. ist sie überwiegend am Montage nach Vocem

Die Feststellung des Textes war Sache des Rates, in dessen Namen auch die Bürgersprache verkündet ward. Als beschliefsend werden, während die ersten Texte sich einer passiven oder

---

jucundidatis, also am Montage vor Himmelfahrt verkündet (1581, 1585, 1603, 1605, 1619, 1620, 1624—1626, 1632—1637, 1655, 1662, 1684, 1691. Vgl. die Instruktion vom J. 1604/1614 in der Anlage B); die einzigen bekannten Abweichungen sind 1595, 1607, 1608 und 1623, wo der Sonntag Vocem juc. selbst angegeben ist, und 1611, wo die Abkündigung erst am Sonnabende vor Pfingsten stattfand. Früher ist die Bürgersprache in der ältern Zeit gehalten im J. 1350 (wo keine Ratsveränderung verzeichnet ist), und zwar am Mittwoch vor Laetare (März 4), später, nämlich Juni 11 (Sonntag nach der Fronleichnams-Oktave) im J. 1480 (Ratsumsetzung Freitag nach Himmelfahrt), Juli 11 (Sonntag vor Margareten) aber im J. 1350. Ausgefallen ist sie zu Himmelfahrt 1352. — Als Herbsttermin ist bezeugt: Aug. 29 (decoll. Joh. bapt.) im J. 1352, Sept. 11 (Sonntag vor Kreuzerhöhung) 1345, Sept. 25 (Sonntag nach Matthaei) 1351 (urspr. acht Tage später beabsichtigt), Okt. 27 (am Tage vor Simon u. Judae) 1400 (wenn man den Text, der nur die Brauer angeht, als Bürgersprache zählen darf), Nov. 3 (Sonntag nach Allerheiligen) 1353, Nov. 4 (Donnerstag nach Allerheiligen) 1417 (nur die Brauer belangend), Nov. 7 (Sonnabend vor Martini) 1349, Nov. 11 (Martini) 1347, Jan. 2 1351. — Regelmäfsig viermal war Bürgersprache zu Lübeck (Jacobi, Martini, Thomae ap., Petri in den Fasten: Lüb. Urkb. VI, Nr. 783, IX, Nr. 925, XI, S. 122 f., Melle, Gründl. Nachricht, 3. Ausg., S. 110; seit 1768 nur noch Einmal am letztgedachten Tage, dem der Ratsumsetzung, Wehrmann, Hans. Gesch.-Bl. 1884, S. 57) und zu Kolberg (Sonntag vor Epiph., vor Fasten, vor dem Jahrmarkte, vor Michaelis, Riemann, Gesch. der St. K., Beil. S. 83 ff.; 1616 nur noch zu Ostern und Michaelis, ebd. S. 99); dreimal zu Lüneburg (am Dienstage oder Donnerstage nach Weihnachten, nach Ostern und nach Michaelis, Kraut, das alte Lüneb. Stadtrecht S. 22) und zu Stralsund (im Januar bald etwas früher bald später, im Juli und im November, Genzkows Tagebuch 1560 S. 66, 101, 120; vgl. S. 158, 185, 335, 391; der Ratswechsel fällt in den Januar); zweimal zu Rostock (früher zu Petri Stuhlfeier, dem Tage der Ratsumsetzung, Febr. 22 und Allerheiligen, Nov. 1, später zu Matthiae, Febr. 24 oder 25, und Simonis und Judae, Okt. 28, s. Dragendorff, Beitr. z. Gesch. d. St. Rost. IV, 2, S. 47. Im J. 1582 ward beschlossen, die Bürgersprache am Montage nach Simonis und Judae zu verlesen; »im Laufe der Zeit [bis zum J. 1679] war dann das regelmäfsige Verlesen der Bursprake aufgegeben worden und fand am Simon-Judas-Tage überhaupt nicht mehr, am Mathias-Tage aber nur noch dann statt, wenn zugleich die öffentliche Verkündigung vorgenommener

subjektlosen Ausdrucksweise bedienen, die Ratmannen genannt in 1347 (VI) ff. und 1428, die Ratmannen, alt und neu 1356, 1423—1427. Bürgermeister und Ratmannen 1387, dieselben, alt und neu 1417—1422, der ganze Rat, alt und neu 1400 (XLI) und 1417 (XLV). Nachdem dann in den Bürgerverträgen des Jahres 1583 im 3. und des Jahres 1598 im 5. Artikel bestimmt war, dafs der Rat sich nach Erledigung anderer dort genannter Ordnungen mit der Bürgerschaft wegen der Bürgersprache (und der Statuten) freundlich vereinigen solle, und nachdem darauf in § 5 des Bürgervertrags vom Jahre 1600 genauer ausgeführt war, dafs der Rat sich wegen der Bürgersprache, wenn etwas davon ab oder dazu zu tun sein sollte, mit den Deputirten des Ausschusses freundlich vereinigen, dies der Gemeinde vorlegen und dann die veränderte und verbesserte Bürgersprache publiciren solle — nach diesen Abmachungen wird in LXXI E die Revision mit Zuziehung der Bürgerschaft zuerst wol im Jahre 1602, dann aber im Jahre 1603 in dem damals umgestalteten Schlusse der Bürgersprache in Aussicht gestellt, und in LXXII liegt das Ergebnis der solcher Gestalt im Jahre 1610 beschafften Revision[1] vor, eine Fassung, die

---

Ratswahlen geschehen mufste«, Koppmann, Hans. Gesch.-Bl. 1888, S. 139). Greifswald (anscheinend an den Sonntagen vor Jacobi und vor Allerheiligen, Pyl, Pomm. Gesch.-Denkmäler II, S. 83; Ratswechsel Michaelis). Kiel (Petri Stuhlfeier, dem Tage der Ratsumsetzung, und Michaelis, Zeitschr. f. Schlesw.-Holst. Gesch. 10, S. 187, 194, 190; 14, S. 316). Hamburg (Petri Stuhlfeier, dem Tage der Ratsumsetzung, und Thomae ap., Dez. 21, Anderson, Hamb. Burspr., S. 3; im J. 1419 Okt. 16, Lüb. Urkb. VI, S. 172). Braunschweig (in der Woche nach Quasimodogeniti und nach Michaelis, Urkb. der St. B. I, S. 176 § 119, S. 179 § 131) und zu Güstrow (an den Sonntagen vor Margareten, Juli 13, und vor Marien Geburt, Sept. 8, Besser, Beitr. z. Gesch. von Güstrow II, S. 267); nur einmal scheint die Bürgersprache verlesen zu sein zu Verden (am Montage nach heil. drei Könige, dem Tage der Ratsumsetzung, Pufendorf, obs. jur. univ. I, app. S. 77), Hannover (am Sonntage nach Marien Reinigung, dem Tage des Ratswechsels, Pufendorf a. a. O. IV, S. 215), Ribnitz (Petri Stuhlfeier, Kamptz, Mekl. Civilrecht I, 1, S. 317), Parchim (Petri Stuhlfeier, Cleemann, Chron. von Parchim, S. 157) und in manchen andern Städten, meist im Frühjahre, im Herbste zu Riga und Anklam.

[1] Die Bürgerschaft ward dazu am 8. Mai 1610 berufen, und die Beratung mit einem besondern Ausschusse von acht Männern, mit dem Ausschusse der Vierzig und mit der Bürgerschaft bis zum 11. Mai erledigt.

im Jahre 1653, Juni 14 von den Schwedischen Kommissarien im Huldigungsrecesse gleich wie das jus statuendi mit dem Bedinge bestätigt ward, dafs darin nichts enthalten sei oder nichts statuirt werde, was der königlichen Majestät zum Praejudiz und Abbruch ihrer obrigkeitlichen Rechte gereiche. Der Huldigungsrecess wieder ist 1654, Aug. 5 von König Karl bestätigt worden.

Um die Redaktion vorzunehmen, kam der Rat, wahrscheinlich von altersher, am Tage vor der Verkündigung zusammen[1]. Nach der als Anlage B mitgeteilten Instruktion aus dem Anfange des 17. Jahrhunderts versammelte er sich am Sonntage Vocem jucunditatis (dem Himmelfahrt vorangehenden Sonntage, jetzt Rogate genannt) altem Gebrauche nach zur Vesper in S. Marien und zog von da paarweise in Prozession aufs Rathaus[2]. Wegen der Unbequemlichkeiten und Unzuträglichkeiten, welche die an die Revision sich anschliefsende späte Kollation mit sich brachte — um des Kostenpunkts willen war das früher gereichte Konfekt durch konsistentere Sachen

---

Protocolla inter senatum et cives, Tit. I, Nr. 4, Vol. 9. Der Bgm. Dan. Eggebrecht äufserte am 10. Mai, es würde *gleichsamb ein klein stattrecht*, wonach viele Fälle entschieden werden könnten, bis ein *gewiß stattrecht gefertigt werde, wozu viel gehöre*. Namentlich die auf den Syndicus Lorenz Niebur zurückgehenden Änderungen hatten den Unwillen der Bürgerschaft, die ihm nicht geneigt war, erregt und 1581 die Forderung einer Anteilnahme an der Redaktion veranlafst. — Auch anderwärts übten die Bürger Einflufs. So erklärte sich im J. 1456 der Rat zu Wilster bereit, die Wünsche der Bürger, wenn es der Stadt nützlich sei, zu berücksichtigen, Zeitschr. f. Schlesw.-Holst. Gesch. 8, S. 355. — Im J. 1287 beschlossen die Kaufleute, die Gotland besuchen, dafs bei vorgekommenem Strandraube *omnes prope posite civitates rumore tali peraudito debent in communi civiloquio prohibicionem facere* gegen Verkauf des Strandguts, Hans. Urkb. I, Nr. 1024.

[1] Ältestes Zeugnis dafür im Weinbuche S. 216, wonach 1480, Juni 10 3 Stübchen, Juni 11 aber 4 Stübchen Wein zur Bürgersprache aufs Rathaus geliefert sind. Wegen Lübecks vgl. Wehrmann, Hans. Gesch.-Bl. 1884, S. 57, Melle, Gründl. Nachr. (3. Aufl.) S. 111; wegen Stralsunds Genzkow, Tagebuch S. 5, 101, 391.

[2] Später scheint man sich auch in feierlichem Zuge vom Rathause in die Kirche bewegt zu haben (Ratsprotok. 1683, 1689, 1695: nur erwähnt, als sonst üblich).

ersetzt worden[1] — beschlofs man im Jahre 1604[2], die Versammlung in der Kirche auf den Nachmittag 2 Uhr zu verlegen. Nachdem inzwischen die Beratung erledigt wäre, sollte das Mahl um 5 Uhr angerichtet sein und aus drei Gängen bestehn, um 10 Uhr aber sein Ende finden. Zehn Jahre darauf ward eine Änderung dahin getroffen, dafs zwar die Versammlung in der Kirche und der feierliche Zug von dort nach dem Rathause beibehalten ward, die Revision der Bürgersprache jedoch (als überflüssig, weil der Text seit 1610 festgelegt war und vom Rate nicht mehr einseitig geändert werden konnte) in Fortfall kam und das Mahl auf den Montag gerückt ward. Die Prozession aus der Kirche ist, nachdem sie elf Jahre ausgefallen war, noch einmal im Jahre 1685 mit folgender »geringer Collation« abgehalten[3], während die mit diesem Brauche zusammenhangende Ratspredigt[4] am Nachmittage des Sonntags Rogate noch bis auf diesen Tag fortbesteht. Auf die Revision weisen Aufschriften auf einem Texte von LXXI hin[5]; die Art und Weise aber, in der sie vorgenommen ist, läfst sich bei der reichen Überlieferung vielfach im einzelnen beobachten, wobei nur oft unsicher bleibt, ob am bereits benutzten oder an dem vorbereiteten Texte geändert ist. Aufser Frage ist natürlich, dafs das Lateinische Gewand, das die alten

[1] Von dem bei dieser Gelegenheit getrunkenen Weine (S. 7 Anm. 1, Anlage C) schweigt die Instruktion.

[2] Wegen des Datums s. die Anmerkung zu Anlage B.

[3] Nach den Ratsprotokollen. Sie ist aber auch vor 1673 vermutlich öfter ausgefallen, z. B. 1659.

[4] Ausgaben hierfür sind zuerst in der Kämmereirechnung von 1628 notirt: *3 mr. dem h. superintendenten anstaet eines stubichen weins, so ihme wegen der gehaltenen nachmittags predigt auff Vocem jucunditatis alter gewohnheitt nach verehret. 1 mr. 8 ß dem cantori uff dieselbe zeitt anstaet ½ stubichen weins.* 1717 werden 12 M. für den Archidiakonus und je 6 M. für Kantor und Organisten statt 2 oder je 1 Stübchen Weins angeschrieben, wofür jetzt (nach dem Durchgange durch die N⅔Währung) im ganzen 28 M. gezahlt werden. Vgl. Mekl. Jahrb. 33, S. 66.

[5] *Relecta 8 May ao. 1580 praesentibus consulibus et senatoribus* (folgen die Namen), *relecta in curia in lobio ... 30 Aprilis ao. 1581 praesentibus consulibus et senatoribus subscriptis* (folgen die Namen), *recitata ... 1 Maii a consule Georgio Treyman. Religere* ist das Lesen zur Revision im Rate, *recitare* die öffentliche Verkündung.

Fassungen tragen, weder für die Bürger noch für den Rat bestimmt gewesen ist[1], und zweifelhaft nur, ob der Stadtschreiber daneben Niederdeutsche Konzepte verfertigt oder die Fähigkeit gehabt hat, beim Vorsagen fliefsend zu übersetzen. Mehrfach ist der neuen Rezension nicht der letzte Text zu Grunde gelegt, sondern es ist auf einen älteren zurückgegriffen[2].

Die Ausführung ist verschieden. In den rund hundert Jahren, in denen die erste Hälfte des für Bürgersprache und Ratsmatrikel angelegten Buchs gedient hat die Texte der Bürgersprachen aufzunehmen, genau von [1344] bis 1453, kann man darauf rechnen, dafs in denjenigen Jahren, für die keine neue Fassung eingetragen ist, entweder der vorangehende oder der allgemeine auf dem ersten Blatte verzeichnete Text gebraucht ist. Für die Jahre 1357—1360 ist es sogar in XXII bezeugt, dafs aufser der gemeinen Bürgersprache nur einige aufserdem öffentlich angeschlagene Bestimmungen verkündet sind; für die Jahre 1361—1364 in XXIII, dafs allein die gemeine Bürgersprache abgekündigt ist, wenn nicht etwa das *etc.* am Ende auf Weiteres hindeuten soll; 1429 in LVIII, dafs die gewöhnlichen Bestimmungen wie früher, zumeist aber wie im Jahre 1424; für die Jahre 1437—1451 endlich in LXII—LXV, dafs die Bürgersprache wie im Jahre 1436 verlesen ist. In andern Jahren ist die Redaktion nur begonnen und dann auf frühere verwiesen, so 1426, 1427, 1435, 1436, wieder anderswo liegen mehr oder weniger vollkommen ausgeführte Redaktionen vor, aber zugleich mit einem Verweise auf die alte Bürgersprache[3] (1347 V § 1), auf alle andern Will-

---

[1] Der Rat (vielmehr wol Niebur) glaubte es 1581: *So hat der rath dem syndico ufferlegt, das ehr dieser ... stadt statuta, so von anno 1345 biß uf 1455 (!) von der loben alle jar Lateinisch abgelesen, ... in ein richtiger ordnung bringen solte.* Tit. I, Nr. 3, Vol. 2, S. 58 f.

[2] So 1356 auf 1345 II, III (§ 3 = II § 2, § 5 = II § 5, § 6 = II § 6, § 9 = III § 1), in § 16 auf korrigirten 1348 § 3. — 1371 und 1372 auf 1353 XVII (§ 12 = XVII § 4, § 15 = XVII § 16, XXI § 16). Zusammenstimmen 1347 VI § 1, 1352 § 2, 1353 XVIII § 4, 1356 § 15, abweichend von 1349 X § 4 und 1351 XV § 5. — 1417 XLIV § 10 und 21 stimmen mit 1395 § 10, 20, während 1397 § 10 und 23 abweichen. 1430 § 28: 1397 § 17.

[3] Ich denke doch, dafs die allgemeine, und nicht etwa eine verloren gegangene gemeint ist.

küren[1] (1348 § 9, 1349 IX § 13), auf die gemeine (auf dem ersten Blatte eingetragene) Bürgersprache[2]. Dabei gewinnen wir freilich keine Vorstellung davon, wie es bei der Verkündung gehalten sein mag, da bei vollständiger Verwendung beider Texte Wiederholungen vorgekommen sein müfsten, insofern als die nach dem Jahre 1353 der gemeinen Bürgersprache angehängten Nachträge von 1371 an den Texten eingereiht sind[3]. Das Wahrscheinlichste dünkt mich, dafs man sich von 1371 an bei der Verkündung so gut wie im geschriebenen Texte mit einem Hinweise begnügt habe[4], gerade wie man es früher und später mit den alten Willküren gehalten haben mufs[5].

Unvollständig sind die Wismarschen Texte darin, dafs Einleitung und Schlufs, nämlich Begrüfsung der Bürger und Verabschiedung, fehlen. Hierfür bietet Rostock die beste Überlieferung. Dort lautete die Begrüfsung: *de radt but jw to horende in Gades namen*[6], der Schlufs aber: *de radt danket jw gutliken allesamen*[7].

---

[1] Da 1348 hinzugefügt ist: *sub penis prius asscriptis*, so müssen auch hier wol Bestimmungen der Bürgersprachen gemeint sein.

[2] 1351 XIII § 1, XIV § 1, 1352 § 1, 1353 XVII § 1, XVIII § 1. 1354 § 1, 1355 § 1, 1356 § 1, 1365 § 1, 1371 und 1372 § 1, 1373 § 1, 1395 § 2. 1397 § 2, 1398 § 2, 1400 XL § 2, 1401 § 2, 1417 XLIV § 27, 1418 § 32, 1419 § 37, 1420 § 2, 1424 § 2, 1425 § 5, 1430 § 2, 1480 § 2.

[3] I § 7 nach 1351 XV § 11 (nachgetragen), 1353 XVIII § 11, fehlt 1356, steht 1371 § 8 usw. — I § 8 nach 1345 III § 14 (nachgetragen), 1348 § 11, 1349 IX § 12, 1351 XV § 14, 1353 XVII § 19, XVIII § 10, fehlt 1356, wieder 1371 § 9. — I § 9 nach 1353 XVIII § 8, fehlt 1356. — I § 10 nach 1353 XVIII § 7, fehlt 1356.

[4] Das legt schon die Fassung von 1371—1400 nahe: *omnia communia civiloquia, ut notum est, teneantur.*

[5] I § 11, 1345 III § 9, 1351 XV § 12, 1353 XVII § 20, XVIII § 9, 1356 § 28. Dafs damit nicht etwa die gemeine Bürgersprache gemeint sein kann, folgt aus dem gleichzeitigen Vorkommen beider Hinweise in XV § 1, 12, XVII § 1, 20, XVIII § 1, 9, 1356 § 1, 28. Wegen 1347 V § 1, 1348 § 9, 1349 IX § 13 s. oben.

[6] Beiträge z. Gesch. der St. Rost. IV, 2, S. 60.

[7] Beitr. z. Gesch. der St. Rost. IV, 2, S. 60. — Die Lübische Einleitung *wy beden juw to horende* (Lüb. Urkb. IX, S. 958, 960; ähnlich in Lüneburg, Havemann, Gesch. der Lande Braunschweig u. L. I, S. 785) steht der Rostocker sehr nahe, die Hamburgische ist stark modernisirt

Wann zuletzt Bürgersprache gehalten ist, läfst sich aufs Jahr nicht angeben. Schon in den Kriegsläuften war die Verlesung »etliche Jahre« ausgesetzt worden, ward aber 1632 wieder aufgenommen[1], jedoch von da an nicht mehr ganz regelmäfsig geübt, nicht z. B. im Jahre 1653[1] und 1659, und nach Mafsgabe der Ratsprotokolle müfsten wir annehmen, dafs im Jahre 1673 die letzte Verkündigung stattgefunden habe. Aber die Ratsprotokolle drücken sich nicht immer mit wünschenswerter Klarheit aus. Nach Schröder[2] hätte der Bürgermeister Paries zuletzt die Bürgersprache um das Jahr 1688 verlesen. Wenn nun dieses Jahr sicher nicht zutrifft, so wird doch das Zeugnis, dem sehr leicht eine Äufserung des 1711 verstorbenen Bürgermeisters zu Grunde liegen kann, nicht durchaus bei Seite geschoben werden können. Ein Interesse desselben, wenigstens für den Kirchgang, bezeugt das Protokoll von 1695. In den Jahren 1686 und 1690 schweigen sich die Protokolle aus. Übrigens fahren die Kämmereirechnungen fort, die Honorirung des oder der Bürgermeister für die Bürgersprache bis 1831 zu buchen[3].

(*gute Freunde, nach üblichen Sitten und alter Gewohnheit soll heute die Bursprache verlesen werden; wollet demnach fleißig Acht darauf haben und euch darnach richten*, Anderson, Hamburg. Bursprachen, S. 11). Noch eine andere Formel in Oldenburg i. H. bei Hollensteiner, Chronikbilder, S. 284. Der Schlufs fehlt in Lübeck, ist aber in Hamburg dem in Rostock verwandt: *E. E. Rath bedankt sich, daß ihr erschienen seyd* (Anderson a. a. O. S. 12). In Kolberg, Anklam und Greifenberg ist der Dank an den Anfang gerückt, und es wird in Anklam wie auch in Lüneburg (Pufendorf, obs. jur. univ. II, app. S. 202) mit der Mahnung geschlossen, sich nach dem Gehörten zu richten und vor Schaden zu hüten. In Kiel endlich dankt der Rat im Anfange denjenigen Bürgern, die sich ihm willfährig erwiesen haben, und verheifst solchen gröfseres und willigeres Entgegenkommen als andern; der Schlufs aber ist: *darmede orlof wol to varende* (Zeitschr. f. Schlesw.-Holst. Gesch. 10, S. 187, 190, 194, S. 193, 198; 14, S. 330, 335, Westph., mon. ined. IV, Sp. 3252). Ganz ähnlich in Oldenburg, nur mit dem Danke am Ende (Hollensteiner a. a. O. S. 287).

[1] Vgl. die Aufzeichnungen am Ende von LXXII.

[2] Ausführl. Beschreibg. der St. u. Herrsch. Wismar, S. 622.

[3] In Anklam dauerte die Bgspr. bis 1730 (Stavenhagen, Beschreibg. von A., S. 247), in Parchim ward sie noch im 18. Jh. verlesen (Cleemann, Chronik, S. 157), in Bremen im J. 1759 abgeschafft (Dreyer, Einleitung, S. 100, unter Berufung auf Cassel), in Lübeck währte sie bis 1803 (Wehr-

Was die Formen anlangt, unter denen die Bürgersprache gehalten ward, so wurden die Bürger zu bestimmter, aber nicht stets gleicher Stunde[1] durch das Anziehen der Sturmglocke[2] auf den Markt[3] berufen, nachdem, unbekannt seit wann, am Sonntage vorher

---

mann, Hans. Gesch.-Bl. 1884, S. 57), in Rostock, Schwerin und Boizenburg anscheinend mindestens bis 1805 (Kamptz, Mekl. Civilrecht I, 1, S. 310 f. 315, 316), in Hamburg bis 1810 (Anderson, Hamb. Burspracken, S. 3, Beneke, Hamb. Gesch. u. Denkwürdigkeiten, 2. Aufl., S. 270). Für Rostock würden wir in der 1811 geltend gemachten Forderung des Nachrichters für das Brettschlagen (Beitr. z. Gesch. der St. R. IV, 2, S. 48) sogar ein Zeugnis noch für dies Jahr haben, wenn nicht derartige Zahlungen, wie das Beispiel von Wismar zeigt, manchmal die honorirte Leistung überdauert hätten. In Reval ist noch im J. 1803 ein neuer Text redigirt.

[1] Uhr 12 im J. 1569, zu Ende des 16. Jhs., 1607 bis 1614 (nach Kanzelproklamen und Anlage B), Uhr 9 seit 1615, 1628, 1633, 1666 (nach Anlage B, Kanzelproklamen und einer Aufzeichnung zu LXXII). In Lübeck Uhr 12 (Melle, Gründl. Nachr., S. 110), in Stralsund Uhr 9 (i. J. 1558, Genzkows Tagebuch, S. 5), in Rostock Uhr 1 (Wöchentl. Rost. Nachr. 1752, S. 33, für 1691 Hans. Gesch.-Bl. 1888, S. 152, für 1733 Beitr. z. Gesch. der St. Rost. IV, 1, S. 46), in Hamburg 10½ Uhr (Beneke, Hamb. Gesch., S. 272).

[2] Nach dem Zeugnisse der Kämmereirechnung von 1599 (Anlage C) und vor allem der Kanzelproklamata (Anm. auf folgender Seite). Als 1675 die Bürgersprache ausfallen sollte, *solte auch dem Glokkenleuter verboten werden, hierzu, wie gewohnlich, nicht zu leuten* (Ratsprotok.). In Lübeck läuteten die Glocken von S. Petri und S. Marien (Melle, Gründl. Nachr., S. 111). Wenn für Hamburg Beneke das Einläuten zur »Versammlung der Bürgergemeine zum Echtding oder zur Anhörung der Bursprake« durch den Fron älterer, das Läuten dazu vom Dome und von S. Nicolai jüngerer Zeit zuschreibt (Von unehrlichen Leuten, 2. Aufl., S. 238, anders früher in Hamb. Gesch.), so wird das durch die erhaltenen Kämmereirechnungen nur in sofern bestätigt, als sicher im 14. Jh. der Büttel, seit 1461 aber allein der Domküster dafür bezahlt ist. Auch für Braunschweig, Eimbek, Göttingen ist das Läuten bezeugt. Als zu Kalmar i. J. 1436 vereinbart war, dafs die Schweden Kg. Erich fufsfällig um Gnade bitten sollten, liefs der König dazu *alle heren unde guden lude unde menliken alle volk vorgadderen also tor bursprake unde leet de klocken slan als to storme. Also vorsammelde sik alle volk up dem markede*, HR. II, 1, S. 538 § 12.

[3] 1628 wegen der Kriegsläufte aufs Rathaus, Kanzelproklam.

von der Kanzel[1] zur Bürgersprache geladen war. In dem Augen-

[1] Drei von den aus dem J. 1569, aus dem Ende des 16. Jhs., von 1607, 1628 und 1666 erhaltenen Kanzelproklamen mögen mitgeteilt werden. 1569: *Ein ersamer rath ist bedacht oldem wollhergebrachten gebruke na up den middach tho twelff schlegen gemeiner statt statuta und gesette von dem rathhuse affthoseggen, und begeret demnach ein ersamer rath van allen und jedern eren burgern, underdanen und inwanern disser statt, dat se sich jegenn twelff schlegen an dat marcket mogen vorfugen und aldar de gedachten statuta anhoren und ferner sich vor schaden hödenn.* — 1628: *Ein erbar rahtt lest hiemitt ankundigen, nachdeme vermüege uhraltter gewohnheitt morgenden tags die burgersprach undt statt statuta sollen publicirt werden, so soll ein jeder burger unnd einwohner ernstlich ermahnet sein sich alßdan (deß morgens umb neun uhren, wan ein zeichen mit der großen klocken uf S. Marienthurm gegeben* schiebt eine andere Hand ein) *in daß rahtthauß unnd uff die löbing, dahin für dißmahll auß bewegenden ursachen die zusammenkunfft der burgerschafft angeordnet, zu verfüegen, die burgersprach anzuhöeren, auch bey vermeidung bey einem jeden articull angedrawter straff sich gehorsamblich darnach zu richten.* — 1666: *E. erb. rhatt laßet hiemit ankundigen, daß uff d. nachmittage die jarliche rhattspredigt gehalten und morgen umb 9 uhr, wan die große cloke geleutet wirt, die burgersprache vom rhathause verlehsen werden solle. Wornach sich ein jeder zu richten.* — Bei den Beratungen über die Bürgersprache vom J. 1610 ward übrigens geklagt, dafs die vornehmsten Bürger entweder nicht erschienen oder während der Verlesung auf dem Markte spaziren gingen. Auch deswegen sei eine Revision des Textes nötig. — In Rostock besorgte bis zum J. 1584 ein Ratsdiener die Ladung, der zu diesem Zwecke nach der Predigt die Kanzel bestieg. Wöchentl. Rost. Nachr. 1752, S. 185. — Für Bekanntmachungen von der Kanzel haben wir ein Zeugnis aus Dortmund schon vom J. 1372 (Frensdorff, Hans. Gesch.-Qu. 3, S. CXXXVI), aus Holland vom J. 1435 (HR. II, 1, S. 424), in Lübeck waren sie seit der Reformationszeit üblich (Zeitschr. f. Lüb. Gesch. III, S. 401 mit Anm.). Für Wismar zeigen teils in einem Briefkopeibuche, teils in einem besondern Hefte, teils auf losen Blättern erhaltene Kanzelproklame, dafs im 16. und 17. Jh. dem Rate die Kanzeln zur Verfügung standen. Nach Aufzeichnungen des Superintendenten Henn. Joh. Gerdes waren 1722 Bekanntmachungen von der Kanzel abweichend von dem »häfslichen Gebrauche« in Pommern nicht mehr üblich, und geschahen nur ausnahmsweise und unter Remonstration, als die Befestigungsgrundstücke verkauft werden sollten.

blicke, wo dann der Rat nach Verschliefsung der Rathauspforten[1] festlich gekleidet auf die Rathauslaube hinaustrat, tat der Fron dreimal drei Schläge mit einer hölzernen Keule gegen ein starkes eichenes Brett[2], das am Rathause oder in dessen Nähe angebracht war, und

---

Jedoch hat der Rat noch 1800 Jan. 26 die Kanzel benutzen können. Wegen Meklenburgs Mekl. Jahrb. 13, S. 440 ff.

[1] Hamburg. Beneke, Hamb. Gesch., 2. Aufl., S. 272.

[2] Ältestes Zeugnis aus Stralsund vom J. 1558, Genzkows Tagebuch, S. 5: *do leth ick den scharprichter mit siner külen laden und vorkundigede darup die bursprake.* Für Wismar berichtet Schröder vom *Taffelschlagen* in der Ausführl. Beschr. der St. u. Herrsch. W. S. 622: *nemlich man hat in vorigen Zeiten jährlich auf Himmelfahrt, wan die jetztgedachten Statuta publiciret oder oben von dem Rahthause den Anwesenden von dem ältesten Bürgermeister vorgelesen worden (welches jetzund vor etlichen 30 Jahren cr. ann. 1688 der seelige Herr Bürgermeister Paris zuletzt gethan), entweder ein besonderes dickes Eichenbret forne an der Westseite des Rahthauses an einen Pfeiler hängen oder auch einen von eben dergleichen Brett gemachten kleinen Tisch neben den Pfeiler hinstellen lassen, da dan der Scharffrichter dieses Orts in Gegenwart etl. 100, ja 1000 Menschen mit einer großen Keule etl. Mahl darauf geschlagen und desfals ein Accidens zu genießen gehabt.* Die Ratsprotokolle der Jahre 1675, 1676, 1678 erwähnen des Tafelschlagens als einer der Solennitäten, die mit der Prozession (und Bürgersprache) ausfallen sollten. Die Kämmereirechnungen von 1599 und aus dem Anfange des 17. Jhs. buchen 2 ß für den Fron, spätere (1662, 1684, 1691) 3 Mr., dafs derselbe *uff dem montagk nach Vocem jucunditatis vorm rahthause alten gebrauch nach die tafel geschlagen (schlägel* 1691*)*, zuletzt 1818, obgleich nach dem Vorigen der Brauch seit mehr als 100 Jahren nicht ausgeübt war. — Für Rostock sind 3 Mal 3 Schläge bezeugt, wofür der Fron 18 ß erhielt, dazu ein Kleid oder einen Hut, wenn es gelang das Brett oder die Keule zu zerschlagen; Nettelbladt in den Wöchentl. Rost. Nachr. 1752, S. 33, 174 f., 177 f.; Koppmann, Hans. Gesch.-Bl. 1888, S. 152 f.; Beitr. z. Gesch. der St. Rost. IV, 1, S. 46). — In Lübeck bewillkommnete mit ungehöriger Petulanz, und kaum in ältern Zeiten, der Fronmeister den Rat mit den Worten: *tredet negher myne heren, tredet negher myne hochghebedende heren*, was seinem Knechte das Signal war, auf das Brett zu schlagen; Melle, Gründl. Nachr., S. 110 f. — Auch aus Reval ist das Brettschlagen mit dreimal drei Schlägen, hier oben auf der Laube, aus jüngerer Zeit bezeugt. Eigentümlich ist dabei der Umstand, dafs schliefslich das Brett

gab damit der Bürgerschaft das Zeichen, Stille eintreten zu lassen. Dafs die Verkündung von der Laube aus geschah, die in ihrer Ursprünglichkeit beispielsweise noch in Göttingen erhalten, meist aber verbaut ist[1], dafür liegen viele Zeugnisse vor[2]. Handelnd war der worthabende Bürgermeister[3], dem der Stadtschreiber den Text zuzustaben pflegte[4]. Beschlossen ward die feierliche Handlung mit

---

herunter vom Rathhause geworffen wird; Quellen des Rev. Stadtrechts, S. 248. — Mit Recht hat Ungnad, Amoenitates, S. 1319, auf das Aufklopfen in den Amtsversammlungen hingewiesen, und es gibt Schaffhölzer, die ganz gut für Keulen gelten können.

[1] In Wismar war sie vor der Westfront des Rathauses oberhalb der gewölbten Vorhalle, die beim Neubau ins Rathaus gezogen ist. Im Jahre 1628 versammelte sich dort die Bürgerschaft zur Bürgersprache. Schon zu Schröders Zeit (um 1740) war sie durch Fenster geschlossen. Nach ihm ward dort in Vorzeiten das Convivium zu Himmelfahrt abgehalten (Ausführl. Beschreibung S. 1341).

[2] Bürgersprachen von 1350 XI, 1351 XIII, XV, 1353 XVII, XVIII, 1354, 1355, 1356, 1365. Lübeck: Melle, Gründl. Nachr., S. 110. Stralsund: 1562, Genzkows Tagebuch, S. 185. Greifswald: Pyl, Pomm. Gesch.-Denkm. II, S. 73 Anm. Hamburg: 1519, Wöchentl. Rost. Nachr. 1752, S. 177. Riga: Mitte des 16. Jhs., Napiersky S. 238. Göttingen: Pufendorf, obs. jur. univ. III, app. S. 185, 187.

[3] Bezeugt aus Stralsund (Genzkows Tagebuch, S. 5, 31, 66 und öfter), Anklam (Stavenhagen, Beschr., S. 247), Wismar (revidirte Instruktion von 1614, Anl. B). Wenn es an letzter Stelle heifst *von dem bürgermeister, den die ordnung erreichet*, so wissen wir, dafs seit dem J. 1466 oder 1467 das Wort umging. Dafs der Ratssekretär oder der Protonotar vorsagt, ist berichtet aus Lübeck (Melle, Gründl. Nachr., S. 110) und Rostock (Wettken bei Ungnad, Amoenitates, S. 1319; Koppmann, Hans. Gesch.-Bl. 1888, S. 154; Nettelbladt, Wöchentl. Rost. Nachr. 1752, S. 181). Eine spätere Entwicklung ist es, wenn in Hamburg der Bgm. nur die Einleitung und den Schlufs spricht, der Protonotar aber den eigentlichen Text abliest Beneke, Hamb. Gesch., 2. Aufl., S. 272). — Die von Beneke a. a. O. S. 271 weiter gegebene, in den Hamburger Chroniken (bei Lappenberg S. 247, 404, 36) enthaltene Nachricht, dafs i. J. 1416 bei Rückführung des Alten Rats zu Lübeck der Hamburger Bürgermeister die Bürgersprache verkündet habe, verwechselt Schiedsspruch und Bürgersprache.

[4] Während der Verlesung durchritt in Hamburg der Stallmeister mit den reitenden Dienern und Dragonern, einen blasenden Trompeter vorauf, die Stadt und gab mit seinem Herannahen dem Protonotar Anlafs, dem

Auswerfen von Bechern [1], womit man den Bürgern bei der Unmöglichkeit, sie zu bewirten oder ihnen auch nur Wein oder Bier zu spenden, vielleicht andeuten wollte, sie möchten sich einen fröhlichen Tag machen. Reeller konnte für das Behagen des Bürgermeisters und des übrigen Rates gesorgt werden. Der erste, dem der Mund trocken genug geworden sein mochte, erhielt in Hamburg 2 Stübchen, der Protonotar aber 1 Stübchen Rheinischen Weins [2], und solche Weinspende ist auch in Wismar noch 1480 üblich gewesen, während die späteren Kämmereirechnungen nur eine Geldvergütung verzeichnen [3]. Für den Rat aber schloſs der Tag mit einer Kollation

---

Schlusse zuzueilen (Anderson, Burspracken, S. 11 f.; Beneke, Hamb. Gesch. S. 272 f.). Ursprünglich eine Maſsnahme zur Sicherung der Stadt?

[1] Sie waren aus Tannenholz angefertigt und ausgepicht. In Rostock waren sie (später wenigstens) mit einem r oder dem Wappen und der Jahreszahl bezeichnet (Hans. Gesch.-Bl. 1888, S. 154. Mekl. Jahrb. 40, 4. Bericht S. 16). Dem Holzdreher Claus Elers aus Tessin ward 1634 das Rostocker Bürgerrecht zu einem geringen Recognitionsgelde gelassen, *weil derselbe sothane Becher, welche jährlich bey der Burgersprache vom Rahthauß auffs Marckt 2 Mahl abgeworffen werden, machen kan* (Beitr. IV, 2, S. 112). Schon im J. 1413 ist in Rostock eine Ausgabe der Kämmerei für Becher zur Bürgersprache bezeugt. Jeder Ratmann hatte im 17. Jh. Anspruch auf eine gewisse Anzahl, doch maſsten sich auch Ratsdiener und Marktvögte deren an (Koppmann, Hans. Gesch.-Bl. 1888, S. 154 mit Anm.; Nettelbladt, Wöchentl. Rost. Nachr. 1752, S. 186. Vgl. Beitr. z. Gesch. der St. Rost. IV, 1, S. 46). In Anklam hat man im J. 1544 (? dem Auswerfen der Becher eine Beziehung auf die Feststellung des Bierpreises gegeben (Stavenhagen, Beschreibung, S. 439, vgl. S. 248). Nach den Wismarschen Kämmereirechnungen des 17. Jhs. bekamen die vier Rathausdiener zu Ende des Jahres 1 M. Bechergeld. Hölzerne Trinkgefäſse waren damals noch nicht antiquirt. Im J. 1603 beschaffte die Stadt neue hölzerne Kannen für den Gebrauch bei einer Holzwerbung zu Gamehl.

[2] Beneke, Hamb. Geschichten, S. 273. Die älteren Kämmereirechnungen notiren nur 1 Stübchen für den Bürgermeister; s. Koppmann I. S. XXII u. beispielsweise I, S. 221. Ein Stübchen sind etwa 4 Flaschen.

[3] Vgl. Anlage C. Zu dem dort mitgeteilten kurzen Auszuge aus dem Weinbuche ist zu bemerken, daſs die dort für einzelne Ratmannen auf Konto der Kämmerei angeschriebenen Weine nicht stets geliefert zu sein brauchten, sondern jenen zu Gute stehn bleiben konnten. Was geliefert ist, gibt das Weinjournal an, das beispielsweise auf S. 21 [zum J. 1480] hat: *item ik byn em* (Bgm. Dietr. Wilde) *schuldich 3 stoveken van*

ähnlicher Art, wie sie nach der Revision des Textes stattgefunden hatte[1]. Freilich muſs ich es dahin gestellt sein lassen, ob nicht etwa diese Kollation ursprünglich in näherem Zusammenhange mit der Ratsumsetzung als mit der Bürgersprache gestanden habe.

II. Überlieferung der Bürgersprachen und Behandlung des Textes.

Erhalten sind I—LXVII im ersten Teile der Ratsmatrikel, deren zweite Hälfte von Crull in der Ratslinie[2] herausgegeben ist. Es ist das ein Quartant aus Pergament in originaler Schweinslederhülle mit kleiner Schlieſse. Die Blätter sind 16 cm hoch, 12—13 cm breit. Die ersten acht uns näher angehenden Lagen sind verschieden stark und halten von 6 bis 17 Blatt, meist 8[3]. Da sich die stets

pynxten und van der burghersprach. Ein Stübchen hatte der genannte Bgm. zu Himmelfahrt bezogen.

[1] Vgl. S. 7 f. Auszüge aus den Kämmereirechnungen und dem Weinbuche in Anlage C. Nach der Instruktion (Anlage B) beschloſs man im J. 1614 die Sonntags-Kollation auf den Montag, die vom Montage auf den Dienstag zu verlegen, an beiden Tagen aber zeitig zu schlieſsen. Nach dem Vertrage zwischen Rat und Bürgerschaft von 1681, Mai 2 ist das von der Kämmerei zu bestreitende Convivium auf Himmelfahrt *in keinen 40 jahren gehalten.* Auf ungefähr 1640 als letztes Datum führen auch zusammenhanglos in der Ratssitzung 1679, Dez. 11 getane Äuſserungen der Rmm. Daniel Make und Christoph Bukheuser, die ergeben, daſs Bürgerworthalter, Kommandant und andere angesehene Männer teilgenommen haben, und bezeugen, daſs es dabei *magnifique* hergegangen sei. Dennoch hat der Schmaus nicht für immer aufgehört, ist aber nach dem Zeugnisse des Ratsprotokolles von 1695, Mai 3 im J. 1682 (!) und 1695 von den Ratmannen bezahlt und so vermutlich auch die geringe Kollation, die 1685 die Herrn des Weinamts nach der Prozession auszurichten übernahmen. An diesen letzten Stellen ist immer nur von Einer Gasterei die Rede, ungewiſs aber, zu welchem Akte der Bürgersprache (oder Ratsumsetzung) sie gehört hat.

[2] Hans. Gesch.-Qu. 2.

[3] 1. Lage S. 1—16, 8 Blatt; 2. Lage S. 17—28, 6 Bl.; 3. Lage S. 29 bis 62, 17 Bl. (S. 43 f. einzeln eingefügt); 4. Lage S. 63—78, 8 Bl.; 5. Lage S. 79—94, 8 Bl.; 6. Lage S. 95—110, 8 Bl.; 7. Lage S. 111—134, 12 Bl.;

gleichzeitig gemachten Eintragungen über mehr als hundert Jahre erstrecken, so sind natürlich eine Reihe von Händen wahrnehmbar, die einander, aber nicht in ebenmäfsiger Folge, abgelöst haben. Ich habe indessen nicht einmal für die Jahre der Unruhen daraus Anhaltspunkte zu gewinnen vermocht, und darum begnüge ich mich, den Mann zu nennen, der den Band angelegt und demnach das eigentliche Verdienst um diese Aufzeichnungen hat. Es ist das der aus Kiel stammende Stadtschreiber Nicolaus Swerk, dem wir auch das Ratswillkürbuch verdanken. Des Bemerkens wert dürfte noch sein, dafs das Äufsere von XLII von vielfacher Benutzung zeugt und dafs besonders oft (häufiger als angegeben, da nicht jedem Verdachte Ausdruck zu leihen war) die Strafsätze später nachgetragen sind, was auch in den Texten des 16. Jahrhunderts vorgekommen zu sein scheint.

Nr. LXVIII vom Jahre 1480, ein Plakattext, ist nur in einer Handschrift und einem Bruchstücke erhalten, die rund hundert Jahr jünger sind als die verlorene Vorlage. Über das Bruchstück, das auf einem Bogen Papier die Einleitung und § 70 darbietet, kann ich nichts anderes aussagen, als dafs es gerade wie der vollständige Text in der Schreibung unzuverlässig ist. Diese ist in jenem vollkommen verwildert, und aus der Verderbnis im Datum (das im Bruchstücke richtig ist) läfst sich aufserdem schliefsen, dafs die unmittelbare Vorlage schon eine späte Abschrift gewesen sein mufs. Unsere Quelle aber gehört einem Sammelbande an, der in den ersten Dezennien des 19. Jahrhunderts aus einzelnen Lagen zusammengesetzt ist, ein schmächtiger Pappband in Folio, signirt als Tit. I, Nr. 6, Vol. 2.

Den weitern Inhalt dieses Bandes bilden die übrigen vorhandenen Bürgersprachen, diese wieder zum Teil sicher, zum Teil aber wahrscheinlich authentisch. Dafür sprechen die Durchänderungen in LXX und LXXI A—C von der Hand des derzeitigen Syndicus Dr. Lorenz Niebur (1578—1583), das Äufsere und die Aufschriften.

Es sind ein Bruchstück und sieben vollständige Redaktionen.

Das Bruchstück (LXIX), fol. 17 und 26, dankt seine Erhaltung dem Umstande, dafs der genannte Syndicus einige Artikel für eine spätere Redaktion brauchen, sich aber das Abschreiben sparen wollte.

Nr. LXX, fol. 16—25, ist nach der Vorbemerkung in den Jahren

8. Lage S. 135—154, 10 Bl. Fast mehr schwankt die Stärke der Lagen in der andern Hälfte des Buches.

1572—1578 abgekündigt[1], von Niebur durchgebessert und um einige Artikel aus LXIX erweitert.

Die nächsten fünf Texte (LXXI) sind nahe unter einander verwandt. Es sind:

A, fol. 49—61, ohne Datirung, offensichtlich Vorlage für

B, fol. 63—80, der mehrfachen Abänderungen unterzogen ist und, wenn auf die Unterschriften Verlafs wäre, in den Jahren 1580 und 1581 abgelesen sein müfste[2]. Auf dem geänderten B fufsen einerseits

---

[1] Ob der Text nicht während dieser Jahre Veränderungen erlitten habe, ist nicht zweifellos; denn die Gerichtsordnung, auf die § 63 verweist, kann kaum eine andere sein als die Kirchhoffsche im J. 1578 publicirte.

[2] Die Datirung ist mifslich. Fest steht, dafs C[1], ein von Dr. Lorenz Niebur auf Grund von C hergestellter Text, 1581 abgekündigt ist. Das entnehme man aus der folgenden Anmerkung und aus den Angaben über C[1]. Da nun dieser 94 Artikel haltende Text nach Tit. I, Nr. 3, Vol. 2, S. 59 gegenüber seinem Vorgänger um 9 Artikel vermehrt ist, so mufs jener deren 85 gehabt haben. Einen solchen Text habe ich in dieser Ausgabe nicht darbieten können, obgleich er als Konzept vorhanden ist. Es hat nämlich Niebur LXX mit Einschiebung von LXIX zu 85 Artikeln zurechtgestutzt. Aber durch den Wirrwarr der Änderungen und Streichungen und der zweimal und dreimal veränderten Zählung der Paragraphen ist nicht durchzufinden. Nur auf Eins mufs noch hingewiesen werden. Im Juni 1583 behauptet der Ausschufs (Tit. I, Nr. 3, Vol. 3, S. 686), der Rat habe 1579, da er in die ihm zwei Tage vor Ablesung der Bürgersprache zugestellte Hochzeitordnung nicht habe einwilligen wollen, *darauß etzliche beschwerliche punct genommen und ..... neben der burgersprache ... vom radthause ablesen lassen und sonderlich den megden die bremels zu tragen vorbotten, auch darauff dem diebhengker neben seinen knechten befolen ... dieselben ... abzuschneiden, welches sich auch derselbe, wan die megde aus der kirchen gehen wollen, auff den kirchoffen zu thuen unternommen.* Und obschon die Hochzeitordnung nach Herkunft und Vermögen der Mädchen unterschieden habe, *so hat doch der buttel ... solchen underschied nicht gehalten, sondern manniges ambtmans ehrliches kindt gantz beschwerlich und schmehelich angefallen und ihnen die bremels abzuschneiden sich understanden.* Randbemerkung: *probetur, dan uber zwo megden die bremels nicht abgeschnitten.* Nun könnte man in LXIX § 83 den beregten Artikel der Hochzeitordnung von 1579 erblicken wollen und an der Datirung dieses Stückes irre werden. Beide sind aber grundverschieden und haben mit einander nichts gemein.

C, fol. 29—43, auch von Niebur durchredigirt, mit denselben Unterschriften wie B, nach dem Umschlage aber im Jahre 1585 abgekündigt[1], übrigens ebenda mit dem Datum 7. Julii ao. 80 versehen[2], andererseits

D, fol. 82—94, nicht datirt, aber ausgezeichnet dadurch, daſs die Ratsämter, die die einzelnen Artikel besonders anlangten, daneben geschrieben sind. Änderungen, die auch an D vorgenommen sind, fallen später als

E, das sonst auf D beruht und fol. 98—117 füllt, in 4°. Diese Fassung, die mehrfach Änderungen von C benutzt hat, ist nach den Aufschriften des Umschlageblattes in den Jahren 1595—1608 abgekündigt. Da aber mit Ausnahme des letzten die graden Jahre immer übersprungen sind, so muſs es mindestens noch ein anderes offizielles Exemplar gegeben haben. Für die Datirung gibt der Hinweis auf die publicirte Bettelordnung in § 20 einen Anhalt, da aller Wahrscheinlichkeit nach die vom Jahre 1586 gemeint ist. Gemäſs der vieljährigen Gültigkeit fehlt es nicht an Änderungen, von denen aber einzig die neuen, in den Jahren [1602] und 1603 hergestellten Schlüsse hervorzuheben sind.

Ehe ich nun auf das siebte Stück unseres Buches übergehe, sind vier andere Aufzeichnungen zu erwähnen:

Pl., der erste Bogen einer Plakatausschrift der Bürgersprache vom Jahre [1579] auf Pergament, 49 cm breit, 38 cm hoch, signirt als Urk. I 71a. Er enthält § 1—23b und bietet (für 1582 bestimmt?) denselben Text wie A in ursprünglicher Gestalt[3].

---

[1] Da ein unter Dc anzuführendes Urteil des Rats von 1582, März 30 die nur in § 30 dieses Textes vor seiner letzten, später als C[1] fallenden Änderung gesetzte Strafe anzieht, so muſs dieser dem J. 1581 zugeschrieben werden. Dieser Schluſs wird durch die unten über C[1] zu machenden Angaben bestätigt. Nur ergibt sich, daſs die Änderungen Nieburs vor die Abkündigung des Jahres 1581 anzusetzen sind.

[2] Weitere Aufschriften finden ihre Erklärung durch ihre Beziehungen auf die Streitigkeiten des Jahres 1581.

[3] Obgleich nach den Äuſserungen des Rates in Tit. I, Nr. 3, Vol. 2, S. 62 ein von der Kämmerei auszuhängendes Plakat auf Grundlage von C[1] redigirt werden sollte und man demnach erwarten müſste, Pl. von diesem Texte abhängig zu finden (denn es scheint sich um eine Neuerung zu handeln), muſs ich an dem oben angegebenen Verwandtschaftsverhält-

Wd., eine Ausschrift einzelner Artikel (§ 11, 12, 52, 59, 61—64, 66—69, 71, 72, 74—78, 80, 81, 86) für die Weddeherren auf zwei Bogen Papier. Auch Wd. hat den ungeänderten Text von A, also ebenfalls die Redaktion des Jahres [1579].

C[1] in Tit. I, Nr. 3, Vol. 2, S. 200—229, als Anlage C zu den Verhandlungen, die im Juni 1581 zwischen dem Rate und dem bürgerschaftlichen Ausschusse gepflogen wurden, eine in letzter Stunde aufgefundene Abschrift von C, wie Lorenz Niebur diesen Text gestaltet hatte, und demgemäfs für die etwaige Unterscheidung anderer Änderungen in C in Betracht kommend, aber auch eine Recension davon sicher datirend.

Eine Abschrift aus dem 18. Jahrhundert in einem unserm Sammelbande (Tit. I, Nr. 6, Vol. 2) äufserlich sehr ähnlichen Bande, der als Wismarsche Statuten und Bürgersprachen betitelt ist. Sie gibt B wieder, aber ohne die zweite Unterfertigung, und lehrt uns demnach den Text des Jahres 1580 kennen. Angenommen sind bereits die Änderungen in § 25 Anm. c—e, § 27 Ende, § 31, dagegen besteht die ursprüngliche Gestaltung in § 8, 18, 19, 23a, 23b, 27 Anfang, 34, 35a. Versehentlich fehlen § 30 und 33, und § 80 und 81 sind umgestellt. Originell sind nur Fehler.

Den Abschlufs des hier behandelten Sammelbandes (Tit. I, Nr. 6, Vol. 2) bildet die Bürgersprache von 1610 (LXXII), fol. 118—140, wie E in 4°. In den Aufschriften auf dem Titelblatte sowohl gekennzeichnet als das *Concept*, aus dem *diese statuta der allgemeinen bürgerschafft publicirt worden* als der *von einer gantsen ehrliebenden bürgerschafft approbirte* Text[1]. Das Heftchen ist lange gebraucht. Von einem andern gleichartigen (dem Exemplare des Bgm. Brandan Eggebrecht?) haben wir nur das Titelblatt mit Aufzeichnungen über die Verkündung von 1619—1656, abgedruckt am Ende von LXXII.

Aufserdem gibt es eine ganze Anzahl älterer Abschriften (meist des 18. Jahrhunderts) von zwei Texten der Bürgersprache, vor

---

nisse der Texte nach wiederholter Prüfung festhalten. Man hat demnach zwischendurch die Änderungen Nieburs fallen gelassen und auf einen ältern Text zurückgegriffen.

[1] Dafs das seine Richtigkeit hat, ergibt eine Vergleichung der Änderungen mit den Einwendungen und Wünschen, die bei der Beratung mit Ausschufs oder Bürgerschaft zu Tage getreten sind.

allen dem von 1610, dann aber auch dem von 1603. Dieser letzte führt sich als *die alte Bürgersprache* ein und ist stets mit dem geänderten E gleich. Erwähnung verdient vielleicht der Umstand, daſs ein Unbekannter noch im Jahre 1613 diesen (mit der Subscription des Jahres 1580 versehen) abgeschrieben und dabei bemerkt hat *moderata durant* (Fabriciussche Sammlung in 4°). Allein steht die von Schröder in der Kurtzen Beschreibung[1], S. 577—595 (im Neudrucke von 1860 S. 571—580) abgedruckte Fassung, ein aus LXXI C und E und LXXII seltsam zusammengesetztes Machwerk, das nie gültig gewesen sein kann, aber weil es gedruckt war, allgemeiner bekannt ward und Ansehen genoſs. Die Bürgerschaft begründete daraus im Jahre 1774 Beschwerden über die Accise, ward aber vom Rate damit zurückgewiesen, weil der angezogene Text unecht sei, der echte aber anderes enthalte[2].

Wie bei diesem Materiale der Text zu constituiren sei, konnte nicht zweifelhaft sein. Er war wesentlich so wiederzugeben, wie er sich vorfand. Schwer sind nur die Korrekturen zu beurteilen[3]. In Nr. LXVIII hätte die Schreibung gereinigt werden können, jedoch habe ich mich darauf beschränkt, die erkannten Fehler zu berichtigen und die vielfach gedoppelten n auszumerzen. Auch in den folgenden Stücken ist die vorgefundene Schreibung nicht weiter angetastet, als daſs die hier übrigens seltenern doppelten n beseitigt und daſs statt des v, das in der Unterfertigung von LXXI B und von der zweiten Hand in LXXII oft für w gebraucht wird, dies stillschweigend eingesetzt ist. Aus LXXI A—E habe ich B[4] herausgehoben und durch Angabe der Abweichungen der andern Fassungen am Rande die

---

[1] Kurtze Beschreibung der Stadt und Herrschafft Wismar. Wismar 1743. Nicht gedruckt ist die öfter anzuführende Ausführliche Beschreibung desselben Verfassers.

[2] Antwort des Rats auf die Klage der Bürgerschaft. Gravamen III. Nr. 2.

[3] Aus einem Vergleiche von VII 3 mit XVI 8 und XXI 16 ergibt sich, daſs an erster Stelle nach 1352 und vor 1356 geändert ist, aus dem Vergleiche von II 5 mit XVII 5, daſs *aput plateam* nach 1353 und vor 1356 eingeschoben ist. Vgl. S. 9 Anm. 2.

[4] B als im Mittelpunkte der verschiedenen Redaktionen stehend, war für dies Verfahren am geeignetsten. In anderer Hinsicht hätte C[1] den Vorzug verdient.

vorangehenden und folgenden Redaktionen zur Darstellung zu bringen gesucht. Dabei war, um die Zeit der Änderungen in B zu bestimmen, eine der spätern Abschriften von Nutzen, die uns die Gestalt der Bürgersprache des Jahres 1580 kennen lehrt: alle andern brauchten nicht berücksichtigt zu werden.

Die Paragraphen sind in den letzten vier Redaktionen (LXIX bis LXXII) schon in den Vorlagen gezählt, diese Zählung aber gemäfs den vorgenommenen Erweiterungen und Streichungen mehrfach geändert (die in LXXI aufgenommene stimmt mit der der letzten Redaktion von B und D überein); in den früheren ist nur abgesetzt.

Dafs aus dem Buche der Ratsmatrikel auch die wenigen unter den Bürgersprachen eingereihten Stücke etwas anderer Art mitgeteilt sind, wird schwerlich Anfechtung erfahren, und so soll auch niemand mit dem behelligt werden, was sich zur Rechtfertigung sagen liefse.

Als Bruchstück einer verlorenen Bürgersprache aus der Mitte des 16. Jahrhunderts hätte sich ein allein stehender Artikel einreihen lassen, der verlangt, dafs Kläger und Beklagter für die Durchführung ihres Rechtshandels Bürgen bestellen sollen, wenn er in dem Ratserkenntnisse von 1552 Mai 20 (Zeugebuch fol. 81) in geeigneter Weise angeführt wäre.

Dagegen schien es aus andern Gründen nicht ratsam, Willküren, die vielleicht in der Bürgersprache bekannt gemacht sind, dem Texte einzuverleiben. Um so weniger, als wir auf die befremdende Erscheinung treffen, dafs eine Anzahl hansischer Statuten, die den Bürgerschaften zum Teil geradezu in den Bürgersprachen bekannt gemacht werden sollten, in den Wismarschen Texten vermifst werden[1]. Daraus den Schlufs zu ziehen, dafs Texte verloren gegangen sein müssen, ist, von andern Einwendungen abgesehen, darum nicht angängig, weil voll ausgeführte Texte gerade für solche Jahre vorhanden sind, in denen sich derartige hansische Willküren finden müfsten: HR I, 6, S. 315 § 19, S. 386 § 112, I, 7,

---

[1] Vgl. die Abschnitte über die Münze und über Schonen (IV C i, m) und HR. I, 1, S. 434 § 12, I, 2, S. 102 § 20, S. 170 § 23. Für andere Städte ist es verschiedentlich bezeugt, dafs solche Statuten in der Bürgersprache bekannt gemacht sind.

S. 232 § 10. Es bleibt kaum eine andere Annahme, als daſs Wismar sich mit einem Anschlage begnügt haben werde[1].

III. Nachweisung von Bürgersprachen anderer Städte.

Lübeck: 1. aus dem Anfange des 15. Jhs., Lüb. Urkb. VI. Nr. 783[2]. 2. von 1454, Thomae und 1457, Martini. Lüb. Urkb. IX. S. 958—961. 3. von Jacobi 1458 und 1466, teilweise auch noch 1511 abgelesen, Lüb. Urkb. XI, S. 122—124. 4. spätere Texte, wol aus dem 16. Jh., bei Melle, Gründl. Nachricht, 3. Ausg., S. 112—118. Seit 1620 ist der Text unverändert geblieben, Wehrmann, Zeitschr. f. Lüb. Gesch. III, S. 401.

Rostock: Erst jüngst hat Dragendorff die vorhandenen Handschriften und Drucke in den Beiträgen zur Gesch. der St. Rostock IV, 2, S. 48—50 verzeichnet, den ältesten Text aus dem 15. Jh. voll-

---

[1] Auf Anschläge verweisen die Bürgersprachen von 1350 XI § 12. 1357—1360, 1480 § 71 am Rathause; 1417 § 5—7, 1418 § 5—7, 1419 § 5—7. 1420 § 6—8, 1480 § 11 am Stadttor; LXX § 16, 63, LXXII § 50 vor der Kämmerei. Betraf dies nur einzelne Artikel, so muſs später die ganze Bgspr. angeschlagen sein. Vgl. die Einleitung der von 1480, die demzufolge eine Abschrift des angeschlagenen Textes bietet, sowie LXXI Pl. welches ein Stück der vor der Kämmerei angeschlagenen Bgspr. gewesen sein kann, auf die eine etwa gleichzeitige Ratsverordnung die Bürgerschaft verweist. Auch wichtige Statuten der Hanse werden angeschlagen, z. B. vom J. 1418. Vgl. HR. I, 6, S. 597, Mekl. Jahrb. 55, S. 32 Anm., HR. II, 2, S. 510 § 15. Der Anschlag der erstern miſsfiel den Bürgern in Bremen, Stettin und Wismar sehr. Die Bremer verbrannten ihn auf dem Kake; Hans. Gesch.-Bl. 1892, S. 62, Mekl. Jahrb. 55, S. 32. Anschläge in Hamburg bezeugen HR. II, 5, S. 567 Anm. und die Kämmereirechnungen II, S. 88, III, S. 203, 265, 286, 480. Das Greifswaldische Anschlagebrett wird erwähnt Pomm. Gesch.-Denkm. II, S. 93 § 27, Beitr. zur Pomm. Rechtsgesch. II, S. 13. Einen Anschlag an den Ecken (uppe de orde) bezeugen für das J. 1496 die Lüneburger Zunftrollen S. 51. — Anschläge an Kirchtüren zu machen, erklärte der Lübische Rat im J. 1424, sei dort ungebräuchlich (Lüb. Urkb. VI, Nr. 627); trotzdem war es nicht unerhört, vgl. HR. I, 6, S. 378 § 56, S. 422. Späterer Anschläge sind mehr bezeugt.

[2] Wehrmann hat auf Stellen aufmerksam gemacht, die auf die Zeit vor 1421 hinweisen; die Beziehungen zu den hansischen Statuten von 1417 und 1418 ergeben einen terminus post quem.

ständig auf S. 50 f. abdrucken lassen und dazu die Abweichungen der spätern bis um die Mitte des 18. Jhs. auf S. 52—60 angegeben, so dafs man die Geltung jeder Bestimmung bequem ersehen kann. Die Texte gehören überwiegend dem 16. Jh. an.

Greifswald: zwei vollständige Texte und Ergänzungen aus andern zweien bei Pyl, Pomm. Gesch.-Denkm. II, S. 87--109. Pyl hat geglaubt, den ersten in einem Memorialbuche des 16. Jhs. erhaltenen dem J. 1451 zuschreiben zu dürfen. Es sind aber durch Datirung einzelner Paragraphen in dieserlei Art Texten nur termini post quos zu gewinnen. Die andere Redaktion gehört dem J. 1616 an.

Kolberg: fünf vollständige Fassungen aus der Zeit von 1480 und von 1533, Auszüge und Zusätze von 1565, 1572, 1580, 1591, 1616 bei Riemann, Gesch. der St. Colberg, Beilagen Nr. LIII, S. 83 bis 100.

Anklam: vom J. 1544 bei Stavenhagen, Beschreibung von Anklam, S. 431—439.

Greifenberg: bei Riemann, Gesch. der St. Greifenberg, S. 247 f.

Stralsund: S. Brandenburg, Geschichte des Magistrates der Stadt Stralsund, S. 14 Anm. 57.

Reval: Texte aus der Mitte des 14. Jhs. bei Bunge, Archiv f. Gesch. Liv-, Esth- und Kurlands III, S. 84—86, aus dem Anfange des 15. Jhs. ebd. S. 86—92, vom J. 1560 bei Bunge, Quellen des Revaler Stadtrechts, S. 238—240, vom J. 1803 ebd. S. 240—242.

Kiel: fünf Texte aus dem Anfange des 15. Jhs. (einer datirt 1423), Zeitschr. f. Schlesw.-Holst. Gesch. 10, S. 187—198, 14, S. 330 bis 335, und Falck, Neues staatsbürgerl. Magazin 7, S. 96—99 (1417, Quelle: Chronik des Asmus Bremer), Auszug vom J. 1410 bei Falck a. a. O. S. 93 f., Text von 1563 bei Westphalen, Mon. ined. IV, Sp. 3252—3256.

Oldesloe: vom J. 1601 ebd., Sp. 3263—3265.

Tondern: von 1691 ebd., Sp. 3269—3272.

Wilster: von 1456, Zeitschr. f. Schlesw.-Holst. Gesch. 8, S. 355—357.

Oldenburg in H.: von 1585 bei Hollensteiner, Chronikbilder aus der Vergangenheit Oldenburgs (1882 im Selbstverlag).

Ribnitz: vom J. 1588 bei Kamptz, Civilrecht der Herzogtümer Mecklenburg I, 2, S. 332—335.

Boizenburg: ebd., S. 317—325.

Grevesmühlen: ebd., S. 336—340.

Schwerin: vom J. 1789 ebd., S. 290—294 (aus dem Urkb. von 1615?), auch bei Fromm, Chronik von Schwerin, S. 38—41. Wegen eines andern Drucks s. Kamptz a. a. O. I, 1, S. 315 Anm.

Güstrow: von 1561 bei Besser, Beitr. z. Gesch. von Güstrow II, S. 267—272, undatirt bei Kamptz a. a. O. I, 2, S. 272—279.

Waren: von 1713 bei Kamptz a. a. O. I, 2, S. 326—331.

Parchim: von 1622 bei Cleemann, Chronik der Vorderstadt Parchim, S. 157—163.

Plau: aus dem Anfange des 18. Jhs., Mekl. Jahrb. 17, S. 354—358.

Hamburg: zwei Texte von 1594, Anderson, Hamb. Burspracken 1810. Bruchstücke aus der zweiten Hälfte des 14. Jhs., Hans. Urkb. III, S. 180 Anm. (vgl. HR I, 3, S. 218 Anm.), IV, Nr. 277 mit Anm.; aus der zweiten Hälfte des 15. Jhs., ebd. VIII, S. 236 f. Anm., S. 313 Anm., IX, S. 137. Eine Stelle aus einem Texte des 14. Jhs. (?) citirt Koppmann, Kämmereirechnungen I, S. LIX. Vgl. Stein, Beitr. z. Gesch. der deutschen Hanse, S. 48 Anm.

Riga: Texte von 1376, 1384, 1399, 1405, 1412, aus dem 15. Jh., aus dem Anfange des 16. Jhs., aus der Mitte des 16. Jhs., aus der Mitte des 17. Jhs. bei Napiersky, Die Quellen des Rigischen Stadtrechts, S. 203—250, z. T. früher in Statuta und Rechte der St. Riga. Bremen 1780 (citirt auch als Ölrichs, Rigische Rechte II) und Bunge. Arch. f. Gesch. Liv-, Esth- u. Kurlands IV, S. 183—209.

Pernau: Text aus dem 15. Jh. (?) im gen. Arch. IV, S. 103—105.

Braunschweig: drei Grundtexte mit Änderungen und Nachträgen aus dem 14. Jh., Urkb. der St. Braunschweig I, Nr. 39, 53, 62.

Lüneburg: Kraut, D. alte Stadtrecht von Lüneburg, S. 23—31, gibt zwei Texte aus dem Anfange des 15. Jhs.: einen nicht datirten nach Dreyers Nebenstunden und die Abweichungen des ältesten von Pufendorf in seinen observationes juris universi II, appendix S. 191 bis 196[1] wiedergegebenen (aus dem Ende des 15. Jhs. ?); ein anderer aus dem 16. Jh. bei Puf. a. a. O. S. 197—202, ein noch jüngerer ebd. III, S. 369—379. Ein bei Havemann, Gesch. der Lande Braunschweig u. Lüneburg I, S. 785, inhaltlich wiedergegebener Text dürfte dem 16. Jh. zuzuschreiben sein.

Celle: aus dem 17. Jh. (?) bei Puf. I, S. 229—238.

[1] Ich benutze Bd. I in 2. Aufl., Celle 1757, II, III, IV, Hannover 1748, 1756, 1770 und citire im Verfolge kurz Puf.

Hannover: ein Bruchstück bei Puf. IV, S. 186 f., Auszüge von den J. 1536 und 1544, ebd. S. 215 ff.

Eimbek: vom J. 1658, Puf. II, S. 203—232.

Osterode: aus dem 17. Jh. (?), Puf. II, S. 233—266.

(Nienburg in der Grafschaft Hoya: vom J. 1569, Puf. II, S. 323—348.)

Bremen: vom J. 1539 bei Puf. II, S. 104—131 (übereinstimmend mit der Fassung vom J. 1498, ebd., S. 104 Anm.). Wegen älterer vgl. Wetzel, Zeitschr. f. Schlesw.-Holst. Gesch. 14, S. 316.

Friedland: bei Kamptz, Mekl. Civilrecht I, 2, S. 295—317.

Neu-Brandenburg: ebd., S. 282—289.

Stettin: ein Satz aus einer Bgspr. von 1462, Hans. Urkb. VIII, S. 732 Anm. Vgl. Stein, Beitr. z. Gesch. der deutschen Hanse, S. 53 Anm. und S. 54 Anm.

Danzig: Vgl. HR. I, 4, S. 197 § 8 (1394). Die von Simson herausgegebene Willkür (Geschichte der Danziger W.), die dort jährlich vom Rathause verlesen ward (Simson a. a. O. S. 8, 116, 133), hat mehr den Charakter eines Stadtrechts.

Bielefeld: vom J. 1578 bei Walch, Vermischte Beiträge zum Deutschen Rechte III, S. 67—80.

Dortmund: Bruchstücke einer Bgspr. können in den von Frensdorff herausgegebenen Statuten (Hans. Gesch.-Qu. 3) S. 169 f. erhalten sein, wenn auch der S. CLXXIX Anm. 1 mitgeteilte Satz eher dem Echten Dinge als einer Bgspr. zugeschrieben werden mufs.

Köln: verschiedene Texte der allgemeinen Morgensprache aus der Zeit um 1400, um 1435, um 1450 bei Stein, Akten z. Gesch. der Verfassung und Verwaltung der St. Köln II, Nr. 80, 170, 214, 215. Danach z. T. wiederholt bei Keutgen, Urkk. z. städt. Verfassungsgesch., S. 299—303. Ein handschriftlicher Text aus dem 17. Jh. in meinem Besitze. Übrigens ward in Köln jede amtliche Bekanntmachung von Willküren, Ordnungen, Strafen als Morgensprache benannt. Derartige in grofser Zahl bei Stein a. a. O.

Deventer: Beziehung auf die Bürgersprache 1452, Hans. Urkb. VIII, S. 137.

Utrecht: Beschreibung des buerspraek boeks, Hans. Urkb. V, Nr. 1149, Stückbeschreibung. Anführungen ebd., S. 199 Anm., VIII. Nr. 47, Einleitung und öfter.

IV. Inhalt der Bürgersprachen.

A. Die Stadt und ihre Verfassung.

a. Der Rat.

Bis zur Vereinbarung des Bürgervertrages im Jahre 1583 waltete, soweit es erkennbar ist, in ruhigen Zeiten der Rat[1] allein in der Stadt, wenn auch die Bürgerschaft und die Ämter eine Organisation besafsen. Zu Beratungen und Beschlüssen scheinen diese aber nur unregelmäfsig und selten und stets nach freiem Ermessen des Rates herangezogen zu sein.

Der Regel nach war, seit die Stadt ihre Anfänge hinter sich hatte, der Ratsstuhl mit 24 Personen besetzt, von denen drei oder vier Bürgermeister zu sein pflegten. Noch im Jahre 1581 safsen 21 Männer im Rate, im Jahre 1629 19, dann ging die Zahl allmählich herunter[2], auf 13 1675, 1699, 1742, 11 seit 1830, 8 seit 1879.

Der Rat zerfiel in drei Ordnungen, die sich dergestalt ablösten, dafs alljährlich zu Himmelfahrt ein Drittel abtrat und ein Drittel wieder eintrat, so dafs also immer zwei Drittel des Kollegiums den geschäftsführenden oder sitzenden Rat bildeten. Jedoch waren die ausgetretenen, die Alten Herrn, keineswegs ganz von Geschäften frei. Nur läfst sich der Umfang ihrer Beteiligung, der zudem nach Zeit und Gelegenheit verschieden gewesen sein wird, ebenso wenig bestimmen als die Zeit, wo dieser Wechsel zur blofsen Formsache ward. Als sicher kann man annehmen, dafs die Ratsämter in Händen der Jungen Herren gewesen sind.

Auf diese Umsetzung bezieht sich die öfter am Ende der Bürgersprache stehende Formel[3]: *nominentur consules*.

---

[1] Vgl. Crull, Ratslinie, Hans. Gesch.-Qu. 2 (1875).

[2] Auch in Rostock ward im 17. Jh. die Zahl der Ratmannen beschränkt, und zwar auf 18 (vorübergehend 16) Personen. Koppmann, Hans. Gesch.-Bl. 1888, S. 138.

[3] 1371 und 1372 § 25, 1373 § 15, 1381 § 4, 1385 § 27, 1395 § 27, 1417 § 28, 1418 § 33, 1419 § 38, 1420 § 54, 1421 § 53, 1424 § 63. — Vgl. Hach, d. a. Lüb. Recht II, Nr. 53 f. Auch anderwärts: Rostock, Beitr. z. Gesch. d. St. R. IV, 2, S. 51 § 16 *(so kese wy juw to rade ...)*. Vgl. ebd. S. 56. Kolberg, Riemann, Beil. S. 83 § 2, S. 95 § 2 (Namen des *ingandcn*

Nur zweimal finden sich die Namen der zu nennenden Ratmannen angegeben [1]. Es sind jedesmal sechs, und zwar nach Ausweis der Ratslinie diejenigen Herren, die nach einjähriger Ruhe wieder in die Geschäfte eintraten. Ebenso steht in der Ratslinie in den Jahren 1347, 1348 und 1349 nur bei den wieder eintretenden Herren der Vermerk, dafs ihre Namen von der Laube herab verkündet werden sollten. Klar ist, dafs auf gleiche Weise ganz neu in den Rat erwählte Herren namhaft gemacht sein müssen, unwahrscheinlich, dafs die Verteilung der Ämter bekannt gegeben ist [2].

In zweien der jüngsten Texte, LXXI D und LXXII, sind diejenigen Ratsämter, deren besondere Sorge es war, über die Beobachtung der einzelnen Artikel zu wachen und die Bufsen einzuziehen, daneben geschrieben. Es sind:

raedt: LXXI § 33, 45, 46, 47 *(dis ahntomelden sol den kemerern undt bueheren bevhoelen sin),* 48.

burgermeister undt radt: LXXI § 22.

raedt undt kemerer: LXXI § 53.

raedt, gerichtte: LXXI § 54.

burgermeister undt kemerer: LXXI § 34, 44.

burgermeister, excucion denn (gerichte, gestr.) *kemerer:* LXXI § 40.

burgermeister: LXXI § 2, 21, 23, 24, 28, 29.

kemerer (vgl. vorher): LXXI § 13—17, 35, 37—39, 41—43, 49, 50, 60, 61, 65, 81—85, 87, 88, LXXII § 8—14, 19, 29, 32, 35—38, 41—43, 45, 47—50, 67—71, 73.

kemerer undt gerichtehern: LXXI § 80.

cem., gerichte, gewette: LXXII § 52.

kemerer, upsicht durch gericht- undt wachtschriver: LXXI § 25, 26.

Rates). Kiel im 15. Jh. *(dyt is nu de tyd, dat syk de raad scal vornyen, des scal me jw nomen, wor gy juwes rechtes ane scolen war nemen),* 1563, Zeitschr. f. Schlesw.-Holst. Gesch. 10, S. 190, 198, Westph., Mon. IV, Sp. 3256. Reval 1560 § 25, 1803 § 19 Qu. des R. Str., S. 240, 242. Schwerin, Kamptz I, 2, S. 293 f. Boizenburg ebd. S. 325 § 22. Plau, Mekl. Jahrb. 17, S. 358 (im J. 1707 f.). Vgl. Frensdorff, Stadt- u. Gerichts-Verfassung Lübecks S. 103—105 mit Anm. 15.

[1] II 1345 § 8 und 1355 § 30.

[2] Diese ward in Stralsund im 16. Jh. erst nach Verkündung der Bgspr. vorgenommen. Genzkows Tagebuch S. 5, 31, 66. Vgl. oben S. 4 Anm. 9.

kemerer undt damheren: LXXI § 19.

gerichte oder *gerichtehern* (vgl. oben): LXXI § 1, 3—10, 12. 18, 20, 31, 36, 51 (gh.), 55—58, 79, 91, 92—94 (gh.), LXXII § 1—4, 15, 51, *gerichte die excucion:* LXXI § 27, 30, 32.

wedde oder *gewette* oder *weddehern:* LXXI § 11, 52, 59, 62—64, 66—72, 74—78, 86, 89, LXXII § 5 (urspr. verschrieben: *gerichte*), 6, 7, 30, 31, 53—66, 72.

winhern: LXXI § 90.

Über den Einfluſs des Rats auf die Gestaltung der Bürgersprache ist in dem Abschnitte über ihre Geschichte (I) das Nötige gesagt, über seine in derselben bezeugte Strafgewalt aber wird im Kapitel IV D d am Ende eine Zusammenstellung zu geben sein. Sonst betreffen den Rat selbst nur zwei Bestimmungen, die beide nur einmal erscheinen.

Die erste (VIII § 3), eine vorläufige Aufzeichnung für die Bürgersprache von 1349, bedroht handgreifliche Beleidigungen von Ratmannen im Dienste der Stadt mit Strafe. Sie den Bürgern in Erinnerung zu bringen, muſs ein Anlaſs gewesen sein, da sie schon mindestens ein Jahrhundert lang dem Lübischen Rechte angehörte[1], mindestens seit 50 Jahren im ältesten Stadtbuche[2] und seit 1340 auch im Ratswillkürbuche[2] verzeichnet war. Diese Statuten stellen auch wörtliche Beleidigungen unter Strafe und wiederholen den Vorbehalt, daſs der beleidigte Ratmann keine Schuld gehabt habe. Die in der Bürgersprache übergangene Strafe ist im Lübischen Rechte und im Stadtbuche auf 3 M. Silbers für die Stadt, auf 60 ß für den Betroffenen und je 10 ß für alle andern Ratmannen bemessen. Im Ratswillkürbuche ist nachträglich (etwa ums Jahr 1385) die Strafe verschärft, indem die Buſse für die Stadt auf 10 M. Silbers, für den Beleidigten auf 120 ß erhöht und Verweisung aus der Stadt obendrein angedroht ist. Übrigens konnte aus der Bürgersprache noch der Artikel in Betracht kommen, der seit 1356 (§ 31) mit einer Buſse von 10 M. Silbers diejenigen bedroht, die über Herren oder Fürsten oder Mannen Übles

[1] Hach, A. Lüb. R. I, 81 (in Geschäften der Stadt ist z. T. nachgetragen, z. T. fehlt es), II, 47, III, 28. Allgemeiner II, 220. Anklam. Stavenhagen, S. 433 § 14. Braunschweig, Urkb. der St. B. I, S. 118 § 217 f.

[2] Mekl. Urkb. IV, Nr. 2647, 5. Vgl. Frensdorff, Stadt- und Gerichts-Verfassung Lübecks, S. 142 f.

zu reden sich unterstehn: sicher ist seit dem Nachtrage zu 1373 § 2 die Fassung so, dafs auch die Ratmannen unter diesem Schutze standen.

Interner Art ist die andere Bestimmung von 1385 § 18, die nach der Randbemerkung auch der Öffentlichkeit vorenthalten bleiben sollte. Hiernach sollten diejenigen Ratmannen, die sich Verfehlungen gegen die damals verkündeten Luxusgesetze in Bezug auf Kindbett, Hochzeit und Klosterfahrt würden zu Schulden kommen lassen, nichts von den Sporteln *(donaciones)*[1] des betreffenden Jahres erhalten.

b. Die Bürgerschaft.

Wer in der Stadt sich niederläfst und wohnen will, soll bis Johannis das Bürgerrecht erwerben, verlangt ein undatirtes Bruchstück aus dem 16. Jahrhundert[2]. Früher nötigte man nur auf indirektem Wege dazu, indem ohne Bürgerrecht nicht anders als ausnahmsweise Grundbesitz zu erwerben war, kein Handwerker selbständig werden konnte, er wäre denn Bürger geworden, und Handel zu treiben, zu kaufen und zu verkaufen nur Bürgern gestattet ward. Wenigstens wird dies letzte, während das andere sicheres Recht war, in den Bürgersprachen 1424 § 17, 1480 § 37 ausgesprochen. 1430 § 44 wird Kauf und Verkauf auf den Strafsen den Bürgern vorbehalten. Über das Verbot, mit dem Gelde Fremder zu kaufen, und des Gästehandels später (unter C c).

Von Anfang an hatte sich, wie die ältesten Stadtbücher ausweisen[3], die Bürgerschaft durch Zuzug vom Lande her ergänzt, ohne dafs von Schwierigkeiten oder daraus entsprungenen Zwistigkeiten das Mindeste verlautet. Solche scheinen erst Ausgangs des 14. Jahrhunderts eingetreten zu sein, sei es, dafs damals etwa in Folge der langjährigen Kriege um die Schwedische Krone das Räumen

---

[1] S. Crull, Ratslinie, S. XXXVII f.

[2] LXIX § 42. Vgl. Rev. Lüb. Recht Lib. I, Tit. II, Nr. 2; Rostock: binnen 4 Wochen, 8 Wochen oder 3 Monaten, zuerst 1574, Beitr. z. Gesch. der St. R. IV, 2, S. 59 § 10*; Lüneburg, altes Stadtr., S. 31, Puf. II, S. 202. — Die Bürgersöhne leisteten bis tief ins 16. Jh. hinein keinen Bürgereid, sondern traten wie in Lüneburg in die Eidespflicht ihres Vaters. Sie hatten sich nur den Kämmereiherren vorzustellen. Das soll in Folge eines hansischen Beschlusses geändert sein.

[3] Vgl. Hans. Gesch.-Bl. 1903, S. 130—134.

des Landes und das Drängen in die Stadt besonders stark zugenommen hat, oder dafs man schon um diese Zeit versuchte, das Band, das den Bauern an seine Hufe knüpfte, anzuziehen und ihn dabei schwerer belastete[1]. Kurz und gut: im Jahre 1400 wird es in XL § 20 zuerst den Bürgern untersagt, Fremde oder Landleute auf gewaltsame Weise in die Stadt zu führen[2], und im Jahre 1418 wird dies Verbot in § 21 unter höherer Bufse (10 M. Silbers statt 3 M.) wiederholt mit der selbstverständlichen Erläuterung *contra voluntatem domini sui* und dem Hinzufügen, dafs der Zuwiderhandelnde der Stadt für etwa erwachsenen Schaden aufzukommen habe. Es wird aber auch den Bauern selbst der Eintritt in die Stadt verwehrt, falls sie sich nicht mit ihren rechten Herren zuvor wegen deren rechtmäfsiger Ansprüche abgefunden hätten. Die folgenden Jahre bringen nur Andeutungen[3], und erst nach anderthalb Jahrhunderten kehren die betreffenden Bestimmungen abgewandelt wieder, indem den Bürgern verboten wird, ohne Wissen der Kämmereiherren Häuser oder Buden oder Wohnkeller an Fremde, besonders an Hausleute (d. h. Bauern oder Käter), die unter Edelleuten wohnhaft gewesen, zu verkaufen oder zu vermieten[4]. Denn wenn ihre Herren Ansprüche geltend machen, will der Rat solche Leute ausliefern und sie überhaupt nicht aufnehmen, es sei denn auf ein Zeugnis über ihren guten Wandel und stattgehabte gütliche Auseinandersetzung[5]. Laut LXXI § 34, 35a, LXXII

[1] Zeugnisse aus früherer Zeit fehlen, so vielsagend auch Mekl. Urkb. XIII, Nr. 7710, S. 260 ist. Mangel an Bauern Mekl. Urkb. XV, Nr. 9130. Viel später erst (1479 März 6) läfst der Wismarsche Rat in einem Schreiben an Hg. Albrecht v. M. einfliefsen, der Ritter Heinr. v. d. Lühe belaste und beschwere seine Bauern dergestalt, dafs sie unter ihm nicht wohnen könnten und wollten, worüber mehr zu sagen sei als diesmal zu schreiben (nach dem Konzept).

[2] Umgekehrt verbietet die Bgspr. von Wilster 1456 *dat dar nemant schal den anderen hemelliken wechvoren an nachttyden ut der stat, by live unde bi gude* (S. 355).

[3] 1419 § 19, 1420 § 37.

[4] Vgl. Kolberg, Riemann, Beil., S. 85 § 31, S. 91 § 61, S. 94 § 58 (um 1480); Güstrow, Kamptz I, 2, S. 277 § 30; Schwerin ebd. S. 291 § 10; Boizenburg S. 321 § 10; Ribnitz S. 335 § 44; Anklam, Stavenhagen, S. 435 § 44; Hamburg 1594 § 30.

[5] LXX § 5. Schon im J. 1566 war eine entsprechende Ratsverordnung erlassen, die nur darin abweicht, dafs allein das Vermieten verboten

§ 29 [1] hat man auf das Leumundszeugnis nach 1580 verzichtet. Die Beteiligung der Kämmereiherren in LXX wird sich daraus erklären, dafs vor ihnen das Bürgerrecht zu gewinnen [2] und an sie die Gebühr dafür zu zahlen war. Nach der letzten Stelle hatten die Fremden sich aber erst den Bürgermeistern vorzustellen und ihnen ihr Zeugnis vorzulegen, wobei man sich daran erinnern kann, dafs die Bürgermeister von jeher diejenigen waren, die Geleit erteilten. In LXX § 67, LXXI § 7 und LXXII § 3 wird sogar das Herbergen von Austretern [3], d. h. entwichenen Bauern, verboten.

---

wird, dafs der allgemeine Schlufs über die Aufnahme fehlt und sich ein Zusatz wegen etwa entstehender Kosten findet, Mekl. Jahrb. 58, S. 58. Im J. 1590 und 1592 hat der Rat in Kanzelproklamen das Verbot der Bgspr. einschärfen lassen, ohne Wissen der Kämmerer an Fremde zu vermieten, und dies Verbot ist auch später festgehalten aus Rücksicht auf die Lasten, die der Stadt aus der Unterstützung der Armen entstehn konnten, Armenordnung 1827 § 80. Für Ausländer gilt es noch, Bekanntmachung 1876 Febr. 15. Vgl. Rostock, Beitr. IV, 2, S. 59 § 11* (1574), S. 60 § 17* (1602). Güstrow: Besser, Beitr. II, S. 272, Kamptz I, 2, S. 277 § 29. Plau: Mekl. Jahrb. 17, S. 356 § 12. Oldesloe: Westph., Mon. IV, Sp. 3264 f. Anklam: Stavenhagen S. 435 § 43. Im Westen übte man weit früher vorsichtige Zurückhaltung. Vgl. Urkb. der St. Braunschweig I, S. 46 § 30, S. 65 § 34, S. 160 § 47.

[1] Vgl. die Lesarten.

[2] Nach dem Kämmerei-Regulative von 1828 § 2 soll künftig der Bürgereid vor dem Konsulate (damals Bgmm. u. Syndicus) geleistet werden, während er bis dahin vor der Kämmerei geleistet war. Über die Zulassung zum Bürgerrechte bestimmten 1619 teils der Rat, teils die Bürgermeister.

[3] Auch in einer Verordnung vom J. 1752. Hamburg, Bgspr. von S. Thomae § 13. Vgl. *louffere* im Sinne von entlaufenen Schiffsknechten (in Preufsen) HR. II, 2, S. 479 § 10. — Zur Erläuterung für die Stellungnahme des Rats gegenüber den Bauern führe ich an, dafs mit der zweiten Hälfte des 15. Jhs. (der älteste Brief datirt vom J. 1457) immer häufiger Edelleute die Auslieferung von Bauern fordern, und Hzg. Heinrich in einem Fürschreiben vom J. 1462 äufsert, es geschehe täglich, dafs Bauern nach Wismar eingeholt würden. Dies wird in gewisser Weise durch ein undatirtes Schreiben von Lohnknechten bestätigt, die das Gut eines Bauern in die Stadt geschafft hatten und die behaupten, es sei über zwanzig Jahre üblich gewesen, Bauern auf ihren Wunsch wegzuholen, wenn ihnen von ihren Herrn Unrecht geschehen war. Bemerkenswert ist das Verlangen Henneke Ravens, dafs entweder sein Bauer zurückkehren oder einen Nach-

Als Vorbedingung für dauernde Niederlassung ward zuerst im Jahre 1579 christliches Bekenntnis und christliches Leben[1] verlangt (LXXI § 1, LXXII § 1). Unter christlich im ersten Falle ist natürlich Lutherisch verstanden.

Im Jahre 1610 setzten die Handwerker es durch, daſs niemand in die Stadt aufgenommen werden sollte, der den Privilegien der Ämter zuwider arbeiten wolle (LXXII § 30), während der Rat sich die Concessionirung hatte vorbehalten wollen. In der Tat hat das Institut der Freimeister fortgedauert, dem Bönhasentum aber, gegen das sich LXXII § 31 erklärte, wird nach Vermögen gesteuert sein[2].

Wenn es altes Lübisches Recht war, daſs kein Ratmann im Dienste eines Fürsten stehn durfte[3], und für Wismar etwa um 1330 gewillkürt war, es solle kein Bürger sich mit Vogtei oder Zoll des Fürsten befassen[4], so trat im Jahre 1610 das weiter gehende Verbot hinzu, daſs kein Bürger sein Gut zu Lehen machen, noch ohne Bewilligung des Rats Lehngüter kaufen dürfe[5]. Ob Erfahrungen der Rostocker dazu Anlaſs gegeben haben? Für Wismar kann man die Bürger, die Landgüter besessen haben, an den Fingern herzählen[6].

---

folger schaffen solle, der ihm und den andern Bauern zu Stük recht sei (1494). Es scheint sich in der Regel um heimliches Ausrücken ohne Kündigung zu handeln. Von schuldig gebliebener Pacht findet sich kein Wort. Ein die Aufnahme verlaufener Bauern verbietender Paragraph der Polizeiordnung von 1516 ist gestrichen (Groth, Mekl. Jahrb. 57, S. 299). Die P.O. von 1572 beschränkt sich auf Knechte und Mägde, die namentlich in Rostock und Wismar Aufnahme finden. Beide Städte nahmen aber die Polizeiordnung nicht an. — Vgl. Brinkmann, Aus dem Deutschen Rechtsleben, S. 94, 98, 101 ff. HR. III, 4, S. 592 § 29, S. 593 § 30.

[1] In Anklam schon 1544, Stavenhagen S. 431 § 1; Hamburg, Thomae § 2.

[2] Vgl. Hans. Gesch.-Bl. 1897, S. 70 Anm., S. 50—55.

[3] Hach, ALR. II § 42.

[4] Mekl. Urkb. VII, Nr. 4463, 4.

[5] LXXII § 34. In Lübeck sollte kein Bürger Landgüter auſserhalb der Landwehr kaufen, Lüb. Urkb. V, S. 184 Nr. 188. — Vgl. Riemann, Gesch. von Kolberg, S. 81 ff., Beilagen S. 71.

[6] Da in einem Atteste von 1776, Apr. 9 (Tit. I, Nr. 9, Vol. 13) wegen Ansässigkeit von Adlichen gesagt wird, Lehngüter seien von Schoſs frei,

Wer die Bürgerschaft aufkündigte[1], sollte den Zehnten von seiner Habe als Abschofs entrichten (LXXI § 35, LXXII § 32).

Die Bürgerschaft zerfiel in zwei Teile: in Vollbürger oder Bürger im eigentlichen Sinne des Worts und in Ämter. Die ersten waren mit einem Vollhause angesessen, das ein Anrecht auf ein Ackerlos gewährte, und nährten sich der Hauptsache nach vom Handel (wozu auch der Tuchhandel oder Gewandschnitt, nicht aber Kramhandel und Hökerei rechnete) und von Brauerei. Daneben trieben sie auch wol Ackerbau. Sie waren nach den Kirchspielen organisirt. Die Ämter umfafsten Krämer und Handwerker und durch das Amt der Träger auch die Arbeitsleute.

Mehrere Bürgersprachen verbieten, die Kosten und Schmausereien zu erhöhen oder auszudehnen, die bei der Aufnahme in die Ämter von altersher erfordert wurden, zuerst bei Strafe der Ausstofsung aus dem Amte und 10 M. Silbers[2], danach bei willkürlicher oder auch strenger Strafe[3]. Später wird man es für genügend erachtet haben, dafs in den Rollen das erlaubte Mafs festgesetzt war[4].

Mit der Mehrzahl der Ämter, wenn nicht mit allen, war eine kirchliche Brüderschaft oder Gilde verbunden, und ebenso hatten die Vollbürger ihre Gesellschaften und pflegten in Kalanden oder Brüderschaften zu sein. So wird von dem 1427 hingerichteten Bürgermeister Johann Banzkow berichtet: *he was in beiden kalanden unde in der segelere kumpanie unde papegoiien selschop unde ok in ander ammete broderschop*[5]. Auch sein Schicksalsgenosse, der Ratmann Heinr. v. Haren, gehörte der Schiffer-Kumpanei und der Papageien-Gesellschaft an[6]. Diese letzte angesehenste Gesellschaft[7] zählte

---

so mag man haben verhüten wollen, dafs nicht schofspflichtiges Gut sich der Steuer entziehe.

[1] Wegen älterer hansischer Beschlüsse darüber s. Stein, Beiträge, S. 120 f.

[2] 1398 § 3h, 1400 XL § 17.

[3] 1420 § 36, 1421 § 32, 1424 § 36, 1430 § 38, 1480 § 49.

[4] In Stralsund wurden im J. 1534 die Amtskösten ganz abgeschafft, wogegen ein Stück Silberzeug gegeben werden mufste. Brandenburg, Magistrat 14, 61. Barth. Sastrow I, S. 170. Wegen der Mekl. Landstädte s. die Polizeiordnung vom J. 1516, Mekl. Jahrb. 57.

[5] Mekl. Jahrb. 55, S. 119.

[6] Mekl. Jahrb. 55, S. 112.

[7] Statuten, Mekl. Urkb. XIX, Nr. 11163.

anfänglich auch Handwerker zu ihren Mitgliedern, wie diese ursprünglich auch ratsfähig gewesen waren [1]. Nicht ganz 100 Jahre aber, nachdem man aufgehört hatte, solche in den Rat zu kiesen, gebot im Jahre 1379 der Rat, daſs die Ämter nur mehr je eine Gilde halten durften, weshalb diese mit zwei Lichtern aus der Papageien-Gesellschaft ausgesondert wurden [2].

Die Bürgersprache von 1381 bestimmt in § 1 und 2 hierzu: die alten Ämter dürfen ihre Lichter und Gilden behalten, darüber hinaus darf kein anderer Gilde *(convivium)* halten, und wer einer Gilde angehört, darf in keiner andern sein [3]. Brauerknechte und Brauermägde [4] und anderes losbändiges Volk dürfen keine Gilde haben und niemand ihnen sein Haus dazu einräumen. Das wird 1417—1480 wiederholt in der kurzen Form: es sollen nicht mehr Gilden bestehn, als von altersher zugelassen sind [5]. Im Jahre 1417 werden insbesondere

---

[1] Crull, Ratslinie, S. XVIII f.

[2] Mekl. Urkb. XIX, Nr. 11162.

[3] In Reval war jedem nur Eine Gilde erlaubt um 1360, um 1400, Archiv III, S. 85, 87. In Riga ward den Trägern und Arbeitsleuten untersagt, mehr als Eine Gilde zu halten 1412 § 77, aus dem 15. Jh., aus dem Anfange des 16. Jhs. § 71, Napiersky S. 221, 234, Archiv IV, S. 208.

[4] 1561 verbot der Rat in einer mit den Brauern vereinbarten Ordnung die Gilde der Schopenbrauer, die sich geweigert hatten mit Brauknechten zusammen zu arbeiten, die nicht in ihrer Gilde waren (Zeugebuch f. 451). Ein Verband bestand aber im J. 1589, wo ihnen zwar untersagt ward Pfingstgilde zu halten, aber Ende Juni 2 Tonnen Bier aufzulegen gestattet wurde (Ratsprotokoll).

[5] 1417 § 18, 1418 § 18, 1419 § 17, 1420 § 35, 1421 § 31, 1424 § 34, 1430 § 39, 1480 § 50. In Rostock hatte der Rat beim Schweriner Bischofe den Ausschluſs der Laien aus den Brüderschaften der Geistlichen auſser dem Groſsen Kalande im J. 1367 durchgesetzt und erreicht, daſs neue Brüderschaften nur mit einhelliger Bewilligung der Pfarrer und des Rats (unter Vorbehalt bischöflicher Bestätigung) sollten errichtet werden dürfen, Mekl. Urkb. XVI, Nr. 9656. Ein nochmaliges in Einzelnheiten abweichendes Verbot aus d. J. 1421 Rost. Etwas 1738, S. 193 f., Schröder, Pap. Meklenburg, S. 1849. Wegen der Gilden in den kleinen Städten und in den Dörfern s. die Polizei-Ordnung vom J. 1516, Mekl. Jahrb. 57, S. 296 f. (§ 44—46), S. 292 (§ 29). In Bremen waren schon im J. 1322 die Gilden wegen der unnötigen Kosten abgeschafft; Koppmann, Hans. Gesch.-Bl. 1876, S. 217. In Dortmund wurden die Brüderschaften im J. 1346 auf-

Marien- oder Gertruden- und Olafs-Gilden verboten, den Ämtern aber ihre hergebrachten Zusammenkünfte erlaubt [1]. Ob unter Marien- oder Gertruden-Gilde die Marien-Gertruden-(oder Elenden-)Brüderschaft verstanden werden könne, ist zweifelhaft, da diese nach ihrem Statut von 1396, Okt. 6 nur Priester aufnehmen sollte; Mitgliederverzeichnisse sind nicht erhalten. Von der Brüderschaft Marien und ihres Rosenkranzes bei den Dominikanern und von der Olafs-Brüderschaft ist so gut wie nichts bekannt.

Im Jahre 1418 ward Bürgern und Ämtern untersagt, für ihre Högen und Zusammenkünfte besondere Häuser zu mieten, vielmehr sollten sie ihre Geschäfte in den allgemeinen Krügen abmachen (§ 19). Wieweit dem Folge geleistet ist, wird dunkel bleiben müssen, zumal da nur das Mieten und nicht auch der Kauf solcher Häuser unter Verbot gestellt zu sein scheint. Die Vorsteher der Segler-Kumpanei hatten schon 1410 ein Erbe im Krönkenhagen erworben, in dem in den Jahren 1427 und 1428 mit Vorliebe die Zusammenkünfte der Bürger, aber auch der Anhänger Jesups abgehalten worden sind [2]. Die gröfsern Ämter aber hatten in spätern Jahrhunderten jedes sein Krughaus. Früher scheinen sie ihre Zusammenkünfte zum Teil in Kirchen oder Kapellen, zum Teil in den Häusern ihrer Werkmeister gehabt zu haben.

c. Nichtbürger.

Es handelt sich um vorübergehend Anwesende (Gäste) und Geistliche.

Der Zustand, dafs Fremde rechtlos waren, darf als überwunden

---

gelöst. Frensdorff, Hans. Gesch.-Qu. 3, S. CII Anm. Gildeverbot in Köln, Stein II, S. 101 § 14, S. 347 § 7.

[1] § 18.

[2] Mekl. Jahrb. 55, S. 98, 101, 103, 114, 124; S. 108, 113, 114. Für die ebd. S. 33 Anm. ausgesprochene Ansicht, dafs Kaufleute- und Seglerhaus dasselbe gewesen, stehn die besten Gründe zu Gebote, aber die Stelle a. a. O. S. 114 läfst sich nicht damit vereinigen, und hier einen Irrtum anzunehmen wird mir nicht leicht. Man wird zwischen dem Schüttinge (in der Schürstr.) und dem Hause der Kaufleute und Schiffer unterscheiden müssen. Dies letzte ward, nachdem 1569 für die Schützengesellschaft, die Brauer, Kaufleute und Schiffer das Neue Bürgerhaus Hinterm Rathause eingerichtet war, 1570 verkauft. Die Schiffer allein erwarben 1606 das Grundstück der Schiffergesellschaft, ehemals des Rates Backhaus.

angesehen werden[1], sofern nicht jemand von Gerichts wegen oder auch durch Gesetz für friedlos erklärt war, wofür die Bürgersprache von 1580 die Tatern und Zigeuner erklärte[2]. Immerhin wird ein Fremder, selbst wenn er nichts auf dem Kerbholze hatte, gut getan haben, sich Geleites zu versichern[3]. Wie weit das aber im einzelnen Falle für notwendig angesehen sein mag und wie weit durch Verträge oder sonst[4] im Allgemeinen oder für besondere Fälle, z. B. für Jahrmärkte[5], Angehörigen von Ländern, Städten oder Kaufleuten oder ganz allgemein[6] Geleit erteilt war, entzieht sich fast ganz unserer Kenntnis und hat gewiſs von Umständen abgehangen. Ebenso war sicherlich der Umfang von Geleit und Geleit und damit die gebotene Sicherheit nicht jedesmal die gleiche[7]. Für Wismar stand das Geleit

---

[1] Vgl. Celler Stadtrecht bei Leibniz scriptores III, S. 484 § 34.

[2] LXXI § 21.

[3] Vgl. den Bericht des Lübischen Syndicus aus Nürnberg 1447, Lüb. Urkb. VIII, S. 500.

[4] Für Kaufleute z. B. in Braunschweig, Urkb. der St. B. I, S. 7 § 57. Für Doberan in Rostock, Mekl. Urkb. VI, Nr. 3743. Für Stendal von Herrn Johann von Meklenburg für ein Jahr gewährt, Mekl. Urkb. II. Nr. 825. Viel dergleichen im Hansischen Urkundenbuche.

[5] Wismarsche Kämmereirechnung 1599, S. 77 zu Pfingsten: *4 ß vor den frede ein- und auſszuleuten.* Vgl. die Anm. zu Anlage C. Wegen Ein- und Ausläutens des Jahrmarktes in Köln Stein II, S. 29, Keutgen S. 327 § 11 [1360]. 1463 fragt Lübeck bei Wismar an, ob seine Bürger dort zum Jahrmarkte Geleit haben würden. Der Kolberger Rat verkündet Geleit für alle, die *veile ware inbringhen* bis zur nächsten Bgspr., ausgenommen für Verfestete usw. I § 6, IV § 7, V § 7, ähnlich II § 5, nur für 8 Tage III § 7. Dagegen in III (vor dem Jahrmarkte) § 9: *de radt secht up dat leyde tusschen dyt unde der negesten bursprake, uthgenamen de de rad besundergen leidet unde de korn, holt unde kalen bringen.* Güstrow 1561: *ein isliker schall to der kerkmissen 3 dage davor und 3 dage darna geleidet sien,* Besser II, S. 271; *wer etwas to kope hefft edder bringet, de schall bet to S. Gallen dage vor geldschuld geleidet syn,* S. 272. Lippstadt, Stadtrechte der Grafschaft Mark I, S. 3 § 5.

[6] Allgemeine Sicherheit gewährte der Frankfurter Reichstagsabschied von 1442 § 6 Ackerbauern, Kaufleuten, Pilgern, Geistlichen, Kindbetterinnen.

[7] Vor allem ist allgemeines Geleit und besonderes Geleit zu unter-

dem Rate zu, im Einzelfalle aber gewährten es die Bürgermeister [1]. Unbedingt ward Sicherheit vor Angriffen von Gläubigern gewährt. Deshalb warnen die Bürgersprachen: jeder sehe sich vor, wem er sein Gut anvertraut, denn der Rat will Macht haben, Geleit zu erteilen (oder der Rat will Geleit erteilen) [2]. Von 1373 an, wo dies nachgetragen ist, bis 1419 wird vermerkt, es solle ernsthaft vom Geleite geredet werden. Das wird nötig gewesen sein, denn den Bürgern behagte es wenig, ihre Schuldner auf der Strafse zu sehen und sie nicht antasten zu dürfen, und so war es 1427 einer ihrer ersten Wünsche, mit denen sie an den Rat hinan traten, er solle Schuldnern kein Geleit gewähren (§ 5). Demgemäfs unterblieb im Jahre 1428 die Verkündung wegen Geleits (§ 3) [3]. Unberührt blieben

scheiden. Verfestete wurden wol der Regel nach vom gemeinen Geleite ausgenommen. Vgl. noch Frankfurter Reichstagsabschied 1442 § 12.

[1] Hach, ALR. II, Nr. 57, 241. Lüb. Urkb. VII, Nr. 715, IV, Nr. 746 (Oldenburg), Hans. Urkb. IV, Nr. 1041 (Stralsund). In Braunschweig wurden die Bürgermeister dazu in der ersten Sitzung des allgemeinen Rats bevollmächtigt, Ordinarius § 21. — Lübeck erklärt 1420, *dat mit uns nen wonheit is, dat wy jemende sunderke breve up unse geleide pleghen to geven*, Lüb. Urkb. VI, Nr. 810. Vgl. Frensdorff, St.- u. Ger.-Verf., S. 151.

[2] 1351 XV § 11 (nachgetragen), 1353 XVIII § 11, I § 7, 1371 und 1372 § 8, 1373 § 6, 1385 § 7, 1395 § 5, 1397 § 5, 1400 XL § 5, 1401 § 5, 1417 XLV § 4, 1418 § 4, 1419 § 4, 1420 § 5, 1421 § 5, 1423 § 4, 1424 § 6, 1425 § 7, 1430 § 4. — So auch in Oldenburg § 16.

[3] Ebenso geht es in Lübeck 1406, Koppmann, Lüb. Chron. II, S. 399 § 20. Damit wol in Zusammenhang Hach, ALR. II, Nr. 241, varia lectio. 1449 bittet Wismar Lübeck, *dat gi uns so beschermen in juwem leyde, dat wy nicht overvallen worden (l. werden) myt breven, dar wy in schaden van komen mogen, alz wy latest ghedan worden vormiddelst Henneken Berstorpen unde Hermannus Appel, de doch in juwer stad uppeholden werden*, Lübeck. Urkb. VIII, Nr. 592. Vgl. für Köln Stein I, S. 47 § 1, S. 436 Nr. 238, II, S. 588 Nr. 446; Kolberg V § 6 und Rechtsweisung aus Lübeck, Riemann, Beil., S. 101; Göttingen, Puf. III, S. 199, vgl. S. 200, 211; Mühlhausen, Ratsgesetzgebung, S. 86, 87. — Nach mehrfachen Anläufen (1375 HR. I, 2, S. 102 § 21, 1378 ebd. S. 170 § 26, 1380 ebd. S. 266 § 20, 1386 ebd. S. 380 § 6) statuiren die Hansestädte, dafs flüchtig gewordenen (betrügerischen) Schuldnern Geleit nicht gewährt werden solle (1381 HR. I, 2, S. 281 § 11, 1398 I, 4, S. 422 § 14, I, 8, S. 640 Nr. 979, 1412 I, 6, S. 60 § 21, 1417 ebd. S. 385 § 105, S. 388 § 2, 1418 I, 6, S. 555 § 5 und später).

natürlich von der Geleitsverkündung die aufserordentlich häufigen Fälle, wo Schuldner ihren Gläubigern gegenüber den Schutz des Geleits verwillkürt hatten[1]. Wie sich aber die alte Willkür[2], wonach Bürger die Güter der ihnen schuldenden Landleute in der Stadt mit Beschlag belegen konnten, damit vertragen habe, das lasse ich dahin gestellt. Die Polizei-Ordnung von 1516 gestattete, Bauern zu arrestiren, wenn die Klage vor ihrer Herrschaft oder den Amtleuten erfolglos geblieben war[3].

Im Herbergen wird den Bürgern Vorsicht empfohlen, denn sie sollen für ihre Gäste verantwortlich sein[4]. Insbesondere sollte niemand Sakramentirer und Wiedertäufer, auch nicht Rottengeister aufnehmen[5] (LXX § 67, LXXI § 7, LXXII § 3). Wegen des Hausens von Missetätern, Tatern und Zigeunern s. B a.

Sein Haus, seine Bude oder seinen Keller an Fremde zu vermieten, sollte nur mit Bewilligung der Kämmereiherren gestattet sein[6] (LXXI § 39, LXXII § 38), während vorher (LXX § 37) in diesem Falle nur der Eigentümer verpflichtet worden war, Schofs und Wachtgeld für seinen Mieter zu erlegen, wenn dieser die Zahlung verweigerte[7].

Beschränkungen der Gäste im Handel und Brauen belangend s. unter C a, c, im Waffentragen B a.

Priester, Kleriker und Schüler, die kein Lehen in der Stadt haben und keinen priesterlichen Wandel führen oder hier nicht die Schule besuchen, sollte kein Bürger länger als 10 (oder 3) Tage

---

[1] Davon sind die Zeugebücher von 1328 an voll; auch in den Urkunden vielfach. Andererseits wird auswärtigen Gläubigern bei Kontrahirung der Schuld Geleit zur Einziehung derselben ausgemacht.

[2] Mekl. Urkb. IV, Nr. 2647, 7.

[3] Mekl. Jahrb. 57, S. 284 § 8.

[4] I § 3, 1371 und 1372 § 5, 1385 § 26, 1394 § 5. — Lübeck, Lüb. Urkb. VI, Nr. 783, IX, S. 959 f., XI, S. 123, Melle S. 112 (noch im J. 1647 gehandhabt, Mitt. f. Lüb. Gesch. 7, S. 13 f.); Rostock, Beitr. IV, 2, S. 50 § 3. Allüberall.

[5] Vgl. Kanzelproklam 1590, Aug. 23, Polizeiordnung vom J. 1572.

[6] Vgl. LXX § 5, Kanzelproklam 1592, Mz. 28, 1624, Aug 1. Rostock, Beitr. IV, 2, S. 60 § 17* (1602). Kiel 1563 Westph., Mon. IV, Sp. 3254. Celle, Puf. I, S. 229.

[7] Vgl. Kieler Bgspr. aus dem Anfange des 15. Jhs., Zeitschr. 14, S. 331.

bei sich aufnehmen (XXVII § 2, kurz vor 1380). Ein späterer Zusatz, der Wandernde und Pilger ausnimmt, ist schwerlich recht bedacht[1].

Waffen in der Stadt zu tragen, wird den Geistlichen zuerst im Jahre 1350 verboten. Tun sie es dennoch, so will der Rat sie mit Hülfe ihrer Obern bändigen und keine Schuld haben, wenn ihnen Widerwärtiges begegnet (XI § 10). In gleich korrekter Weise wollte man nach einer etwas ältern Willkür[2] Geistliche, die sich an Bürgern vergriffen, dem geistlichen Gerichte überlassen, behielt sich aber vor, über Bürger zu richten, die sich gegen Geistliche vergehn würden. Später hat man kein Bedenken getragen, die Geistlichen ebenso wie die Bürger direkt und mit der gleichen Strafe zu bedrohen, falls sie nächtlicher Weile ohne rechte Ursache auf der Strafse mit Waffen betroffen würden[3]. Als Strafe ist bis zum Jahre 1418 Haft angedroht, woneben 3 M. Silbers erlegt werden sollten. Von 1419—1424 wird nur diese Bufse verzeichnet. Laut 1430 § 61 soll nächtliches Schweifen mit 3 M. Silbers gebüfst werden (wobei die Geistlichen nicht besonders erwähnt werden), wer aber mit Waffen betroffen würde, Geistlicher wie Laie, in die Hechte gebracht und vom Rate nach Willkür gebüfst werden.

In den spätern Bürgersprachen ist von den Geistlichen keine Rede mehr.

d) Befestigung und Verteidigung.

Zur Sicherung gegen andringende Feinde hat in der ältesten Zeit ein Plankenzaun[4] dienen müssen. Sobald aber das Gemein-

---

[1] Vgl. Keutgen, Urkk. zur städtischen Verfassungsgeschichte, S. 326 § 20.

[2] Mekl. Urkb. VIII, Nr. 5185. Um dieselbe Zeit nahm der Lübecker Rat die Hülfe des Bischofs in Anspruch, um den Kleriker Albert Kleye zur Rechenschaft zu ziehen. Mantels, Beiträge, S. 124—127. Vgl. noch Lüb. Urkb. II, Nr. 323 f., 612, 635. Die Sache complicirte sich leicht, wenn sich der Geistliche in weltlicher Tracht verging, wie z. B. Lüb. Urkb. II, S. 764 Nr. 822; III, S. 804 Nr. 732, Ausgleich S. 805 Nr. 733.

[3] 1395 § 14 (nachgetragen), 1397 § 15 (hier zuerst wird das Verbot, Waffen zu tragen, nachträglich eingeschoben), 1400 XL § 12, 1401 § 14, 1417 § 15, 1418 § 15, 1419 § 14, 1420 § 30, 1421 § 28, 1424 § 30.

[4] Mekl. Urkb. II, Nr. 1181 vom J. 1270. *Nicolaus molendinaricus* (!) *accepit* (hat weggenommen) *plancas civitatis clam et proinde fecit*

wesen hinreichend erstarkt war, ward er durch eine Mauer ersetzt[1]. Bei dieser Stadtmauer, die sich, immer wieder ausgeflickt[2], wo sie schadhaft geworden war, bis zum Jahre 1865 intakt erhalten hat, Lehm oder Sand zu graben, verboten spätere Bürgersprachen[3]. Vor den Planken[4], später vor der Mauer[5] war ein tiefer und breiter Graben gegraben, dessen letzte Überbleibsel zwischen Alt-Wismar-Tor und Meklenburger Tor noch zu Tage liegen. Ebenso begleitete ein Graben die Landwehr, wovon die deutlichsten Reste sich bei Hornstorfer Burg finden. Diese Gräben und die dem gleichen Zwecke mit dienenden Mühlenteiche herzustellen und in Stand zu halten, gehörte zu den Bürgerpflichten[6]. Die älteren Bürgersprachen geben

---

emendam secundum voluntatem consulum et advocati um 1275. Stb. B, S. 84. *apud plankas* auf der Vogts-Grube um 1290, Stb. B. S. 150.

[1] Mekl. Urkb. II, Nr. 1382 und IV, Nr. 2603 f. (um 1276), III. Nr. 2406 (1296). Schröder, Ausf. Beschr., S. 1319 (1304).

[2] Bürgerverträge 1598 § 38 f., 1600 § 52. Vermächtnisse zur Stadtmauer werden erwähnt LXXI § 23, LXXII § 17.

[3] LXX § 2, LXXI § 14.

[4] Vgl. Crull, Mekl. Jahrb. 41, S. 131, 134.

[5] Mekl. Urkb. II, Nr. 1476 (zw. 1278 und 1282), III, Nr. 1711 (um 1284).

[6] Mekl. Jahrb. 42, S. 9 Anm. 6, LXX § 75, LXXI § 19. Im Jahre 1493 sind die Gräben vor dem A.-Wismar-Tor ausgesäubert (Schröder, Ausf. Beschr., S. 1325, nach einer jetzt verschollenen Chronik aus dem Anfange des 17. Jhs.). 1569 im April oder Mai liefs der Rat von den Kanzeln verkünden, es solle jeder, dem es angesagt werde, zur Säuberung des Teiches vor dem Meklenburger Tor unweigerlich *eine volgewassene persone, de arbeiden kann, mit notdurfftigen instrumenten* senden; 1627 aber Apr. 8, da notwendig an den Wällen, Gräben, Teichen gearbeitet werden müsse, dafs jeder Bürger und Einwohner sein Gesinde *oder eine andere volnstendige mans- oder frawespersohn ... und keine jungens oder derns* zur Arbeit daran senden solle. Ähnlich in Celle *zum Bürgerwerk* (Puf. I, S. 230). Die Handhabung dieser wie der gleichen Pflicht zur Säuberung und Herstellung der Grube (A m) oder auch der Räumung des Hafens (A k) scheint in normalen Zeiten eine andere gewesen zu sein und nur das Amt der Träger (oder Arbeitsleute), deren Trommel an die Arbeit rufen sollte, herangezogen zu sein. Wenigstens glaube ich das aus den wiederholten Eintragungen in den Rechnungen (1599, 1617, 1662) schliefsen zu sollen, die nie etwas von Bezahlung solcher Arbeit, wohl aber Zahlungen für Bier, Brot, Hering, Speck, Butter ent-

nur Andeutungen: *de fossato*[1]. In 1401 ist später (§ 29) angefügt: *nota de fossato ulterius fodiendo.* Dann: *de fossato civitatis, prout consuetum est*[2]. »Vom Stadtgraben und von den Fischteichen« 1424 § 62. Deutlich werden erst die Bürgersprachen von 1430 und 1480, die in § 62 und 67 bei Todesstrafe untersagen, die Gräben und Fischteiche der Stadt zu besuchen (und durchzusuchen). Schon im Jahre 1423 war in § 9 das Fischen auf den Teichen und in einem nachträglichen Einschube auch das Ausnehmen von Eiern (vermutlich Schwaneneiern) verboten, 1480 aber wird über die Müssiggänger geklagt, die bei den Landwehren und den Teichen der Stadt umgehn und schweren Schaden tun, und es wird das Angeln dort und in den Stadtgräben nicht nur unter Strafe gestellt, sondern auch einem jeden die Befugnis eingeräumt und der Auftrag erteilt, solche Angler zu pfänden[3]. Hoffentlich hat sich das wirksamer erwiesen als der Schutz

---

halten für die Träger, die an Stadtgraben oder Grube gearbeitet haben. (Unter Berufung auf alte Gewohnheit verlangt der Rat im J. 1583, dafs sie auf Ansage zu städtischer Arbeit mit Spaten und Schaufeln erscheinen, und bewilligt ihnen dafür des Tags dreimal Essen und 3 Kannen Bier, und nicht mehr, Ratsprotokolle fol. 59). 1684 dagegen werden Soldaten und Arbeitsleute für gleiche Arbeit abgelohnt. Dafs der Bürger seine Pflicht durch Geldleistungen ablösen konnte, möchte aus einer weiter unten gelegentlich der Wälle anzuführenden Stelle zu schliefsen sein. Ähnlich wie nach dem Vorigen die Träger werden die Fischer regalirt, wenn sie ihrer Verpflichtung nach die Seezeichen aus- oder einbringen, auch Ackerbürger, wenn sie Schutt abfahren (K.-R. 1617 S. 57 f.), und erhalten die Bürger von Stadt wegen Bier oder Mumme, wenn sie etwa bei Besuch von Fürstlichkeiten zur Musterung aufgeboten sind (K.-R. 1602 S. 14. Vgl. Geldsachen der Kämmerei 1601, K.-R. 1617 S. 76).

[1] 1395 § 25 (nachgetragen), 1397 § 28, 1400 XL § 25, 1401 § 25.

[2] 1417 XLIV § 26, 1418 § 31, 1419 § 36, 1420 § 53, 1421 § 52.

[3] 1480 § 84. Kanzelproklame von 1534, 1569, 1585, 1605, 1610, 1614, 1617, 1619, 1630 warnen vor allem, nach Vögeln und Wildwerk auf der Stadt Teichen und Felde zu schiefsen. Die Burgleute aber auf den Landwehren wurden vermöge ihrer Eide aus dem Ende des 16. und dem Anfange des 17. Jhs. zur Aufsicht über den Stadtgraben und seine Holzung verpflichtet. Auch die Bgspr. anderer Städte verbietet das Befischen des Stadtgrabens: Kiel (*up der stad stowingen ofte diiken*, Anfang des 15. Jhs., Zeitschr. 14, S. 333), Anklam 1544, S. 438 § 82, Ribnitz 1588, Kamptz I, 2, S. 332 § 9, Bremen 1539 § 180, Puf. II, S. 128, Parchim 1622, Cleemann S. 158 § 6.

des Publikums, dem in unserer Zeit die öffentlichen Anlagen empfohlen werden.

Vom Walle der Stadt sind merkwürdig wenig Nachrichten. Die ältesten Stadtbücher haben jedes eine Aufzeichnung, die etwa dem Jahre 1290 zugewiesen werden kann. Danach haben die Ratmannen dem Heil. Geiste 5 ß in Brot und 11 ß 8 ₰ bar gegeben für Wall-Arbeit, *pro labore des walles*[1], und verschiedene Gärten niedergelegt, darunter einen auf dem Stadtwalle vor dem Alt-Wismar-Tor[2]. Im Jahre 1522 hat man angefangen, ein Rundel vor dem Lübschen Tore zu bauen[3]. 1534 klagen die Wismarschen, sie hätten eine arme, wüste Stadt, die schwach befestigt sei[4]. 1535 erwählt auf Bewilligung des Rats die Bürgerschaft 8 Bürger, um das neue Wallgeld (4 ß von 100 M.) einzusammeln und zu verwalten[5]. Ein *rondeil* vor dem Meklenburger Tore begegnet in einem Ratsmandate aus dem Jahre 1557. Wall vor dem Meklenburger Tore 1582, beim Schmiedehäuschen 1608[6]. — Auch an den Wällen zu arbeiten, war Bürgerpflicht[7]. Schutt und Mist und dergleichen sollte sonnabendlich auf die nächsten Wälle gefahren werden (LXX § 3). — Auf Ver-

---

[1] Stb. A., innere Seite des Umschlags.

[2] Mekl. Urkb. III, Nr. 2072.

[3] Schröder, Ausführl. Beschreibung, S. 1326.

[4] Waitz, Wullenwever II, S. 63.

[5] Zeugebuch S. 313.

[6] Kämmerei-Rechnungen.

[7] LXX § 75, LXXI § 19. Vgl. Mekl. Jahrb. 42, S. 9 Anm. 6 und die Anm. 6 zu S. 42. Die unvollständig erhaltene Aufzeichnung in LXX D fol. 97r (etwa vom J. 1590): *ist geschlossen, das wegen dem walle vorm Poler dor ein jeder, so darvan abgenommen, jehrlichs dafur geben sollen* ... wird bedeuten: wer sich von seiner Verpflichtung am Walle zu arbeiten befreit wissen will, hat so und so viel zu zahlen. — Zingel sind schon 1410 im Verfestungsbuche erwähnt (S. 66), nachher erst wieder 1599 und 1626. — Verordnungen zum Schutze von Wall (und Mauer) hat die Bgspr. von Anklam 1544 (S. 434 § 33), Ribnitz 1588 (Kamptz I, 2, S. 334 § 40), Boizenburg (S. 318 § 2), Malchin 1612 (Mekl. Jahrb. 14, S. 180), Hamburg 1594 § 22, Bremen 1539 § 180 (Puf. II, S. 128), Friedland (Kamptz I, 2, S. 308 § 48). Wegen Kölns s. Stein II, S. 361 § 4a, S. 582 Nr. 440. Strafsburg, Keutgen, Urkk. z. städt. Verfassungsgesch., S. 99 § 80; Hameln, ebd. S. 298 § 85.

nächtnisse zur Verbesserung des Walles wird gerechnet LXXI § 23, LXXII § 17.

Die Landwehr wird einzig in zwei Bürgersprachen genannt[1], wo es bei Todesstrafe verboten wird, sie zu untersuchen, zu brechen oder darüber zu gehn oder Holz oder Strauchwerk dort zu hauen. Beiläufig ist sie aufserdem 1480 § 83 f. erwähnt. Man mufs aber in Erwägung ziehen, dafs die Landwehr von einem Graben begleitet war, und wie jetzt unter Stadtgraben die Landwehr mitverstanden wird, es auch wol in Vorzeiten geschehen sein wird. Damit würde sich auch der sonst so auffällige Umstand erklären, dafs für die Landwehr kein früheres Zeugnis als vom J. 1363 vorliegt[2]. In den Hauptstellen der Bürgersprache sind Landwehr und Stadtgraben verbunden. Als Wall wird die Landwehr in einer Stadtbuchschrift[3] vom J. 1521 bezeichnet.

Öfter und mehr beschäftigt sich die Bürgersprache mit den Verteidigungsmitteln der Bürger.

Nur zweimal erscheint die Aufforderung im Herbste, dafs sich ein jeder für ein Jahr mit Lebensmitteln versehe[4]. Sie findet ihre Parallelen und ihre Erklärung in andern Städten[5].

---

[1] 1430 § 62, 1480 § 67.

[2] Mekl. Urkb. XIV, Nr. 8686 Anm. — Vgl. die Bgspr. von Ribnitz 1588, Kamptz I, 2, S. 333 § 21.

[3] Geistl. Stadtbuchschriften fol. 90 handelt von einem *by der stad walle* belegenen Ackerstücke, das nach einem andern Zeugnisse auf dem Baumfelde lag.

[4] 1345 III § 10, 1347 § 2.

[5] Vereinbarung von Greifswald, Anklam und Demmin vom J. 1323 und spätere Bgspr. von Greifswald (Pomm. Gesch.-Denkm. I, S. 143, 8, II, S. 101 § 69). Hier und in der Bgspr. von Anklam 1544 § 52 und von Celle (Puf. I. S. 231) bestimmt sich die Menge des Kornvorrats nach dem Vermögen. Lübeck, in den ältesten Bgsprn. in Anknüpfung an die zu Wasser und zu Lande herrschende Unsicherheit, dafs jeder sein Haus derart mit Speise, Korn und Waffen versehe, dafs die Herren es bei der Visitation bewahrt befinden, Lüb. Urkb. VI, Nr. 783, IX, Nr. 925, XI, S. 123, Melle, Gründl. Nachr., S. 112. Reval um 1400, im 3. Jahrzehnt des 15. Jhs., 1560 § 4, 1803 § 4: Archiv III, S. 86, Hans. Gesch.-Bl. 1888 S. 186 f., Qu. des Rev. Str., S. 238, 241. Rostock, Beitr. IV, 2, S. 57 f. § 2*, 8* (vom 16. Jahrh. an). Hamburg 1594 § 5. Eine gleichartige Mahnung erging 1630, Sept. 21 an die Mitglieder der Universität Rostock,

Im J. 1349 wird jeder gemahnt, willig zu sein sich zur Wehre zu setzen[1], in einer Bürgersprache, wo auch andere Artikel auf Krieg und Raubzüge hinweisen.

Unendlich oft ergeht an die Bürger die Aufforderung ihre Waffen bereit zu halten. Dabei ist in Betracht zu ziehen, dafs sie schon dem allgemeinen Texte[2] angehört, wo sich mit ihr die Warnung verbindet, nicht die Waffen nach auswärts zu verleihen, und jedem aufgegeben wird bei Alarm gewaffnet an das jedem angewiesene Tor[3] zu eilen. Die gewöhnliche Formel lautet: ein jeder soll seine Waffen[4] bereit halten[5], denn die Herren Ratmannen wollen Umschau halten lassen[6] oder wollen umhergehn und die Waffen beschauen[7].

Rost. Etwas 1737, S. 208. Es hat aber auch in Wismar die Verpflichtung. Kornvorrat zu halten, weiter bestanden. Wenigstens waren nach der Ordnung des Mehlhauses vom J. 1586 die Bürger, die Korn verschifften, verbunden, auf jede Last ein Drömpt in Vorrat zu behalten. Noch im J. 1715 wahrte sich der Rat das Recht der Visitation und übte es aus, Schröder, Kurtze Beschr., S. 532, 534 f., 537.

[1] IX § 3.

[2] I § 2.

[3] Vgl. Hans. Gesch.-Bl. 1890/91, S. 79.

[4] Harnisch und Wehr 1480, LXX, LXXI.

[5] I § 2, 1397 § 4, 1400 XL § 4, 1401 § 4, 1421 § 4, 1423 § 3, 1480 § 4, LXX § 74, LXXI § 18, LXXII § 14.

[6] So bis 1352 und 1422.

[7] 1349 IX § 4, 5, 1352 § 11, 1371 und 1372 § 4, 1373 § 4, 1385 § 5, 1395 § 4, 1417 § 3, 1418 § 3, 1419 § 3, 1422 § 3, 1424 § 5, 1425 § 6, 1430 § 6. Auf blofse Andeutung beschränkt sich 1394 § 10. — Eine Waffenmusterung ist schon für 1299 bezeugt, die Eintragung aber unvollständig und nicht ganz verständlich, Mekl. Urkb. IV, Nr. 2534. Eine Musterung ward 1609 Juli 8 gelegentlich einer Erbhuldigung angesetzt (Kanzelproklam). Die Kämmereirechnung von 1599 notirt auf S. 189: *4 M. 8 ß dreienn schreiberß vorehret vor die register zu verfertigen, alß die hern die rustunge besehen den 13. Oct.* Lübeck, Zeitschr. f. Lüb. Gesch. VIII, S. 501 Anm. 275. Nach Brandenburg, Gesch. des Magistrats der St. Stralsund S. 14 wurden dort am Nachmittage nach Verkündung der Bgspr. die Waffen der Ämter besichtigt. Genzkow berichtet nur von einer aufserordentlichen Waffenschau im J. 1563, Tageb. S. 252. Kolberg III § 54. Das Bereithalten der Waffen verlangt auch die Bgspr. von Rostock (Beitr. IV, 2, S. 51 § 8, vgl. S. 58 § 8*), Lübeck (Lüb. Urkb. VI, Nr. 783, Melle, S. 112), Kolberg (I § 22, II § 35, III § 53, V § 31), Kiel

er ohne Waffen befunden wird, dem wollen die Ratmannen solche f seine eignen Kosten beschaffen und ihn dazu mit 3 M. Silbers .ſsen lassen[1]. Bei Strafe der Stadtverweisung soll sich jederman lerzeit, wann er angesagt wird, bei Tage wie bei Nacht mit seinen 'affen bereit halten[2]. Einzeln finden sich Zusätze: um zu gegebener eit Leib und Ehre zu verteidigen[3], weil es höchst nötig ist[4], weil an leider zur See wie auf dem Lande Fehden der Fürsten befürchten ıuſs[5], weil leider zu Lande wie auf See grofse Unsicherheit herrscht[6].

Über die Art der Waffen läſst sich nur die letzte Bürger-prache[7] aus, wo verlangt wird, daſs die Eigentümer von lottberech-gten Häusern Harnische, die übrigen Einwohner aber Ober- und Jnterwehr halten sollen[8].

Anfang des 15. Jhs., 1423, 1563, Zeitschr. 10, S. 187, 190, 14, S. 331, 10, S. 194. Westph. IV, Sp. 3253), Reval (um 1360, Archiv III, S. 85), Anklam (1544, S. 435 § 47), Ribnitz (Kamptz I, 2, S. 333 § 12), Greifenberg (Riemann S. 247 § 2), Hamburg (1594 § 20), Bremen (1539 § 6, Puf. II, S. 105), Friedland (Kamptz I, 2, S. 315 § 75).

[1] 1371 und 1372 § 4, 1373 § 4, 1385 § 5, 1395 § 4, 1417 § 3, 1418 § 3, 1419 § 3. Nur diese Geldbuſse wird erwähnt 1397 § 4, 1400 § 4, 1401 § 4. — Ebenso in Lüneburg 1401, Kraut S. 34.

[2] 1480 § 4, LXX § 74, LXXI § 18, LXXII § 14. Desgl. Kanzelproklam 1598, S. 82 f.

[3] 1421 § 4, 1422 § 3, 1423 § 3, 1430 § 6.

[4] 1394 § 10.

[5] 1417 § 3.

[6] 1418 § 3, 1419 § 3.

[7] LXXII § 14.

[8] Daſs aber auch die gröſsern Ämter als solche Harnische hatten, geht aus den Rollen hervor. Vgl. Werkmansche Chronik, Mekl. Jahrb. 55, S. 103, 105, 108, 113, 115, 133. Nach einem Ratsbeschlusse von 1587 Mai 6 sollte sich jeder Bürger *eine rustung, unter- undt oberwehr inwendig 4 wochen nach der ersten besichtigung schaffen*, Ratsprotokoll von 1581, Vorsatzblatt. Nach der Ordnung des Bürgerrechts von 1619 sollen bei Gewinnung des Bürgerrechts die Bürgermeister den jungen Bürgern determiniren, wie sie zu jeder Zeit mit ihrer Rüstung *stafiret und gefaßt* sein sollen, und soll bei Leistung des Bürgereides die Rüstung auf der Kämmerei vorgewiesen werden. — In den Preuſsischen Städten sollen alle erbgesessenen und in genügender Nahrung sitzenden Bürger vollen Harnisch (Brustpanzer, Eisenhut, Blechhandschuhe) haben 1410 HR. I, 5, S. 542 § 10. Was 1330 zur vollen Rüstung der Schuhmacher zu

Wie stehts aber um die Pferde und *armigeri*, die nach 1420 § 4 aufser den Waffen bereit zu halten sind? Die letzten, um das vorweg zu nehmen, könnten vielleicht Söldner sein, die diejenigen zu stellen hatten, die persönlich keine Kriegsdienste leisten konnten oder wollten [1]. Wegen der Pferde aber ist es wenigstens vom Amte der Knochenhauer bekannt, dafs sie für den Dienst der Stadt Pferde halten mufsten [2], womit in Verbindung stehn wird, dafs ihnen zu Ostern von den Kämmerern eine Tonne Bier gegeben ward (Wachstafeln zum J. 1477). Möglicherweise hat auch Bürgern eine ähnliche Leistung obgelegen (vgl. unten).

Ebenso hatte auch in Friedenszeiten die Bürgerschaft durch regelmäfsigen Wachtdienst für die Sicherheit der Stadt zu sorgen [3]. Auch diese Bürgerpflicht wird in den Bürgersprachen ein-

---

Bergen gehörte, Hans. Urkb. II, Nr. 495 § 3. Nach der ältern Rigischen Bgspr. von 1376 § 41, 1384 § 40 (Nap. S. 206, 208) und der Revalschen um 1400 (Archiv III, S. 90) sollen alle diejenigen vollen Harnisch haben, deren Frauen Buntwerk oder Gold und Buntwerk tragen. Vollen Harnisch *tho syme lyve* verlangt die spätere Rigische Bgspr. von jedem Bürger, die aus der Mitte des 17. Jhs. dazu Ober- u. Untergewehr (1399 § 40, 1405 § 41, 1412, Anfang u. Mitte des 16. Jhs. § 45: Nap. 212, 216, Stat. u. R. der St R. S. 161, Nap. 231, 239; S. 248 § 69). Die Eimbeker Pol.-Ordn. vom J. 1573 verlangt vom Brauer volle Waffen, vom Büdner mindestens eine Pickelhaube (Bodemeyer, Hannov. Rechtsaltertümer S. 26). Göttinger Statuten scheiden nach dem Vermögen (Puf. III, S. 172 f.). Verschiedene Spezificirungen bieten die Hamburger Bürgersprachen (1594 § 20, vgl. § 31, Thomae § 5). Die Bielefelder Bgspr. von 1578 kennt ähnliche Abstufungen, ohne nähere Angaben zu bieten (Walch III, S. 67). In Lübeck ward 1647 verfügt, dafs, wer das Bürgerrecht erwerben wolle, den Besitz eines eignen Harnisches nachzuweisen habe, Mitteil. f. Lüb. Gesch. 7, S. 14.

[1] Vgl. Hamburger Kämmereirechnungen II, S. 45 Z. 28 ff., S. 46 Z. 6 ff., S. 49 Z. 35, S. 42 Z. 1, S. 43 Z. 1.

[2] Hans. Gesch.-Bl. 1890/91, S. 84. Nach einem Amtsbuche der Knochenhauer sind in den Jahren 1475, 1478 (?), 1479, 1480, 1484 Ritte geleistet. Auch für Lübeck ist eine gleiche Dienstleistung bezeugt, Mitteil. f. Lüb. Gesch 7, S. 15. Die ältere Rostocker Bgspr. (Beitr. IV, 2, S. 51 § 8) verlangt, *dat en jewelk schal hebben sin wapen unde rede perde*, natürlich jeder, soweit er dazu verpflichtet ist.

[3] Vgl. Hans. Gesch.-Bl. 1890/91, S. 76 ff. Ein anschauliches Bild bietet der Bericht Nic. Korns an den Lübischen Rat im J. 1466: *ok, leven*

geschärft, und zwar heifst es in der allgemeinen gleich im ersten Artikel[1], dafs ein jeder in eigner Person zu Pferde wie zu Fufse auf dem ihm angewiesenen Posten Wache halte oder jemand stelle, für den er einstehn wolle. Des Genaueren ist dann noch 1430 in § 63 angeordnet, dafs ein jeder so wache, dafs er es verantworten könne, und wer zu Pferde[2] Wache halte, sich morgens vor dem Rathause einstellen und beim geschwornen Diener melden solle, wenn er nicht seine Wache als nicht geleistet angesehen wissen wolle. In diesen Zusammenhang gehört auch wol die Mahnung zu Gehorsam gegen die Quartiersleute (die Vier, die dazu bestellt sind)[3]. Sehen wir von der 1427 vorgetragenen Bitte der Bürger ab, dafs der Rat für bessere Wache sorgen möge[4], so ist der Text im übrigen dürftig: jeder soll an dem ihm zugewiesenen Platze wachen[5], persönlich[6], bei Nacht oder am Tage in eigner Person[7]. Die meisten Fassungen beschränken sich sogar auf Andeutungen[8], und es wird kein Zufall sein, dafs die Bürgersprache von 1480 und die spätern kein Wort davon enthalten, denn inzwischen, wahrscheinlich nach 1455 und vor

---

heren, de waght, de wert des nachtes to Molen so flitliken nicht bostellet unde schicket so id sik boh[o]ret, wente de waghtere gan mer in den straten, de eyne blest in horneken unde syn kumpan de ropt na; wor se denne kamen in eyne stede, dar men drinket in tabernen, so traghen se tho wakende, unde by de statmure, dar me der vygende pleght war to nemende, dar heft nen mynsche ruke up, Lüb. Urkb. XI, S. 195.

[1] I § 1.

[2] Vgl. Mekl. Jahrb. 55, S. 107. Hans. Gesch.-Bl. 1890/91, S. 80.

[3] 1349 IX § 2.

[4] LVI § 10, vgl. Mekl. Jahrb. 55, S. 31.

[5] 1349 IX § 1, 1351 XIII § 5.

[6] 1351 XIII § 5.

[7] 1371 und 1372 § 3, 1373 § 3, 1385 § 4.

[8] 1395 § 24, 1397 § 27, 1400 XL § 24, 1401 § 23, 1417 XLIV § 26, 1418 § 31, 1419 § 36, 1420 § 53, 1421 § 52, 1424 § 62. — Die Einschärfung der Wachtpflicht in eigner Person oder in zuverlässiger Vertretung gehört so sehr zum eisernen Bestande der Bürgersprachen, dafs Nachweisungen erübrigen. Die Wächter sollen zu rechter Zeit aufziehen und nicht vor Tage abgehn, Lübeck, Anfang des 15. Jh., 1454 und 1457, Lüb. Urkb. VI, Nr. 783, IX, S. 959 f.

1468, wird die Pflicht durch eine Abgabe abgelöst sein[1]. Die für Versäumnisse angedrohte Strafe wechselt zwischen 3 Mk. Silbers[2], 10 M. Silbers[3] und willkürlicher Strafe[4].

Beiläufig sei erwähnt, daſs schon im Mittelalter die Wache Leistenden von Schwärmern Fährlichkeiten zu bestehn hatten[5], daſs aber Rat und Gericht solchen Spaſs nicht verstanden, wie denn das Lübische Recht harte Strafe für solche vorsah, die jemand in der Stadt Dienste und namentlich zur Nachtzeit miſshandeln würden[6]. Auch unter der Maske der Gerichtsvögte und der Wache ist nächtlicher Unfug verübt[7].

---

[1] Vgl. Hans. Gesch.-Bl. 1890/91, S. 81, 85, 88 ff.

[2] I § 1, 1371 und 1372 § 3, 1373 § 3, 1385 § 4.

[3] 1351 XIII § 5.

[4] 1430 § 63.

[5] Verfestungsbuch S. 17: *item Jo. Bleynis eo [proscriptus est] quod servum Albertis (!) rasoris in servicio civitatis vigilantem tempore in [n]octurno verberavit et eundem malis verbis pluries tractavit* (etwa 1380). S. 41: *Laurens vanme Hove is vorvestet umme ene [vulkomenen] wunden [de he] heft anghewrocht deme wachtere ... ch in der stat deenste* usw. (1394). In Lübeck ist 1465 in den Weihnachtstagen ein Wächter zur Nachtzeit ums Leben gebracht, Lüb. Urkb. XI, Nr. 9.

[6] Altes Lüb. Recht II, Nr. 220. Die Rostocker Bürgersprache warnt seit 1580 sich an der Wache zu vergreifen, Rost. Beitr. IV, 2, S. 60 § 14[a]. Vgl. Danziger Willkür, S. 62 § 157.

[7] Verfestungsbuch S. 83 (vom J. 1418): *Marquard unde Merten twe schoknechte, Tidcke een smedeknecht unde Hinr. en armborsterer knecht, dessen veren is de stad vorboden darumme, dat zee zegheden, zee weren de voghede, unde stotten des nachtes den vrowen de dore up unde deden em walt. Item Mathias en schoknecht unde Dideryk en smedeknecht, Clawes en armborsterer knecht de zint vorvested umme de sulven zake unde hebben zyk gheven an ene vorevlûcht.* Ähnliches aus Rostock bezeugt Mekl. Urkb. V, Nr. 3317 (im J. 1309). In Greifswald fand ein Artikel wider nächtlichen Unfug (darunter *doren to stotende)* Aufnahme in die Bgspr., Pomm. Gesch.-Denkm. II, S. 103 § 77. *dürren gestöß* führt Grimm aus verschiedenen Weistümern an, Rechtsaltertümer S. 813. Vgl. auch die Bgspr. von Wilster 1456, Zeitschr. 8, S. 355, Bremen 1539, Puf. II, S. 110 § 42. Ein Wismarsches Kanzelproklam aus dem Ende des 16. Jhs. verwarnt wegen des Mutwillens der Dienstboten und Gassenbuben, die Geschrei verüben, Fenster auswerfen und dgl. Unfug treiben.

e. Verhütung von Konflikten.

War man vermöge der Befestigung der Stadt und der Wehrhaftigkeit ihrer Bürger im Stande, wo nötig Angriffe abzuwehren, so suchte man andererseits unnötige Konflikte zu vermeiden. Die Empfindlichkeit im Punkte der Ehre war ehedem, wo die Schelte dem Verunrechteten als ein letztes Schutzmittel diente, vielleicht gröfser als in unsern Tagen. Bekannt ist, welche Ungelegenheiten der Wismarsche Bürgermeister Peter Langejohann nicht nur sich, sondern auch der Stadt zugezogen hat[1]. Unter den Beschwerden aber, die Herzog Heinrich von Meklenburg wider ihn hatte, dürfte die schlimmste die gewesen sein, dafs der Bürgermeister durch lose Buben ein Schandlied habe auf ihn dichten und bei einem Gelage absingen lassen. König Christian IV. von Dänemark aber hat im J. 1615 geglaubt darüber Beschwerde führen zu müssen, dafs die Lübecker sein neues grofses Schiff eine Aalkiste gescholten hätten[2]. Mehr dergleichen liefse sich von minder hervorragenden Personen anführen. Wenn wir nun dabei bedenken, dafs es nicht gerade Rechtens, aber doch nicht unüblich war, den Mitbürger für den Mitbürger und das Gemeinwesen für einen einzelnen Bürger in Anspruch zu nehmen, so werden wir in der Sorge bösen Folgen vorzubeugen[3], wenn nicht den einzigen, so doch einen hervorragenden Grund für

[1] Crull, Mekl. Jahrb. 36, S. 55 ff. Die Lübecker nahmen 1459 es sehr übel, dafs der Kn. Jochim Blücher sie *vor rovere beklaghede unde bescreff*, Lüb. Urkb. IX, Nr. 695.

[2] Pauli, Zeitschr. f. Lüb. Gesch. 2, S. 284. Eine genaue Parallele dazu bietet ein Wismarscher Fischer, der nach mündlicher Überlieferung in den zwanziger Jahren des 19. Jhs. einen andern deshalb hat gerichtlich belangen wollen, weil jener seinen Schlitten einen Kuffländer genannt hätte (Richter: Senator Hass, der dem Gewette von 1826—1839 vorstand). In einem Auszuge aus dem Rechnungsbuche der Kontorherrn (bei Schröder, Ausf. Beschr., S. 1429) werden wiederholt Bufsen dafür verzeichnet: *daß er das conthor vor einen tisch gescholten*. Nach den Statuten dieser Gesellschaft vom J. 1538 galt es als Verspottung, wenn ein Mitglied die beschafften Trinkgefäfse anders als bei den ihnen zugelegten Namen benennen würde. Zu Bufse sollte das betr. Geschirr geleert oder eine Geldstrafe erlegt werden.

[3] Vgl. den Erlafs Hg. Adolf Friedrichs von Meklenburg an den Rostocker Rat 1644, Mekl. Jahrb. 59, Ber. S. 16.

die Warnung erblicken dürfen, nicht von Herren oder Fürsten oder Mannen Übles zu reden[1], von Herren, Fürsten und Frauen[2], von Herren und Fürsten (und Frauen), Jungfrauen und Geistlichen und andern Biederleuten[3], von Herren, Frauen, Fürsten, Jungfrauen und Geistlichen und ehrenwerten Leuten[4], von Herren, Fürsten, Jungfrauen und andern Biederleuten, geistlichen und weltlichen[5], von Herren, Fürsten, Weibern, Jungfrauen und jedem einzelnen biedern und ehrenwerten Menschen[6], von Herren, von Fürsten, von Frauen oder Jungfrauen, von ehrbaren Leuten, geistlich oder weltlich[7]. Niemand soll die Ehre des andern mit Schandschriften und Liedern antasten, sondern jeder von Herren und Fürsten, auch Frauen und Jungfrauen und andern ehrbaren Leuten in Schicklichkeit reden[8]. Vom Kaiser und von Königen, Herren und Fürsten, von ehrbaren Frauen und Jungfrauen hohes und niederes Standes soll eder in Schicklichkeit reden[9] und niemand den andern weder vor Gericht noch sonst mit Schmähworten und Drohungen angreifen, viel weniger seine Ehre mit Schmähschriften und Liedern antasten[10]. Der

---

[1] 1356 § 23.

[2] 1371 u. 1372 § 2.

[3] 1373 § 2, 1385 § 3, 1395 § 3, 1397 § 3, 1400 XL § 3.

[4] 1401 § 3.

[5] 1417 XLIV § 2, 1418 § 2, 1419 § 2, 1420 § 3, 1421 § 3, 1422 § 2.

[6] 1423 § 2, 1424 § 3, 1425 § 4, 1430 § 3.

[7] 1480 § 3.

[8] LXX § 73.

[9] LXXI § 8.

[10] LXXI § 94. Eine auf die Bgspr. sich beziehende Verwarnung von der Kanzel befindet sich abschriftlich in den Prozefsakten Herm. Tessenows und des Rats gegen Blasius Trendelnburg (1584). Vgl. Schröder, Evang. Meklenburg II, S. 432—434, Mekl. Jahrb. 58, S. 50—56. — Gleiche Warnungen ergingen auch anderswo in Hülle und Fülle allüberall. Ich hebe nur weniges heraus. Lübeck: von Herren und Fürsten, Rittern, Knappen und Geistlichen, von Landen und Städten, Lüb. Urkb. VI, S. 758, 759 f., IX, S. 959, 961, Melle, Gründl. Nachr., S. 112. Rostock: *up heren unde fursten, up riddere unde papen, up vrowen unde juncvrowen, en jewelk up den anderen;* seit 1593 auch von Gelehrten und Ungelehrten. Beitr. IV, 2, S. 51 § 11 und S. 53 zu § 11. Riga: *up heren unde vorsten, vrowe[n] unde yuncvrowen, up den heren meister unde synen orden unde up gude stede* 1412 § 1, Nap. S. 217; nach 1440 werden

Beweis soll mit zwei zeugnisfähigen Männern erbracht werden können[1]. Als Bufse ist in den ältern Bürgersprachen bis 1424 10 M. Silbers angesetzt, 1425 willkürliche Strafe, nach 1430 soll, wer seine Rede nicht beweisen kann, am Kaak stehn und der Stadt verwiesen werden. 1480 sieht man von Stadtverweisung ab und läfst eine Ablösung der Strafe des Kaaks mit 10 M. Silbers zu. Todesstrafe droht LXX an, hohe Strafe LXXI[2]. In Berlin sollte sich die Strafe nach der Art der unbeweislichen Nachrede richten, Stadtbuch S. 31.

Meister und Orden ausgelassen. Das Bündnis zwischen Greifswald, Anklam, Neu-Brandenburg und Demmin vom J. 1392 bestimmt, dafs jeder Rat seine Bürger abhalten solle, *dat se nyne boze wort spreken ratmannen edder borgeren ut der anderen stad, unde schal se dartho holden, dat se syk an rechte nughen laten,* Mekl. Urkb. XXII, Nr. 12406 S. 143. Antwerpen warnt 1458 vor Beschimpfung fremder Marktbesucher, Hans. Urkb. VIII, Nr. 689. — Warnung vor Schandliedern: Anklam S. 433 § 15. Hamburg 1594 § 23, Thomae § 14. Die von Kampen klagen 1355, dafs die Stralsunder *hebben leede ghedichtet, dy schendelic sin, up unse borghere,* Hans. Urkb. III, S. 146 § 6. — Für die Stellung, die man den Frauen einräumte, ist es bezeichnend, dafs im J. 1416 nach der Wiedereinsetzung des Alten Rats zu Lübeck die Frauen der Verbannten nicht etwa sang- und klanglos zurückkehrten, sondern in feierlichster Form eingeholt wurden, H.R. I, 6, S. 215.

[1] 1385 § 3, 1395 § 3.

[2] Wegen der Anwendung vgl. Verfestungsbuch zum J. 1401: *Permelor vorswerd de stad umme dat he up beddervc vruwen sprak, unde wart to den tenen brant* (S. 53). 1410: *Spalkehaversche de schroderschc vorswerd de stad umme dat ße Hinrik Wessels wyve vele arges oversede unde untruchtede se in erer ere* (S. 67). 1417: *Mathias Westfal vorswerel de stad by zyneme levende umme walt unde wolt, de he dân heft unde vele arghes; item hadde he deme officiale unde enem anderen papen vele boser schentliker wort ghesproken* (S. 80). 1419: *Grentsen is de stad vorboden, darumme dat hee unhoveschen sproken hadde uppe Ludeke Sassen wyff* (S. 88). *Detmer Brezeman de bezweret orveyde in den hilghen, alzo orveyde recht is, to holdende vor boren unde vor ungheboren, dar nicht mer up to zakende, alzo hee bosliken ghesproken hadde up ene juncvrowen.* Derselbe *vorswerel de stad by zyneme levende up teyn myle nicht [na] to komende, dorumme dat hee eerlose rede ghesproken hadde up ene beddervc juncvrowen* (ebd.). Oft werden sonst Scheltworte

Dafs dieselbe Rücksicht, Konflikte zu verhüten, bei einer andern Warnung gewaltet habe, möchte ich nicht grade behaupten. wohl aber, dafs sie mitgewirkt habe[1], wenn auch die Sorge für das Wohl der Einzelnen dabei überwogen haben wird. In der allgemeinen Bürgersprache (I § 6) wird nämlich verkündet: dafs niemand lange Reisen segle oder wandere[2] aufser mit Rate der Herren Ratmannen, denn die wissen, was andere nicht wissen. Der Dänen König ist der Feind unsers Herrn; man sehe sich also vor, wohin man geht, 1349 IX § 6 f. Niemand soll eine Pilgerfahrt unternehmen ohne Zustimmung der Ratmannen[3]. Als Ziele der Pilgerfahrten, betreffs derer besonders gewarnt wird, werden Aachen, Einsiedeln, Thann[4] im Elsasse (St. Ewald) genannt. Auch Knechte und Mägde sollen nicht dahin pilgern 1419 § 27.

In den Jahren 1394 bis 1401 wird noch hinzugesetzt: und jeder sehe sich vor, wohin er reitet, denn wer von Räubern oder Wegelagerern gefangen wird, soll auf keine Weise losgekauft werden. Wer einen solchen dennoch auslöst, soll um 100 M. Silbers gebüfst

---

neben andern Übeltaten als Grund für Verfestung oder Verweisung angeführt. In Kiel war 1455 ein Lübecker *umme etliker dumkoner unde vreveler worde willen* gefangen gesetzt, Lüb. Urkb. IX, Nr. 245.

[1] Der Braunschweiger Rat warnt: *nen user borghere scal reyse riden ane des rades witscap, dar de stad in scadhen van kome* (vor 1349, Urkb. d. St. B. I, S. 44 Nr. 39 § 2, S. 64 Nr. 53 § 3).

[2] Eine solche Warnung sollte nach Hansebeschlufs im J. 1387, jedoch nicht vorzeitig ergehn HR. I, 3, S. 371 § 2. Lübeck hat wegen der Gefahren, die dem Kaufmanne von den heimlichen Gerichten drohen, die Landfahrt in Westfalen und Umgegend verboten und hält das Verbot aufrecht 1447 HR. II, 3, S. 179. Vgl. Lüb. Urkb. IX, Nr. 925. Kiel, Anfang des 15. Jhs.: Zeitschr. 10, S. 187, 191, 194; 14, S. 330. Falck, N. Stb. M. 7, S. 93. Hamburg 1594 § 1.

[3] 1373 § 10, 1385 § 12, 1394 § 3, 1395 § 18, 1397 § 21, 1400 XL § 15, 1401 § 17, 1417 XLIV § 19, 1418 § 23, 1419 § 27, 1420 § 44, 1421 § 40, 1424 § 49, 1430 § 7, 1480 § 6. — Dies Verbot war zunächst für ein halbes Jahr 1367 im Spätherbste von den Wendischen Städten beschlossen HR. I, 1, S. 372 § 10. Es ist nicht wiederholt, und nur in einzelnen Städten und Gegenden finden sich Parallelen.

[4] Vgl. Mekl. Jahrb. 60, S. 169—178, im übrigen vor allem Melle, de itineribus Lubecensium sacris, Lübeck 1711.

und für immer aus der Stadt verwiesen werden. Wer aber in Ehren gefangen wird, darf sich lösen[1].

Die Bufse, die auf unerlaubte Reisen oder Pilgerfahrten selbst gesetzt war, ist dem gegenüber gering: anfangs[2] 10 M. Silbers, seit 1420 20 M., 1480 20 M. Lüb.

f. Strafsen und Dämme.

Wenn in Lübeck die Pflicht der Hausbesitzer für den Strafsendamm zu sorgen schon für das Jahr 1236 nachweisbar ist und sie nach dem Zeugnisse der ältesten Rechtsaufzeichnungen[3] für Unfälle in Folge schadhaften Zustandes haftbar waren, so wird nicht zu zweifeln sein, dafs das Gleiche von Anfang an auf Wismar zutrifft. Und in der Tat haben wir ein Zeugnis dafür, so alt es nur verlangt werden kann, aus den funfziger Jahren des dreizehnten Jahrhunderts[4], weitere aber aus den neunziger Jahren[5]. Auch die Herstellung des Dammes werden wir uns zunächst wie in Lübeck zu denken haben, nämlich als Knüppeldamm, woraus sich die Be-

---

[1] Vgl. die älteste Lüb. Bspr., Lüb. Urkb. VI, Nr. 783, und die von Greifswald, Pomm. Gesch.-Denkm. II, S. 93. — Das Verbot, dafs die Angehörigen nicht Gefangene der Schnapphähne lösen sollen, erscheint zuerst in den ältesten Hanserecessen I, 1, Nr. 7 § 3 f., Nr. 9 § 6, danach in der jüngern Redaktion des Alten Lüb. Rechts (Hach II § 211), auch in einer nicht datirten ältern Wismarschen Willkür (Mekl. Urkb. VII, Nr. 4463 § 5). Eine ganze Anzahl weiterer Parallelen bei Frensdorff, Stadt- u. Ger.-Verfassung Lübecks, S. 159 Anm. und zu den Dortmunder Statuten (Hans. Gesch.-Qu. 3, S. 36 Nr. 33. Für Köln, Stein I, S. 48 § 11, S. 62 § 9). Im J. 1393 erteilt Kg. Wenzel der St. Lübeck das Privileg, dafs nicht nur alle Versprechungen Gefangener an Strafsenräuber nichtig seien, sondern dafs sogar Gefangene, die solche erfüllen, abgesehen von andern sie treffenden Strafen ihrer Ehre verlustig gehn sollen, Lüb. Urkb. IV, Nr. 587. Den Sinn des Verbotes erblicke ich darin, dafs den Strafsenräubern die Erpressung von Lösegeld unmöglich gemacht werden sollte. Man mufs gefürchtet haben, dafs sonst, wenn der gesuchte Gewinn wirklich einzubringen war, der Plackereien gar kein Ende sein würde.

[2] I, nachgetragen.

[3] Hach, ALR. I, 73.

[4] Mekl. Urkb. I, Nr. 652.

[5] Mekl. Urkb. III, Nr. 2094, 2291.

nennung als pons, Brücke erklärt[1]. Gegen Ende des 13. Jhs. ist man dort wahrscheinlich zu Steinpflaster übergegangen[2], und in Wismar wird man bald gefolgt sein[3].

Die Bürgersprachen verbieten den Damm oder die Strafse ohne Bewilligung des Rats aufzubrechen, zu erhöhen oder zu senken. 1345—1372[4]. Die folgenden schweigen, dann aber klagt die von 1480 in § 88, dafs der Steindamm in den Strafsen durchgängig der Besserung bedürfe, und verlangt, dafs jeder vor seinem Hause, vor seinen Buden und Kellern seinen Teil aufnehme und bessere[5]. Als Bufse ist zunächst, wenn eine Mahnung erfolglos bleibt, 10 ß Lüb., bei weiterer Säumigkeit 1 M. Silbers angesetzt. In LXX § 49 wird eine allgemein gültige Frist bestimmt, binnen deren der Steindamm von den Hauseigentümern auszubessern ist, widrigenfalls der Rat

---

[1] Brehmer, Zeitschr. f. Lüb. Gesch. 5, S. 232 f. Die auf den ersten Blick befremdende Bezeichnung erklärt sich, wie dort ausgeführt ist, aus der gleichen Herrichtung des Belags von Brücken und Dämmen. Auch in Wismar sind beim Sielbau an zwei Stellen in der Lübschen Str. gegenüber dem Heil. Geiste und an der westlichen Seite des Markts Schwellen gefunden, die nur als Unterlage von Holzbelag zu deuten waren.

[2] Brehmer a. a. O. S. 234.

[3] Schon aus dem J. 1306 ist ein Steindamm (pons lapideus) vor dem Lübschen Tore bei S. Jakobs bezeugt, Mekl. Urkb. V, Nr. 3093; 1325 der Steindamm vor dem Pöler Tore, Mekl. Urkb. VII, Nr. 4600, vgl. VIII, Nr. 5422 S. 357. Zeugnisse aus der Stadt aus den Jahren 1313, 1318, 1330, Mekl. Urkb. VI, Nr. 3591, 3977, 4012, 4027, VIII, Nr. 5135 S. 121 (stenbrugghe).

[4] II § 5, 1353 XVII § 4, 1356 § 5, 1371 und 1372 § 12.

[5] Wegen der Pflicht der Besserung vgl. Gengler, Stadtrechtsaltertümer S. 86 f., Köln, Morgensprache des 17. Jhs., Oldenburg § 22. Lüneburg 1401: *vortmer en schal nemend schoerde* (vgl. *kellerscharde*, Puf. IV, S. 804) *noch stenweghe maken ane vulbort des rades*, Kraut S. 24. Der Steinweg des spätern Stadtrechts (Puf. IV, S. 803, 804), worüber sich jeder mit seinen Nachbaren einigen soll, ist die Leiste (Berlinisch: Bürgersteig). Auch in Braunschweig wird unter Steinweg die Leiste zu verstehn sein. Diesen soll niemand ohne Zuziehung des Rats setzen oder erhöhen, jeder bessern, Urkb. der St. B. I, S. 47 § 66 f., S. 67 § 74 f., S. 134 § 78 f. Vgl. Hänselmann, mittelniederdeutsche Beispiele Nr. 49. Ebenso in Köln, wo die Wegemeister *geyne steynweige vur der lude hüser hoirre laissen machen* sollen *dan dye andere steynweige synt*, Stein II, S. 177 § 1 (1407).

eintreten und die Kosten einziehen lassen will. Zuletzt[1] ist die Frist weggelassen: Säumige sollen wieder gemahnt werden, und, wenn das erfolglos, will der Rat für Ausbesserung oder Neuanlage sorgen, die Kosten aber doppelt wahrnehmen[2].

Nachdem schon zu LXXI D § 16 am Rande vermerkt war: *hir where die grove[3] nidt inthobringen,* ist in LXXII § 12 in der Tat die Pflicht der Anwohner, das Grubenbort zu bessern, der das Strafsenpflaster betreffenden gleich gestellt. Neues Recht ist damit nicht geschaffen, sondern nur althergebrachtes in Erinnerung gebracht[4]. Die Grube zu säubern war allgemeine Bürgerpflicht[5], wie anzunehmen ist, dafs einstmals die Bürgerschaft aufgeboten ist, sie zu graben.

Für die Dämme und Wege aufserhalb der Stadt wird eine gleiche Pflicht der Anlieger wie für die Strafsen nicht ausgesprochen, was sich daraus erklären mag, dafs die Landstrafsen in Ordnung zu halten allgemeines Stadtinteresse war und nicht den zufällig Angrenzenden aufgebürdet werden konnte; aufserdem war der Lottacker noch Eigentum der Stadt[6]. Verboten ward (dicht) an den Dämmen der Stadt Lehm oder Sand zu graben[7]. Seit 1430 wird

[1] LXXI § 16 und LXXII § 12. — 1609 waren in Anlafs der Erbhuldigung die Bürger von den Kanzeln aus aufgefordert ihren Steinweg zu bessern.

[2] Die Pflicht der Adjacenten, die Strafse in Stand zu halten, bestand bis zum J. 1802, wo die Stadt sie (jedoch unter Ausschlufs der Leisten, die die Stadt erst bei der 1869 beschlossenen Neupflasterung an sich zog) übernommen hat.

[3] Ein durch die Stadt gegrabener Kanal.

[4] Vgl. Mekl. Urkb. III, Nr. 2094 (1291), V, Nr. 3541 (1312), VI, Nr. 3591 (1313), 3977 und 4027 (1318). Stadtbuch II, fol. 73[v] (1327). *xxviij ß ij ₰ den tymmerluden unde arbeidesluden de groven up to setten by Cainsowen orde* (S. Nicolai-Rechnungen 1554 S. 21), *xxix ß den timmerluden, doen se de grove upsetteden vor Hartich Kolpins doren* (ebd. 1561 fol. 7). Erst durch Ratsdekret vom 20. Okt. 1824 sind die Anlieger von dieser Pflicht befreit.

[5] Vgl. S. 42 f. Anm. 6.

[6] Für die Wege hatten später die Anlieger zu sorgen, bis im J. 1878 die Stadt die Sorge für die wichtigeren gegen Erhebung einer Wegesteuer übernommen hat.

[7] 1420 § 52 (Nachtrag), 1421 § 50, 1424 § 61.

auch den Nebenwegen (biwegen) derselbe Schutz zu Teil[1]. Die Buſse ist bis 1480 3 M. Silbers, nachher (wo die Stadtmauer demselben Paragraphen eingefügt ist) in LXX 60 M., in LXXI 60 M. Lüb., was C und E in 6 M. Lüb. umändern, in LXXII 10 M. Lüb. oder Gefängnis.

Mit Vermächtnissen zu Wegen und Stegen wird gerechnet LXX § 15, LXXI § 23, LXXII § 17[2]. In Lübeck scheinen solche schon zu Anfang des 15. Jhs. für ein rechtlich notwendiges Erfordernis eines Testaments angesehen zu sein[3], wofür sie die Greifswalder Bürgersprache erklärt[4]. Aus Wismar sind zu wenig Testamente erhalten, als daſs sich daraus ein Schluſs ableiten lieſse. aber bereits vor 1280 findet sich in einem solchen ein Betrag *ad pravas vias civitatis* ausgesetzt[5], und einem Vermächtnisse gleich ist es zu achten, wenn die Brüder Bernhard und Reimbern v. Plessen sich mit dem Rate dahin vereinbaren, daſs nach ihrem Tode ihr Hof in der Stadt verkauft und der Erlös zur Wegebesserung verwendet werden solle[6]. Eine Willkür des J. 1345 endlich bestimmt, daſs von den für Übertretung der Weideordnung erhobenen Buſsgeldern die schlechten Wege gebessert werden sollen[7].

g. Der Stadt Freiheit.

Quod bysspraken libertates civitatis heiſst es in einer langen Reihe Bürgersprachen[8]. Einmal ist versucht *bispraken* zu über-

[1] 1430 § 20, 1480 § 20, LXX § 2, LXXI § 14, LXXII § 9. — Verbot den Landwegen zu nahe zu graben: Ribnitz 1588, Kamptz I, 2, S. 333 § 22; die Wege zu beschädigen: Bremen 1539 Puf. II, S. 128 § 180.

[2] Vgl. Braunschweiger Ordinarius § 63, Urkb. der St. B. I, S. 164.

[3] Pauli, Abhandl. aus dem Lüb. Rechte III, S. 278. Vgl. auch Hach. das alte Lüb. R. II, 103 Varianten.

[4] Pyl, Pomm. Gesch.-Denkm. II, S. 101 § 68.

[5] Einlage zu Stadtbuch B, S. 26. Pauli (a. a. O. S. 277) war das erste Beispiel aus dem J. 1373 gegenwärtig.

[6] Mekl. Urkb. VIII, Nr. 5636, im J. 1336.

[7] Mekl. Urkb. IX, Nr. 6521.

[8] 1345 III § 14 (nachgetragen), 1348 § 11, 1349 IX § 12, 1351 XV § 14, 1353 XVII § 19, XVIII § 10, I § 8, 1371 und 1372 § 9, 1373 § 7, 1385 § 1, 1395 § 1, 1397 § 1, 1398 § 1, 1400 XL § 1, 1401 § 1, 1417 XLIV § 1, 1418 § 1, 1419 § 1, 1420 § 1, 1421 § 1, 1423 § 1, 1424 § 1, 1425 § 1, 1430 § 1.

setzen durch *interdicunt*, jedoch zur Erklärung das Deutsche Wort daneben geschrieben (1351). Von 1385 an wird *intus et extra*, später (bis 1424) *intus et exterius* hinzugesetzt. Seit 1480[1] erscheint der Artikel auf Deutsch: *tho deme ersten bispraket der rath alle der stadt vrygheit, butten unde binnen, der schall sick nemandt unterwinden,* wobei zu bemerken ist, dafs die beiden letzten Fassungen die Beisprache fallen lassen. *Bispraken* ist Einspruch tun betreffs einer Sache, die *libertates civitatis* oder *der stadt vrygheit* aber örtlich als Immunität, das freie nicht ausgetane Eigentum der Stadt zu verstehn[2]. Der Sinn ist also der, dafs der Rat Einspruch tut, falls jemand freies Grundeigentum der Stadt occupirt hätte, um einer Verjährung vorzubeugen. Solche Beisprache ist auch im weiteren Umkreise geübt[3], nicht immer jedoch in der Bürgersprache, sondern

---

[1] 1480 § 1. LXX § 1, LXXI § 13, LXXII § 8.

[2] Nach dem Alten Lüb. Rechte (Hach I, 98) gehörten zu den *libertates prata, pascua* und *piscature.* In der Warenschen Bgspr. bei Kamptz I, 2, S. 331 werden an Stelle der Freiheit der Stadt die einzelnen Besitzungen genannt und in Schwerin (ebd. S. 292 f.) *der Stadt-Freyheit, darein ein Edler Rath das höchste und siedeste [Gericht] hat,* genau specificirt. In Güstrow (Besser, Beitr. II, S. 272): *ein ißliker schall sick des grases up de frieheit entholden bet na assumptions Marie* (Aug. 15) ... *alsdenn ... mag ein ider up den frieheiten Graß meihen. der Stadt Frieheit, Holz und Weide* ebd. (Beitr. II, S. 270, Kamptz I, 2, S. 276 § 23). Nach Mekl. Jahrb. 14, S. 180 gehörten Wege und Stege dazu (Malchin). Vgl. Frensdorff, Stadt- und Gerichts-Verfassung Lübecks, S. 123 Anm. 5.

[3] Kolberg I § 5 und IV § 4: *de radt byspraket der stadt egendom, holte, dyke, vischerige, weyde, acker, wesen* usw. Dagegen II § 4, III § 3 und V § 5: *de radt buth, nemment scal syck underwinden der stad egendom, holte, weyde, dyke, visscherighe* usw. Malchin 1612, Mekl. Jahrb. 14, S. 180. Plau um dieselbe Zeit, ebd., S. 181 f., 17 S. 38. Warnung sich an der Stadt Freiheit zu vergreifen in Güstrow, Besser, Beitr. II, S. 270, Kamptz I, 2, S. 276 § 25; Friedland, Kamptz I, 2, S. 309 § 53; Boizenburg ebd., S. 318 § 2. In Anklam 1544 § 79 (und ähnlich in Parchim, Cleemann S. 161 § 21) soll niemand *buwen, thunen edder graven uppe der stadt frigheit.* In Wismar ward in der zweiten Hälfte des 16. Jhs., 1592 und 1628, von den Kanzeln gewarnt, die geringe Holzung in den Stadtgräben, Gärten, Wulffsbroke, Sowden, Flöte, auch auf der Stadt Freiheit zu beschädigen.

in Lübeck[1] und in Stralsund[2] im Echten Dinge, das man in diesen Städten vielleicht wesentlich deshalb in Bestand gelassen hat. Anderswo galt der Grundsatz: *der stad gemeyne mach nicht verjaren*[3]. Die Buſse für ein Vergreifen besteht nach 1395 bis 1423 und 1490 in 10 M. Silbers, später (LXX—LXXII) wird Todesstrafe und Verlust aller Güter angedroht, wogegen die Bürgerverträge aus den Jahren 1583 § 9, 1598 § 25 und 1600 § 30 lediglich die Herausgabe des seit 40 Jahren Occupirten und Erstattung des daraus gezogenen Nutzens verlangen.

Zur Stadt Freiheit gehörte in erster Linie[4]

---

[1] Melle, Gründl. Nachricht (3. Aufl.) S. 118.

[2] Genzkows Tagebuch S. 5: 1558 Jan. 12 *gieng ick mit dem gantzen rade henaff vor dat gericht, dat mit dem vagede und den beiden richtehern besettet was; vor den bysprakede ick na gewanheit der stat fryheit und gerechtigkeit juxta tenorem schedulae mihi a domino Francisco Wesselio collega meo traditae.* Vgl. ebd. S. 217 und 335. In der Streitsache mit H. Henning Mörder trägt 1515 der Sundische Procurator vor: *wo dat nha lofliker wise to langen tiden ... baven mynslike dechtnisse ys geholden jarlick eyn apenbar richteheginge vor der stadt sittenden vogeden, vor welkeren eyn van den borgermeisteren plecht jarlik to donde ettinck unde vorkundinge rechtes wise antobringende, wo me schal varen mit enem wol[t]dadigen, de der stadt guder, tobehoringhe, straten, wege, stige, stege, wiske, weide, holt, busch, rusch, water, stande, gande, mollendyke, viskerie, jacht, privilegia, vrigheit, bosittinge, herkumpst, waente, brukinge, ynt samende unde bsundergen der stadt guder bowechlick, unbowechlick ... van echliker walt antastet. ... Darup plecht to vorludende eyn apenbar richte ... dat alle, de unde wie, vorvallen in den vorigen broke, de unde den vordelt in der stadt veste unde mit rechte avergekamen, to weddende mit dem hogesten ofte dorch nochsame bote* HR. III, 6, S. 687. — Lüneburg: Puf. II, S. 190, Kraut S. 23 f.

[3] Gengler, Deutsche Stadtrechtsaltertümer, S. 281. Braunschweigisches Urkb. I, S. 24 § 65, vgl. S. 21, 69 § 95. Celler Stadtr. bei Leibniz III, S. 483 § 12. In Braunschweig bestellte der Rat Aufseher, um darauf zu achten, daſs niemand der Stadt abpflüge oder abzäune, Ordinar. § 64. Urkb. I, S. 164.

[4] LXX § 4. LXXI § 15. LXXII § 11; vgl. § 13.

h. Die Weide.

Damit beschäftigen sich die Bürgersprachen vielfach.

Verboten wird Ballast von der Weide oder von grüner Erde zu graben[1].

Kein Pferdehändler soll seine Pferde ohne Bewilligung des Rats auf die städtische Weide bringen, niemand aber beschlagene Pferde, noch anders als auf Prahmen[2]. Demnach mufs an den Aderholm (jetzt Walfisch geheifsen) und vielleicht auch den Swineholm als Pferdeweide gedacht werden, und wenigstens im J. 1597 ward der erste so benutzt. Die Liepz rechnete seit 1328[3] zu den Herrenlötten, im J. 1465 auch der Aderholm, über dessen frühere Benutzung nur bekannt ist, dafs er in der zweiten Hälfte des 13. Jhs. und der ersten des 14. Jhs. verpachtet ward. Im J. 1465 bildete die Liepz 2 (1328 noch 8), der Aderholm 1 Lott, im J. 1542 wurden beide formell (tatsächlich schon 1538) zu Einem Lott zusammengelegt, aber nicht mehr verlost und im J. 1546 als Lott aufgegeben[4]. Im J. 1430 § 56 und 1480 § 62 wird es allgemein verboten, ohne Erlaubnis vom Rate Pferde auf die städtische Wiese zu bringen.

Fast regelmäfsig wird es untersagt besondere Hirten zu halten. So schon in Willküren aus den Jahren 1296, 1334 und 1345[5], dann ständig in den Bürgersprachen[6].

---

[1] 1430 § 15, 1480 § 11.

[2] 1424 § 45.

[3] Mekl. Urkb. X, Nr. 7313.

[4] Crull, Mekl. Jahrb. 31, S. 39 ff. über Liepz und Aderholm, Swineholm (Inseln in der Wismarschen Bucht, die ganz oder teilweise weggespült sind).

[5] Mekl. Urkb. III, Nr. 2372, VIII, Nr. 5534, IX, Nr. 6521; in den letzten beiden für Weiden und Äcker.

[6] 1345 III § 1, 1346 § 3, 1349 IX § 10, 1351 XIV § 2, 1353 XVII § 2, 1356 § 2, 1371 und 1372 § 14, 1382 § 5 (nachgetragen), 1385 § 23, 1394 § 9, 1395 § 21, 1397 § 24, 1400 XL § 23, 1401 § 30, 1417 XLIV § 23, 1418 § 26, 1419 § 23, 1420 § 42, 1421 § 37, 1424 § 46, 1430 § 57, (1480 § 63: wie früher), LXX § 4, LXXI § 15, LXXII § 11. — Ebenso in Greifswald, Pomm. Gesch.-Denkm. II, S. 100 § 63; Güstrow: Besser, Beitr. II, S. 271, Kamptz I, 2, S. 276 § 26; Neu-Brandenburg ebd., S. 283 § 5; Schwerin S. 291 § 4. Boizenburg S. 321 § 11. Grevesmühlen S. 337 § 9. Greifenberg, Riemann S. 248 § 13. Bielefeld 1578, Walch III, S. 75 f.

Aufserdem wird nächtliche Hütung des Viehs verboten[1]. Und obwohl man glauben sollte, dafs das Verbot, eigne Hirten zu halten, durchgeführt, dies andere überflüssig gemacht hätte, wird es dennoch wiederholt in einem besondern Artikel formulirt und meist noch hinzugefügt: durch eigne Hirten[2]. Aus 1430 § 60 und 1480 § 82 scheint aber auch hervorzugehn, dafs mit der nächtlichen Hütung etwas anderes gemeint ist als mit dem Halten eigner Hirten, und dafs es sich dort um Abhüten des Dresches, hier um Hüten auf der Weide gehandelt hat[3]. Dafs Flurschäden vorgebeugt werden sollte, wird in der Willkür des Jahres 1345 und in den Bürgersprachen von 1417 bis 1480 geradezu ausgesprochen[4]. Die Fassung des letztangeführten Artikels 1480 § 82 beweist jedoch, dafs man bis dahin tauben Ohren gepredigt hatte.

Als Weidevieh werden Pferde genannt 1345 II § 1, 1348 § 6, 1351 XIV § 3, 1353 XVII § 2. Diese sollten, wenn nächtlich geweidet, mit dem Hirten in die Büttelei gebracht werden[5], wogegen die Willkür vom J. 1334 sie gerade im Gegensatze zu allem andern Vieh von der Pfändung ausnimmt. Kühe werden in den

Celle, 17. Jh.?, Puf. I, S. 235. Braunschweig, Urkb. d. St. B. I, S. 47 § 49, S. 67 § 60, S. 132 § 54.

[1] 1345 II § 1 (nachgetragen), 1348 § 6, (1353 XVII § 12, 1356 § 2, 1371 und 1372 § 14), 1382 § 5 (nachgetragen), 1385 § 23. Auch in Güstrow. Besser, Beitr. II, S. 271 f. (nicht unbedingt). Kamptz I, 2, S. 276 § 24.

[2] 1417 XLIV § 24, 1418 § 27, 1419 § 24, 1420 § 43, 1421 § 38, 1424 § 47, 1430 § 60, 1480 § 82.

[3] Vgl. 1349 IX § 10 und die Willküren Mekl. Urkb. VIII, Nr. 5534 und IX, Nr. 6521. Die Bürgerverträge von 1583 § 9, 1598 § 24 und 1600 § 29 bestimmen, dafs der Sawden, die Stichlötte und grofse Wiese nach wie vor dem Marstalle und der Kämmerei vorbehalten bleiben, aber nach beschaffter Ernte *su gemeiner Weide gelassen werden*. Noch nach den Weideordnungen von 1795 und 1796 war es erlaubt das Vieh nach der Ernte auf die Stoppeln zu treiben.

[4] Dafür zeugen auch die wiederholten entsprechenden Mahnungen von den Kanzeln 1532, Juli 21, 1569 Anfang März, 1581, Apr. 29, Ende des 16. Jahrhunderts. — Kolberg II § 41 und V § 35: *numment schal syne swine edder koye lopen laten in dat velt, umme des kornes willen;* III § 41 und IV § 53: *nummcnt drive swine ifte koge up zegeden acker.*

[5] 1345 II § 1 (nachgetragen), 1353 XVII § 2.

Bürgersprachen nur Einmal erwähnt[1], obgleich sie vorzugsweise als das Weidevieh anzusehen sind[2]. Schweine[3] in den Willküren der Jahre 1334 und 1345 und in der Bürgersprache 1348 § 6. 1424 (§ 48, nachgetragen) sollte von ihnen besonders gehandelt werden, und 1430 § 59 wird geboten sie vor den [städtischen] Hirten zu treiben. Der Schafe wird aufser in den Willküren von 1334 und 1345 in 1348 § 6 gedacht, 1417 XLIV § 23 in einem (vollständigen?) Nachtrage aber verboten, Schafe und Ziegen aufs Feld zu jagen, was 1418 § 26, 1419 § 23, 1420 § 42, 1421 § 37, 1424 § 46, 1430 § 58 wiederholt wird, jedoch mit dem Hinzufügen, bevor das Korn vom Felde gebracht ist. 1480 § 64 wird die Abschaffung dieser Tiere verlangt — in Bezug auf die Schafe[4] nur eine Wiederholung des Nachtrags zu der Willkür des Jahres 1345 — und bei Verlust derselben untersagt, sie aufs Feld zu treiben[5].

Allein in der Willkür des Jahres 1296[6] findet sich eine Bestimmung über die Zahl des Viehs, das der Bürger ein Recht hat auszutreiben: es sind 6 Kühe und 12 Schweine, für eine Kuh können jedoch 2 Ziegen oder 2 Schafe eintreten. 1726 haben Bürger in einem grofsen Hause 2 Kühe, in bequemer Bude 1 Kuh frei, ein Baumann aufserdem 4 Pferde; Schafe waren frei auf ein Haus 3, auf eine Bude 1. 1795 und 1796 sollte ein Bürger, der ein grofses Haus bewohnte, 3 Kühe und 1, auch wol 2 Pferde frei haben, ein Bürger, der eine bequeme Bude bewohnte, 2 Kühe und 1 Pferd, ein

---

[1] 1348 § 6.

[2] Die Willküren der Jahre 1334 und 1345 bestimmen die Höhe der für das einzelne Haupt verwirkten Pfänder.

[3] Auf diese gehn in erster Linie die Mahnungen der S. 62 Anm. 4 angeführten Kanzelproklamen, dazu noch [1590], 1600, 1609, 1610, Aug. 19.

[4] In Berlin sollte das allgemein gehaltene Vieh, Kühe und Schweine, den Schafen in der Stoppelweide vorgehn (Berl. Stadtbuch, 2. Ausg., S. 32, statt *der stadgemeyne vhe* ist *d. st. g. vhe* zu lesen).

[5] Schafe im Holze weiden zu lassen verbietet das Hagenauer Stadtrecht 1164, Keutgen S. 135 § 9. Ziegen zu halten verbieten zwei Mandate des Rats aus der zweiten Hälfte des 16. Jhs. wegen des Schadens, den sie dem Holze zufügen. Auch die Mekl. Pol.-Verordn. von 1572 untersagt es für das Land. Ein gleiches Verbot zu Bielefeld 1578, Walch III, S. 75 f.

[6] Mekl. Urkb. III, Nr. 2372.

Baumann darüber hinaus 3 Kühe und 6 Pferde; an Schafen sollten für jedes Haus 6, für jede Bude 3 frei sein. Wer mehr Vieh auf die Weide treiben wollte, mufste dafür bezahlen. Hierbei ist es bis 1895 geblieben, nur dafs seit 1816 für das bis dahin freie Vieh ein geringeres Weidegeld gezahlt worden ist als für das überschüssige. Seit 1896 ist der Unterschied fortgefallen, und es kann jeder Bürger so viel Vieh auf die Weide treiben, als er sein eigen nennt, alles für das gleiche Weidegeld.

i. Äcker und Gärten.

Was eine für das Jahr 1421 in einem Nachtrage § 39 angedeutete Bestimmung für einen Inhalt gehabt haben mag, entzieht sich jeder Vermutung. Während aber in einem Kanzelproklam um das Jahr 1600 jeder aufgefordert wird, zur Verhütung von Flurschäden *seine Graben für den Löthen undt Acker verfertigen* zu lassen, schreiten die beiden jüngsten Bürgersprachen [1] dagegen ein, dafs neue Gräben vor Äckern oder Gärten [2] ohne Bewilligung der Kämmerer angelegt oder sonst Erde aufgeworfen werde, der Freiheit und gemeinen Weide zu nahe, wie die letzte hinzusetzt.

Wegen der Pachtzahlung wird in den Jahren um die Mitte des 14. Jahrhunderts [3] verkündet, dafs sie von den Hopfengärten vor der Ernte zu leisten sei, 1356 werden aber auch die Zahlungen von den Ackerlosen einbegriffen. Das hier in Erinnerung gebrachte Statut, dessen Gedanke verschärft in der allgemein üblichen Bedingung fortlebt, dafs Pächte im Voraus gezahlt werden müssen, ist älter als die erste Aufzeichnung der Bürgersprache und schon unter dem J. 1343 ins Ratswillkürbuch eingetragen [4]. Dort geht es zunächst auf die Lottäcker und sind die Hopfengärten erst nachträglich mit dem festen Termine des 8. Septembers einbezogen, diesem Nachtrage aber gleichzeitig der Termin für die Ackerpacht auf den 25. Juli angesetzt. Übrigens wird bei Renten aus Äckern schon im

---

[1] LXXI § 17, LXXII § 13.

[2] Ein Kanzelproklam vom J. 1605 verbietet neue Gräben an der Stadt Dämmen und Beiwegen zu ziehen. Ähnlich zu Lüneburg zu Ende des 16. Jhs., Puf. IV, S. 804.

[3] 1345 III § 2, 1352 § 13, 1353 XVII § 6, 1356 § 10.

[4] Mekl. Urkb. IX, Nr. 6305.

J. 1322 und 1323 abgemacht, dafs sie vor der Ernte fällig seien[1], und bei einer entsprechenden Eintragung vom J. 1326[2] hinzugefügt: gemäfs der Willkür der Stadt, die demnach älter ist, als man nach dem Ratswillkürbuche denken sollte.

In den Zahlungen von den Ackerlosen haben wir den Ursprung des Lottguldens zu erblicken[3], der schon LXXII § 35 genannt wird.

Zum Kapitel des Feldfrevels gehören die Bestimmungen, dafs niemand abends ausgehn solle, um Hopfen zu pflücken[4], noch ohne Auftrag pflücke[5], dafs niemand ihm nicht zustehende Weiden fälle[6] oder Schlösser, Krampen oder Hänge von den Gärten und Höfen vor der Stadt entferne[7].

k. Hafen.

Über die Tiefe des Hafens und Fahrwassers im Mittelalter ist nichts bekannt. Da man aber keine grofsen Ansprüche machte und mit 10, höchstens 12 Fufs zufrieden gestellt war[8], so

---

[1] Stadtb. II, fol. 5r, 9v.

[2] Stadtb. II, fol. 59v.

[3] Mekl. Urkb. IX, Nr. 6305n. Das Grundgeld vom Morgenacker geht anfänglich unter dem Namen Ackeraccise (Accise-Ordnung vom J. 1584).

[4] Beiläufig untersagt die Kieler Bgspr. von 1410 Hopfen vor Martini (Nov. 11) zu pflücken; Falck, N. Stb. Mag. 7, S. 94.

[5] 1345 III § 3.

[6] 1480 § 83.

[7] 1480 § 85. — Höfe und Gärten zu besteigen warnen erst spätere Kanzelproklame (zw. 1575 und 1593, 1608 Sept. 4, 1626 Juli 1). Im J. 1603 beschaffte die Stadtkämmerei einen neuen Korb, *welcher vor daß Alt-Wißmarsche tohr zu den Gartendieben ist gehenget worden* (Kämmereirechnung). Dort wird auch ein Halseisen befestigt gewesen sein. Vgl. Puf. I, S. 235 Art. 17.

[8] Walther Stein, Beitr. zur Gesch. der Deutschen Hanse S. 28 Anm. Auch in Wismar, von dessen *vortrefflichem* Hafen noch 1629 der Holländische Agent v. Cracau gerühmt hatte, dafs dort Schiffe von 200 bis 300 Last liegen könnten (Fock, Rüg.-Pomm. Gesch. III, S. 527, angeführt von Baasch, Gesch. des Deutschen Seeschiffbaus S. 137), rechnete man 1655 und 1722 in den Plänen zur Vertiefung nur auf 10 Fufs oder

werden ursprünglich die von der Natur gebotenen Verhältnisse genügt haben. Und während Rostock schon im J. 1288 Bedacht nehmen mufste den Hafen von Warnemünde zu vertiefen, ist für Wismar die erste Nachricht von einer Aufräumung des Hafens aus dem J. 1480 in der Bürgersprache erhalten. Danach (§ 12) aber war das Bürgerpflicht und gebot der Rat, jeder Einwohner solle sich mit seinem Geräte bereit halten, wenn der Träger Trommel[1] schlagen werde, den Hafen zu säubern; er habe vier aus seiner Mitte abgeordnet, um aufzumerken, wann das Wasser flach sei. Auch nach LXX § 75 und LXXI § 19 hatte sich jeder bereit zu halten, wenn angesagt.

9—12 Fufs. Die Angabe des Rostocker Stadtbaumeisters Voigt aus dem J. 1726, dafs der Hafen nur 5 Fufs tief sei (Rost. Beitr. III, 4, S. 4), wird wol nicht frei von Übertreibung sein, wenngleich auch Schröder (Kurze Beschr. S. 255) bezeugt, dafs Schiffe von 20 Last im Hafen nur halb geladen werden konnten. Der Verderb wird in den Hafenakten mit der Demolirung der Festungswerke in Verbindung gebracht. 1746 war der Hafen, nachdem seit 1727 daran gearbeitet war, wieder in ziemlich guten Stand gesetzt. Im Anfange des 19. Jhs. hatte er unmittelbar an der Stadt eine Tiefe von 8—9 Fufs, am Ende des Bollwerks 12 Fufs (Norrmann, Über Wismars Handelslage 1803). 1845 waren im innern Hafen 8—11 Fufs Rhein., worauf von 1849 an durch einen Dampfbagger 15 Fufs Rhein. (= 4,7 m.) hergestellt wurden. Jetzt sollen, nachdem in den neunziger Jahren die Tiefe auf 5 m.—5,20 m. gebracht war, zunächst 6 m. erreicht werden. — Der Hafen von Kolberg, *der bequemste der Ostseeküste*, war im 17. Jh. 9—12 Fufs tief, so dafs Schiffe von 70—80 Last ohne Beschwerde einlaufen konnten (Riemann S. 413). 1412 beriet der Hansetag zu Lüneburg ein Statut, wonach geladene Schiffe nur 6 Lüb. Ellen tief gehn sollten (HR. I, 6, S. 63 § 41). Um den Hafen von Kopenhagen endgültig zu sperren, brauchten die städtischen Hauptleute 1428 noch 3 grofse Schiffe, *de 9 oft 10 elen hols hadden*, und etwa 20 von *10, 8 oft 6 elen hols oft van 5 elen hols* (das ist die Entfernung zwischen Deck und Kiel. HR. I, 8, S. 277). Man braucht noch 2—3 Schiffe, *de 10 edder elven elen holes hebben* (HR. I, 8, S. 297) und hofft, dafs dann die Gegner mit grofsen Schiffen, die über 4 (!) Ellen tief gehn *(grote schepe ... de boven iiij elen gan)* nicht hinaus können (ebd., Lüb. Urkb. VII, Nr. 176).

[1] Trommelschlag gab auch in spätern Zeiten das Zeichen, auf das die Bürger zur Säuberung der Grube (A m) Arbeitskräfte stellen sollten (Kanzelprokl. 1598, Sept. 9, 1614, Aug. 28), Kämmereirechnung 1617: *4 ß Hans Bullen, das er die trumme geschlagen, wie die grube gereiniget, den 25. Oct.*

mit Schaufeln in den Hafen zu gehn. Dafs auf diese Weise Erheblicheres zu erreichen gewesen, ist nicht glaublich, und nicht bekannt, was Gert Geritsen, mit dem 1655 ein Vertrag wegen Ausbaggerns abgeschlossen war[1], erreicht haben mag. Noch im J. 1722 hat man einen Versuch mit einem abenteuerlichen Werkzeuge gemacht, der nach der davon gelieferten Beschreibung nur mifslingen konnte.

Vermächtnisse für den Hafen, die in Lübeck im J. 1539 für einen notwendigen Bestandteil eines rechtsgültigen Testaments erklärt wurden[2], werden als üblich angesehen[3].

Hülflos wie man dem Vorgehenden nach war den Hafen zu vertiefen, mufste man nach Möglichkeit wenigstens mutwilliger Schädigung vorzubeugen suchen. Darum ward von Anfang bis zuletzt Todesstrafe und Verlust aller Habe denen angedroht, die Ballast ins Tief oder den Hafen (was gleichbedeutend gebraucht wird) werfen wollten[4]. Eine Strafe von 100 M. Silbers (seit 1480

---

[1] Nach einer königl. Resolution vom J. 1684, Jan. 24 hatte die Stadt einen Baggert zur Reinigung der Stadtgräben anzuschaffen verheifsen, und die Kämmereirechnung desselben Jahrs bucht Löhnung von Soldaten, die auf diesem Moddebagger gearbeitet haben. 1763 ward wegen Erbauung eines neuen Baggers das Hafengeld erhöht. Siewert, Rigafahrer in Lübeck (Hans. Gesch.-Qu. II, 1) S. 60 berichtet, dafs die Lübecker im J. 1541 zum ersten Male mit den in Danzig erfundenen Schlammühlen versucht haben, ihr Fahrwasser zu vertiefen. Vgl. Bruns, Hans. Gesch.-Qu. II, 2, S. XCV Anm. 3. Koppmann, Hans. Gesch.-Bl. 1885, S. 137.

[2] Pauli, Abh. aus dem Lüb. Rechte III, S. 278.

[3] LXX § 15, LXXI § 23, LXXII § 17.

[4] 1345 II § 3, 1347 § 6, 1348 § 2, 1353 XVII § 3, 1356 § 4, 1365 § 2, 1371 und 1372 § 10, 1373 § 8, 1385 § 8, 1395 § 6, 1397 § 6, 1400 XL § 6, 1401 § 6, 1417 § 5, 1418 § 5, 1419 § 5, 1420 § 6, 1421 § 6, 1424 § 10, 1430 § 12, 1480 § 8, LXX § 34, LXXI § 80, LXXII § 67. — Die 1740 erlassene, 1854 neu gedruckte und erst 1879 aufgehobene Hafenordnung droht höchste Strafe an, die Ballastordnung von 1743 200 Rtl. Auch anderswo hat man Sorge, dafs nicht das Tief durch Ballast verschüttet werde oder unter dessen Verwahrlosung leide; doch sind nirgend die Strafen auch nur entfernt so hoch angesetzt wie in Wismar. Danzigs älteste Willkür setzt auf Ballastauswerfen in den Hafen am Tage 10 Mr., geschieht es bei Nacht, so bedroht sie es freilich mit Todesstrafe (S. 53 § 107). Ein Engländer aber kommt mit 7 Nobeln davon 1434 HR. II, 2, S. 75 § 38. Vgl. Hans. Urkb. VI, Nr. 951. Ein Friese, der Ballast

100 M. Lüb.) aber steht darauf, wenn jemand Schuten, Prahme, Bote oder ähnliche Fahrzeuge durch Überlastung mit Ballast zum Sinken bringen würde[1]. Endlich sollte bei einer Strafe von 20 M. Silbers, später (nach 1480) Lübisch[2] niemand Ballast Bord über Bord nehmen, es sei denn mit Willen des Rats, wie seit 1395 mildernd hinzugefügt ist[3]. Seit 1572 wird hinzugesetzt, der Ballast solle an solchen Stellen eingenommen werden, wo der Hafen nicht geschädigt werden könne. Seit 1385 ward jeder Bürger verpflichtet diese Bestimmungen[4] zur Kenntnis seiner Gäste zu bringen, seit 1417 aber waren sie am Gr.-Wassertore angeschlagen.

Zum Schutze des Hafens diente wahrscheinlich auch das Verbot Unrat vor die Wassertore zu bringen oder beim Regen in die Rinnsteine zu kehren, grade wie in Lübeck verboten ist, in die Trave

---

in die Elbe geschüttet hatte, mufste 1372 deshalb 28 β erlegen, Hamb. Kämmereirechn. I, S. 148 f. Vgl. die Bgspr. von Reval (um 1360, um 1400, 1560, 1803: Archiv III, S. 85. 87. Qu. d. Str. S. 239, 241). Riga (1399 § 42, 1405 § 45, 1412, 15. Jh., Anf. des 16. Jhs., Mitte des 17. Jhs.: Nap. S. 212, 216 f., St. u. R. der St. R. S. 161, Arch. IV, S. 205. Nap. S. 232, 243), Bremen (1539 § 189, Puf. II S. 129), Hamburg (1594 § 17).

[1] 1385 § 9, 1395 § 6, 1397 § 6, 1400 XL § 6, 1401 § 6, 1417 XLIV § 6, 1418 § 6, 1419 § 6, 1420 § 7, 1421 § 7, 1424 § 11, 1430 § 13, 1480 § 9, LXX § 38, LXXI § 84, LXXII § 70. So auch noch in der Hafenordnung von 1740 bei Strafe von 100 Mk. In einer Prahmordnung, die dem Ende des 14. Jhs. angehören mag (sie findet sich in Anschlufs an eine Mühlenordnung vom J. 1396 aufgezeichnet), wird der Schiffer, der unter seinen Kosten und seiner Arbeit den Ballast in Prahme ausschifft, dafür verantwortlich gemacht, dafs dabei nichts in den Hafen falle. Am Bollwerke soll ein Stadtdiener den Ballast in Empfang nehmen und auf der Stadt Kosten ans Land schaffen lassen. Dafs die Ballastträger dabei die Stadt nicht übervorteilten, dafür hatte nach seinem Eide (aus der ersten Hälfte des 16. Jhs., Ratswillkürbuch fol. 38v) der Strandvogt zu sorgen.

[2] 1480 fehlt die Strafe, vgl. aber § 11; LXX fehlt die nähere Bestimmung. Noch in der Hafenordnung von 1740 bei Strafe von 20 M. Lüb.

[3] 1385 § 10, 1395 § 7, 1397 § 7, 1400 XL § 7, 1401 § 7, 1417 XLIV § 7, 1418 § 7, 1420 § 8, 1421 § 8, 1424 § 12, 1430 § 14, 1480 § 10, LXX § 35, LXXI § 81, LXXII § 68.

[4] Genau grammatisch bezogen würde die Verpflichtung nur auf die letzte der drei Bestimmungen gegangen sein. Diese Beschränkung wäre aber ohne Sinn gewesen.

oder Wakenitz zu fegen[1], und dort die Gärtner Obacht geben sollen, dafs nicht ihr kurzes Stroh, Kohlstrünke und dergleichen in die Trave gerate[2]. Doch darüber das Nähere weiter unten (B d). Hier jedoch mögen die weitern Vorschriften über das Ballastgraben ihren Platz finden.

Man sollte ihn vom Strande nehmen, und nicht von der Weide oder von grüner Erde[3]. Seit 1572 wird den Bootsleuten untersagt, ihn vom Steinhaupte zu entnehmen und ohne Bewilligung der Kämmerer solchen zu verkaufen[4]. Nach LXX § 37 und LXXI § 83 aber sollte niemand ohne Bewilligung der Kämmerer Ballast oder Pflastersteine vom Strande holen.

Wrackgewordene Schiffe werden wegen der Gefahr des Sinkens[5] im Hafen auf die Dauer nicht geduldet[6] und sollen bei Strafe der Konfiskation (fehlt 1480) und einer Bufse von 3 M. Silbers (bis 1480) entfernt werden.

Die Hafengerechtigkeit, die die Stadt, gestützt auf Privilegien und ununterbrochen geübtes Recht, bis in die neuesten Zeiten gegen jede Anfechtung verteidigt hat, wird nur in den Bürgersprachen 1435 § 1 und 1480 § 13 f. berührt. Beide Male heifst es: niemand soll Kaufmanns Gut anderswo einschiffen als in der Stadt Hafen, und niemand soll in der Umgegend der Stadt zum Schaden

---

[1] Lüb. Urkb. IX, S. 960. Melle, gründl. Nachr. S. 114. Wegen Wismars sind die sorglichen Vorschriften der Hafenordnung von 1740 zu vergleichen.

[2] Wehrmann, Zunftrollen S. 207, 209. Vgl. Pomm. Gesch.-Denkm. II, S. 102 § 71, 72.

[3] 1430 § 15, 1480 § 11.

[4] LXX § 35 f., LXXI § 81 f., LXXII § 69.

[5] Vgl. HR. II, 6, S. 264 f., wo Danzig im J. 1469 an die Hansestädte schreibt, es müsse darauf denken, die angehaltene Französische Karavelle (mit der Paul Beneke hernach die Galeide Portunaris nahm) aufzuziehen, *nahdeme dat solvige schipp over dem watere all vorschenen iss und unser havenynge tho schaden kamen mochte.* Vgl. Hans. Urkb. IX, Nr. 552 und 703.

[6] 1421 § 10, 1424 § 15, 1430 § 16, 1480 § 15, LXX § 39, LXXI § 85, LXXII § 71. Noch nach der Wismarschen Hafenordnung von 1740 sollen die wrack gewordenen Schiffe bis Johannis entfernt werden. Entfernung eines Wracks fordert 1449 der Rat von Reval (Lüb. Urkb. VIII, Nr. 569), vor 1460 der von Wisby (Lüb. Urkb. IX, Nr. 833).

neue Häfen[1] suchen oder anlegen, bei Strafe der Konfiskation der Güter und darüber hinaus bei willkürlicher Strafe des Rats. Es ist nicht unmöglich, dafs nach Burmeisters (von Koppmann vor Herausgabe des 6. Recessbandes mit Vorsicht gebilligter) Ansicht das Unternehmen der Holländer, die nicht nur Korn kauften, bevor es geerntet war (Vorkauf), sondern auch die Verschiffung in ungewöhnlichen Häfen vornahmen[2], wie zu dem hansischen Gebote, Korn durch den Sund oder Belt und aus Elbe und Weser nur aus den Hansestädten zu verschiffen[3], so auch zu diesen Artikeln der Wismarschen Bürgersprache der Anlafs gewesen ist. Wahrscheinlich ist es aber für die letztern nur die mittelbare Veranlassung gewesen, und ihre Spitze mehr noch als gegen die Holländer gegen Lübeck gerichtet gewesen, dessen Kaufleute schon damals versucht haben mögen aus Pöl und im Lande Bukow Korn einzuschiffen, und dessen Vertreter sich bei der Beratung der hansischen Statuten offenbar bemüht haben eine Fassung durchzusetzen, wonach hansischen Kaufleuten die Verschiffung von Korn aus ungewöhnlichen Häfen zustehn sollte[4]. Im J. 1476 weigerten die Wismarschen den Pöler Bauern Schiffe zur Abführung ihres Pachtkorns nach Lübeck[5].

1. Gerichtsbarkeit.

Zu Ausgang des funfzehnten Jahrhunderts rühmt der Dominikaner Felix Fabri von Ulm, es dürfte kaum eine Stadt geben, die freier als diese dastehe, wo kein Fürst, kein Bischof, kein Abt etwas besitze, das nicht in der Steuerpflicht der Gemeinde stünde[6]. Gleiche Anschauungen hegte und ihnen gemäfs handelte der Wismarsche Rat. Er allein wollte Verwaltung und Recht handhaben und den Einflufs Auswärtiger nicht zulassen. Wie sehr es ihm

---

[1] Über die Meklenburgischen Klipphäfen vgl. Koppmann, Hans. Gesch.-Bl. 1885, S. 101 ff.

[2] HR. I, 6, S. 228 § 167, 5, S. 293 § 10.

[3] HR. I, 6, S. 378 § 60, S. 389 § 11 : 1417; S. 557 § 16 : 1418; II, 3 S. 186 § 46 : 1447.

[4] HR. I, 6, S. 387 § 28 (Lübischer Entwurf).

[5] Vgl. HR. III, 4, Nr. 371. Auch in Holstein stiefs Lübeck bei einem ähnlichen Verfahren 1460 auf Widerstand. Lüb. Urkb. IX, Nr. 815.

[6] Nach Nübling, Ulms Weinhandel S. 8. Vgl. Hans Ulrich Kraffts Denkwürdigkeiten, bearbeitet von Cohn S. 490.

damit Ernst war, zeigen schon im Anfange des 14. Jahrhunderts die Streitigkeiten und Vereinbarungen mit den Landesherren und mit Bischof Markwart von Ratzeburg. Die Bürgersprachen aber bringen den Grundsatz gleichermafsen im Gebiete der streitigen wie der freiwilligen Gerichtsbarkeit zur Geltung.

Während es 1345 und 1356 den Bürgern untersagt wird, zu Skanör unter ihnen entstandene Zwistigkeiten andern als allein den eignen Vögten anzuzeigen oder zu klagen[1], heifst es in andern ziemlich gleichzeitigen Bürgersprachen[2]: kein Bürger soll wegen Unrechts, worüber er schweigen kann, auswärts klagen; zu Hause aber soll ihm werden, was Lübischen Rechts ist. Später wird mit unverständlichem Aufwande an Worten bestimmt, dafs kein Bürger den andern wegen irgend einer Sache anderswo als vor dem heimischen Lübischen Rechte belangen und seine Klage keinem Geistlichen abtreten solle[3]. Seit 1417 wird in öfter wechselnder Redaktion verboten, einander vor einem geistlichen Richter zu verklagen oder seine Klage an einen Geistlichen abzutreten (vielmehr soll sich jeder am heimischen Lübischen Rechte genügen lassen)[4]. Dann im 16. Jahrhunderte: kein Bürger soll den andern vor einem fremden Gerichte verklagen, sondern vor dem heimischen Lübischen Rechte, und keiner soll seine Sache einem Fremden auflassen[5]. Aus-

---

[1] II § 7, 1356 § 7. — Als berechtigt wird nach einem Spruche Lübecks und Greifswalds eine Klage angesehen, die aus Anlafs eines von Bürgern einer andern Stadt verübten Totschlags vor den Schwedischen König gebracht war, HR. I, 1, Nr. 211 § 5. Vgl. auch Lüb. Urkb. III, Nr. 632.

[2] 1347 V § 3, 1352 § 7, 1353 XVII § 15.

[3] XXVII (um 1375) § 3, 1395 § 19, 1397 § 22, 1400 XL § 16, 1401 § 18. — Das war das ganze Mittelalter hindurch das letzte, viel benutzte Mittel, um von ausstehenden Forderungen wenigstens etwas zu retten. Es kommt auch vor, dafs der verzweifelnde Gläubiger mit seinem Ausstande eine kirchliche Stiftung begründet oder aufbessert, wobei er neben dem Bewufstsein eines verdienstvollen Werks die Genugtuung hat, dafs der Schuldner nun schwerlich frei ausgeht. Im funfzehnten Jahrhundert trat man bedenkliche Forderungen auch an Glieder der Universität Rostock ab.

[4] 1417 XLIV § 20, 1418 § 24, 1419 § 21, 1420 § 39, 1421 § 30, 1424 § 33, 1430 § 42, 1480 § 52.

[5] LXX § 64 f.

führlicher und wieder in Anlehnung an XXVII LXXI § 54 f., LXXII § 33[1].

Auf das Gleiche zielt wahrscheinlich die Andeutung in 1424 § 50: von den Kreuzbrüdern. Schon im J. 1358 nämlich hatten die Wendischen Städte beschlossen, wenn ein Bürger, der das Kreuz genommen *(crucesignatus receptus)* sich (offenbar unter Berufung auf päpstliche Privilegien) nicht mit Lübischem Rechte zufrieden geben wolle, so solle er in keiner Stadt Geleit finden[2]. Dieser Beschlufs ist im J. 1375 wieder aufgefrischt, wobei die Betreffenden als *crucesignati* bezeichnet werden, die das Kreuz in der Absicht empfangen, um Laien mit geistlichem Rechte zu bedrängen[3]. Die nahe liegende Einwendung, dafs die zwischen diesen Beschlüssen und jener Andeutung verflossene Zeit zu lang sei, um eine Verbindung zu gestatten, wird durch einen nicht datirten Bündnisentwurf, der

[1] Zu Wismar Recht zu geben und Recht zu nehmen verpflichtete der in den Bürgerverträgen von 1583 § 8, 1598 § 22 und 1600 § 27 festgesetzte Bürgereid. Hansische Beschlüsse (abgesehen von denen der Sächsischen, Livländischen und Preufsischen Städte) in dieser Richtung: 1358 HR. I, 1, S. 145 Nr. 218; S. 146 Nr. 220. 1367 S. 361 § 16, S. 366 § 13. 1389 I, 3, S. 459 § 4. 1391 I, 4, S. 38 § 5. 1404 I, 5, S. 126 § 16. 1417 I, 6, S. 382 § 88, S. 388 § 4, S. 387 § 13, S. 390 § 13 (vgl. S. 548 § 84). 1418 S. 557 § 18. 1419 I, 7, S. 23, 23—29. 1447 II, 3, S. 185 § 39, S. 183 § 28. 1487 III, 2, S. 175 § 344. 1498 III, 4, S. 91 § 58 f. 1511 III, 6, S. 152 § 23 f., S. 162 § 20, S. 144 § 125. Vgl. Höhlbaum, Hans. Urkb. III, S. XIV. Von andern Bürgersprachen sind anzuführen die von Kiel 1423 und 1563 Zeitschr. 10, S. 197, Westph., Mon. IV, Sp. 3253), Greifswald (Pomm. Gesch.-Denkm. II, S. 99 § 57), Anklam 1544 (Stavenhagen S. 434 § 34), Greifenberg (Riemann S. 248 § 19), Tondern (Westph., Mon. IV, Sp. 3270), Göttingen (Puf. III, S. 193 f.), Bielefeld 1578 (Walch III, S. 70), Danzig (Simson, Gesch. der Danziger Willkür, S. 29 § 2), Oldenburg, Hollensteiner § 3 mit der eigentümlichen Begründung: *denn buten mögt em keene gnade widderfahren.* — Meklbg. Polizeiordnung von 1516 § 10 (Jahrb. 57 S. 285) und von 1572. Das alte Lübische Recht weist keinen entsprechenden Artikel auf, wohl aber das Soester Recht (Hans. Urkb. III, S. 358) und das Hamburgische in allen Redaktionen (1270 Lappenberg S. 55 IX § 15; 1292 S. 147 § 12; 1497 S. 203 B § 16) und der Sachsenspiegel (III, 87 § 1).

[2] HR. I, 1, S. 150, Nr. 223 § 2. Vgl. Hans. Urkb. IV, S. 209 § 10, V, S. 41 § 9. Lüb. Urkb. I, Nr. 36.

[3] HR. I, 2, S. 102 § 22.

ur den ersten Dezennien des 15. Jhs. (1411?) zugewiesen werden ann, einigermaſsen behoben. In dieser Tohopesate verpflichten sich Lübeck, Hamburg, Rostock, Stralsund, Wismar, Greifswald und Anlam u. a. Laien nicht zu geleiten, die ihren Rechtsstand aufgeben nd *crucesignati* würden, um Bürger mit geistlichem Rechte zu berücken [1]. Parallel geht die Bestimmung eines im J. 1382 zwischen Brandenburg, Meklenburg und Pommern abgeschlossenen Landriedens, daſs in diesem Gebiete *keyn cruasignatus* Geleites oder Friedens genieſsen solle [2]. Gesagt muſs noch werden, daſs auch die Brüder des Schwertordens (milites Christi) unter der Bezeichnung *crucisignati* gingen.

Die Strafe für diejenigen, die trotz der Verbote die fremden Gerichte anrufen würden, ist hoch gegriffen: immerwährende Verbannung und Verlust aller Habe in XXVII—1417; Verbannung und 50 M. Lüb. in 1418—LXX; Verbannung und 100 M. Lüb. in LXXI und LXXII.

Aus den Fassungen sieht man leicht, daſs die Gerichte, deren Einmischungen man während des Mittelalters besonders fürchtete, die geistlichen waren, und in der Tat verfügten keine anderen über ähnliche Machtmittel und waren mehr zu Übergriffen geneigt. Jedoch sind aus dem Wismarschen Archive (vielleicht in Folge seiner Verluste) nur verschwindend wenig Fälle der Einmischung geistlicher Richter [3] nachzuweisen, mehr der Vemgerichte [4].

Reichlich so viel wie an der Fernhaltung auswärtiger Gerichte

---

[1] Hans. Urkb. V, Nr. 366 § 7 mit Varianten eines Bündnisses von 1402. Wegen der Datirung vgl. HR. I, 8, Nr. 1076 und I, 6, S. 23 § 2. Die im Hans. Urkb. in der Stückbeschreibung angezogene Stelle der Lüb. Chronik (bei Koppmann II, S. 109 § 1086) nennt z. T. andere Städte.

[2] Mekl. Urkb. XX, Nr. 11444, S. 142.

[3] Um sich dagegen auch für die Fälle, wo Auswärtige klagten, nach Möglichkeit zu sichern, erwarb die Stadt im J. 1400 ein päpstliches Privileg, daſs kein Bürger vor ein auswärtiges geistliches Gericht gezogen werden dürfe. — Vgl. Böhlau, Mekl. Landrecht I, S. 116 § 19 II.

[4] Vgl. Mekl. Jahrb. 61, S. 15—74. Die Hansebeschlüsse berücksichtigen auch mehr oder weniger die fremden weltlichen Gerichte. Verstöſse gegen die Statuten sind aber bezeugt Hans. Gesch.-Qu. 1 § 402 (angeführt Hans. Urkb. IV, S. 185 Anm.), Lüb. Urkb. VII, Nr. 5, Hans. Urkb. VIII, Nr. 816—818. Vgl. Frensdorff, Hans. Gesch.-Qu. 1, S. LXXXII f.

lag daran, dafs kein Grundstück dem Stadtrechte und der Bürgerpflicht und somit dem Machtbereiche des Rates entzogen würde. Hatte schon das Lübische Recht von Anfang an bestimmt[1], kein Bürger solle sein liegendes Gut an Kirchen vergeben, und die jüngere Fassung hinzugefügt[2], kein Bürger solle sein Erbe Geistlichen, Rittern oder Mannen verkaufen, und hatte man in gleicher Gesinnung nur unter allem möglichen Vorbehalte den Dominikanern ihr Grundstück im J. 1294[3], dem Landesherrn den Fürstenhof im J. 1300, den Klöstern Doberan, Cismar und Neukloster, dem Ritter Helmold von Plessen und dem Pfarrer Wilken von Proseken aber ihre Höfe oder Häuser in den Jahren 1312—1322 abgetreten oder übergehn lassen: so willkürte im J. 1323 der Rat, es solle kein Bürger dem Stadtrechte unterstehende Grundstücke (mit Ausnahme des Damhuser Feldes) auf irgend eine Weise an Fremde, Geistliche oder Weltliche, veräufsern, es sei denn mit Bewilligung des ganzen Rates[4], und hielt diese Willkür auch dem eignen Diöcesan-Bischofe von Ratzeburg gegenüber aufrecht[5], ja er verpflichtete sieben Jahre später sich und seine Nachfolger mit einem besondern Eide, weder dem Bischofe noch einer geistlichen Congregation oder einem Geistlichen je den Erwerb einer Wohnung in der Stadt zu vergönnen[6].

Vereinzelt nur rufen Bürgersprachen diese Willkür ins Gedächtnis, die des 15. Jhs. mit alleiniger Nennung der Geistlichen, die jüngern, den veränderten Verhältnissen entsprechend, der Fremden[7].

---

[1] Hach, d. alte Lüb. R. I, 26. II, 32.

[2] Hach II, 226. — Vgl. zur Sache Rehme, das Lübecker Oberstadtbuch S. 197—206. Frensdorff, St.- u. Ger.-Verf. Lübecks, S. 133—135.

[3] Aus ältern Zeiten liegen keine Vereinbarungen vor, sind aber nicht ganz selten Grundstücke in Händen von Nichtbürgern nachweisbar: damals war die Stadt noch nicht genügend erstarkt.

[4] Mekl. Urkb. VII, Nr. 4464.

[5] Mekl. Urkb. VII, Nr. 4465.

[6] Mekl. Jahrb. 43, S. 183 § 2.

[7] 1421 § 29, 1424 § 32, 1430 § 40, LXX § 43 (vgl. § 5), LXXI § 41. LXXII § 40. — Die Warnung ist in Bezug auf Äcker durch Ratsdekret von 1811, März 15 wiederholt und erneuert, Wism. Zeitung 1817, Nr. 23. Noch im J. 1836, Juni 21 ward die Stadtbuchbehörde nur unter der Bedingung ermächtigt, einem Bauern aus der Nachbarschaft ein Ackerstück zuzuschreiben, dafs ein Einwohner sich unwiderruflich verpflichtete, die Abgaben davon zu entrichten. — Das Verbot, liegende Gründe in die

Die letzten beiden fügen das Verbot hinzu, dafs auch kein Bürger einem Fremden zu Gute ein Grundstück kaufen und sich (fährlicher Weise) für jenen zu treuer Hand zu Stadtbuche zuschreiben lassen solle [1]. Dagegen verstofsende Verträge werden für ungültig erklärt und aufserdem in 1424 § 32 und 1430 § 40 eine Bufse von 20 M. Silbers darauf gesetzt, LXX § 43 von 50 M. Silbers, LXXI § 41 und LXXII § 40 Einziehung von Gut und Gegenleistung angedroht; der wider LXXI § 43 und LXXII § 42 handelnde Bürger soll das Gut verlieren und aufserdem um 100 M. Lüb. gebüfst werden.

Dennoch brachten Vermächtnisse, Erbgang [2] und vermutlich auch Schuldverhältnisse fortwährend das eine oder das andere Grundstück aus Bürger Hand. Da das nicht zu verhindern war, suchte man wenigstens vorzubeugen, dafs daraus keine dauernden Verhältnisse entstünden, und verlangte bei Vermächtnissen an Kirchen oder kirchliche Korporationen, dafs solche Grundstücke binnen Jahr und Tage [3], in den andern Fällen, dafs sie bei Entäufserungen [4] nur an

---

Hand von Nicht-Bürgern zu bringen, auch in der Bgspr. von Lübeck (Melle, gründl. Nachr. S. 113), Rostock (Beitr. IV, 2, S. 57 § 3*), Kiel 1563 (Westph., Mon. IV, Sp. 3254), Güstrow (Kamptz I, 2, S. 274 § 14), Bremen 1539 (Puf. II, S. 106 § 14), Lüneburg (15. Jh., Kraut S. 32, 16. Jh. Puf. II, S. 198 f.), Celle (Puf. I, S. 237), Braunschweig (Urkb. d. St. B. I, S. 44 Nr. 39 § 2, S. 64 Nr. 53 § 7, S. 128 Nr. 62 § 7), Bielefeld 1578 (Walch III, S 70). Vgl. für Goslar Leibniz III, S. 496 § 49, für Duderstadt Stobbe, Jahrb. f. Dogmatik 12, S. 174, für Köln Stein, Akten I, S. 131, 161, 183, 217, 675 § 66, 708 § 131. Danzig, Willkür S. 34 § 17.

[1] LXXI § 41, 43, LXXII § 40, 42. Vgl. Mekl. Urkb. XVII, Register unter Hand S. 441 [b].

[2] Rehme, das Lübecker Oberstadtbuch S. 201.

[3] Vgl. Mekl. Urkb. XVII, S. 462 unter Kirchengut; Pauli, Abh. aus dem Lüb. Rechte III, S. 279 ff. Mekl. Urkb. III, Nr. 1813, 2095, 2098, 2251. Nach dem Lüb. Rechte (Hach I, 26, II, 32, 122) sollte der Vergebende das Grundstück verkaufen und das Geld geben.

[4] Vgl. Mekl. Urk. VII, Nr. 4706, 4845, ein ähnlicher Vertrag noch im Stadtbuche II, fol. 69 [v]. Im J. 1543 mufste sich der Rat entschliessen ein Haus in der Meklenburger Strafse einzulösen, das der Münzmeister Dion. Blecker an Herzog Heinrich verpfändet hatte. Verzeichnis 1601 fol. 34. Damit ist eine andere Aufzeichnung des Reg. parr. S. Mar. fol. 95 allerdings nicht gut vereinbar, wonach derselbe Münzmeister sein Haus an die v. Stralendorf verkauft hatte und der Rat *in den koep ginck up de mede dath dath huß by der stadt und nicht by den haveluden*

Bürger verkauft, auch wohl dafs die Erwerber Bürger werden[1] sollten. So war wenigstens das Gewohnheitsrecht nach dem Zeugnisse der Brocken, die von den Stadtbüchern übrig geblieben sind, während von statutarischen Aufzeichnungen nur die Bestimmungen vorliegen, dafs jede kirchliche Gewalt städtische Grundstücke bei einer Bufse von 10 M. Silbers binnen kurzer Frist in weltliche Hand überführen sollte[2], und dafs Fremde durch Erbschaft oder sonst erlangte Wismarsche Grundstücke nur an Bürger veräufsern dürften[3]. Renten wurden noch in der ersten Hälfte des 14. Jahrhunderts gleich Grundstücken angesehen und behandelt.

Teils wahrscheinlich um Veräufserungen an Nicht-Bürger besser kontrolliren zu können, teils vielleicht der Ordnung halber ward im

---

scholde kamen. Zwei Häuser hat der Münzmeister, bei dessen Tode helllichter Tag war (Zeugeb. 1541—1550, S. 251), schwerlich gehabt. Als Ausgangs des 17. Jhs. ein Kritzower Bauer ein Ackerstück bei der Kritzower Burg gekauft hatte, wandte sich auf Bitte des früheren Pächters der Rat an die Grundherrschaft des Bauern, um diesen zum Rücktritte vom Kaufe zu veranlassen, jedesfalls aber ihn zu verwarnen, den Acker anzutasten, mit der Drohung, man werde sonst den Acker gemäfs den städtischen Statuten als verfallen einziehen 1696, Sept. 28 (Tit. XXI. Korrespondenz). Der Herzogin Sophie Agnes, Prinzessin zu Rühn, ward 1672, Dez. 13 ein Haus in der Lübschen Str. (Polizei-Nr. 18) zugeschrieben und ihr gegen eine Abschlagszahlung Freiheit von den bürgerlichen Lasten zugestanden, so lange sie lebte, und ein Jahr darüber hinaus (Stb. XX. fol. 8v).

[1] Z. B. 1323 Stdtb. II, f. 11r. Nach der Bürgerrechtsordnung des J. 1619 sollte niemand in der Stadt Feuer und Rauch haben, der nicht den Bürgereid geleistet hätte. Im J. 1776, Apr. 9 liefs sich der Rat in einem Atteste über adliche Testamente (Tit. 1, Nr. 9, vol. 13) dahin aus, es sei *in den ältesten Zeiten, besonders in den Jahren von 1550 et retro bis 1619* keinem vom Adel gestattet, ein Haus zu besitzen ohne den Bürgereid geschworen zu haben. Im J. 1700, Dez. 28 aber erklärte er in seiner Duplik gegen den Ausschufs (Art. 2): *von adlichen Wittwen und Frembden finden sich itzo wenig in dieser Stadt; mit denen, welche sich häußlich niedergelaßen, sind gewiße Pacta bey dero Recipirung gemachet und anstatt der onerum jährliche Abgiffte behandelt worden.* Dieser Modus ist zuziehenden Fremden gegenüber bis tief ins 19. Jh. beibehalten worden.

[2] 1435 § 3.

[3] LXXI § 42, LXXII § 40.

J. 1480 in § 51 verkündet, dafs niemand Grundstücke aufser vor dem Rate oder vor dem Stadtbuche verpfänden oder vereignen dürfe, nicht aber mit Notariatsinstrumenten oder Urkunden[1]. In LXX § 43 und LXXI § 44 wird das etwas breiter wiederholt und gesetzt *vor dem rade und der stadt boke,* in LXXII § 43 aber angeordnet, es solle vor dem ältesten Bürgermeister und Kämmereiherrn wie auch dem Stadtbuche auf der Kämmerei oder vor allen Bürgermeistern in der Schreiberei geschehen. Möglicherweise hat schon in 1423 § 8 *de libro civitatis* diese Forderung andeuten sollen. Von Verlassung steht in all diesem kein Wort, während die Deutsche Recension des Lübischen Rechts[2] die Verlassung vor dem Rate fordert und eine Willkür des Wismarschen Rats vom J. 1296 vorschreibt, dafs bei Verkauf oder Vergebung von Ackerstücken Verlassung vor den Ratmannen statthaben solle[3]. Dafs es indessen falsch sein würde, die Fassung der Bürgersprache[4] dahin auszudeuten, als ob

[1] Im J. 1551 klagte der Rm. Hinr. Dürjar vor dem Rate, an den das Urteil des Gerichts gescholten war, wider Hans Bülow *von wegen eyner schrifft im stadtboke c mr. halven, ßo he in Hinrich vom Dyches* (!) *acker hette, und och eyner hanthschrifft up x gulden ludende, wormit em de acker vor ein underpandt von H. v. D. vorsettet were, und aber nu H. B. ehme den acker enthkofft hette ... stellende tho rechte, dath syne schrifft muchte macht hebben, he in den sulven cop ghan und Bulowen cop unduchtich oder eme syne dre jar rente geven muchte.* Beklagter: sein Kauf sei rechtsbeständig und *solche vorpandinge der hanthschrifft wedder der stadt gesette und burgersprache were;* Kapital und Rente zu zahlen sei er erbötig. Erkenntnis: *cop ßol ein cop syn, und Hans Bulow ßoll h. Hinr. Durjar synen hovethstoll geven und ij jar vorseten renthe; dath ander ßoll he manen allße schulldt.* 1551, März 3, Zeugeb. 1550—1562, f. 29v. — Vgl. Reinecke, Lüneburgs ältestes Stadtbuch S. V. In Riga wird bei Erlafs einer ähnlichen Anordnung als Grund angedeutet, dafs man einer Beschwerung der Grundstücke über ihren Wert hinaus vorbeugen wollte (Mitte des 16. Jhs., Nap. S. 240 f.). Vgl. auch die Bgspr. von Parchim (Cleemann S. 160 § 16—20).

[2] Hach II, 23, 36. Vgl. Frensdorff, St.- u. Ger.-Verf. Lübecks, S. 183 ff.

[3] Mekl. Urkb. III, Nr. 2373. Es wird sich hier um den der Stadt zinspflichtigen Acker handeln, wozu auch die im Gartenregister des Stadtbuchs A beurkundeten Verlassungen passen.

[4] Vielleicht war, was die Bürgerverträge zu bestätigen scheinen, die Zusammenfassung von Satzung und Verkauf mafsgebend für die Wahl

die Verlassung in Wismar nicht üblich gewesen oder nicht verlangt wäre, ergibt sich zur Genüge einerseits aus den Resten der Stadtbücher, andrerseits aus den Bürgerverträgen. Im Stadtbuche A ist noch keine konstante Praxis erzielt, sondern es wird bis zuletzt entweder einfach der Kauf (seltener der Verkauf) beurkundet oder hinzugesetzt, er sei den Ratmannen bekannt, vor ihnen bekräftigt, oder auch Verkäufer habe verlassen, anscheinend ganz willkürlich. In B steht es zunächst ebenso, aber von 1289 an und gleichermaſsen auf undatirten Blättern, die dem vorangehenden Jahre zugeteilt werden müssen, ist bei Käufen stets die Verlassung *(resignare)* mit bezeugt, und in II von Anfang an (also von 1322 an) die Formel die: N. N. hat ... das Erbe ... gekauft, das er (Verkäufer) vor den Ratmannen verlassen und für Jahr und Tag gewährleistet hat. Es ist demnach anzunehmen, daſs bei allen Käufen, die ins Stadtbuch eingetragen sind, Verlassung vorangegangen sei. Daſs aber später darin eine Änderung eingetreten sei, ist unwahrscheinlich an sich und wird durch die Bürgerverträge von 1583[1], 1598 und 1600 ausgeschlossen, wonach die Verlassung notwendig, das Erwirken aber der Eintragung ins Stadtbuch dem Belieben der Parteien überlassen war[2].

---

des Ausdrucks. Das alte Lüb. Recht hat bei schärferer Fassung für die Satzung einen zweiten Paragraphen benötigt, Hach II, 24.

[1] 1583 § 16: *wan ein burger uff sein stehende erbe oder liggende grunde gelt nehmen oder dieselben sonsten einem andern burger vorpfenden oder vorlaßen will, so soll solliche vorpfendung oder vorlaßung wie von alters vor den hern burgermeistern in der schreiberei oder uff der kemerei in beywesen eines burgermeisters und kemerhern geschehen und durch den secretarium unseumblich uff der parteien oder deren volmechtigen erfordern zu buche geschriben, auch dem so es belanget daraus copeien umb die gebuer mitgetheilet werden.* — 1598 § 54, 1600 § 70. — Die Konkurrenz der Kämmereiherrn mit den Bürgermeistern ist bei der Stadtbuchschrift im Anfange des Jahres 1832 beseitigt unter Einsetzung einer Stadtbuchbehörde, in die Anfangs tatsächlich allerdings noch die beiden Kämmereiherrn neben einem Bürgermeister berufen sind. Vgl. Regulativ für die Kämmerei 1828 § 2 und Verteilung der Ratsämter 1832.

[2] Ob sich daraus die anscheinend 1480 zwischen Beurkundung vor dem Rate oder vor dem Stadtbuche gelassene Wahl erklärt? Jedesfalls sind trotz eines gemeinen Bescheides von 1665, März 8 (wiederholt 1692), worin die Verpflichtung ausgesprochen wird, den Statuten gemäſs bei

Es ist sonach nicht richtig, wenn Stobbe annimmt, dafs in Wismar erst im 16. Jahrhunderte die Auflassung unbedingt gefordert sei[1].

m. Bürgerpflicht, insbesondere Schofs, Baupflicht, Abschofs.

Was die Bürgersprachen über die Wehrpflicht und Wachtpflicht, die Verpflichtung der Bürger an den Stadtgräben und Wällen zu arbeiten und den Hafen zu säubern enthalten, ist an seinem Orte (A d, k) angeführt. Über die weitere Verpflichtung zur Instandhaltung der Grube, zu deren Reinigung Arbeitskräfte zu stellen des öftern Kanzelproklame aufgefordert haben[2], findet sich in den Bürgersprachen nicht einmal eine Andeutung, so dafs hier lediglich über die Steuerpflicht zu handeln bleibt.

Die älteste städtische Steuer war das Schofs[3], eine Vermögens-

---

Veräufserungen und Erbfall die Zuschreibung zum Stadtbuche zu erwirken, die Eigentumsveränderungen weder ausnahmelos noch prompt ins Stadtbuch eingetragen. Vgl. Mekl. Jahrb. 66, S. 75. Das Berliner Recht verlangt sofortige Verlassung, *up dat id gud weder in der stad registrum kome* (Stadtbuch S. 31). Vgl. die Bgspr. von Kiel im 15. u. 16. Jh. (Falck, N. Stb. Mag. 7, S. 94. Zeitschr. 10, S. 198. Westph., Mon. IV, Sp. 3254), Anklam (Stavenhagen S. 435 § 38), Reval 1560 § 17, 1803 § 12 (Qu. des R. Str. S. 239, 241), Pernau (Arch. IV, S. 104), Riga, Mitte des 16. Jhs. § 95 (Nap. S. 240 f.), Parchim (1622, Cleemann S. 160 § 15). Die Meklenb. Polizeiordnung vom J. 1572 läfst Licht auf Mifsbräuche fallen, die mit dem Stadtbuche in kleinen Städten geübt wurden nach dem Spruche: wer das Kreuz hat, segnet sich.

[1] Jahrb. f. Dogmatik des heutigen Röm. u. Deutschen Privatrechts 12, S. 177. Will man aber das unbedingt betonen, dann ist es erst im 19. Jh. eingetreten. Ein wirkliches unbedingt der Praxis wird sich im ganzen Mittelalter schwerlich nachweisen lassen.

[2] 1598, Sept. 9, 1614, Aug. 28, 1617, Aug. 31. Vgl. S. 43 Anm. 6 und S. 57.

[3] Vgl. Hartwig, der Lübecker Schofs 1903 mit der Anzeige Koppmanns, Hans. Gesch.-Bl. 1903, S. 181—199. Mekl. Urkb. XX, Nr. 11741 mit Anm. und dazu den Artikel Schofs im Register. Koppmann, Beitr. z. Gesch. der St. Rostock II, 3. S. 10—12. — Das Schofs war in Wismar im Laufe der Zeit, sicher schon 1827, wo *unter der geringen Classe viele enquotiret* wurden, die *eigentlich nichts in Vermögen* besafsen (Tit. IV, Vol. 29 [25]), zu einer Einkommensteuer für die gewöhnlichen

steuer, dessen Satz in Lübeck und Rostock in den Herbstbürgersprachen bekannt gemacht ward. In Wismar geschah das nicht, und da auch die ältern Schofslisten hier bis auf kümmerliche Bruchstücke verloren gegangen sind, so wissen wir über die Höhe dieser Steuer im Mittelalter nichts. Um die Mitte des 16. Jahrhunderts und später bis 1816, wo eine Abminderung auf die Hälfte erfolgte, sollten von 100 M. Kapital 4 ß erhoben werden[1]. Das Vorschofs, das in Wismar meines Wissens nur Einmal erwähnt wird[2], beruht auf anderer Grundlage.

Schofs soll von allen Gütern nach ihrem Werte entrichtet werden[3]. Sogar für das Geschmeide der Frauen und Töchter soll gesteuert werden[4]. Auch das aufserhalb der Stadt belegene Gut

Bedürfnisse der Kämmerei (von der es bis 1828 erhoben ward) geworden und lieferte (mit der Zunahme der Einwohnerschaft wachsend) in den der Neuordnung des Abgabenwesens vorangehenden Jahren eine Aufkunft von durchschnittlich 0,72 M. auf den Kopf der Bevölkerung. Nach diesem Satze wird es seit 1889 berechnet und das so ermittelte Soll als Teil der Einkommensteuer umgelegt.

[1] Die Sätze, die aus dem 15. Jh. und aus den ersten Dezennien des 16. Jhs. aus Urkunden bekannt sind, betreffen Stiftungen oder Geistliche und stimmen mit dem Ansatze des *buten schot* in der Bürgersprache von 1610 (LXXII § 41) überein. In Lübeck hat der Schofssatz erheblich geschwankt, während er in Rostock seit dem Ausgange des 14. Jhs. unverändert 8 ß von 100 M. betragen zu haben scheint.

[2] Werkmansche Chronik, Mekl. Jahrb. 55, S. 130: scholde en jewelik geven hebben i mark to voreschotte ofte ein mene schot overal, dat hadde men to eneme jare denet, men de tzise ... Schofs und Vorschofs wurden auseinander gehalten; und wie hier jeder zum Vorschosse mit dem gleichen Betrage herangezogen gedacht ist, so ist es an all den Stellen ausgesprochen, die sich näher über die Erhebung dieser Steuer äufsern. Wie aber »ein jeder« zu verstehn sei, das ist eine der vielen Fragen, auf die die Antwort noch aussteht. Vgl. Hartwig, a. a. O. S. 94 ff. und Koppmann, Hans. Gesch.-Bl. 1903, S. 190 ff. Man wird damit rechnen müssen, dafs Vorschofs und Vorschofs zu verschiedenen Zeiten und in verschiedenen Städten verschieden gewesen sein können.

[3] 1345 III § 1, 1347 VI § 3, 1352 § 14, 1356 § 9, 1371 und 1372 § 18, LXX § 54 f., LXXI § 34, 36 f., LXXII § 29, 36.

[4] 1397 § 20. — In Lüneburg waren gegen Ende des 16. Jhs. Hausrat, Geschmeide, Kleidung, Harnisch, Lebensmittel frei (Puf. IV, S. 816), während nach der Rostocker um etwa ein halbes Jahrhundert ältern

soll verschofst werden[1], wobei zuletzt jedoch die Einschränkung gemacht ist, soweit es der städtischen Jurisdiction unterliegt[2]. Wer an Nicht-Bürger vermietet, hat für deren Schofs aufzukommen[3]. Fremde aber, die durch Erbfall in Besitz Wismarscher Liegenschaften gelangen, sollen zu Aufsenschofs *(butenschot)* verpflichtet sein[4]. Dies betrug nach der letzten Bürgersprache 1 M. von 100 M. Kapital[5].

Ermittelt ward der Wert des Vermögens durch eidliche Aussage des Schofspflichtigen[6], was wegen des Geschmeides schon

---

Schofsordnung Hausrat und Geschmeide durch das Vorschofs entfreit, Braufässer, grofse Kessel und dergl. zum Erwerb dienende Geräte dem Vermögen zugerechnet werden sollten (Rost. Beitr. II, 3, S. 12). Zum Teile ist versucht worden, das Schofs der Luxusordnung dienstbar zu machen. Vgl. B f 1.

[1] LXX § 55, LXXI § 34, 37. Früher mag dies für selbstverständlich angesehen sein, da das Lübische Recht auch Lehngüter dem Schosse unterwirft (Hach, das alte Lüb. R. II, 113); so auch in Kolberg (Riemann, Geschichte S. 84). Ebenso verlangte man in Lüneburg Schofs von Landgütern (Puf. IV, S. 817).

[2] LXXII § 29, 36. Die Einschränkung dürfte auf den Einflufs der herzoglichen Räte zurückzuführen sein, die die Bürgerverträge mit vereinbart haben. Nach den Formeln der Bürgereide in diesen Verträgen sollten 1583 (§ 8) alle Güter in und aufser der Stadt verschofst werden, 1598 (§ 22): *alle binnen und aufsen der stadt im Wismarischen territorio und jurisdiction belegene und habende güeter,* 1600 (§ 27): *alle binnen und außen der stadt habende bewegliche, und dan im Wißmarischen territorio und jurisdiction belegene unbewegliche gueter.* Vgl. S. 34 mit Anm. 6.

[3] LXX § 57. Ebenso in Kiel, Bgspr. aus dem Anfange des 15. Jhs., Zeitschr. 14, S. 331.

[4] LXXI § 42, LXXII § 41.

[5] Ebenso in der Ordnung des Bürgerrechts 1619 § 8.

[6] LXX § 55, LXXI § 37. Vgl. Lübeck, Melle, gründl. Nachr. S. 114. Nach der Rostocker Schofsordnung von etwa 1530 soll der Eid nicht erlassen werden, Rost. Beitr. II, 3, S. 12. In Braunschweig sind 3 Tage gesetzt, an denen zu Schosse geschworen wird, Urkb. d. St. B. I, S. 74 § 134 (die Eidesformeln S. 97 § 49 f.). In Kolberg schwören um 1500 die Werke nach altem Brauche am Sonnabende vor Laurentii und schossen bis zu Nicolai, der Rat schwört erst Nov. 30, Riemann, Gesch. Kolbergs S. 96. In Celle sollte jeder, *nachdem zum Schoß geschworen,* binnen 14 Tagen sein Schofs entrichten, Puf. I, S. 230, 2.

1397 § 20 bezeugt ist. Die jüngste Bürgersprache setzt eine Beziehung auf den Bürgereid an die Stelle[1]. Es stand jedoch nach LXXII § 36 frei sich mit der Kämmerei auf einen festen Satz zu vereinbaren[2]. Gegen Ende des 16. Jahrhunderts hatte man daran gedacht, Häuser, Buden, Keller und Äcker allgemeinhin einzuschätzen[3], wodurch man ohne Eidleistung höhere Erträge zu erzielen hoffte, während man einig war, dafs bei dem bisherigen Modus mit dem Schofs *gefehrlich umbgangen* würde und viele Meineide geschähen[4].

Frei von Schofs waren bis 1386 diejenigen Ratmannen oder Bürger, die als Vögte nach Schonen entsendet wurden, eine Befreiung, die künftig fortfallen sollte 1387 § 1. Sonst waren die Ratmannen (bis um die Mitte des 17. Jh.) schofspflichtig, wenn auch (sicher schon um 1550) mit einem freien Praecipuum, schofsfrei die Träger[5].

Für Hinterziehung von Schofs drohen die Bürgersprachen zum Teile die gesetzliche Strafe[6] an, die auch gegebenen Falls von den Erben eingezogen werden soll. Nach andern Texten soll das

---

[1] LXXII § 36 *bei seinem geleisten burgereide*. Getreu zu verschossen verpflichtete der Bürgereid nach den Bürgerverträgen 1583 § 8, 1598 § 22, 1600 § 27. In Lüneburg mufs, wer den Bürgereid nicht geleistet hat, zum Schosse schwören, Puf. IV, S. 814.

[2] Solche Vereinbarungen Adlicher liegen von 1578 an zahlreich vor (Tit. XIII, Nr. 2, Vol. 1a). Vgl. S. 75 f. Anm. 4, S. 76 Anm. 1.

[3] Das hatte man in Hameln 1568 getan, Puf. II, S. 276 ff. In Parchim waren 1620 feste Sätze für das Schofs von den Grundstücken vereinbart, Cleemann S. 159 § 10.

[4] Geldsachen der Kämmerei, 1594. Vgl. Tit. XIII, Nr. 2, Vol. 3.

[5] Auch einzelne Bürger wurden mit Schofsfreiheit privilegirt. Die Beamten und Diener des Landesherrn im Fürstenhofe waren frei. Mit Neukloster, Cismar und dem Deutschen Orden waren wegen ihrer Höfe Abkommen getroffen. Nach einer Feststellung von 1607, Dez. 2 waren von Schofs, Wacht und andern Unpflichten frei die Prediger, Syndicus, Physicus, Secretarius, auch ihre Witwen nach ihrem Absterben; die Schulmeister, Kämmerei- und Gerichtsschreiber, des Rats Diener, Schreibmeister, Turmwächter und Wachtmeister (Ratsprotokolle S. 226).

[6] So 1345 III § 1, 1356 § 9, 1371 und 1372 § 18. Nach einigen Handschriften der Deutschen Fassung des Lübischen Rechts bestand sie in 60 ß und Verdoppelung des Schosses, Hach II, 114 Anm.

nicht verschoſste Gut verfallen und auch den Erben verloren sein[1]. Der die Erben betreffende Zusatz fehlt 1371 und 1372 und ist in LXXII, wo ihn der Entwurf vorgesehen hatte, gestrichen. Auſserdem sollte gemäſs LXX § 55 und LXXI § 37 (in LXXII ist auch diese Stelle aus dem Entwurfe gestrichen) der falsch Schossende als Meineider am Leibe (d. h. wol nach der Carolina durch Verlust der Schwurfinger) gestraft werden[2]. — Gezahlt werden sollte in guter Münze 1347 VI § 4.

Zu Schosse sollte nach den letzten Texten der Mann gehn, und nicht die Frau[3].

---

[1] 1347 VI § 3, 1352 § 14, LXX § 55, LXXI § 37, LXXII § 36. Merkwürdiger Weise behauptete 1583 der bürgerschaftliche Ausschuſs, der Rat habe *auch ein statutum gemacht, wan jemandt vorsturbe, das man alsdan desselben guether durch ihre* (des Rates) *dazu vorordnete inventiren, und da befunden, das derselbe nicht recht geschosset, das den davon der dritte theil uff die cemerey vorfallen sein soll.* Dazu hat der Syndicus Dr. Laurenz Niebur an den Rand geschrieben: *profer statutum.* Tit. I, Nr. 3, vol. 3, S. 689. — So auch in Göttingen, Puf. III, S. 158; in Dortmund war unrichtiges Schossen mit Einziehung des Vermögens und mit Ehrenstrafen bedroht, Frensdorff, Hans. Gesch.-Qu. 3, S. 35 Nr. 32. In Bremen will bei Verdacht unrichtigen Schosses der Rat dem Bürger *sin guth betalen, vor sodane gelt he dat vorschatet, und dat guth to sick nemen; wes idt beter is, schal komen to der stadt beste* 1539, Puf. II, S. 105 § 10. So schon in Mühlhausen um 1350, Ratsgesetzgebung S. 108, 109.

[2] Dem im J. 1274 unrichtigen Schossens überführten Hildebrand Höppener lieſs der Rat anzeigen, daſs er auſser dem beschlagnahmten nicht verschoſsten Gute von Rechts wegen sein Leben verwirkt hätte, und wollte die angebotene Buſse von 100 M. nicht annehmen (Mekl. Urkb. II, Nr. 1333). Metke Porrenhagen ward im J. 1419, weil sie nicht geschoſst hatte, in die Büttelei eingesetzt (lib. proscr. S. 89). Im J. 1518 erheben die Kämmerer Anspruch auf den Nachlaſs der Katharina Wend, *vorgheven, wu deſsulven gudere alle in den erſsamen radt unde stadt, nhademe de nicht rechte vorschatet, vorboert unde vorbraken scholden zin;* aus Gnade wird den Erben ein Teil ausgeliefert (Zeugeb. f. 7 v).

[3] LXX § 56, LXXI § 38, LXXII § 37. Auch in Lübeck (Lüb. Urkb. IX, S. 959, 960 f., Melle, S. 114) und Lüneburg (nicht Frau, Magd oder Kind). Grund: die Knechte und Mägde sind dem Rate nicht mit Eiden verwandt *und darumb man ihnen auch [bei] dem eidt nicht kan ver-*

Schofszeit war im 14. Jahrhunderte zwischen dem 11. und 18. November[1], im funfzehnten Jahrhunderte zwischen Michaelis und Nicolai (Dez. 6)[2]; endlich im 16. und 17. Jahrhunderte zwischen Martini (Nov. 11) und Weihnachten[3]. Die 1610 ursprünglich beabsichtigte Anweisung besonderer Tage für jedes Kirchspiel nach Rostocker Muster[4] hat man fallen lassen. Wer seiner Pflicht nicht nachkam, sollte gepfändet werden[5]. Die Pfänder, die auch wegen anderer Pflichten (LXXII § 35) von Säumigen oder Zahlungsunfähigen eingezogen wurden, sollten verkauft werden, wenn sie nicht

---

mannen oder vollnkommen bericht thuen, 16. Jh., Puf. II, S. 201 f. vgl. IV, S. 815. Osterode, Puf. II, S. 241 f.

[1] 1349 X § 1, vgl. 1352 § 15.

[2] 1480 § 70.

[3] LXX § 53, LXXI § 37, LXXII § 36. So auch in einem Kanzelproklam von 1636.

[4] Dort seit 1593. Beitr. IV, 2, S. 56 zu § 15.

[5] 1480 § 70, LXXII § 36. Auch in Wismar hiefs laut den Kämmereirechnungen von 1599, 1603, 1604 der Wagen, auf dem die Pfänder eingeholt wurden, *helwagen*. Die Rathausdiener bekamen eine gewisse Remuneration, wenn sie gelegentlich der Einforderung von Schofs und Lottgeld diesen Wagen aus- und einschoben. Es wird aber viel Nachsicht geübt sein. Den Ratmannen ward durch ein Statut vom J. 1340 (Mekl. Urkb. IX, Nr. 6045) der äufserste Termin bis zum Tage vor Himmelfahrt gestreckt. Wer dann noch im Rückstande blieb, sollte bei der Wahl der neuen Ratmannen keine Stimme und an den Hauptgefällen des Rats keinen Teil haben. Nach den Ratsstatuten um 1550 ging der Rat Freitag nach Laetare zu Schosse, nach den Korrekturen von 1606 und den letzten Statuten vom J. 1611 Freitag nach Himmelfahrt, Ratswillkürbuch f. 26r, 76r, leges senatorum § 24. Im J. 1569 ward noch im Februar von den Kanzeln aus gemahnt, Schofs und Herrengulden zu entrichten, und auch bei der im Hochsommer erlassenen Aufforderung, die Häuser für die Verlosung der Lottäcker anzumelden, ergeht die Mahnung, rückständiges Schofs zu begleichen (1608, 1615, 1622). Die spätern Register verzeichnen Eingänge vieljähriger Rückstände. In Lübeck sollte nach Ostern von den Säumigen doppeltes Schofs genommen werden (Lüb. Urkb. IX, S. 959, 960), in Riga nach Weihnachten 1384 § 58, Nap. 210. In Rostock früher nur ein Zuschlag von 4 ß, später bei willkürlicher Strafe, endlich seit 1593 ebenfalls Dopplung, Beitr. IV, 2, S. 56 zu § 15.

binnen acht Tagen [1] eingelöst würden, später binnen 14 Tagen [2]. Ein etwaiger Überschufs des Erlöses sollte nicht erstattet werden [3].

Neben dem Schosse wird in spätern Bürgersprachen Unpflicht genannt [4], diese aber in LXX § 57 als Schofs und Wachtgeld erklärt. Der Vermieter soll ihretwegen für seinen Mieter aufkommen, wenn dieser nicht Bürger ist [5]. Wegen des Wachtgeldes ist auf A d (S. 49 f.) zu verweisen.

Aufserdem sind Bürger und Einwohner dem Zolle [6] und der Accise [7] unterworfen LXXI § 36, 79. Damit die letztere nicht hinterzogen würde, sollten nur die wahren Brauer brauen und den Acciseherren angeben, wohin ihr Bier gebracht sei, die Träger aber nach Sonnenuntergang und vor Sonnenaufgang kein Bier behandeln 1430 § 50, 53.

LXXI § 79 ist als weitere Abgabe Hafengeld [8] genannt.

Die letzte Bürgersprache endlich LXXII zählt in § 35 als zu leistende Abgaben auf: Schofs, Lottgulden, Zoll, Accise, Türken-

---

[1] LXX § 58.

[2] LXXI § 61, LXXII § 52. So auch in Ribnitz, Kamptz I, 2 S. 334 § 30 und Grevesmühlen, ebd. S. 338 § 14. In Stralsund teilten damals der worthabende Bgm. und die Schofsherrn die nicht gelösten Pfänder unter sich, Genzkows Tagebuch S. 393 f.

[3] LXXI § 61, LXXII § 52.

[4] LXX § 54, LXXI § 34, 36, LXXII § 29.

[5] LXX § 57.

[6] Vgl. die Zollrolle von 1328, Mekl. Urkb. VII, Nr. 4973.

[7] Accise war von der Stadt für Bier im 15. Jh. auf Grund ihres jus statuendi unangefochten eingeführt und 1535 aufs neue für 4 Jahre nach Rostocker Muster ins Leben gerufen. 1559 nahmen die Landesherren vergebens ein Bewilligungsrecht in Anspruch und duldeten es, dafs die Stadt zur Abbürdung der 50000 M. Lüb., die sie 1560 von den fürstlichen Schulden übernahm, wiederum zur Accise griff. Erst gegen Ende des Jahrhunderts mufste in ihren inneren Streitigkeiten die Stadt das landesherrliche Bewilligungsrecht anerkennen und um Bewilligung nachsuchen, die sie denn auch gegen mehrfach gesteigerte jährliche Abgiften 1600 für 30 Jahre, 1636 für immer erhielt; die Accise hörte 1866 Juni 30 auf.

[8] Nicht von den Schiffen nach Raumgehalt, sondern von der Ladung erhoben, ein Zoll, dem die Fremden aufser den Lübeckern, Rostockern und Dänen unterlagen, der aber von der Accise befreite.

steuer, Landbede, Kollekte[1] und Wachtgeld, Damm-, Wegegeld[2] und Hafengeld. Ein im Entwurf gestrichener Artikel[3] nennt dazu Stadt- und Wassergeld.

Auf die Sorge für den Wohlstand und das Ansehen der Stadt, mehr aber noch um Bewahrung der Steuerkraft werden die Verordnungen wider den Verfall von Häusern[4] und die Umwandlung von Buden in Ställe, Gärten und Torwege zurückzuführen sein[5]. Zuerst werden im J. 1480 § 86 Eigentümer und Rentner verfallener oder verbrannter Häuser verpflichtet, binnen Jahr und Tag solche wieder aufzubauen, widrigenfalls der Rat die Stellen der Stadt zum besten ohne Entschädigung einziehen will. Daran wird im folgenden Paragraphen die Klage angeschlossen, dafs viele Leute Häuser oder Buden für wenig Geld an sich bringen, sie einige Jahre bewohnen und vorsätzlich verfallen lassen. Die Eigentümer

---

[1] Im J. 1610 »zue gemeinen statt gebeutten« bewilligt. Sie betrug vom Hause 1 fl., von der Bude 12 ß, vom Wohnkeller 6 ß (Kanzelproklam 1610, Apr. 10). Ein Register *dat hußgelt belangende*, das zwischen 1508 und 1510 fallen mufs, wird dieselbe Steuer betreffen. Die Ansätze sind hier nur halb so hoch.

[2] Nach zutreffenden Ausführungen des ältern Bgm. Haupt der alte Landzoll, der nach den Bürgerverträgen 1583 § 12, 1598 § 32, 1600 § 37 zur Erhaltung der Steindämme verwandt ward.

[3] Vor § 1.

[4] Wegen eines aus solcher Ursache zwischen Nachbarn entstandenen gröfseren Prozesses, der 1468 verglichen ward, vgl. Mekl. Jahrb. 61, S. 26.

[5] Aufserdem sollte wol vorgebaut werden, dafs nicht die Nachbarn geschädigt würden und schwierige Rechtshändel entstünden. Der Gesichtspunkt der Wahrung eines würdigen Äufseren ist in einer Ratsverfügung von 1612, März 23 an die Spitze gestellt, wonach *alle glinde, stakitte und was hin und wider der statt zur deformitet gebawet, soll wegigerissen undt abgeschaffet werden*, Ratsprotokoll S. 19. Ebenso in einigen Artikeln unsicherer Herkunft, die Burmeister, Bürgersprachen S. 95 in der Anm. (mit sinnstörenden Fehlern) mitgeteilt hat. Ich habe nach ihnen vergebens gesucht. In § 48 Z. 4 ist ohne Zweifel statt *unvergebich: naber gelich* zu lesen. In § 49 ist *gebruck* unverständlich; in derselben Zeile fehlt hinter *maken* ein Semikolon und ist *dede* zusammen zu ziehen. Vgl. noch die Bgspr. von Parchim (1622, Cleemann S. 162 § 27), die die Deformität und Feuersgefahr der Hackelwerke und Zäune betont.

sollen ihre Baulichkeiten in Stand halten und wo nötig binnen Jahr und Tag bessern, andernfalls aber Rentnern und Nachbaren für jeglichen Schaden ersatzpflichtig sein. Die erste Bestimmung ist in den folgenden Texten wiederholt[1], aber auch auf baufällige Häuser ausgedehnt und daran die genauere Ausführung geknüpft, dafs der Rat solche Grundstücke entweder selbst bauen lassen oder solchen Leuten geben wolle, die dazu geneigt seien.

Aufserdem treffen wir in LXXI § 48 und LXXII § 46 noch eine Bestimmung über Häuser, die durch Brand oder anderes Unglück zu Schaden kommen oder baufällig werden. In solchem Falle sollen sich Eigentümer und Rentner binnen Jahr und Tag vergleichen und neu bauen oder bessern, oder es will der Rat nach der ursprünglichen und consequentern Recension von LXXI[2], die auch in LXXII wieder aufgenommen ist, das Grundstück dem Rentner überweisen[3].

---

[1] LXX § 46, LXXI § 47, LXXII § 45.

[2] A, in C von Laurenz Niebur hergestellt.

[3] Zu unbekannter Zeit haben, *da menschlichem Ansehen nach* bei fernerm untätigem Zusehen durch Gleichgültigkeit oder schlechten Willen der Hauseigentümer *eine gantze Totalruin* der Stadt drohte, LXXII § 45 und 46 eine Verschärfung dahin erfahren, dafs die Eigentümer ihre Häuser zu rechter Zeit repariren und vor dem *Totalruin* bewahren sollen, widrigenfalls das Eigentum der *niedergefallenen* Häuser samt den Materialien der Stadt verfallen sein, den Nachbaren ihr Schade ersetzt und bei erweislicher Vorsätzlichkeit eine willkürliche Strafe dazu verwirkt werden soll. Zeigt der Eigentümer dem Rate bei Zeiten seine Mittellosigkeit an, so sollen die Nachbaren oder der Rat das bedrohte Haus notdürftig repariren lassen, wofür ihnen dieses bis zur Erstattung der Baukosten *zur Hypothec* verbleibt (Allerh. Ordn. u. Rollen II, f. 24 f.). — Dafs nach Lübischem Rechte eine Baupflicht des Rentners bestand, hat Pauli in den Abh. aus dem Lüb. Rechte IV, S. 39 nachgewiesen. Auch aus Wismar läfst sich ein Beispiel beibringen, wo der Rentner eingetreten ist (Zeugeb. S. 249 f., 1486). In einem andern Falle hat der Eigentümer (der Provisor der Marienkirche) ebenfalls den Rentner (die Brüder des Grofsen Kalandes) veranlassen wollen, an seiner Statt den Bau zu übernehmen oder seine Rente fahren zu lassen: hier hat man sich schliefslich auf einen Nachlafs an der Rente geeinigt (1535, Buch des Gr. Kalandes f. 38r). Im gleichen Jahre hat derselbe Kaland einem andern Hauseigentümer, weil er gebaut, einen Rentennachlafs zugestanden (ebd.). — Die Anwendung des Rechtes, wüste Stellen einzuziehen oder darüber zu verfügen,

LXXI ist seit 1580 so gewendet, dafs das Grundstück, wenn Eigentümer und Rentner keine Einigung erzielen, zunächst dem Eigen-

---

läfst sich erst aus dem 16. und 17. Jh. belegen, da im Mekl. Urkb. VII. Nr. 4731 und in verwandten Eintragungen des Stadtbuchs II, f. 39r und 80r aus dem J. 1325 und 1328 Verträge rein privater Natur vorzuliegen scheinen. Im J. 1539 bringt nach mehrfachen vorangegangenen Klagen das Amt der Schuster nochmals klagend beim Rate an, dafs ihr Krughaus wegen einer benachbarten *wusten stede unverwyntlichen schaden lede, ere huß daraver ... daelfallen mochte* ..., Andreas Horn aber sich auf nichts einlassen wolle. Dieser sagt, er habe nur 100 M. in der Stelle geerbt, deren Eigentum ihm nicht verlassen sei. Werde ihm die Stelle verlassen, so wolle er sehen. Bgm. Nic. Grawe: er habe die Stätte dem Rentner zum Besten von Vicke Basse bekommen, *ehme ock im tugeboke vorlaten und togeschreven,* er wolle sie sofort abtreten. Erkenntnis: da Nic. Gr. *den egendom* . . . *vorlet* und A. H. *alse ein renthener der stede annimpt,* soll er sich binnen 14 Tagen befleifsigen die Stätte zu bebauen; sonst will der Rat sie gemäfs der Bürgersprache jemand geben der bauen will. Zeugeb. S. 598 f. Im J. 1582, Mai 4 vereignet der Rat gemäfs der Bgspr. dem Grauen Kloster zwei wüste Wurten in der Mühlenstrafse, worin das Kloster Rente gehabt zu haben scheint. Crain, zur Gesch. des Gr. Kl. S. 14, Anl. 4 aus dem Kirchenbuche des Gr. Kl. S. 115 f. Im 17. Jh. veranlafste der Rat durch Hinweis auf die nach den städtischen Statuten drohende Einziehung den Landrat Daniel v. Plessen das Haus Lübsche Str. 18 von Grund aus neu zu bauen, Stadtb. XX f. 8r. Weitere Beweise, dafs über der Forderung der Bgspr., Baustellen an Baulustige abzugeben, gehalten ist, unter Tit. XIII sub wüste Stellen. Den Bürgern, die wüste und ruinirte Hausstellen wieder aufbauten, von Kämmerei wegen Zahlungen *zu einer ergetzligkeit* zu machen, war sicher schon 1602 üblich. Die Kämmereirechnungen haben z. T. eine besondere Rubrik dafür. 1691 sind für eine Wohnbude 20 M., für ein Brauhaus 180 M. gezahlt. Im J. 1612 aber sollten laut Ratsprotokoll (S. 26) Baulustigen, die wüste Stellen bebauen wollten, für einige Jahre Befreiung von den Unpflichten und etliche Tausend Steine zur Unterstützung gewährt werden. — Auch in Lübeck übertrug im J. 1527 der Rat eine verfallene Hausstätte an einen Baulustigen (Rehme, das Lübecker Ober-Stadtbuch S. 372 Nr. 335; Z. 4 ist statt *rinn rum* zu lesen). In Rostock forderte 1754 und 1755 der Rat, nachdem sich Baulustige gemeldet hatten. Eigentümer und Gläubiger auf selbst zu bauen, widrigenfalls sie ihrer Rechte verlustig gehen sollten, Rost. Nachr. 1754, S. 14, 1755, S. 19. Dasselbe Recht bezeugen die Bürgersprachen von Greifswald (Pomm.

tümer zum Bauen zugewiesen werden soll, und erst wenn der nicht will dem Rentner. Schliefslich, wenn weder Eigentümer noch Rentner bauen wollen, soll nach LXXI und LXXII die Stelle dem Rate verfallen sein. Den Rentnern aber wird in LXX § 44 und LXXI § 45 das Recht eingeräumt auch wegen Baufälligkeit zu klagen und sich in das baufällige Grundstück einweisen zu lassen.

Von Buden, die in Ställe, Gärten, Torwege umgewandelt sind, soll jeder bei Strafe der Pfändung seine Abgaben gerade so entrichten, als ob sie bewohnt wären; in Zukunft aber soll niemand solche Umwandlung nachgesehen werden und diese mit 3 M. Silber (LXX) oder 50 M. Lüb. (LXXI f.) gestraft werden: LXX § 47 f., LXXI § 49 f., LXXII § 47 f.[1].

Die Ungeneigtheit, Vermögen aus der Stadt zu lassen, tritt im Lübischen Rechte von Anfang an entgegen[2], seit wann aber sich das Abschofs eingebürgert hat, wird schwer festzustellen sein[3].

Gesch.-Denkm. II, S. 103 f. § 80), Kolberg (Riemann, Beil. S. 87 § 36, S. 91 § 59), Anklam (1544, Stavenhagen S. 438 § 80), Güstrow (Besser, Beitr. II, S. 272), Plau (1707, Mekl. Jahrb. 17, S. 355 § 8), Friedland (Kamptz I, 2, S. 306 § 41), die Meklenburgischen Polizeiordnungen von 1516 (Mekl. Jahrb. 57, S. 282 f. § 6) und 1572. Es galt auch in Köln (Morgensprache des 17. Jhs.) und Worms (Arnold, Deutsche Freistädte II, S. 469) und war schon Römisches Recht, s. Cod., Lib. XI, Tit. 29 § 4.

[1] Schon 1442 erging in Lübeck ein Urteil des Rats, dafs ein in einen Pferdestall umgebautes Haus ein Wohnhaus bleiben sollte, Lüb. Urkb. VIII, Nr. 58 Vgl. Reval 1560 (Qu. des R. Str. S. 239 § 18).

[2] Hach I, 17 f., II, 6.

[3] Nach dem Hamburger Rechte des J. 1292, E XXIII war der Zehnte von allem nach auswärts gehenden Erbgute fällig, und die Hamburger Kämmereirechnungen verzeichnen seit 1350 demgemäfs erhebliche Summen *de reliquiis morienciun.* Lübeck erhob schon im J. 1410 von einem nach Wismar hin ausgekehrten Nachlasse den Zehnten (Lüb. Urkb. V, S. 348). Einnahmen derselben Stadt *van den teinden pennige* 1421 bis 1430, Lüb. Urkb. VII, S. 410 f. Vgl. Lüb. Urkb. VIII, Nr. 537. Hansestatuten von den Jahren 1434 und 1447 verpflichteten die Räte, sich des Nachlasses fremder Hansen anzunehmen, wofür ihnen zugebilligt ward *wes der stede recht is* (HR. II, 1, S. 207 § 28. II, 3, S. 190 § 46. Vgl. II, 2, S. 582 § 4). Als Lübisches Recht ist wol in der zweiten Hälfte des 15. Jhs. aufgezeichnet, dafs von allem nach auswärts vererbten Erbgute der Stadt der zehnte Pfenning zukomme (Hach IV, 5), was nach einem

Aus Wismarschen Akten ist mir als ältestes Zeugnis ein Gesuch um Abminderung aus dem Jahre 1494 bekannt geworden. In den Bürgersprachen wird zuerst in LXIX § 51 Notiz davon genommen, von wo der Artikel in LXX § 11 übergegangen ist, hier nur in Anwendung auf Nachlafsgut, das aus der Stadt geht. In LXXI § 25 und LXXII § 19 ist die Formulirung strenger geworden[1], und in LXXI § 26 wird daneben vom Nachlasse aller Nicht-Bürger auch in dem Falle Abschofs beansprucht, dafs er in der Stadt verbleibt. Sowohl in LXXI § 35 wie in LXXII § 32 wird aber hinzugefügt, dafs auch wegziehende Bürger von ihrem Gute Abschofs zu geben

Schreiben des Revalschen Rats vom J. 1514 allgemein Lübisches Recht war (Michelsen, Oberhof S. 267 Anm.); im J. 1517 aber ist in Lübeck gewillkürt, dafs mit Ausnahme von Gottesgiften auch alle nach auswärts gehenden Legate zehntpflichtig seien (Hach IV, 6), während noch im J. 1487 nach Femarn der Rechtsspruch gesendet war, dafs von Gütern, die testamentarisch vermacht seien, kein Zehnter geschuldet werde (Michelsen, Oberhof Nr. 194. Vgl. Lüb. Urkb. XI, Nr. 207 vom J. 1467). Rostock verkauft im J. 1388 eine Leibrente aus dem Zehnten, der von den aus der Stadt gehnden Gütern erhoben wird, Mekl. Urkb. XXI, Nr. 12051. — In Braunschweig erhob man in der zweiten Hälfte des 14. Jhs. den dritten Pfenning (Urkb. der St. B. I, S. 72 § 125, S. 125 § 290 ff., S. 157), desgl. in Kiel 1467 (Lüb. Urkb. XI, Nr. 207), in Eimbek 1658 (Puf. II, S. 222), Osterode (Puf. II, S. 246), Celle (Puf. I, S. 237 f.). Von den nach auswärts gehenden Legaten nahm Köln 15 % (den zehen und zwantzigsten Pfenning, Morgensprache des 17. Jhs.). — In Schonen hielten sich 1417 die Hansen, nachdem sie in vergangenen Zeiten vorübergehende Befreiung vom Erbkaufe erlangt hatten (Schäfer, Hans. Gesch.-Qu. 4, S. CXIX—CXXI), für bedrückt, wenn der dortige Vogt vom Nachlasse dort Verstorbener 3 M. verlangte (HR. I, 6, S. 353), später 1450, 1469, 1484, 1489 klagten sie noch mehr, als anstatt der altgewohnten 3 M. Schon. (oder 1 M. Schon.) der Zehnte erhoben ward (HR. II, 3, S. 456, vgl. II, 5, S. 168 § 15 und S. 259 Nr. 371 § 6; Hans. Urkb. IX, S. 534 § 6, HR. III, 1, S. 407 § 100; III, 2, S. 317 § 7, S. 319 § 2). — Vgl. HR. I, 1, Nr. 79.

[1] Von Bürgerkindern scheint vorausgesetzt zu werden, dafs sie am Orte bleiben. Vgl. HR. III, 3, S. 390 f. Die Annahme, dafs Leibeserben nicht abschofspflichtig gewesen, hat alle Wahrscheinlichkeit gegen sich. — Das Recht der Stadt auf den Abschofs oder Decimation des Nachlasses des Adv. Dr. Schabbel und seiner ohne Kinder verstorbenen Hausfrau ward durch ein Schreiben Kg. Karls von Schweden an das Tribunal 1684, Jan. 24 anerkannt (Priv. Sammlg. A f. 302v).

schuldig sind, und zwar von allem Gute, mag es sich in oder aufser der Stadt finden[1]. In allen Fällen ist das Abschofs[2] auf 10 v. H. normirt und sollte wahrgenommen werden, bevor das pflichtige Gut die Stadt verliefse; bei Hinterziehung sollte das ganze Gut verfallen sein. In LXIX § 53, LXX § 12 und den ältern Fassungen von LXXI § 25 wird Inventarisirung der aus der Stadt zu verbringenden Nachlafsgüter angeordnet. Zahlreiche Sonderabkommen haben im 18. und 19. Jh. das Abschofs allmählich eingeschränkt und abgeschafft. Erhoben oder beansprucht ist es noch 1848 gegenüber Ländern, mit denen keine Konventionen getroffen waren, z. B. Spanien und Portugal (Wism. Zeitung 1848, Extrabeilage zu Nr. 120).

B. Polizeiverordnungen in engerm Sinne.

a. Wahrung der öffentlichen Sicherheit.

Nachdem um das Jahr 1340 gewillkürt war, dafs bei Totschlag, Raub und anderer Untat vor der Stadt im Bereiche der städtischen Gerichtsbarkeit jeder, der darüber zukäme, bei strenger Strafe Hülfe leisten, etwaige Verwundung oder Tötung der Missetäter aber straflos sein solle, und dafs Rat und Stadt die der Willkür Folgenden schadlos halten wollten[3], ward die im Deutschen Rechte begründete Pflicht, dem Geschrei zu folgen und Flüchtige aufzuhalten,

---

[1] Die Kämmereirechnung von 1599 bucht als Einnahme von *zehenden* 5 M. von J. H. *welcher von hinnen nach Gustrow gezogen*, S. 15, andere S. 56. — Auch in Riga um die Mitte des 16. Jhs. (Nap. S. 240 § 83) und Lüneburg gegen Ende des 16. Jhs. (Puf. IV, S. 813); feste Gebühren in Eimbek 1658 (Puf. II, S. 212 f.), wie solche als Zoll für *alevare, alvur* in verschiedenen Zollrollen des 13. u. 14. Jhs. bezeugt sind (bes. Hans. Urkb. I, Nr. 746 S. 261). Besondere Schwierigkeiten scheint Braunschweig fortziehenden Bürgern gemacht zu haben, Urkb. d. St. B. I, S. 44 Nr. 39 § 7 (S. 64 Nr. 53 § 9, S. 128 Nr. 62 § 9), S. 45 § 29 (S. 130 § 27).

[2] Diese Bezeichnung finde ich zuerst (neben *zehenden*) in der Kämmereirechnung von 1684. Das alte *alvur* lebt noch in diesen Rechnungen 1599 und 1604 in der Form *ahlfuhre* oder *ahlfuhr*. Eine undatirte Acciseordnung des 16. Jhs. trifft in § 14 Bestimmungen für den Fall, dafs *allfuhr tho water ankombt*.

[3] Mekl. Urkb. IX, Nr. 6019.

in die allgemeine Bürgersprache aufgenommen[1] und für Zuwiderhandelnde eine Buſse von 10 M. Silbers und Verwirkung der Ehre angedroht; Verwundung oder Tötung des Flüchtigen soll straflos sein, wenn ohne Vorbedacht geschehen. Wiederholt ist der Artikel 1371 und 1372 § 7 mit der Änderung, daſs die Strafe den trifft, der den Flüchtigen nicht hindert und ihm forthilft[2].

Weiter ward ständig zur Vorsicht im Herbergen gemahnt. Jeder sehe sich vor, heiſst es, wen er herbergt, daſs er ein solcher sei, für den er die Verantwortung tragen könne[3]. Im J. 1345 wird mit einer Buſse von 10 M. Silbers derjenige belegt, der einen Missetäter oder wegen Missetat Flüchtigen aufnimmt[4] und ihm forthilft[5]. Wiederholt 1356 § 3 mit irriger Auslassung des für Aufnehmen gebrauchten Verbums, das allerdings zweideutig ist. Nachdem dann nach längerem Schweigen 1421 § 27 ein Artikel wegen Totschläger oder Mörder und derer, die solche herbergen würden, nachgetragen war, wird 1423 § 6 verkündet, daſs der Rat denjenigen, der einen Totschläger oder Mörder herbergen oder verbergen würde, gleich diesem (1480!) strenge richten wolle, eine Bestimmung, die nicht wieder verschwindet, aber mehrfach abgeändert wird[6]. Nach den

---

[1] I § 5.

[2] Im J. 1530 sicherte ein Beschluſs von Rat und Bürgerschaft Nachbaren, die einem überfallenen Bürger beispringen würden, Straflosigkeit zu, wenn dabei jemand zu Tode käme, Zeugeb. fol. 321. Die Pflicht, dem Geschrei zu folgen, schärfen auch die Bürgersprachen anderer Städte ein: Kiel (Anfang des 15. Jhs. und 1563, Zeitschr. 10, S. 189, 192, 194 f., 14, S. 331, Westph., Mon. IV, Sp. 3253), Oldenburg (Hollensteiner S. 286 § 14), Lüneburg (1401 Kraut S. 34), Bremen (1539, Puf. II, S. 110 f., § 39, 43), vgl. für Köln Stein I, S. 63. Als bezeichnender Ausdruck damaliger Anschauungen ist aus der Hamburger Bgspr. von 1594 § 25 und Thomae § 13 die Aufforderung anzumerken, man solle Mörder und Totschläger auch in Abwesenheit der städtischen Diener an der Flucht hindern, *welches einem jeden an sinen Ehren und Leumuht unvorwietlich sin schal.*

[3] I § 3, angedeutet 1371 und 1372 § 5, 1385 § 26, 1394 § 5. Vgl. unter A c, S. 40.

[4] Noch das Goslarsche Recht gesteht dem Hause ein beschränktes Asylrecht zu, Leibniz, scriptores III, S. 498 § 27. Vgl. aber S. 499 § 29 f. § 36, S. 500 § 50, S. 506 § 158 ff.

[5] II § 2.

[6] 1424 § 8, 1430 § 10. 1480 § 5, LXX § 67, LXXI § 7, LXXII § 3.

ersten Texten würde bei genauer Auslegung der Missetäter in der Herberge ergriffen sein müssen, nach den spätern müfste auch ein anderer Beweis des Bergens genügt haben. 1430 wird zu Totschlägern oder Mördern das allgemeinere Übeltäter hinzugefügt, 1480 auch Diebe; danach wird die Liste immer mehr vervollständigt durch entwichene Bauern *(uttredere)*, Sakramentirer und Wiedertäufer oder sonst Verdächtige[1] (LXX), Rottengeister (LXXI); schliefslich in LXXII kommen noch Tatern und Zigeuner hinzu[2]. In LXXI und LXXII werden Sakramentirer usw. an die Spitze gestellt und wird statt blofses Herbergens wissentliches Herbergen gesetzt und ebenda die Strafe in hohe oder ernstliche Strafe des Rates umgewandelt[3]. Was über das Geleit vorkommt, ist unter Ac (S. 38ff.) zusammengetragen und in diesem Zusammenhange nur hinzuzufügen, dafs niemand um Lohn Geleit bei den Bürgermeistern auswirken sollte und vor allem nicht für jemand, auf den das Gericht schon seine Hand gelegt hätte 1425 § 8.

Nach dem Läuten der Glocke (seit 1417 der grofsen Glocke, 1480 na glocken tidt) soll niemand ohne rechtes Gewerbe auf den Strafsen gehn: so wird von etwa 1376 bis 1480 verkündet[4]. Dafs

---

Warnungen von den Kanzeln, Mordbrenner zu beherbergen 1569, Mai, Juni. 1590, Aug. 23. Vor dem Herbergen Verfesteter warnen die Bürgersprachen von Rostock (Beitr. IV, 2, S. 50 § 3), Reval (um 1360, um 1400, Archiv III, S. 86, 88) und Lüneburg (1401, Kraut S. 28), letztere im 16. Jh. wegen Totschläger, Gewalttäter, Strafsenschinder (Puf. II, S. 198).

[1] Wiederholt warnt der Rat in der zweiten Hälfte des 16. Jhs. von den Kanzeln, umherziehende Landsknechte zu beherbergen [1560], 1569, 1571 *(herlose gardende landesknechte, herlose knechte, herenlose landstriker ... wodann ok alle jar in der burgersprake wert vorbadenn)*, 1609 *(fremdes umblauffendes gesinde)*.

[2] Schon LXXI § 21 war ihnen der Aufenthalt in der Stadt untersagt und waren sie für vogelfrei erklärt. Vgl. die Aufforderung Wigands 1564, Schröder, Ev. Meklenburg II, S. 469, Crain, Reformation S. 74 Anm. 162, Mekl. Polizeiordnung von 1572, Kriegk, Bürgertum I, S. 148—152.

[3] Was die Anwendung betrifft, so bezeugt das Verfestungsbuch auf S. 48 aus dem J. 1400: *Heyneke Garbrader heft vorzworen de stad by syme levende, umme dat he scrovere hovede unde husede unde vorkofte em af unde to dat gud, se roveden in der se, in der jeghenwardicheyt her Nicolaus Bucowen unde her Hinrekes van Klene.*

[4] XXVII (um 1376) § 4, 1385 § 20, 1395 § 14, 1397 § 15, 1400 XL

die Wächterglocke — Schlafglocke im A. Lübischen Rechte II, 220 — gemeint ist, die in Rostock in gleichem Zusammenhange genannt wird[1], kann nicht zweifelhaft sein; denn wenn seit langem die dritte Glocke Wächterglocke heifst, so liegt der Gedanke nahe genug, daſs die gröſsern Glocken aus späterer Zeit stammen. Unsicherer ist die Stunde, wann die Wächterglocke geläutet ist[2]: jetzt geschieht es

§ 12, 1401 § 14 (hier fehlt *post pulsum campane* und steht nur *de vespere*), 1417 § 15, 1418 § 15, 1419 § 14, 1420 § 30, 1421 § 28, 1424 § 30, 1430 § 61, 1480 § 65.

[1] Mekl. Jahrb. 16 S. 232. Vgl. übrigens Rost. Beitr. IV. 2, S. 50 § 4 und S. 52 zu § 4. In Oldenburg (Hollensteiner S. 286): *keen unbekandt mann ... na wächters klockschlag*. In Lüneburg wechselt 1401 der Ausdruck *de grotere clocke* und *de wachter clocke* (Kraut S. 34). In Lübeck soll 1309 ein Zugang zu einem gemeinsamen Sode geschlossen werden, cum pulsatur campana vigilum (Pauli, Lüb. Zustände III, S. 184, 135). Das älteste Zeugnis aus Wismar vom J. 1288 (Mekl. Urkb. III, Nr. 1938 Anm.).

[2] Noch zu Schröders Zeit ward in Wismar die Glocke von S. Nicolai täglich Abends Uhr 8 (so in der Kurtzen Beschreibung S. 137, 2. Ausg. S. 142 f., Pap. Meklenburg S. 1464 f. In der Ausführl. Beschreibung S. 622 steht 9 Uhr) geläutet; zuerst nach dem Umgusse der Glocke wieder 1727 Apr. 17 (ebd.). Als 1557 in der ersten Hälfte des Oktober Hgin. Sophie in Wismar getauft werden sollte, schrieb der Rat als Polizeistunde Uhr 8 vor. Unerklärlich im Verhältnisse zu spätern Zeugnissen ist der Ratsbeschluſs von 1586 Okt. 16, wonach *alle aben umb 9 uhr die wachterklock soll gelutt*, dagegen aber *das leuten des sontag morgens umb 7 uhr eingestellet* werden soll, Ratsprotok. fol. 146r. In Rostock ward zu Niehencks Zeit (um 1775) die Wächterglocke von S. Nicolai einige Male in der Woche des Abends etwa um halb neun Uhr gezogen (Krause, Rostocker Beitr. I, 3, S. 87). Das soll nach Grapius (Ev. Rostock S. 536) aber erst 1571 (neu?) eingeführt sein, als das Uhrwerk zerstört war (Schröder, Ev. Meklenburg III, S. 84; als Zeit wird angegeben um 9 Uhr). In Neu-Brandenburg ward bis 1852 die Wächterglocke Uhr 9 geläutet (Boll, Mekl. Gesch. II, S. 404); auch in Malchin und in Waren um 9 Uhr (Bartsch, Mekl. Sagen I, S. 359, 386, 389). 9 Uhr als Polizeistunde begegnet in Rostock im J. 1565 (Hans. Gesch.-Bl. 1890/91, S. 148 § 21; dagegen um die Mitte des 17. Jh. Uhr 10, Beitr. IV, 2, S. 52 zu § 41) und Kolberg (Riemann in den Beil. S. 84 § 16, S. 86 § 20, S. 95 § 17; dagegen Uhr 10 ebd. S. 93 § 40). Als im J. 1569 im September in Wismar fürstlicher Besuch bevorstand, wurden die Bürger gemahnt, sich nach

Uhr 8, aber nur von Einem Turme (S. Nicolai) und an Einem Abende (Dienstags). Man sagt dann wol: *dat blekermäten wart grawen*[1].

9 nicht auf der Strafse finden zu lassen; ebenso gelegentlich eines Landgerichtstages in der 2. Hälfte des 16. Jhs., und 1628 ist dieselbe Zeit für die Soldatesca vorgeschrieben (Kanzelprokl.). Nach 9 war es in Köln im 17. Jh. verboten, mit Waffen ohne Licht auf der Strafse zu gehn oder Lärm zu verüben (Morgensprache des 17. Jhs.), wogegen ältere Verordnungen (Stein II, S. 91 § 5, S. 98 § 1, S. 282 § 1) 11 Uhr haben. Um 8 Uhr läutete in Arnstadt das Bierglöcklein (die kleinste Glocke der Bonifaciuskirche) bis zum Brande 1581 (Einert, Aus den Papieren eines Rathauses S. 14). Nach 8 sollte zu Hannover in den Krügen Trommelschlagen und Geschrei aufhören (1544 Puf. IV, S. 220 f.; wer Abends vor oder nach 8 auf der Strafse Mutwillen treibt, ebd. S. 223). Die Differenz in der Zeit wird sich wol am besten aus der Beobachtung Mabillons erklären, wonach die Wächter in fast ganz Deutschland im Sommer Uhr 9, im Winter aber Uhr 8 die Wache antraten (nach dem Citate Bilfingers in seinen mittelalterlichen Horen S. 56 Anm. aus Mabillons iter Germanicum), wie noch mindestens bis zum J. 1868 in Frankfurt a. M. die Weinglocke vom 16. Okt. bis zum 24. März um 8 Uhr, sonst aber Uhr 9 geläutet ist (Kriegk, Deutsches Bürgertum S. 340). Ja, schon vom J. 1433 liegt eine Willkür des Deutschen Kaufmanns zu London vor, dafs der Stahlhof im Winter Uhr 8, im Sommer aber Uhr 9 geschlossen werden sollte (Hans. Urkb. VI, Nr. 1081). Dafs man aber ehemals auch zur Sommerzeit früh zu Bette ging, bezeugt ein Brief des Lübischen Ratssekretärs Joh. Arndes vom 1. Juli 1467, worin er schreibt: *des avendes spade na achten in de klocken, alse ik to bedde gan was* (HR. II, 6, Nr. 33). Vgl. HR. I, 6, S. 369 § 6 und Lüb. Urkb. VII, S. 697, Stellen, die allerdings daneben nicht viel bedeuten. Im Beginne des 16. Jhs. war in Lübeck darauf zu rechnen, dafs der Ratsweinkeller sich um 8 oder ½9 geleert hatte (Wehrmann, Zeitschr. f. Lüb. Gesch. II, S. 81). Im Nordosten, in Riga und Reval waren spätere Stunden hergebracht (Nap. S. 225, Arch. III, S. 90). Der Name Wächterglocke erklärt sich daraus, dafs bei ihrem Läuten die Wächter die Wache anzutreten hatten, was eines Beleges nicht bedarf, aber bei Pyl, Pomm. Gesch.-Denkm. II, S. 94 § 39 bezeugt ist. Vgl. noch Gengler, Stadtrechtsaltertümer S. 21, 68, 327, Arnold, Deutsche Freistädte II, S. 279, Hase, Erinnerungen an Italien, 10. Brief. — Mancher Orten wird zweimal geläutet, z. B. in Danzig, Simson S. 61 § 152.

[1] In Rostock heifst eine 1554 gegossene (seit 1855 nicht mehr geläutete, Rost. Beiträge II, 3, S. 27) Glocke in S. Marien dat Bleikermäten, die Bezeichnung *dat bleikermäten ward grawen* haftete aber an dem

Dafs bei nächtlichen Gängen eine Leuchte zu tragen sei, wird zwar nur hier und da vorgeschrieben[1], aber unbedenklich als allgemein üblich angesehen werden können.

Tone einer bimmelnden Nicolai-Glocke» (Krause, Rost. Zeitung 1891 Nr. 17 in der Beilage). Vgl. Bartsch, Mekl. Sagen I, S. 380 ff. (wonach gerade wie in Wismar zuletzt das Geläute auf den Dienstag beschränkt gewesen ist); Deecke, Lübische Geschichten und Sagen Nr. 74, 3. Aufl., S. 102. – Für dies Geläut (das nach Mafsgabe einer dem J. 1764 zugeschriebenen Wismarschen Nachtwachordnung damals noch allabendlich ertönte) zahlt wie es seines Ursprungs wegen nicht anders sein kann, die Kämmerei (vgl. Crull, die neuen Glocken von S. Jürgens, S. 8. Jetzt 14 M. Früher. z. B. noch 1827, zahlte aber auch noch die Kirche an den Glockenläuter für das Treten der Wächterglocke 1 M. und den Knebel zu binden 12 ß). Irrtümlich aber ist im Etat längere Zeit hindurch die geläutete Glocke als Bürgerglocke bezeichnet, welches die zweite Glocke ist (die beim Begräbnisse von Bürgern geläutet ward im Gegensatze zur Kinderglocke und zur grofsen Glocke. Mitteil. zur Lüb. Gesch. 1, S. 107; vgl. ebd. 11. S. 36). Die ältern erhaltenen Rechnungen der Kämmerei weisen folgende Zahlungen für Glockenläuten auf: nur noch 1599 erscheint der Glockenläuter von S. Jürgens und wird für die Betglocke honorirt; der von S. Nicolai erhält 1599 und 1602 aufser seinem Wochengelde (wöchentlich 2 ß, dafür vierteljährlich 1 M. 9 ß) vierteljährlich 9 ß für die Betglocke. Posten, die später (1662 und 1691) zu 2 M. 2 ß zusammengezogen sind. Das dreifache, nämlich vierteljährlich 6 M. 6 ß bezieht schon 1599 der Glockenläuter von S. Marien (diese Zahlung ist später dem Ratsmusikanten für das Glockenspiel zugewiesen). Dafs das Ziehen der *Wachtklocke* der Anlafs eines Teils dieser Zahlungen gewesen, ist in den Rechnungen von 1608, 1684, 1691, 1723 an einzelnen Stellen vermerkt. Die Zahlung für die Betglocke aber wird mit dem Rentenkaufe des Bgm. Bernd Pegel zusammenhangen, der im J. 1497 an die Kämmerei 80 M. eingezahlt hat, damit diese vierteljährlich an jeden Glockenläuter der drei Pfarrkirchen 4 ß 4 ₰ zahle, wofür alle Freitage mittags Uhr 12 die Betglocke gezogen werden sollte. Ein Vermächtnis für dasselbe Geläute am Mittwoch stammt von Dr. Joh. Brügge, Pfarrherrn an S. Marien (1515). Jetzt wird die Betglocke täglich 3 Mal gestofsen (morgens Uhr 5 im Sommer, im Winter seit 1814 Uhr 7, mittags Uhr 12, nachmittags Uhr 5).

[1] Z. B. in Rostock, Kolberg (Riemann in den Beil. S. 84 § 16, S. 86 § 20, S. 93 § 40), Anklam (Stavenhagen S. 433 § 24), Lüneburg (Kraut S. 34), Braunschweig (Urkb. I, S. 75 § 153, S. 142 § 162), Köln (Stein II, S. 91 § 5, S. 98 § 1, S. 282 § 1 und in der Morgenspr. des 17. Jhs.). Für Wismar

Das »Niemand« des vorbehandelten Artikels wird im J. 1395 nachträglich durch den Zusatz »Laie wie Kleriker« näher bestimmt, der bis zum J. 1424 im Texte bleibt. Des weitern wird zuerst im J. 1397 in der Absicht, einen Paragraphen auszusparen, nachträglich eingeschoben »weder mit Waffen noch mit Knüppeln« [1], und auch dieser Zusatz bleibt bis 1424, nur daſs die Knüppel verschwinden und 1400 und 1401 Waffen durch Schwerter, Stechmesser [2] oder dergleichen erläutert werden.

Zuwiderhandelnde sollen nach XXVII § 4 gefangen gesetzt und in Fesseln geschlagen werden, nach andern [3] gefangen und ins Halseisen geschlossen, dazu aber mit 3 M. Silbers gebüſst werden. Ein wenig später [4] wird Haft in der Stadt Gefängnis und 3 M. Silbers als

---

bezeugen es ein Kanzelproklam vom J. 1628 und spätere Nachtwachordnungen. Eine Straſsenbeleuchtung war hier 1764 eingerichtet, aber schon im folgenden Jahre wieder abgeschafft. Über die mehrfachen Anläufe dazu in der ersten Hälfte des 19. Jhs. s. Willgeroth, Bilder aus Wismars Vergangenheit S. 14—16. Gasbeleuchtung hat die Stadt seit 1857, Sept. 1 (anfangs jedoch nicht in allen Straſsen: Ausschuſssitzung 1857, Aug. 19, Wism. Zeitg. Aug. 25). Städtisch geworden ist die Gasanstalt 1897, Okt. 1.

[1] Im J. 1418 schwört ein Brauerknecht Urfehde, der in die Hechte gesetzt war, *darumme dat he des nachtes up der straten ene kulen druch*, Verfestungsbuch S. 84. Beiläufig: wie das Alte Lüb. Recht Miſshandlungen von im Dienste der Stadt Begriffenen besonders hart gestraft wissen wollte, wenn nach Glockenzeit geschehen, so ist auch in den Verfestungsbüchern regelmäſsig vermerkt, wenn Straftaten nächtlicher Weile begangen waren (im Wismarschen Verfestungsbuche bei 1020 Einzeichnungen 94 Mal). Abendlichen Straſsenlärm und Unfug finde ich nur in den Rigischen Bürgersprachen besonders verboten 1376 § 37 und öfter; auch in der Kölnischen des 17. Jhs.

[2] In Mühlhausen werden um 1350 Stechmesser verboten, die mit dem Hefte über eine Elle lang sind (Ratsgesetzgebg. S. 63), ebenso in Danzig Messer (Willkür, S. 61 § 152), in Braunschweig Messer, deren Klinge über eine Spanne lang ist (Urkb. der St. B. I, S. 137 § 112), in Kolberg *lenger messe, wen de rath de mathe dar hengen heft laten* (Riemann, Beil., S. 91 § 57). Vgl. *cultellus longus, qui dicitur stechenmezzer* im Wiener Stadtrechte von 1221, Keutgen, Urkb. zur städt. Verfassungsgesch. S. 208 § 16.

[3] 1385 § 20, 1395 § 14, 1397 § 15.

[4] 1400 XL § 12 und 1401 § 14.

Bufse angedroht, 1417 § 15 die öfter verkündete Strafe, 1418 § 15 Haft bis zum Morgen und 3 M. Silbers. Die Bürgersprachen von 1419—1424 begnügen sich mit einer Bufse von 3 M. Silbers, die 1417 nachträglich angemerkt ist. Erst 1430 § 61 und 1480 § 65 f. bieten wieder eine überlegte Redaktion. Danach soll, wer Abends nach Glockenzeit ohne rechtes Gewerbe auf der Strafse betroffen würde, 3 M. Silbers erlegen; wer aber (ob Kleriker oder Laie 1430) nachts mit Waffen auf der Strafse ergriffen wird, in die Hechte gebracht und vom Rate nach Willkür bestraft werden.

Mit dem eben notgedrungen beregten Waffentragen hatten sich schon die ältern Bürgersprachen beschäftigt. Insbesondere wurden die Bürger durch den allgemeinen Text[1] und 1350 XI § 9 verpflichtet ihre Gäste zu erinnern, dafs sie ihre Waffen daheim liefsen[2], und sie selbst dafür verantwortlich gemacht. Von dieser Verantwortung sollten sie entbunden sein, wenn sie einem unfolgsamen Gaste seine Pferde aus dem Stalle trieben[3]. Von 1345 an bis 1385 wird es verboten Waffen oder (und) Stechmesser in der Stadt zu tragen[4]. Dann hatte man gemeint, das Verbot in dem Artikel über nächtliches Herumtreiben einflicken zu können (1397 bis 1418, s. oben) und liefs auch nachher 1419—1430 und 1480 diese Einreihung bestehn, obgleich von 1419 an wieder ein eigner Artikel

[1] I § 4.

[2] Auch in Lübeck (Lüb. Urkb. VI, Nr. 783; IX, S. 959 f.; XI, S. 123), Braunschweig (Urkb. der St. B. I, S. 69 § 98, S. 136 § 111 f.), Mühlhausen (Ratsgesetzgebung S. 75, 77).

[3] I § 4.

[4] III § 12, 1348 § 1, 1350 XI § 8, 1352 § 10, 1353 XVII § 13, 1371 und 1372 § 6, 1373 § 5, 1385 § 6. — Auch in Lübeck (Lüb. Urkb. VI. Nr. 783; IX, S. 959 f.; XI, S. 123), Anklam (Stavenhagen S. 437 § 70 f.), Greifenberg (Riemann S. 247 § 9: sich nachts Waffen vortragen zu lassen), Braunschweig (Urkb. I, S. 69 § 98). In Riga ist zuerst Stechmesser zu tragen allen denen verboten, die um Lohn dienen (1376 § 36, 1384, 1399, 1405 § 29, 1412, 15. Jh.: Nap. S. 206, Arch. IV, S. 186, 192, Nap. S. 215, St. u. R., S. 158, Arch. IV, S. 202), später *nene wher* (16. Jh., 17. Jh. § 27, § 14: Nap. S. 229, 239, 242 f.); in Köln werden ungewöhnlich lange Messer und ungewöhnliche Wehr verboten (Stein II, S. 101 § 12, S. 91 § 2, S. 557 Nr. 402, I, S. 389 § 22, S. 392 § 40—42). In Parchim soll kein Bürger, dem es nicht gebührt, ohne Erlaubnis des Rats Ober- und Untergewehr in der Stadt tragen, *er habe denn ein richterliches Amt, sey ein Stadtdiener oder auf die Wache bestellt* (1622, Cleemann S. 158 § 8).

über das Waffentragen formulirt ward[1]. Nun ward nämlich allen aufser den erbgesessenen Bürgern untersagt Stechmesser zu tragen[2]. 1424 ist dazu *gentzen* an den Rand geschrieben und dies in einem unfertigen Artikel 1428 § 1 statt des sonstigen *trusilia* gesetzt, 1430 § 9 aber wird diese Waffe, die eine Art zweischneidiges Dolchmesser gewesen zu sein scheint, durchaus verboten. Im J. 1452 untersagt der Rat seinen Bürgern und den Knechten der Fuhrleute und Bauleute, die demgemäfs dies Stück mit Vorliebe gebraucht haben werden, Hildesheimer[3] zu führen. Die Bufse ist stets auf 3 M. Silbers bemessen, wovon nach 1421 § 26 nichts nachgelassen werden sollte; die Hildesheimer sollten aufserdem confiscirt werden.

Endlich verbieten LXX § 66 und LXXI § 56 ungewöhnliche Wehr verdeckt oder unverdeckt in der Stadt zu tragen, bei Strafe der Confiscation, LXXI in § 57 und 58 aber aufserdem weder bei Tage noch bei Nacht ein Gewehr abzuschiefsen[4], und den Jungen

[1] Gewaffnet nachts auf der Strafse zu gehn ist in Stralsund bei Todesstrafe verboten (Verfestungsbuch § 75) und verbieten die Kolberger Bürgersprachen (Riemann in den Beilagen S. 89 § 19, S. 94 § 42)

[2] 1419 § 33, 1420 § 51, 1421 § 26, 1423 § 5, 1424 § 7, 1430 § 8.

[3] Nach dem Herkunftsorte benannte grofse Messer, wie anderweitig (z. B. in Riga und Braunschweig) Baseler. Gewisse Helme gehn unter dem Namen Brekenfelder.

[4] Schon ums Jahr 1520 hatte der Rat am Sonntage Oculi von den Kanzeln abkündigen lassen: *de ersame radt ... vorbedet eyneme iderenn, de mit bussen plegen to scheten, dat nemant ... unnd nicht na swanen edder sust an den husen offte daken schete unnd de sulven mit beradenen mode offte unverwandes beschedige ...* (Papierfetzen im Memorialbuche des Mag. Dion. Sager; vorhergeht eine Notiz vom J. 1517). Das Verbot des Schiefsens haben auch die Bürgersprachen von Lüneburg (16. Jh., Puf. II, S. 202), Hannover (1536, Puf. IV, S. 220), Celle (17. Jh.?, Puf. I, S. 238, 30), Bremen (1539, Puf. II, S. 125 § 155), Bielefeld (1578, Walch III, S. 68), Kolberg 1565 (Riemann in den Beilagen S. 98). Wegen Feuersgefahr wird das Schiefsen verboten in Friedland (Kamptz I, 2, S. 315 § 75), Nienburg (1569, Puf. II, S. 339) und der Meklenburgischen Polizeiordnung vom J. 1572. In Kolberg war 1591 ein Brand durch Schiefsen mit Schlüsselbüchsen verursacht, Riemann, Gesch. von K., S. 399. — Auf den Teichen und Gräben der Stadt oder der Feldmark zu schiefsen warnen verschiedene Kanzelproklame 1534 *(mit roren)*, 1569 *(dat vogelthe to vernichtende edder to vordrivende*, da die Zeit da sei, *datt de watervogele alse schwane, gense und ende sick paren)*, 1581. Gegen das

mit Schlüsselbüchsen zu schiefsen, bei Verlust der Waffe oder des Spielzeugs; daneben sollen die Jungen um 3 ß Lüb. gestraft oder ins Halseisen gestellt werden (was E in der Schwebe läfst).

Beiläufig ist hier anzuschliefsen, dafs 1348 § 10 und 1349 IX § 14 die Namen derer bekannt gegeben werden sollten, über die die Stadt zu klagen hatte.

b. Baupolizei.

Nach 1345 II § 5, 1353 XVII § 4, 1356 § 5, 1371 und 1372 § 12 sollte niemand ohne Zuziehung der Ratmannen ein neues Gebäude, an der Strafse wie 1345 und 1356 hinzugefügt ist, errichten[1]. Dafs dabei der Ratmannen Einwirkung weiter gegangen sei als nach dem Lübischen Rechte, wonach sie die Baufluchł bestimmten[2], ist unwahrscheinlich. Auch entzieht sich unserer Kenntnis, wie lange die Stadt zu massiven Bauten von 60 Fufs Tiefe und 30 Fufs Höhe gemäfs einer wol mit Recht dem Anfange des 14. Jhs. zugeschriebenen Willkür[3] die Bauunterstützung von 5000 Steinen gewährt hat[4].

Schiefsen am Sonntage eiferte Wigand in einer Eingabe an den Rat 1563. Schröder, Ev. Meklenburg II, S. 429 f.

[1] *Vortmer sal nemant tymern ofte tunen unde muren by den wegen, hee en neme erst dee kemmerere darby:* Riga 1412 § 71, 15. Jh. Anfang des 16. Jh. § 63. Mitte des 16. Jhs., Mitte des 17. Jhs. § 23 (Nap. S. 221, Arch. IV, S. 207, Nap. S. 234, 239, 243). In Lüneburg hatte sich der Bauherr nur mit seinen Nachbarn zu benehmen, Puf. IV, S. 804.

[2] Hach, d. A. Lüb. R. I, 60, II, 169.

[3] Mekl. Urkb. V, Nr. 3059, 1. Unser Text hat kein Datum. Latomus, Genealochr. bei Westphalen, Mon. IV, Sp. 266 setzt ihn ins J. 1306. woran ein Zweifel daraus allein nicht zu begründen sein wird, dafs das Datum, an das er anknüpft, falsch ist (zu erklären aus der Doberaner Genealogie). Unerörtert mag bleiben, ob seine Quelle ein bestimmtes urkundliches Datum gehabt, oder ob es etwa in Anhalt an Mekl. Urkb. V. Nr. 3031 und 3060 erschlossen ist. Jedesfalls geben beide Stellen dem Datum genügenden Halt, zumal da es auf den Unterschied eines Jahres nicht ankommen kann.

[4] Die Hamburger Kämmerei schofs zu massiven Giebeln für den Fufs Mauerwerk 2—2¼ ß zu, ein Zuschufs, der in den Kämmereirechnungen regelmäfsig unter der Rubrik *ad triangulos,* später *ad nova domata* gebucht ist (1350—1481, Koppmann, Kämmereirechnungen I, S. XCV. III, S. CXXIV). Hannover gab ⅙ der Steine (Puf. IV, S. 188, wann?),

Den Bäckern ward im J. 1420 aufgegeben, über ihren Backöfen bis Michaelis Schornsteine bauen zu lassen, § 32.

Wohnbuden auf Höfen zu erbauen ward im J. 1382 bei einer Bufse von 100 M. Silbers verboten (§ 1) und bei 10 M. Silbers geboten solche Buden in weniger als Jahresfrist abzubrechen (§ 2). Wer später noch in solchen wohnte, sollte 3 M. Silbers erlegen (ebd.). Zu einem gleich energischen Verbote hat man sich später nicht aufgeschwungen, vielmehr nur das Bewohnen geschlossener Höfe unter Strafe gestellt, das von offenen Durchgängen aber zugelassen und nur gesorgt, dafs deren nicht mehr bebaut würden [1]. Bewohnter Gänge sind in der Tat eine gröfsere Anzahl nachzuweisen, sie scheinen aber durchschnittlich nur 2—3 Wohnungen enthalten zu haben, und allein die Gänge hinter Negenchören und in der Schatterau von gröfserer Bedeutung gewesen zu sein. Möglich ist, dafs Rücksicht auf Feuersgefahr das Verbot veranlafst hat. Dafür spricht seine Stellung in 1424 (anderswo nicht).

Die Bestimmungen über verfallene Häuser hatten einen andern Anlafs und sind dem entsprechend früher behandelt (A m S. 86—89).

c. Feuerordnung.

Nachdem zuerst 1353 XVIII § 8 gewarnt war, man solle sich vorsehen, wo man seine Feuerung lasse, ist etwa im J. 1356 dieser Satz in die allgemeine Bürgersprache eingefügt [2] mit der Begründung, damit man weder selbst noch seine Nachbarn zu Schaden kommen. Danach aber im J. 1371 und seitdem ist es fast regelmäfsig vorgezogen, in dem jeweils hergestellten Text zu mahnen, dafs ein jeder auf sein Feuer Acht gebe, damit kein Schade entstehe [3]. Angedeutet

---

Verden im 16. Jh. zu einem Hause 200, zu einer Bude 100 [Quader-] Steine (Puf. I, S. 108 § 93). Göttingen gewährte 1342 eine Unterstützung zu harter Bedachung (Puf. III, S. 201). — Anderer Art ist die Bauunterstützung, deren unter A m (S. 88 Anm.) gedacht ist.

[1] 1424 § 43, 1430 § 23, 1480 § 24.

[2] I § 9.

[3] 1371 und 1372 § 19, 1380 § 2, 1385 § 22, 1393 § 15, 1397 § 16, 1400 XL § 13, 1401 § 15, 1417 XLIV § 16, 1418 § 16, 1419 § 15, 1420

allein ist der Satz 1394 § 6. Wenn es hier aber heifst »vom Feuer und vom Licht«, so wird man annehmen dürfen, dafs das Licht in der mündlichen Abkündigung so wenig gefehlt haben wird wie in den Kanzelproklamen[1] und in andern Bürgersprachen[2] und in dem Spruche, den die Nachtwächter allabendlich absangen[3].

Meist schliefst sich ein Satz über die Aufbewahrung des Korns an. Zuerst 1371 und 1372 § 20: niemand soll sein Getreide bei der Ernte in sein Wohnhaus einbringen. Dann von 1380 bis

---

§ 31, 1421 § 36, 1424 § 44, 1430 § 26, 1480 § 28, LXX § 50, LXXI § 51, LXXII § 49.

[1] 1569, [1587], zw. 1575 und 1593, 1622.

[2] Lüneburg 1401 (Kraut S. 33; der Hausherr soll zuletzt zu Bette gehn, zuerst aufstehn), Wilster 1456 (Zeitschr. 8, S. 355), Kolberg (Riemann, Beil. S. 84 § 19 f., S. 93 § 37 f.), Oldenburg (Hollensteiner S. 285 § 7), Bielefeld 1578 (Walch III. S. 69), Güstrow (Besser, Beitr. II, S. 269), Ribnitz (Kamptz I, 2, S. 332 § 1), Grevesmühlen (Kamptz I, 2, S. 337 § 6), Parchim (1622, Cleemann S. 159 § 14), Plau (Mekl. Jahrb. 17, S. 355 § 5), Greifenberg (Riemann S. 247 § 3). — Nur das Feuer wird genannt in Pernau (Arch. IV, S. 104 § 13) und Riga (1376 § 23 und später: Nap. S. 205, 212, 217, 236, 240, 243, Arch. IV, S. 185, St. u. R. S. 164).

[3] Billinger, die mittelalterlichen Horen citirt S. 56 Anm. aus Mabillons iter Germanicum (die er 1683 antrat): *Murae* (im Kl. Muri. Bistum Strafsburg) *primum observavimus, quod in omnibus fere Germaniae locis observatur, ut unus famulorum ... noctu excubias agat et singulis ab ignitegio horis, id est ab hora octava in hyeme, nona in aestate quaedam verba variis in locis proclamet, ut se vigilem probet: 'audite quid dicturus sim', inquit ille in aestate hora nona, 'insonat hora nona, exstinguite lumen et ignem, ut nos deus cum Maria tuetur'* (Hört ihr Leute und lafst euch sagen, die Uhr hat neun geschlagen. Löscht Feuer und Licht, dafs euch Gott und Maria behüt). Vgl. Bäumer, Joh. Mabillon S. 131 f. In Wismar hatte der Gesang in den ersten Dezennien des 19. Jhs. den Schlufs: *bewahrt das Feuer und das Licht, daß euch kein Schade geschicht.* Als Abgesang diente in der beregten Zeit: *der Tag vertreibt die finstere Nacht. Ihr lieben Christen seid munter und wach und danket Gott dem Herrn* (nach Erinnerung alter Leute). Noch die Nachtwachordnung von 1827 verpflichtete (in Anlehnung an eine etwa 60 Jahr ältere, die hierin alte Gewohnheit sanctionirt) die Wächter die volle Stunde abzurufen, in der halben sich durch einen Pfiff (früher gaben sie mit der Röttel, einer grofsen Knarre, ein Zeichen)

1578[1]: kein Baumann (seit 1421 niemand) soll sein Korn anders wohin bringen als in die Scheunen, nicht aber in die Häuser (Wohnhäuser seit 1421). LXXI § 52 und LXXII § 51 wird das Verbot auf das Heu ausgedehnt, und unnötig das Korn als ungedroschenes bestimmt[2]. Ebenda wird die Bufse, die vorher stets 3 M. Silbers betrug, auf 10 M. Silbers erhöht.

Ebenfalls aus Rücksicht auf Feuersgefahr mag eine Bestimmung wegen des Pflückens des Hopfens getroffen sein, wofür einmal ihr Platz in 1430 § 27 und 1480 § 33, dann aber auch die aufserordentlich hohe Bufse spricht. An erster Stelle findet sich nur die nachgetragene Andeutung »vom Hopfen«, an der andern ist aus-

---

bemerkbar zu machen. Am 1. Okt. 1872 ist das mit der Einführung der Kontrolluhren beseitigt.

[1] 1380 § 2, 1385 § 22, 1395 § 15, 1397 § 16, 1400 XL § 13, 1401 § 15, 1417 XLIV § 16, 1418 § 16, 1419 § 15, 1420 § 33, 1421 § 36, 1424 § 44, 1430 § 26, 1480 § 33, LXX § 51 *(in ein huß, dat men bewahnen kan).*

[2] Vgl. die Kanzelproklame von 1532, [1585], [1594], 1608, [1666]. Als im J. 1688 der Rat visitiren lassen wollte, ersuchte ihn der Ausschufs, *weill fiele würden gefunden werden, die villeicht einige Futterung für ihr Viehe in ihren Häußern hetten, daß damit nicht gleich mit der Excution verfahren würde, sondern ihnen Zeit gesetzet werden das Futter zu zerschneiden:* Collectanea Schomanns S. 362. Damals forderte der Gouverneur die Verlegung der Scheunen aus der Stadt. In der Verordnung zur Verhütung von Feuersgefahr 1829, Sept. 10 § 10 noch wird verboten Heu, Stroh und ungedroschenes Korn in Wohnhäusern aufzubewahren, jedoch zu Gunsten der Ackerbau und Viehzucht treibenden Bürger eine Ausnahme gemacht, bis ausreichende Scheunen vor der Stadt erbaut seien, was bisher nicht geschehen ist. — Vgl. die Bgspr. von Greifswald (Pomm. Gesch.-Denkm. II, S. 102 § 74) und Hannover (Puf. IV, S. 186). In Ribnitz und Parchim soll kein Futter im Hause aufbewahrt werden (Kamptz I. 2, S. 333 § 13, Cleemann S. 159 § 14) Zu Beginne der Gerichtsferien wird 1752 in Rostock verkündet, dafs kein ungebrochen Flachs und ungedroschen Korn ... in dieser Stadt gebracht und aufgelegt werden solle (Rost. Nachr. 1752, S. 123). In Häuser, wo ungedroschenes Korn oder Heu auf dem Balken liegt, soll kein Feuer noch Licht kommen: Göttingen (1334, Puf. III, S. 204). In Hannover soll in solchen Häusern nicht gebacken noch gebraut werden, und wo dergleichen unten im Hause liegt, kein Feuer sein (1444, Puf. IV, S. 192).

geführt, dafs jeder seinen Hopfen draufsen pflücken und die Ranken nicht in die Stadt bringen solle [1], bei einer Strafe von 20 M. Silbers.

Weniger wahrscheinlich hat dieselbe Rücksicht beim Teer gewaltet [2], den niemand länger als drei Tage auf der Strafse oder auf seiner Diele lagern, vielmehr in den Keller bringen sollte, bei einer Bufse von 3 ß für jede Tonne: LXXI § 59.

Die Bäcker sollten ihre Backöfen wohl in Acht nehmen und jeder binnen gesetzter Frist einen Schornstein darüber bauen lassen: 1420 § 32.

Käme durch Fahrlässigkeit eines Knechts oder einer Magd Feuer aus, so sollte es mit dem Tode gestraft werden [3].

Sollten diese Bestimmungen dienen, Bränden vorzubeugen, so folgen andere, die das Löschwesen betreffen oder das Verhalten bei ausgebrochenem Feuer regeln.

Jeder erbgesessene Bürger wird verpflichtet 2 Leitern [4] von 20 Fufs zu halten: 1436 § 2.

Wer die ledernen Feuereimer [5] vorenthielte oder verbrächte, sollte Todesstrafe zu gewärtigen haben: 1480 § 31.

---

[1] In Kiel wird verboten, die Ranken in der Stadt zu verbrennen (Beginn des 15. Jhs., Zeitschr. 10, S. 193, 14, S. 333, Falck, N. Stb. Mag. 7. S. 94), in Kolberg Erbsen mit Ranken in die Stadt zu bringen (Riemann. Beil. S. 90 § 45).

[2] In Lübeck sollte Teer u. a. Feuers Gefahr wegen an bestimmten Stellen verwahrt werden, Melle S. 113.

[3] 1436 § 1, 1480 § 28, LXX § 50, LXXI § 51, LXXII § 49. — Ebenso in Braunschweig (Urkb. der St. B. I, S. 47 § 62, S. 67 § 70, S. 133 § 73). Willkürliche Strafe in Köln (Stein II, Nr. 85 § 3).

[4] In Göttingen werden schon 1334 zwei Leitern verlangt, die bis ans Dach reichen (Puf. III, S. 203; der Rat will sich dort bei einer Feuersbrunst zu Pferde und zu Fufs einstellen).

[5] Nach einem Ratsbeschlusse von 1587, Mai 6 sollte jeder Bürger 2 Eimer halten (Vorsatzblatt zu den Ratsprotokollen 1581 ff.). Ein Teil der neu aufgenommenen Bürger mufste (sicher seit dem 17. Jh.) Eimergeld zahlen, wofür früher die Kämmerei dem Bürger Eimer lieferte, während es 1827 nur zur Erhöhung des Bürgergeldes diente. Erst 1877, Juni 6 ward die Verpflichtung der Hauseigentümer, Löscheimer zu halten, aufgehoben. Vgl. die Meklenb. Polizeiordnung von 1516 (Mekl. Jahrb. 57, S. 300) und die Bgspr. von Güstrow (Kamptz I, 2, S. 279 § 39), Schwerin (ebd. S. 291 § 5), Boizenburg (ebd. S. 320 § 6), Ribnitz (ebd. S. 335 § 42),

Bei strenger Strafe war verboten, Sode zuzuwerfen[1] (1480 § 75), und die Sodgenossen verpflichtet für die Herstellung schadhaft gewordener zu sorgen: 1480 § 75, LXX § 52, LXXI § 60.

Erfahrungen, die vielleicht gerade beim Brande des Rathauses gemacht waren, mögen das von 1351 bis 1480 verkündete Verbot hervorgerufen haben, dafs niemand nach einem Feuer laufe, es sei denn mit Löschgerät[2]. Dabei ist von 1396 bis 1430 und 1480 ausdrücklich untersagt im Mantel zu erscheinen[3] bei Verlust desselben, und ebendort den Frauen der Zutritt versagt, wenn sie nicht ihr eignes Gut zu retten hätten. Geschah dies alles augenscheinlich in der Sorge, Diebstähle zu verhüten, so wird 1351 XIII § 7 offen verboten, bei einem Feuer etwas aus dem Hause zu tragen, aufser um es sofort dem Eigentümer zu übergeben oder sonst den Verbleib nachzuweisen; wer etwas verheimliche, solle es mit dem Tode büfsen. Später wird einfach für Diebstahl bei Feuer Todesstrafe angedroht[4]: XXXV um 1396 § 3, 1397 § 17, 1430 § 28, 1480 § 30.

Köln (1444, Stein II, S. 309 § 4). In Riga sollte jeder mit Spannen und Kesseln löschen helfen 1376 § 23 (Nap. S. 205), später mit Spannen und Äxten helfen 1405 § 48 (Nap. S. 217). — Die *newe waßersprütze* erscheint in der Kämmereirechnung von 1624, nach der Feuerordnung von 1665 aber sollten 2 der *newerfundenen wassersprützen* angeschafft werden. — Vgl. Danziger Willkür § 84 § 61, 1. Strals. Stb. V § 358.

[1] Sorge um die Sode auch in Kiel (Anfang des 15. Jhs. Zeitschr. 14, S. 331), Tondern (1691, Westph. IV, Sp. 3272) und Nienburg (1569, Puf. II, S. 340); in Hinsicht auf das Löschwesen in Hannover (1366, Puf. IV, S. 153) und in der Meklenburgischen Polizeiordnung von 1572. In Kanzelproklamen werden die Hausbesitzer sowol aus Anlafs von Wassermangel, wie bei Gewittern und bei bevorstehendem fürstlichem Besuche ermahnt Wasser in Vorrat zu halten: 1569, Mai, Sept., zw. 1575 und 1593, [1587], [1594], 1613.

[2] 1351 XIII § 6, XXXV § 3, 1397 § 17, 1400 XL § 14, 1401 § 16, 1430 § 28, 1480 § 29. Auch in Köln sollte kein Unberufener zum Feuer laufen, Stein II, Nr. 85 § 1. Gewalttätiges Stören der Löscharbeit fassen die Dortmunder Statuten ins Auge. Frensdorff, Hans. Gesch.-Qu. 3, S. 140 Nr. 136 und ist in Stralsund vorgekommen, 1. Stb. VII § 162.

[3] 1480 § 30. Vgl. das Rügische Landrecht, ed. Frommhold CII § 1.

[4] Als 1587 bei einem Feuer in der Dankwarts-Str. gestohlen war, ward von den Kanzeln aus aufgefordert, einerseits die Sachen zurückzugeben, andererseits Anzeige zu erstatten. Vgl. die Bgspr. von Güstrow

Auf eine bei der Kämmerei ausgehängte Feuerordnung[1] verweist LXXII § 50.

Zur Hülfeleistung bei Feuer waren nach ihrer Rolle (um 1450) die Träger verpflichtet, die mit ihrer Trommel zusammengerufen wurden. Noch 1800 hatten sie diesen Dienst unentgeltlich zu leisten[2].

d. Strafsenordnung und Strafsenreinigung.

Verboten ist mit beladenen (wie leeren 1365) Wagen in den Strafsen zu traben[3]. Es steht darauf eine Strafe von 10 ß (1365, 1405) und jeder kann einen zuwiderhandelnden Knecht um 6 ₰ pfänden (1356).

Die Wagen der Fuhrleute sollen allein bei der Faulen Grube (jetzt Wilhelms-Str.) auf dem dafür angewiesenen Raume stehn[4] und sie sollen sofort dahin gebracht werden, sobald das Volk abgesessen ist (1480 § 23).

(1561, Besser, Beitr. II. S. 268: wer stiehlt, soll ins Feuer geworfen werden). Anklam (1544, Stavenhagen S. 434 § 30). Das Rügische Landrecht (ed. Frommhold CII § 2) unterscheidet nach dem Werte des Gestohlenen.

[1] Nach den Ratsprotokollen ist 1604, Dez. 3 über eine Feuerordnung beraten. Die Kämmereirechnung von 1608 verzeichnet: *6 ß Hannß Knürcken vor eine newe taffell, darauf die fewerordnung gemacht, den 20. Augusti.* Diejenige, die ohne Datum auf uns gekommen ist, wird in Anhalt an eine Notiz Köppes eher dem J. 1622 zuzuweisen sein. Feuerordnungen finden sich in Köln (um 1360 und um 1400, Stein II, Nr. 38, 85), Lüneburg (schon 1401, Kraut S. 24 f.), Güstrow (Besser, Beitr. II. S. 267 bis 269), Anklam (Stavenhagen S 434 § 26—31), der Mekl. Pol.-Ordn. 1516 (§ 59, Mekl. Jahrb. 57, S. 301 f.), Danzig (Willkür, S. 39 f. § 42—44).

[2] Die Schofsfreiheit, die ihnen nach ihrer Rolle schon um 1450 wegen der Stadt zu leistender Dienste zustand (Hans. Gesch-Bl. 1890/91, S. 74 f.), ward 1827 gerade mit dieser Hülfeleistung bei Feuersbrunst begründet, die noch in der Feuerordnung von 1840, Mai 29 in Anspruch genommen wird. Vgl. Pomm. Jahrb. 2, S. 150.

[3] 1356 § 26, 1365 § 9, 1405 § 3. — Vgl. die Bgspr. von Reval (15. Jh., Arch. III. S. 88: *rullen*), Riga (1412 § 34, 15. Jh., Anfang des 16. Jhs. § 30, Mitte des 16. Jhs., Mitte des 17. Jhs. § 11: Nap. S. 218, Arch. IV, S. 202, Nap. S. 230, 239, 242: *rennen*), Bremen (1539, Puf. II. S. 127 § 177: *jagen*), Danzig (Willkür, S. 60 § 146: *draben*).

[4] 1430 § 21, 1480 § 23. — Vgl. für Lübeck 1470 Mitt. f. Lüb. Gesch. VIII, S. 32. Nach Hänselmanns Mittelniederd. Beispielen Nr. 30 weist im

Niemand soll Holz vor seiner Türe oder auf seiner Leiste aufsetzen[1]: 1401 § 31, 1480 § 54. Teer soll keiner länger als 3 Tage auf der Strafse oder auf seiner Diele belassen bei einer Strafe von 3 ß für jede Tonne: LXXI § 59.

Von Lübeck wird um das Jahr 1460 rühmend berichtet[2], die Strafsen würden stets rein gehalten. Für Wismar liegt ein ähnliches Zeugnis nicht vor, doch hat es wenigstens nicht am Streben gemangelt, einen derart erfreulichen Zustand zu erwirken. Sonnabendlich, wird in der Bürgersprache verkündet, sollen die Strafsen gefegt werden[3]. Das Kehricht soll nicht auf der Leiste bleiben[4], noch den Nachbaren zugeschoben[5], vielmehr soll es entweder vors Tor oder auf den Hof geschafft werden[6] (1480 § 17, Bufse: 3 M.

J. 1437 der Braunschweiger Rat Heinr. Watenstidde an, seiner Karre einen Platz auf der Gosse, und nicht an der Wand zu geben, damit sich arme Leute nicht daran stofsen. Dem Rostocker Polizeiherrn Bencard wird bekanntlich nachgesagt, dafs er Beschwerdeführende, die sich auf der Strafse an einem Wagen gestofsen hatten, auf die Leiste und umgekehrt bei Gefährdung auf der Leiste auf die Strafse verwiesen habe: *min fründing, woto is denn de list dor?* oder: *wecke vernünftige minsch geit bi nachttiden in de Wokrenter strat ok up de list.*

[1] Ein ähnlicher Ratsbeschlufs vom J. 1612, März 23, Ratsprot. S. 19. 1387 wird in Hamburg Albr. v. d. Heide um 8 ß gebüfst, *quod habuit ligna combustibilia ante domum suam* (Kämmereirechnungen I, S. 446). In Bremen soll niemand *tunnen setten edder andere guth ofte dat hangen aver die runnen, dar he de straten mede beenge*, Puf. II, S. 107 § 19: 1539; in Lübeck kein Krämer mit seiner Auslage über den Rinnstein vorrücken (1380, Wehrmann, Zunftrollen S. 276).

[2] Zeitschr. f. Lüb. Gesch. IV, S. 273.

[3] 1348 § 5, 1352 § 9, 1356 § 8, 1365 § 8. — Wegen der Strafsenreinigung in Rostock, Beitr. IV, 2, S. 51 § 9, S. 53 zu § 9, S. 58 § 6*; Kolberg, Riemann, Beil. S. 90 § 47, S. 96 § 40; Plau, Mekl. Jahrb. 17, S. 357 § 22; Oldenburg, Hollensteiner S. 287 § 22. Sonnabendliche Abfuhr des Drecks verlangt die Kieler Bgspr. (1563; Westph., Mon. IV, Sp. 3255), des Mistes die von Reval (um 1360, um 1400, Arch. III, S. 85, 87); in Göttingen nur alle 14 Tage (Puf. III, S. 198).

[4] Bufse 10 ß: 1348 § 5, 1356 § 8, 1365 § 8.

[5] 1365 § 8. Auch in Göttingen verboten Puf. III, S. 198, in Hannover Puf. IV, S. 187, in Köln, Stein II, S. 177 § 6.

[6] Vgl. Brehmer, Zeitschr. f. Lüb. Gesch. V, S. 249.

Silbers). Vor allem wird ständig untersagt, den Unrat bei Regenwetter in die Rinnsteine zu werfen[1], was freilich die bequemste Art war, ihn los zu werden[2]. Strafe: 3 M. Silbers: 1345 II § 4, 1356 § 8; 4 ß LXIX § 61; sonst regelmäfsig von 1353 bis 1480 für den Hausherrn 3 M. Silbers, für den Knecht oder die Magd 10 ß; nur soll nach 1371 und 1372 der schuldige Dienstbote in die Hechte gesetzt werden. Dafs hierbei die Sorge für den Hafen, Stadtgraben und Grube ein Movens war, ist in der Lohnordnung des 16. Jhs. ausgesprochen. Diese Sorge äufsert sich auch darin, dafs der Unrat nicht vor das Neue Tor (bei der Fischerreihe) oder vor das Gr. Wassertor gebracht werden sollte[3]. Wenn man aber hier wie anderswo geneigt sein sollte, aus der so häufigen Wiederholung eines Verbots oder einer Anordnung zu schliefsen, diese Wiederholung sei geschehen, weil ihnen nicht recht nachgelebt sei: so möchte ich nicht ohne Weiteres beipflichten, obwohl eine Äufserung des Danziger Bürgermeisters Heinrich Vorrat[4] sich zur Unterstützung anziehen liefse. Dieser empfiehlt seiner Stadt über der Durchführung der hansischen Ordonnanzen zu halten, *nadem de gemene man sere unachtsam syn unde sere gewonet, manche erbare ordenancien van langen tyden to vornichten und wrevelik darweder to syn*. Die Natur mancher Anordnungen, die allgemein befolgt werden sollen, verlangt nämlich stetige Wiederholung, weil einzelne Übertreter sich stets finden und immer neuer Nachwuchs auch aufs neue erinnert werden will. Demgemäfs erscheinen auch jetzt gewisse Polizei-

[1] Auch in Kiel (Westph., Mon. IV, Sp. 3255). In Greifswald war es verboten, bei Regen zu fegen: Pomm. Gesch.-Denkm. II, S. 102 § 72.

[2] 1345 II § 4, 1352 § 9, 1353 XVII § 5, 1356 § 8, 1365 § 8, 1371 und 1372 § 13, 1373 § 9, 1385 § 11, 1395 § 8, 1397 § 8, 1400 XL § 8, 1401 § 8, 1417 XLIV § 8, 1418 § 8, 1419 § 8, 1420 § 9, 1421 § 9, 1424 § 13, 1430 § 17, 1480 § 16, LXIX § 61.

[3] 1430 § 19. Vgl. A k (S. 68 f.). Im J. 1675 ward, um das beiläufig zu erwähnen, gelegentlich eines Prozesses über einen gemeinsamen Wasserlauf allgemein angeordnet, jeder solle in seinem Keller an der Gosse einen Faulsumpf anlegen, worin die Unsauberkeit sich setzen und woraus sie ohne Beschwerde für die Nachbaren von Zeit zu Zeit ausgetragen werden könne. Über der Ausführung sollte der Stadtmaurermeister wachen. Allerh. Ordn. II, f. 385.

[4] 1434 HR. II, 1, S. 351 Nr. 406.

verordnungen regelmäfsig immer von neuem im Anzeigeteil der Tagesblätter.

Gemäfs 1480 § 17 wird man annehmen müssen, dafs der Unrat meist in die Höfe geschafft ist, was auch für Lübeck Brehmer voraussetzt[1]. Wie aber dort von Stadt wegen eine Anzahl öffentlicher Mistkästen aufgestellt war, so scheint auch in Wismar eine gewisse Organisation des Abfuhrwesens bestanden zu haben. Die ältesten Andeutungen (mehr freilich nicht) dafür bieten die Bürgersprachen. Es sollte nach 1420 § 10 von den Dreckkarren geredet werden. Leider fehlt der Entwurf, auf den in einem wieder gestrichenen Satze Bezug genommen wird (ebd. in der Anm.). Dieser möchte die andere Stelle, 1385 § 25, aufgehellt haben, die ein Rätsel aufgibt: *de »tho mit drecke«*. Ohne behaupten zu wollen, dafs meine Lösung richtig sei, sehe ich *tho mit drecke* (herbei mit Dreck) als den von den Führern der Dreckkarren ertönenden Ruf an und habe im Register zum Mekl. Urkundenbuche XX, wo ich zuerst diese Erklärung gegeben habe, zugleich auf einen andern altertümlichen Brauch aufmerksam gemacht, der, so eigentümlich er ist, jedesfalls mit der Strafsenreinigung in Beziehung steht. Es ist nämlich nach dem Ratsprotokolle von 1823, März 26 damals »die alte Sitte« zur Sprache gekommen, »dafs um Martiny jeden Jahres, wenn über das Evangelium vom Zinsgroschen gepredigt ist[2], einige Nächte der Scharfrichterknecht in den Strafsen der Stadt herumgeht und mit den Worten abruft: *haar von de straat, de hochgeihrten herren laten pannen*, und dafs in solchen Nächten die Nachtwächter nicht herumgehen«, und damals beschlossen worden, »die Sitte möge bleiben, die Herren des Gewetts aber verfügen, dafs auch die Nachtwächter umgehen«. Im J. 1826, Nov. 1 ist auf Anhalten des Bürgerausschusses, der (nicht mit Unrecht) besorgte, dafs jemand durch das Schreien erschreckt werden könnte, beschlossen diesen Brauch aufhören zu lassen, jedoch mit Vorbehalt der Gebühr des Scharfrichterknechts oder des Scharfrichters, der dafür jährlich etwas von der Kämmerei bekommt[3]. Aus dem Ausschufsprotokolle vom 10. Oktober

---

[1] Brehmer, Zeitschr. f. Lüb. Gesch. V, S. 249.

[2] Um diese Zeit hörte das Viehaustreiben auf.

[3] Ratsprotokoll vom gen. Datum. — 4 *ß* nach den Kämmereirechnungen 1599—1617, 8 *ß* 1624, 4 M. 8 *ß* seit 1662 bezeugt. Die ältern Rechnungen bieten den Ruf *har von der (den* 1624*) straßen*. Schon

erhellt, dafs das Abrufen zwischen 10 und 11 Uhr erfolgte, und ergibt sich die Berichtigung *de wolwisen herren;* meinem Vater war aus seiner Kindheit *de wisen herren* in Erinnerung geblieben. Ein Gegenstück ist aus Hamburg überliefert. Dort pflegte im 18. Jahrhunderte, »wann ein tieffer Schnee gefallen, ein Frohn-Knecht auf Befehl herüm zu gehen und die Reinigung der Gassen den Einwohnern mit diesen Worten anzusagen: *haar van der straten, edder myne heeren wardt ju panden laten*«[1]. Aus dem Umstande, dafs in Wismar die Aufforderung nur Einmal im Jahre ergangen ist, kann um deswillen kein Einwand erwachsen, weil auch gemäfs dem Braunschweiger Echtedinge ein jeder nach einem Beschlusse von 1401 jährlich nur zweimal (später aber dreimal), *dat hor van der strate* bringen zu lassen brauchte[2], obwohl auch dort sicher regelmäfsig gefegt werden mufste[3]. Die Beteiligung des Rackers aber an der Beseitigung des Unrats ist auch anderweitig bezeugt[4]. — Deutlichere Zeugnisse bieten andere, etwas spätere Quellen. Es soll nämlich nach einer undatirten Lohnordnung aus dem 16. Jh. jeder Bürger dafür sorgen, dafs sonnabendlich im Sommer bis 7 Uhr, im Winter

---

1599 aber war man wol wegen seiner Bedeutung im Unklaren, denn man setzte hinzu: *wan das schodt geschrieben.* 1608 ist nachträglich geändert in: *dem fronen vor das außrueffen des schoßschreibens.* 1616 heifst es: *fur das schoß auszuruffen oder har von der straßen.* 1662: *wegen des außruffens, wan jährlichen uff Martini soll zu schoße geseßen werden.*

[1] Richey, Idiot. Hamb. (Hamb. 1755) S. 83. Diese Stelle hat noch Koppmann nachgewiesen und ausgeschrieben. Nach Beneke, von unehrlichen Leuten (2. Aufl.) S. 236 war die Sitte noch im ersten Jahrzehnte des 19. Jhs. bei Bestand. Auch aus Kolberg liegt noch ein einschlagendes Zeugnis vor: *wen de budel ropt, so scal me des andern* (ergänze *dages*) *de straten reine maken,* Riemann, Beil. S. 88 § 43. Die Bremer Bgspr. 1539 bestimmt: *ock schal jewelick sine straten reine maken laten, wenn man dat upropen leth,* Puf. II, S. 108 § 24.

[2] Urkb. d. St. B. I, S. 134 § 76.

[3] Vgl. a. a. O. § 75: *den market unde de straten schal me reyne holden; me schal ok neyn hor in de goten keren.*

[4] Zeitschr. f. Lüb. Gesch. V, S. 248. Beneke, von unehrl. Leuten S. 201 f. In Frankfurt hatte der Schinder die Schornsteine zu fegen: Kriegk, Bürgertum I, S. 551 Anm. 204.

bis 4 Uhr der Mist vor seiner Tür entfernt sei, der Rat aber will mit gewissen Fuhrleuten in jedem Kirchspiele bedingen, dafs sie um einen festen Preis unweigerlich auf Erfordern den Mist auf die Wälle schaffen. Zufolge einem Nachtrage, der nach 1583 fallen mufs, sollte mit dem Ausschusse verhandelt werden, ob nicht ein Zuschlag zum Wachtgelde gemacht und dazu verwendet werden sollte zwei Karren zu halten, die das ganze Jahr hindurch den Mist von den Strafsen zu sammeln und auf die Wälle zu bringen hätten. Im J. 1570 wird Claufs Strufs von den Kämmerern angenommen, *dath he schall den stratenmeß wech foren upp de welle und dath mull so uthgefeget wirdt*[1]. Nach einem Kanzelproklam aus dem Ende des Jhs. (S. 27) sollen die Mistwagen nicht mehr Sonntags in der Stadt herum fahren und *den mist von den strassen sammelen*, sondern erst abends im Dunkeln geduldet werden. 1681 wird beklagt, dafs die frühere gute Ordnung, die »Gasse mittels den Karren rein zu halten« auf Betrieb der Bürger aufgehoben und »Wagen an staat der Karren verordnet« seien. Jetzt seien die Gassen überall mit Kot und Mist angefüllt[2]. 1694 Dez. 12 leisten 4 Dreckführer den Eid, ihre Arbeit bei der Gassenreinigung gebührend verrichten zu wollen und den Hafer nicht zu veruntreuen. 1697 endlich klagt der Baumann Jürgen Schönfeld, dafs er von den ihm bei Übernahme der Gassenreinigung auf das Jahr versprochenen 100 Reichstalern nicht mehr als 25 erhalten habe[3].

Nicht sicher deutbar ist das Verbot, dafs niemand in den Strafsen, vor den Toren und bei den Dämmen der Stadt (aufserhalb der Tore) streuen solle 1480 § 68. Ich denke an Streuen bei Abfuhr des Mistes, mufs aber bemerken, dafs der Artikel dann besser an anderer Stelle stünde, wie er es in Plau tut, wo allein er in den mir bekannt

---

[1] Kämmereirechnung von 1564 fol. 60r.

[2] Tit. I, Nr. 7, vol. 7. Die Bürger wollen ihren Ansatz auch nicht zahlen.

[3] Geldsachen der Kämmerei. — Für das Reinigen der Madekisten, in denen sich der Schlamm der Rinnsteine sammelte, stellte die Kämmerei 1567 einen Dreckvoigt an, der auch später in den Rechnungen erscheint. Für das Reinigen des Markts und anderer Plätze zahlt bei gewissen Gelegenheiten, z. B. nach Beendigung des Jahrmarkts oder bei bevorstehenden fürstlichen Besuchen, die Kämmerei besonders an den Fron, der das Fegen besorgt, die Kohlenträger, die den Mist aufladen, und den städtischen Stallknecht, der ihn abfährt. Für die spätere Zeit hat Willgeroth, Bilder aus Wismars Vergangenheit S. 11 ff. manches zusammengetragen.

gewordenen Bürgersprachen wiederkehrt[1]. Eine deutliche Stelle steuern aber auch die Kölnischen Verordnungen bei[2].

Die Verunreinigung gewisser Plätze wird zuerst 1480 in § 19 bekämpft, wo die Umgebung des Grau-Mönchen-Klosters (also Schulstrafse, Krönkenhagen oder Abc-Str.), die Wagebrücke (zwischen Bor- und Schürstr.), die Schweinebrücke und der Hopfenmarkt besonders in Schutz genommen werden. Ebenso beklagt und verbietet der Rat, dafs die Umgebung des Rathauses[3], wo doch fremde »ehrbare« Leute geistliches und weltliches Standes ein- und ausgingen, durch unverständige Menschen schamlos verunreinigt würde: 1480 § 89. Begünstigt war das so beklagte schändliche Gebahren dadurch, dafs Scharren in der Nähe des Rathauses standen, zwischen denen noch im 19. Jh. Sauberkeit, um nicht mehr zu sagen, nicht zu erreichen gewesen ist. Verunreinigung der Kirchhöfe[4] wird LXXI § 6 und LXXII § 4 mit dem Halseisen bedroht.

Von Anlegung von Misthaufen[5] sollte 1401 § 27 und 1421 § 51 geredet werden. 1424 § 14 und 1425 § 2 wird untersagt, solche in der Stadt auf der Stadt Freiheit anzulegen, und ebensowenig sollte der ausgebrachte Mist nachts auf der Strafse verbleiben[6].

---

[1] Mekl. Jahrb. 17, S. 357 § 22. Dichte Wagen verlangt die Bremische Bgspr. von 1539 für das Fortschaffen des Schweinedrecks und des Mistes. Puf. II, S. 107 f. § 22 f.

[2] Vort en sall man dat gemülle noch gepeuwe myt geynen zobrochenen riisenden karren enwech voeren, Stein II, S. 177 § 7.

[3] Der Markt soll reingehalten werden in Ribnitz (Kamptz I, 2, S. 334 § 27), Anklam (Stavenhagen S. 438 § 83), Köln (beim Gürzenich und beim Rathause, Stein II, S. 592). — Ausgaben für Reinigung des Marktes und anderer Plätze in Lübeck schon in den Kämmereirechnungen von 1316 bis 1338, Lüb. Urkb. II, S. 1080—1082.

[4] Auch in den Kanzelproklamen aus dem Ende des 16. Jhs. wiederholt.

[5] Wegen Wegschaffens des Mistes vgl. die Bgspr. von Kolberg (Riemann, Beil. S. 88 § 43, S. 96 § 39), Anklam (Stavenhagen S. 438 § 83 f.), Güstrow (Kamptz I, 2, S. 279 § 38), Neu-Brandenburg (ebd. S. 284 § 8), Ribnitz (ebd. S. 334 § 26. Dort soll man kein Aas auf die Strafse werfen § 38).

[6] So auch in Göttingen (Puf. III, S. 198), während er in Lüneburg (Kraut S. 25, 1401) und Hannover (Puf. IV. S. 187) drei Tage liegen konnte. In Riga sollte er sofort weggeschafft werden (1412 § 69, 15. Jh., Anfang des 16. Jhs. § 61, Mitte des 16. Jh., Mitte des 17. Jhs. § 18:

Das letzte wird noch ein paar Male wiederholt[1], und etwa gleichzeitig[2] das Lagern des Mistes auf oder an den Landstrafsen und Nebenwegen, LXIX § 65 in den Strafsen oder zwischen den [Doppel-] Toren oder an den Stadtmauern, LXXII § 10 an den Kirchhöfen oder andern freien Plätzen in der Stadt oder an den Stadtmauern verboten[3], und zugleich wurden besondere Stellen für die Misthaufen durch Pfähle kenntlich gemacht[4].

Singulär ist die Bestimmung von LXX § 3, dafs niemand Schutt, Steine, Mist oder dergleichen neben den Landstrafsen in die Nebenwege bringen[5], vielmehr jeder dies Sonnabends auf die nächsten Wälle[6] fahren solle, eine Forderung, die in einer etwa gleichzeitigen undatirten Lohnordnung wiederkehrt.

Ob die Andeutung über die Schweinekoven[7] aus dem Lü-

Nap. S. 221, Arch. IV, S. 207, Nap. S. 234, 239, 243). Schweinedreck sollte in Bremen desselben Tags beseitigt werden (1539, Puf. II, S. 107 f. § 22). Vgl. das Strafsburger Stadtrecht des 12. Jhs., Keutgen, Urkk. zur städt. Verf.-Gesch., S. 99 § 82.

[1] 1430 § 18, 1480 § 18.

[2] 1425 § 3, 1430 § 18.

[3] Auch anderswo sind bestimmte Stellen verboten (namentlich an den Stadtmauern): Riga (Nap. S. 212, 216 f., St. u. R. S. 161, Nap. S. 224, 231, 239, 243), Kolberg (Riemann, Beil. S. 88 § 44, S. 94 § 49: *achter der mure, dar de wechter gan scolen;* S. 90 § 49, S. 96 § 37), Kiel (Westph., Mon. IV, Sp. 3255), Bremen (Puf. II, S. 108 § 25), Göttingen (Puf. III, S. 205).

[4] 1430 § 18, 1480 § 18, LXIX § 65, LXXII § 10.

[5] Ähnlich in Göttingen (Puf. III, S. 205), Kolberg (Riemann, Beil. S. 87 § 39).

[6] Schon im J. 1557, als die Taufe der Hzgin. Sophie in der Stadt gefeiert werden sollte, verlangte der Rat, *idt solle ock ein jeder dat gruß so vor siner behusinge licht ... up dat rundeil vor dat Meckelnburger dohr bringen laten.* Auch in Kiel und Lüneburg sollte das Kehricht auf den Wall gebracht werden (Westph., Mon. IV, Sp. 3255, sonnabendlich, 1563; Puf. IV, S. 807); in Köln konnte es an der Stadtmauer abgeladen werden (Morgensprache des 17. Jhs.). In Celle ist es untersagt, Aas und andere Stank verursachende Dinge wie auf die Gassen und Märkte, so auch auf die Wälle, in die Brunnen und Stadtgräben zu werfen (Puf. I, S. 234 § 15).

[7] 1400 XL § 27, 1401 § 26. — In Neu-Brandenburg verlangt die Bgspr. die Entfernung der *Schweine- oder Mistkhaben* von den Strafsen

bischen Rechte[1] zu deuten ist, wonach Privets' und Schweineställe von Strafsen und Kirchhöfen mindestens fünf Fufs, von Nachbargrundstücken aber drei Fufs ableiben mufsten, oder besser eine Erklärung aus der undatirten Lohnordnung des 16. Jhs. herzuleiten sei, wage ich nicht zu entscheiden. Dort wird Klage geführt, dafs Schweinekoven vor die Häuser gebaut und dazu mit Brettern Höfe auf den Leisten abgeschrankt würden, und wird die Entfernung binnen 14 Tagen verlangt.

e. Feiertagsheiligung.

Wie für die Kirche des Mittelalters Feiertage und Wochentage sich weniger gegenüberstanden als bei uns und sich nur durch ein mehr oder weniger an Gottesdienst und gröfsere oder geringere Feierlichkeit desselben unterschieden, so ward auch anscheinend nicht unbedingte und unbeschränkte Sonntags- und Feiertagsruhe verlangt, und die Obrigkeit scheint es in älterer Zeit den Einzelnen und Korporationen (z. B. Handwerksämtern) überlassen zu haben, wie weit sie die Feiertagsheiligung ausdehnen wollten. Wenigstens trifft man häufiger in den Zunftrollen auf Verbote als in den Bürgersprachen, die den Gegenstand auffallend selten berühren.

Im J. 1365 § 7 wird allen Bürgern geboten, von der Vesper am Sonnabende bis zur Vesper des Sonntags, und entsprechend bei Festtagen, von ihrer Arbeit zu feiern, namentlich aber den Brauern, dafs sie binnen dieser Zeit kein Feuer unter der Darre haben[2] und

---

(Kamptz I, 2, S. 284 § 8); in Bremen verbietet sie Schweinekoven unter den Fenstern oder »upt gemeine« oder nach einer Heerstrafse hin (1539, Puf. II, S 107 § 20 f.). In Hannover sollen Schweinekoven binnen 8 Tagen von den Strafsen verschwinden, *und men schall vortmer neyne koven uppe den straten noch vor den husen under den vensteren noch jergene buten den husen hebben* (Puf. IV, S. 194). Vgl. die Kolberger Bgspr. von 1616, Riemann, Beil. S. 100 § 61. In Hamburg ward 1387 Heine Wilms in Strafe genommen, weil er eine Rinne nicht entfernt hatte, durch die Unflat auf die Strafse flofs (Kämmereirechnungen I, S. 446).

[1] Hach I, 126, II, 205.

[2] Vgl. für Rostock, Beitr. IV, 2, S. 60 § 15*. Verbot an Festtagen und den vorhergehenden Abenden zu brauen, Göttingen (Puf. III, S. 206).

nicht Wasser schöpfen lassen sollen; Strafe: 10 ß. 1401 § 24 ist nur eine Andeutung nachgetragen, 1405 aber in § 4 die Bestimmung über das Feiern der Brauer derart erneuert, daſs niemand an verbotenen heiligen Tagen, als Sonntags, an Aposteltagen oder andern üblichen Feiertagen zum Brauen oder Darren vor 5 Uhr[1] nachmittags unterheizen solle. Und nochmals, LXIX § 89, es solle kein Brauer Sonntags vor Abend nach beendetem Gottesdienste unterheizen. Im vorgedachten Jahre 1405 war es dem Rate zur Kenntnis gekommen, daſs die Ämter, vor allem die Bauleute, Müller und Fuhrleute selten die Feiertage hielten; darum verbot er an solchen Tagen die Pferde vor Vesperzeit einzuspannen und gestand nur zu Hochzeiten, Kindtaufen und andern (notwendigen?) Sachen Ausnahmen zu[2]. Ebenso sollten an denselben Tagen Wagen mit Korn, Holz oder anderm Gute nicht vor 2 Uhr (ursprünglich war Beendigung der Messe geschrieben) in die Stadt gelassen werden[3]. 1480 verbietet der Rat Kaufgeschäfte an Sonn- und Festtagen[4] und macht bekannt[5], er habe an alle Landkirchen schreiben lassen, die Hausleute zu verwarnen, daſs sie nicht an solchen Tagen mit Fuhrwerk zur Stadt kämen, denn es sollten ihnen die Tore nicht geöffnet werden, um ihren Handel zu treiben oder Arbeiten vorzunehmen. Nach LXXI

---

[1] Das ist das früheste Zeugnis von einer öffentlichen Schlaguhr in Wismar. Es folgen solche aus den J. 1410, 1411, 1421. In Rostock ward im J. 1379 eine Turmuhr beschafft (in Lübeck verfertigt). In Hamburg ist eine solche auf S. Nicolai im J. 1382 bezeugt (Kämmereirechnungen I, S. 347). Das erste Zeugnis für eine Schlaguhr überhaupt liegt nach Bilfinger, die mittelalterlichen Horen S. 176, für Mailand vor, wo Azzo Visconti sie im J. 1336 verfertigen lieſs. In Deutschland geht Straſsburg voran, wo 1352 das Uhrwerk begonnen, aber erst 1372 die Schlagglocke aufgestellt ist (Bilfinger a. a. O. S. 204). Die Zeit der Vesper hat gewechselt: In Lübeck sollte 1465 Uhr 12 zur Vesper, Uhr 1 aber zur zweiten Vesper geläutet werden (Lüb. Urkb. X, S. 686); aus den Jahren 1487 und 1506 liegen Zeugnisse für Uhr 2 vor (HR. III, 2, S. 140 § 59. III, 5, S. 178 § 60: § 59); ein weiteres für Uhr 3 von 1487 HR. III, 2, S. 163: *na der vespere ummetrent dre in de klocken.* Nach Anlage B sollte man denken, daſs sie später fiele.

[2] § 1.

[3] § 2.

[4] § 76.

[5] § 77.

§ 2 sollen an Sonn- und Feiertagen die Zingeln vor den Toren geschlossen gehalten und während der Vormittags-Predigt ohne Erlaubnis des worthabenden Bürgermeisters niemand weder zu Pferde noch zu Wagen noch zu Fufse eingelassen werden[1]. — Beschränkungen erlitt auch der Ausschank von Bier, Wein, Klaret oder (seit 1580) Branntwein, Bier oder anderm Getränk im Weinkeller E. E. Rats, in der Apotheke oder in Bierkrügen[2] (und in Häusern seit 1580) an Sonn- und Feiertagen vormittags vor Beendigung des Gottesdienstes (LXIX), während der Predigt und des Abendmahls (LXXI), überhaupt während Predigt und Abendmahl[3] (LXXII). LXIX bedroht Zuwiderhandelnde mit schwerer Strafe, nach den andern Texten aber soll der Wirt für jeden Gast 8 ß Lüb. erlegen.

---

[1] Während die Kirchenordnung von 1665 nur das Schliefsen der Tore während des Gottesdienstes verlangte, sollte nach der Kirchenvisitation von 1667 (III, 1, 3) darauf gesehen werden, dafs niemand, es sei zum Reisen oder Spazirenfahren an Sonn- und Feiertagen ..., aufser dem fremden durchreisenden Mann oder fremder Fuhr, ehe am Mittage der letzte Gottesdienst zu Ende, in oder aufser den Toren nicht gelassen werde. Bei dringenden Ursachen kann der worthabende Bgm. Urlaub erteilen. Verordnungen wegen der Sonntagsheiligung auch in einem Kanzelproklam von 1692. Nach der Bremer Bgspr. von 1539 sollen *in sodanen hilligen dagen und hochtiden, alse de dore unser stadt tostan*, keine *hirlandesche wagen* mit Waren eingelassen werden (Puf. II, S. 112 § 55). In Oldesloe sollen die Zingeln Sonntags geschlossen sein (1601 Westph. Mon. IV, Sp. 3263), desgl. an Feiertagen in Hannover bis zur Beendigung der Kommunion (1536, 1544, Puf. IV, S. 217, 221). In Nienburg sollen während des Gottesdienstes die Tore geschlossen gehalten werden (1569, Puf. II, S. 324). Bis Mittag sollen in Kolberg die Tore geschlossen sein (Riemann, Beil. S. 87 § 37, S. 91 § 6, S. 96 § 33).

[2] LXXI und LXXII: *win- edder beerkelleren*. Hier können nur der Ratskeller und das Eimbeksche Haus, die Filiale des Weinkellers für Eimbeker und fremdes Bier (jetzt Agentur der Hypotheken- und Wechselbank am Markte) gemeint sein.

[3] LXIX § 91, LXXI § 3, LXXII § 2. — Vgl. die Bgspr. von Hamburg 1594 § 27, Thomae § 4, Oldesloe 1601 (Westph., Mon. IV, Sp. 3263), Eimbek 1658 (Puf. II, S. 206 I § 4), Nienburg 1569 (Puf. II, S. 324), Celle (Puf. I, S. 236 § 22), Hannover 1544 (Puf. IV, S. 221), Meklenb. Polizeiordnung von 1572, Parchim 1622 (Cleemann S. 157 § 2), Kolberg 1565 und 1616 (Riemann, Beil. S. 97 VI und S. 99 § 2). Aus älterer Zeit: Danziger Willkür, S. 50 § 90.

Auch während einer in Kriegszeiten Freitags zu haltenden Messe mit Gebet um Frieden sollten die Handwerker feiern (1428 § 3) und jeder sie gern besuchen (1430 § 5). Diese Messe war gelegentlich des Dänischen Krieges im J. 1428 angeordnet. Sie sollte, solange die Seewehr aufsen wäre, wöchentlich abgehalten werden und aufserdem sollte am ersten Freitage eine Prozession und allgemeines Fasten aller Erwachsenen stattfinden[1]. Die Andeutung ist aber 1424 § 4 deshalb nachgetragen, weil dieser Text für die folgenden Jahre zurecht gemacht und benutzt ist.

Im Anschlufs hieran mögen die wenigen Bestimmungen berührt werden, die sich über kirchliches oder christliches Leben finden. Dafs die jüngern Bürgersprachen von den Bürgern »christliches« Bekenntnis und Leben verlangen, und dafs niemand Sakramentirer, Rottengeister oder Wiedertäufer bei sich aufnehmen und hausen sollte, ist an geeigneter Stelle (A b und c, S. 34, 40) erwähnt worden. Weit früher hatte sich der Rat veranlafst gesehen, vor Fluchen[2] und sich verschwören zu warnen, und festgesetzt, dafs

[1] HR. I, 8, S. 233 § 5. Auch für die (leider zweifelhafte) Herstellung der Eintracht in der Stadt Gott zu danken, liefs der Neue Rat als Rechtsnachfolger des Alten im J. 1428 eine Dankmesse abhalten (Werkmansche Chronik, Mekl. Jahrb. 55, S. 129 f.). Der Vorschlag Groteeks (ebd. S. 124 oben) war auf Abhaltung einer Bittmesse gerichtet gewesen. Meine Darstellung a. a. O. S. 54 f. ist in dieser Hinsicht nicht genau.

[2] Viele Zeugnisse aus Köln (Stein I. S. 62 § 5, S. 103 § 12, II. S. 91 § 3, I. S. 696 § 105, II. S. 352 § 25, I. S. 387 § 13). Auch in Anklam 1544 (Stavenhagen S. 432 § 1), Hannover 1544 (Puf. IV, S. 220), Reval 1560 (Qu. d. Str. S. 238 § 2), Kiel 1563 (Westph., Mon. IV, Sp 3252), der Meklenburgischen Polizeiordnung vom J. 1572 und demgemäfs in Güstrow (Kamptz I, 2, S. 272 § 3), Schwerin (ebd. S. 292 § 13), Waren (ebd. S. 326 § 1), Grevesmühlen (ebd. S. 336 § 1), Parchim (Cleemann S. 157 § 1), Plau (Mekl. Jahrb. 17, S. 354 § 3). In Hamburg (Thomae § 3), Tondern 1691 (Westph., Mon. IV, Sp. 3269). — Als Parallele zum Ausdruck *juramenta gravia* kann dienen *sine bösen ungewönlichen swüre, die er tet von Gotte*, derentwegen einem Badstüberknechte 1357 seine Zunge ausgeschnitten ward (Strafsburger Chron. II, S. 1021) oder auch *ungewonliche eyde by Gode oder desselbin ein glichnisse* (1452, Statut der Frankfurter Schneidergesellen bei Kriegk, Deutsches Bürgertum I, S. 187). Von einem Sekretär des Dänischen Königs wird berichtet, er sei 1466 mit schweren Drohungen aus Wismar geritten *by deme blode*

mit der Wippe ins Wasser getaucht werden sollte, wer dessen durch das Zeugnis zweier Biedermänner überführt würde: 1385 § 19, 1395 § 13, 1397 § 14. Auch LXXI § 1 und LXXII § 1 wird ernsthafte Strafe für diese Vergehen angedroht.

Aus dem Mittelalter her, wo manche Geschäfte in den Kirchen abgemacht wurden, mag sich der Mifsbrauch hergeleitet haben, während des Gottesdienstes im Umgange hinter dem Chor zu wandeln[1]. Dies verbot die Bürgersprache LXXI § 4 bei 4 ß Strafe, es war aber noch 1665 und 1706 nicht abgestellt[2].

f. Luxusordnungen

nehmen einen breiten Raum ein, denn lange gaben sich die Obrigkeiten der Hoffnung hin, durch Verbote ihre Bürger vor unnötigen Ausgaben zur Befriedigung ihrer Eitelkeit bewahren zu können, und liefsen sich erst spät[3] durch die Erfahrung überzeugen, dafs dies aller Achtung werte Streben vergeblich sei und sogar schädlich wirke. Denn die unvermeidliche und beabsichtigte Klassifizirung[4]

---

unde wunden Gades swerende (Auszug des Schreibens HR. II, 5, S. 605 Anm. 1). Im Anfange des 17. Jhs. sagte man statt fluchen *den Alten Knecht [machen]* (Rechnungsbuch der Kontorherren bei Schröder, Ausf. Beschr S. 1429). 1621 vermachte Gertrud Grelle zu einem neuen Wasserpfosten eine jährliche Rente, die noch jetzt entrichtet wird, *darmit die armen Leute daselbst desto fleißiger mögen beten wider das greuliche Fluchen, welches wegen Mangel des Wassers bei den Pösten viel und oft zu hören.*

[1] Auch in Kanzelproklamen von etwa 1580, 1602, 1626 wird das Spaziren im Chor während des Gottesdienstes verboten, desgl. das Getümmel von Kindern und Dienstboten in der Kirche und auf den Kirchhöfen. Die Meklenburgische Polizeiordnung von 1572 untersagt das Spaziren auf Kirchhöfen und andern Plätzen.

[2] Vorstellungen des Geistlichen Ministeriums bei den Verhandlungen über die Kirchenordnung 1665 (zu Tit. 3 § 7) und Verhandlungen zwischen Tribunal und Rat.

[3] Auf das Vorhalten der Königl. Kommission 1722, Sept. 14, dafs der Hochzeit- und Kleiderordnung nicht nachgelebt würde, erwidert der Sen. Dr. Herzberg, es wäre dergleichen schon aufm Tapet, jedoch schiene es fast impracticable zu sein, obgleich die Bürger sich dadurch ruinirten.

[4] Eine Kolberger Luxusordnung äufsert sich: *Wir sind zwar von Adam her alle eines Herkommens und müssen … alle wieder zu*

mufste anreizen, den dem Stande obrigkeitlich erlaubten Luxus in voller Ausdehnung zu entfalten und womöglich ein Übriges zu tun. Deklassiren lassen will sich keiner. Zuerst wende ich mich zu den

1. Kleiderordnungen.

Die älteste Bestimmung, eine Willkür des J. 1339, betrifft das Tragen von Buntwerk oder damit gefütterter Kleider und Seidenzeuges. Hierzu sollte nur berechtigt sein, wer ein Vermögen von mindestens 50 Mark Lüb. versteuerte[1]. Das ward im Pestjahre in der Bürgersprache wiederholt und insofern schärfer gefafst, dafs ein Zweifel daran, dafs es sich um Frauenkleidung handelt, nicht aufkommen kann XI § 4, 5. Die Bestimmung über das Buntwerk findet sich nochmals 1356 § 25 am Rande (wo der ursprüngliche Text nur bei einer Mitgift von 50 M. das Aussteuern mit Futter von Buntwerk erlaubt). 1382 § 3 aber wird Seidenzeug oder Buntwerk als Unterfutter (am innern oder untern Teile des Rocks) schlechtweg verboten, und zwar bei der erhöhten Strafe von 10 M. Silbers. Besonders ward Mädchen unter zehn Jahren Buntwerk bei Hochzeiten zu tragen untersagt[2].

Gefütterte Röcke (d. h. doch wol mit kostbaren Stoffen gefütterte Röcke) wurden um 1396 nur Frauen zugestanden, die mit ihrem Manne zusammen ein Vermögen von 200 M. hätten[3].

Borten an ihrer Kleidung anzubringen ward 1350[4] Mädchen wie Frauen untersagt. Auch Verbrämungen wurden nur bei be-

---

Staub und Asche werden, aber die göttliche Providenz hat ... Unterschied der Stände geordnet, und ein Bauer soll einem Bürger, ein Bürger einem Edelmann ... weichen und dieser Unterschied solle sich auch in Tracht und Kleidung äufsern (Riemann S. 382).

[1] Mekl. Urkb. IX, Nr. 6004, 15. In ähnlicher Weise stufen die Kieler Bgspr. von 1417 und 1563 (Falck, N. staatsb. Mag. 7, S. 98, Westph. Mon IV, Sp. 3255) und die von Kolberg (Riemann, Beil. S. 85 § 27, S. 89 § 22) den erlaubten Schmuck nach dem Schosse ab. Die Bgspr. von Riga (1376 § 41 und 1384 § 40) und Reval (um 1400) verlangen, dafs der Mann, dessen Weib Buntwerk (in Reval auch Goldschmuck) tragen will, einen vollen Harnisch habe (Nap. S. 206, 208, Arch. III, S. 90).

[2] 1394 § 2, 1395 § 17, 1397 § 19.

[3] XXXV § 1.

[4] XI § 1.

stimmtem Vermögen erlaubt. So sollte (von 1421—1430) eine Aussteuer mit verbrämten Kleidern allein bei einer Mitgift von 100 M. Lüb. zulässig[1] und ebenso das Tragen solcher Kleider nur dann statthaft sein, wenn jährlich 100 M. versteuert würden[2]. Sehr merkwürdig ist aber das Verlangen, dafs hierauf beim Zahlen des Schosses vor den Kämmerern ein Eid abgelegt werden sollte, was sich auch dadurch nicht erklären läfst, dafs bei dieser Gelegenheit viele Eide über die Richtigkeit des Schosses zu leisten waren. Vermutlich wird eine Unbedachtheit, veranlafst durch den vorhergehenden Paragraphen, vorliegen.

Was die Stoffe der Kleider anlangt, so war Brokat durchaus verboten[3]. Scharlach durfte in der Aussteuer sein, wenn die Mitgift 300 M. Lüb. betrug[4].

Schleppmäntel sind nicht erlaubt[5].

Verboten sind ferner Krispeleken von Gold oder Silber[6]. Es scheint ein gekrauster, vielleicht schleierartiger Kopfputz gewesen zu sein. Auch in Göttingen wurden Bürgerfrauen im J. 1354 *krispele edder wimpele* untersagt, *dar jenich ghesmide eder fine perlen an sin*, wie auch mit Gold gestreifte Tücher oder mehr als viermal gekrauste Tücher[7]. Die Mühlhauser Statuten des 14. Jhs. verbieten im Lateinischen Texte *vittas crispas aureas, argenteas, blavias, virides sive rufas*, gestatten *glaucas* (nämlich *vittas*) *simplices, et albas crispas*. Der Deutsche Text hat *cruspe gebende, guldin, silbern, bla, grune odir rot*, erlaubt *eynveldig gel und crusp wiz*[8]. Vitta wird in den Glossarien als Brautkrone, Gebände oder auch Haube erklärt.

---

[1] 1421 § 21, 1424 § 28, 1430 § 34.

[2] 1421 § 22, 1424 § 29, 1430 § 35.

[3] 1350 XI § 3.

[4] 1356 § 24.

[5] 1394 § 2, 1395 § 17, 1397 § 19.

[6] 1350 XI § 2.

[7] Puf. III, S. 149. In Hannover wurden 1312 *winpelen de mit golde wracht sin* und *cruse sidene doke* verboten, Keutgen, Urkk. z. städt. Verfassungsgesch. S. 296 § 37.

[8] Ratsgesetzgebung von M., S. 44 f., sinnwidrig interpungirt und abgeteilt; es stehn sich entgegen krauses Gebände mit Gold oder Silber oder in den genannten Farben, und schlichtes gelbes oder weifses krauses Gebände.

Geschmeide[1] vorn am Ärmel oder um den Hals soll um 1396 nur Daumens breit, Spundknöpfe aber sollen nur an der untern Hälfte des Rocks erlaubt sein[2]. Später wird Geschmeide aufsen über weiten Ärmeln getragen und werden offene, mit Buntwerk gefütterte Ärmel verboten[3]. Im Anschlufs daran wird 1424 eine Verbrämung unten, 1430 aber aufsen über dem Gürtel unter Verbot gestellt[4].

Mädchen unter zehn Jahren sollten bei Hochzeiten kein Geschmeide tragen[5], während in Braunschweig grade Kindern unter 8 Jahren allein zustand Gold, Silber und Perlen an ihren Kleidern zu haben[6].

Wer seiner Tochter 300 M. Lüb. mitgab, sollte 1356 sie mit Ärmelspangen im Werte von höchstens einer Mark fein[7] ausstatten und dazu eine Brosche im doppelten Werte geben dürfen[8]. Der Wert der Spangen zu den Rosenkränzen aber stufte sich im Verhältnisse zur Mitgift von 20 ß (bei 400 M.) bis 4 ß (bei 50 M.) ab[9].

Dienstmädchen[10] sollen nach LXIX § 83 kein Gold an ihren Pantoffeln, keinen Sammet an ihren Kragen, Kettchen (? *keddele*) an ihren Röcken, und Kragen höchstens von Kamlott tragen dürfen.

Eingehender beschäftigen sich die Bürgersprachen mit der Tracht der losen Weiber. Da werden zunächst um 1376 den Schenk-

---

[1] Riga 1384: *vortmer so vorbud de raed den vrouwen unde juncvrowen allerleye smede unde borden, beide gulden unde sulvern, behalven knope to den rocken unde mowenspangen* (Nap. S. 208 § 38).

[2] XXXV § 2, 1397 § 20.

[3] 1418 § 20, 1419 § 18, 1420 § 21, 1421 § 20, 1424 § 26, 1430 § 33.

[4] 1424 § 27, 1430 § 33.

[5] 1394 § 2, 1395 § 17, 1397 § 19.

[6] Urkb. der St. B. I. S. 45 § 19 (vor 1349), etwas anders S. 139 § 140.

[7] Daraus werden jetzt 50 M. geprägt.

[8] 1356 § 24 (gestrichen).

[9] 1356 § 22.

[10] In Kiel wird ihnen 1417 verboten zu tragen *bretzen, scarlaken, noch nenerleye verguldet schmyde, ock nenen duck beter wan 8 ß* (Falck, N. Stb. Mag. 7, S. 99). Lübeck 1467: *welck junckfrouwe de denet unde umberuchtet is, de mach dregen eyn besmydet bindeken, so gud alse twintich schillinge mit deme makelone* (Lüb. Urkb. XI. S. 321).

mädchen Kopftücher[1] untersagt und an deren Stelle Kapuzen verordnet, die nach der ursprünglichen Fassung einen roten Strich haben sollten[2]; dann wird im 15. Jh. für berüchtigte Weiber der Wert der (linnenen) Kopftücher auf 4 *ß* beschränkt[3], wogegen ihnen 1421 und 1424 überhaupt die Tücher verboten werden[4]. Man könnte also glauben, obgleich es mir nicht wahrscheinlich ist, daſs Engelbert Bartscherers Klage hier Erfolg gehabt habe. In der Sammlung von Klagen nämlich, die dieser Querulant über allerhand Bedrückungen des Wismarschen Rats gegen Ende des Jahres 1424 nach Lübeck gesandt hat, erscheint auch die, daſs die Wismarschen die armen elenden Frauenzimmer und Dienstmädchen so sehr vergewaltigen und verunrechten, daſs sie ihnen wider Gottes und der heiligen Kirche Gebot[5] verbieten ein Tuch um ihren Kopf zu

---

[1] In Lübeck hatte man gegen Ende des 15. Jhs. Anlaſs dagegen einzuschreiten, daſs Frauen ihr Antlitz durch Tücher vor Mund und Nase verbargen, *so dat men nicht mer dan ogen unde nesen, unde nicht dat antlat seen kan* (Mitt. f. Lüb. Gesch. 1, S. 16). Verschieden hiervon muſs das Kopftuch sein, das geschwächte Personen zu tragen hatten, die nicht mehr als Jungfrauen in Haren gehn sollten. Vgl. die Wismarsche Verordnung von 1566 (Mekl. Jahrb. 58, S. 56 § 1): es sollen *dem wyve de har affgesneden unde gedoket werden.* Vgl. für Hildesheim Puf. IV, S. 317, für Lüneburg ebd. S. 782. Beispiele aus Braunschweiger Urkunden von 1560 bis 1612 bringt Otto Schütte im niederdeutschen Korrespondenzblatt 23, S. 70 f. Ob auch dahin gehört: *welk dokmaget ume loen denet, de sal neyn smyde dregen* (Riga, 15. Jh., Nap. S. 224 § 49)? Einer Schwedischen Kleinmagd wird es 1656 als besondere Unverschämtheit ausgelegt und als solche im Goldebeer Kirchenbuche S. 123 verzeichnet, daſs sie *biß auff die letzte stunde* (bevor sie einem Kinde das Leben gegeben) *in haaren gangen.*

[2] XXVII § 1.

[3] 1417 XLIV § 22, 1418 § 22, 1430 § 25 (?), 1480 § 26. — Einer Hure, die in Falsterbo mit einem golddurchwirkten Kopftuche Staat gemacht hatte, ward vom Lübischen Vogte 1336 übel mitgespielt, Hans. Urkb. II, S. 257 § 5.

[4] 1421 § 33, 1424 § 37. Frauen und Jungfrauen wurden in Braunschweig Tücher mit goldenen oder seidenen Streifen bestimmter Farbe verboten. Urkb. der St. B. I, S. 107 § 73.

[5] Paulus an die Korinthier I, 11, 5 ff.

schlagen, da es doch von jeher so gehalten sei, dafs jegliches Frauenbild sein Haupt bedecken solle[1].

Aufserdem sind den Schenkmädchen um 1376 »grofse Röcke« verwehrt[2], den Dirnen[3] 1421 und 1424 Röcke mit Falten und Säumen[4]. Endlich sollen die Schenkmädchen keinen Schmuck und nur unvergoldete Rosenkränze, nicht über 4 ß an Wert haben XXVII § 1. 1394 § 4 und 1400 XL § 21 und 1401 § 21 enthalten nur Andeutungen über den Schmuck der Huren, 1417 und 1418 wird der Wert ihres Schmucks, wenn ich recht verstehe, auf 4 ß beschränkt[5], sicher 1430 und 1480[6]; dagegen scheint 1421 und 1424 solcher ganz verboten zu sein[7]. Die Absicht war dabei, was 1421 § 33 ausgesprochen wird, dafs solche Personen, auch wenn sie sich später verheirateten, ehrbaren Frauen nicht gleich gehn sollten. Deshalb werden ihnen auch vorübergehend besondere Abzeichen vorgeschrieben: ein roter Strich an ihrer Kapuze, oder aber rote Schuhe[8].

---

[1] HR. I, 7, S. 502.

[2] XXVII § 1.

[3] Dafs Schenkmädchen und Dirnen mehr als annähernd dasselbe gewesen sein werden, wird sich unten unter B h zeigen. Greifswalder Bestimmungen über ihre Kleidung und Schmuck s. Pomm. Gesch.-Denkm. II, S. 105 f. In Riga wird übel berüchteten Frauen das Tragen von Buntwerk und Geschmeide verboten im 15. Jh., Mitte des 16. Jhs. (Nap. S. 224 § 48, S. 239 § 40); in Lüneburg werden im 15. und 16. Jh. gefallenen Mädchen gefütterte Mäntel und Geschmeide untersagt, auch wenn sie hernach heiraten, Puf. II, S. 191, 200.

[4] 1421 § 33, 1424 § 37.

[5] XLIV § 22, 1418 § 22.

[6] 1430 § 25, 1480 § 26.

[7] 1421 § 33, 1424 § 37. Wegen Lübecks vgl. Lüb. Urkb. IX, S. 212 und XI, S. 321 (1454 und 1467).

[8] XXVII § 1, 1424 § 37. — Was die Reichspolizeiordnung vom J. 1530, die Benecke (von unehrlichen Leuten S. 228) anführt, für ein Abzeichen vorschreibt, weifs ich nicht. In Stetten sollten nach einem Ratsschlusse von 1440 die beregten Frauensleute einen grünen Strich, zwei Finger breit, an ihren Schleiern haben, wie sie im frühern Mittelalter durch gelbe Schleier ausgezeichnet waren (Birlinger, Sitten und Rechtsbräuche aus Schwaben II, S. 457). Sonst übliche Abzeichen meist gelber Farbe haben Kriegk, Deutsches Bürgertum II, S. 324 f. und Bodemeyer, Hann. Rechtsaltertümer S. 40 zusammengestellt. Die Drohung der Kieler Bürger-

Auch dem Aufwande, den die Frauen mit Decken und Kissen zu treiben liebten, glaubte man entgegentreten zu müssen. So sollte 1420 niemand seiner Tochter oder Verwandten eine kostbarere Decke mitgeben als aus Sigeldun[1] von zwei Stücken, jedes im Werte von etwa 7 Mark, und niemand sollte bei Hochzeiten oder im Kindbette kostbarere Decken über die Betten breiten noch auch bei denselben Gelegenheiten Batist[2] auflegen oder bei Leichenbegängnissen vor den Türen aufhängen. Dagegen sollte weifse Leinwand nach alter Gewohnheit erlaubt, jedoch keine Bordüren daran noch Seide oder Gold oder Perlen darin gewirkt sein[3]. Die folgenden Texte begnügen sich mit Andeutungen[4]. Dann wird im J. 1426 Batist zugestanden, Bordüren, goldne und seidene Borten und Hohlnähte mit Seide auf den weifsen linnenen Decken aber strenge verboten[5].

An Kissen sollten nicht mehr als sechs in der Aussteuer sein noch bei Hochzeiten oder Kindbetten aufs Bett gelegt werden 1420 § 17.

Besondere Kleiderordnungen sind verfafst 1602, 1631 (nach Kanzelproklam), 1648, 1661 (diese ist wegen einiger Streitpunkte noch 1666 nicht publicirt), 1675.

Älter noch sind die

2. Hochzeitordnungen,

deren erste zu Ausgang des 13. Jhs. aufgezeichnet ist. Unterschieden werden von Anfang an kleine oder Abend-Hochzeiten[6] und

sprache von 1417, der Rat wolle, wenn gewisse Frauen, deren Ruf nicht so gut sei als er sein sollte, sich nicht besserten, *sodanige vughe darto vinden, dat de vurder bekannt werden, wenn se noch sind* (Falck, N. Stb. Mag. 7, S. 99) zielt wol eher auf anderes hin. Wegen Mafsregeln, sie am Tragen unerlaubten Schmuckes zu hindern, s. Zeitschr. 14, S. 334.

[1] Der Stoff wird sonst sickeltun oder ähnlich benannt und ist nach Lübben-Walther ein mit Gold durchwirkter Seidenstoff, Französisch: siglaton. Bei den mittelhochdeutschen Dichtern scheint er als sigelat für eins der kostbarsten Gewebe gegolten zu haben.

[2] *schirelakene*, klare, durchsichtige Leinwand.

[3] 1418 § 16–18.

[4] 1421 § 19, 1424 § 25.

[5] 1426 § 1.

[6] Zuerst Hochzeiten ohne Köste. Auffälliger Weise hat Nic. Swerk

grofse oder Tages-Hochzeiten. Die grofsen oder die Tages-Hochzeiten sind nur bei einer Mitgift von 100 M. Lüb. gestattet 1345, 1385, 1395, 1397, überhaupt verboten 1398. Sonach wird anzunehmen sein, dafs 1347, wo gleichfalls ein Verbot ausgesprochen zu sein scheint, nur eine unvollständige Andeutung vorliegt. In den zwischen die Jahre 1347 und 1373 fallenden Texten [1] und später 1400, 1417, 1480 [2] finden sich nur Verweisungen auf die früheren Bestimmungen, LXX § 16 aber wird auf die vor der Kämmerei aufgehängte Ordnung verwiesen [3].

Heimliche Verlöbnisse ohne den Rat der Eltern und Verwandten erklärten die Meklenburgische Konsistorialordnung von 1570 und die Polizeiordnung von 1572 (gemäfs göttlichen und kaiserlichen Rechten) für nichtig, und entsprechend verbieten die späteren Bürgersprachen Verlöbnisse ohne Wissen und Willen der Eltern oder Vormünder [4]. Das öffentliche Verlöbnis aber, das nach einer etwa gleichzeitigen Kanzelabkündigung [5] untrennbar war [6], sollte nur in

---

das *noluerint* des Stadtbuchs B (Mekl. Urkb. III, Nr. 2315) falsch gelesen und im Ratswillkürbuche fol. 27 [v] dafür sinnwidrig *voluerint* geschrieben. — Belegstellen für die Unterscheidung: Mekl. Urkb. III, Nr. 2315 (etwa 1295), IX, Nr. 6004 (1339), 6276 (1343), 6587 (1345), die Bürgersprachen von 1347 V § 4, 1373 § 13, 1385 § 16, 1395 § 12, 1397 § 12, 1398 § 3.

[1] 1351 XIII § 8, XV § 10, 1353 XVII § 17, XVIII § 6, 1355 § 4, 1356 § 27.

[2] XL § 11, XLIV § 12, 1480 § 71. Hier und Mekl. Urkb. IX, Nr. 6587 und 1405 § 1 ist das Deutsche Wort *brutlacht* gebraucht.

[3] Sie sollte 1567 Vocem jocunditatis in Kraft treten (für fehlerhaft halte ich das Datum 1577 in einer andern Abschrift). Eine zweite dem Ausschusse 1579, Apr. 3 vorgelegte Ordnung sollte gleichfalls zu Vocem jocunditatis gültig werden. Bei Schröder, Ev. Meklenburg III, S. 478 hat ein Schreibfehler mitgespielt; es ist 1587 zu lesen.

[4] LXXI § 12, LXXII § 7.

[5] Schröder, Ev. Meklenburg II, S. 385. Ich habe den Satz weder in den Kirchenordnungen noch in der Konsistorialordnung finden können.

[6] Wegen der Lösung des im J. 1654 geschlossenen Verlöbnisses zwischen Dr. Ottfahr und einer Tochter des Pastors an S. Jürgens, M. Joh. Dinggrav, ward Jahre lang prozessirt.

der Kirche statthaben[1]. Nach Wigand[2] ward hierorts, *wenn ihrer zwei sich mit einander verloben* wollten, *eine öffentliche Zusammenkunft in der Kirchen angestellet, und treten zur Rechten der Bräutigam mit seinen Eltern und nechsten Anverwandten, zur Linken diejenigen, welche der Braut zugethan. Unter denselben trit eine fürnehme Person herfür und meldet, warum sie zusammen gekommen, mit Bitte, daß ein jeder seine Meinung wegen vorstehender Heyrath sagen wolle. Wenn (sich) denn ein jeder erklähret, daß dieselbige wohl geschehen könne, werden beyde Personen öffentlich im Nahmen der Heil. Dreyfaltigkeit einander zugesaget und die Anwesende gebeten, dessen Zeugen zu seyn. Was geschehen, alsdenn gehet ein jeder wieder seine Wege*[3]. Verlöbnisschmäuse sind nicht statthaft, wenn die Erklärung Dähnerts für *gevelbeer* richtig ist, was ich für wahrscheinlich halte[4].

Die Einladung zur Hochzeit sollte nach der Willkür des Jahres 1339 durch je drei Personen von jeder Seite erfolgen[5]; nachher sollten von jeder Seite zwei beauftragt werden dürfen mit einem Schreiber, der nur 1373 erwähnt wird[6]. Am Ende des 14. Jahrhunderts sollen nur zwei Männer einladen, einer von jeder Seite[7]. Ehefrauen sollen nicht besonders geladen werden[8]. Am Tage der

---

[1] LXXI § 11. So schon nach der Lübecker Hochzeitordnung (Lüb. Urkb. IX, S. 212 f., XI, S. 321, Zeitschr. f. Lüb. Gesch. II, S. 516), auch der Wismarschen H.O. 1567 § 3 (nach altem Herkommen) und 1579 § 21.

[2] Superintendent in Wismar von 1562—1570.

[3] Schröder, Ev. Meklenburg II, S. 283, auch 387. Vgl. Lüb. Urkb. VII, S. 748 f. Es scheint also der Akt, der früher die Ehe knüpfte (Nibelungenlied), auf das Verlöbnis übertragen zu sein. Zu Schröders Zeit 1742) hielten nur noch die Bäcker und Schuster öffentliche Verlöbnisse, a. a. O. S. 388.

[4] Mekl. Urkb. IX, Nr. 6004 § 1, 1417 § 12, 1418 § 14. In Kiel wird 1417 das *lövelbeer* verboten, Falck, N. Stb. Mag. 7, S. 96. Wenn freilich in dem Koesfelder Verbote (Daniel v. Soest, herausgegeb. von Jostes S. 206 Anm.) *gevelwin* und Brauthahn in genauer Verbindung stünden, wie der Hahn dort nach der Beichte mit Wein gebracht wird, möchte es eine andere Sache sein. Vgl. noch Danziger Willkür, S. 59 § 139.

[5] Mekl. Urkb. IX, Nr. 6004 § 4.

[6] 1373 § 13d, 1385 § 16, 1395 § 12, 1397 § 12.

[7] 1398 § 3b.

[8] VIII § 2.

Einladung soll nur für die vier Hochzeitbitter ein Mahl (die *bittelköste*, H.O. 1567) gerüstet werden[1]. Die Hochzeitordnungen der Jahre 1567[2] und 1579[3] sehen drei Einladungen nach einander vor, die erste soll vierzehn (1567) oder acht (1579) Tage vor der Hochzeit vom Bräutigam selbst und der Braut (wenn sie Witwe ist, sonst von einer Angehörigen), die zweite (wie 1398) nur von zwei Männern, die dritte von einem Jungen (der auch bei den früheren Einladungen begleitet hatte) und einer Dienstmagd ausgerichtet werden.

Zur Vorbereitung gehörte das Lichtmachen (im 16. Jh. Butterschlagen und Kuchenbacken), das auch zu einem Mahle Anlafs zu geben pflegte[4]. Dazu sollten aber nicht die Verwandten, sondern nur noch die vier Beginen oder die Mädchen oder Frauen, die die Lichte anfertigten, gezogen werden[5]. Es sollten aber nach der Willkür des Jahres 1339 nur im Reigen vor der Braut Lichte gebraucht werden, und die jungen Eheleute bei Tage zu Bette gehn[6].

Am Brautbade, das im 16. Jh. am zweiten oder dritten Tage vor der Hochzeit genommen ward[7], sollte niemand Teil nehmen[8], während in Braunschweig, Bockenem und Danneberg mehr oder weniger Begleiter zugelassen waren[9]. In Lübeck sind Gastereien bei dieser Gelegenheit untersagt[10].

Am Hochzeitmorgen fand ein feierlicher Kirchgang zur Messe statt, was Anlafs war, dafs sich noch lange nach Aufhören

---

[1] 1373 § 13d.

[2] § 6—9.

[3] § 24—27.

[4] Vgl. Lüb. Urkb. IX, S. 215, XI, S. 323 f. Nach Mekl. Jahrb. 57, S. 205 ward im Anfange des 16. Jhs. beim Anfertigen der Lichte für die Brüderschaft der Schneidergesellen zu Malchin eine Tonne Bier aufgelegt.

[5] 1385 § 16, 1395 § 12, 1397 § 12; nur angedeutet oder mit Verweisung auf früher 1398 § 3g, 1400 XL § 11, 1401 § 2. Vgl. Zeitschr. f. Lüb. Gesch. II, S. 520.

[6] Mekl. Urkb. IX, Nr. 6004 § 8.

[7] Genzkows Tagebuch S. 260, 33 f. Nach der letzten Stelle badet die Braut mit 7, der Bräutigam mit 2 Genossen.

[8] Mekl. Urkb. IX, Nr. 6004 § 1.

[9] Bodemeyer, Hannoversche Rechtsaltertümer S. 50.

[10] Zeitschr. f. Lüb. Gesch. II, S. 518.

der Messe die Benennung Brautmesse im Munde der Leute erhielt[1]. Bei diesem Kirchgange sollte bei den kleinen Abend-Hochzeiten und überall am Sonnabende vor Septuagesimae[2] die Braut nur von 5 Personen geleitet werden, bei grofsen Hochzeiten aber Bräutigam und Braut mit ihren Angehörigen mit Musik und Reigen in die Kirche ziehen[3]. Mädchen unter zehn Jahren sollten dabei der Braut nicht vorangehn[4], wogegen die spätern Bürgersprachen solchen nur das Tragen von Geschmeide und Buntwerk verbieten[5]. Im Anfange des 15. Jhs. hat das Zusammengeben im Hause stattgefunden[6].

Nach der Reformation wird vorgeschrieben, dafs jeder Bürger und Einwohner, der in der Stadt freie, sich durch einen der Prediger seines Kirchspiels trauen lasse und dafs er am Orte Hochzeit halte[7].

---

[1] *Brutmisse* 1579 § 41, 1567 § 25. In Braunschweig war es der Willkür überlassen, ob man Brautmesse wollte halten lassen oder nicht. Urkb. d. St. B. I, S. 245 § 2.

[2] Von diesem Tage an bis acht Tage nach Ostern war geschlossene Zeit, Mekl. Urkb. IX, Nr. 6181.

[3] Mekl. Urkb. III, Nr. 2315 mit Anm.

[4] Mekl. Urkb. IX, Nr. 6004 § 7. — Ebenso in Stralsund um 1310 (1. Stb. VI § 356, 2. Stb. § 3616) und in Kiel 1417 (Falck, N. stb. Mag. 7, S. 97) auch wol in Riga (1384, Nap. S. 209 § 46). Wegen des Vorangehns vgl. Grimm, Rechtsaltertümer S. 409 (I, S. 565 der 4. Aufl.) und Kriegk, Deutsches Bürgertum II, S. 232.

[5] 1394 § 2, 1395 § 17, 1397 § 19.

[6] 1420 § 19. Ob hier zu anderer Zeit nach sonstiger Sitte das Zusammengeben vor der Kirchtür *(in facie ecclesie)* geschah, ist zweifelhaft. Vgl. Mekl. Urkb. VI, Nr. 4163, IX, Nr. 6181, Schweriner Synodalstatut von 1492 bei Schröder, Pap. Meklenburg S. 2498 f. und das Register zu Mekl. Urkb. XX unter Eheschliefsung. Ferner Lüb. Urkb. III, Nr. 16 und Nr. 34, wonach die Ehe in Lübeck vor, in Rüden aber in der Kirche geschlossen ward. — Eine rein weltliche Eheschliefsung zu Hamburg vor 1465 ist in Lüb. Urk. X, S. 564 f. bezeugt *(hebben uns sulven to hope gheven hant in hant)*. Die Legalität kann nicht zweifelhaft gewesen sein, der Ausgang aber war unerfreulich. — Vgl. Barth. Sastrows Selbstbiographie III, S. 9. Nach Kriegk, Deutsches Bürgertum II, S. 226 f. hätte die Kopulation stets in der Kirche stattgefunden, er identificirt aber Kopulation, Einsegnung, Kirchgang und Brautmesse. In Kampen mufste die Ehe kirchlich Getrauter im 16. Jh. vom Bgm. von der Rathauslaube herab kundgegeben werden, von der Ropp, Hans. Gesch.-Bl. 1876, S. 249.

[7] LXXI § 10, LXXII § 6.

Die Strafe ist erst auf 40 M. Lüb., dann auf 50 Gulden normirt; bei Unvermögen soll Stadtverweisung eintreten.

Während der Trauung[1] sollen Kinder und Dienstboten vom Chor wegbleiben[2], bei einer Strafe von 2 ß für jedes oder Einstellung ins Halseisen: LXXI § 5.

Über die Zahl der zulässigen Gäste wird bestimmt: es sollen sich nicht mehr zusammen kleiden[3] als vier von Seiten des Bräutigams und vier von Seiten der Braut[4]. Man soll nicht mehr als 12 Drosten[5] und 6 Paare Mädchen haben[6]. Diese Mädchen aber sollen nicht früher als am Tage vor der Hochzeit kommen (1385 bis 1397), wogegen in der Willkür von 1339 gesagt ist, man solle sie nicht vor dem Hochzeitstage bringen lassen[7]: sie wurden also eingeholt. Nach 1430 § 32 sollte die Braut nur drei Mädchen um sich haben.

---

[1] Braut und Bräutigam sollten vor 3 Uhr am Werktage, vor 4 am Sonntage (1579 § 43; 1610: Winters Uhr 3, Sommers Uhr 4; 1641: Uhr 10) in der Kirche sein, die Gäste sich aber rechtzeitig im Hochzeithause versammeln und *den trecke in der kercken ziren helpen*, nicht aber sich wie bisher einzeln in der Kirche einfinden oder zu Tische setzen (Hochzeitordnungen). Vgl. auch die Rostocker Ordnung von 1567 bei Wiechmann, Meklenburgs altniedersächsische Litteratur II, S. 61 mit der Anm. wegen Stralsunds.

[2] Auch in einem Kanzelproklam um 1580 wird das Eindringen von Kindern und Gesinde in den Chor bei Trauungen verboten. Sie sollen mit Stöcken weggetrieben werden. Vgl. wegen Nienburgs Puf. II, S. 337.

[3] In Nürnberg und Frankfurt kleideten die Brautleute ihre Diener, z. T. auch ihre Verwandtschaft, oder beschenkten die, welche sich ihnen zu Ehren kleideten: Kriegk, Deutsches Bürgertum II, S. 229. Vgl. unten (S. 139) wegen Geschenke.

[4] 1351 XIII § 4.

[5] Aufwärter. Gleiche Zahl der Jungfrauen und Drosten auch in Braunschweig, Urkb. der St. B. I, S. 128 f. § 14, S. 245 § 1. *achte gesellen, de de vate up und van dem dische dragen*, H.O. 1567 § 31. Nach 1579 § 34 konnten die beiden Schaffer so viele Gesellen zu ihrer Hülfe annehmen, als die Zahl der Gäste erforderte. Der Drost und der Schenke der Göttinger Statuten hatten je 1 oder 2 *nadregere* unter sich, je nachdem das Mahl aus 6 oder 12 Schüsseln bestand, Puf. III, S. 152.

[6] 1385 § 16, 1395 § 12, 1397 § 12.

[7] Mekl. Urkb. IX, Nr. 6004 § 5.

Bei den grofsen Hochzeiten sollten um 1295 höchstens 80 Schüsseln, die Schüssel zu 2 ß[1], aufgesetzt werden[2], d. h. es sollten bis 160 Gäste zugelassen sein[3]. Im J. 1339 sind bis 100 Schüsseln, also bis 200 Gäste erlaubt; es sollten aber nur Angehörige geladen werden[4], wobei zu bemerken ist, dafs die Vorlage zwischen *centum* und *schutellarum* Raum für etwa 6 Buchstaben läfst. 1373 sollte zu 60 Schüsseln (also 120 Personen) geladen werden[5], 1385 ist nur noch die halbe Anzahl gestattet[6]. — Zu den kleinen Hochzeiten ist um 1295, wo diese, wie schon bemerkt, als Hochzeiten ohne Schmaus

---

[1] Ein Osnabrücker Statut von 1341 setzt die Schüssel zu 1 ß an: Bodemeyer, Hannov. Rechtsaltert. S. 64.

[2] Mekl. Urkb. III, Nr. 2315.

[3] Gemäfs alter Sitte, die sich auf dem Lande vereinzelt bis in die neueste Zeit gehalten hat (z. B. in Neuenkirchen bei Bernitt noch um 1880 von einem sichern Gewährsmanne beobachtet), afsen je zwei aus Einer Schüssel. So schreibt Thomasin von Cerchiari um 1215 in seinem Welschen Gaste Vers 497 ff.: niemand soll zufahren, um von seinem Tischgenossen zu nehmen, was ihm wohl gefällt, denn man soll seine Hälfte essen; man soll stets mit entgegengesetzten Händen essen: sitzt dein Genosse zur Rechten, so ifs du mit der Linken. Ich kenne diese Stelle aus Rud. Hildebrands gesammelten Aufsätzen und Vorträgen (S. 43), wo die Erklärung aber fehl geht. Göttinger Statuten aus dem 14. Jahrh.: *dar scal me jo to der scuteln hebben twei lude* (Puf. III, S. 152); nicht mehr als zwei nach den Goslarschen Gesetzen (Leibniz, Scriptores III, S. 534). Lübeck: *twe uthe ener schottelen to etende* (1454, 1467, um 1470, Lüb. Urkb. IX, S. 215, XI. S. 324, Zeitschr. f. Lüb. Gesch. II, S. 519). Billwärder Recht § 54: *24 schottelen, twe lude to der schottelen, unde dre richte* (Lappenberg, Hamb. Recht S. 337). Berliner Stadtbuch (2. Ausg.) S. 30: *wy hochtyd het, di sal bidden tu veftich scotelen, twe tusammene tu ethene* (Ausgang des 14. Jhs.). Malchin: *brutlachte; darto biddet menn to twelff vaten alße xxiiij personen* (1514 Mekl. Jahrb. 57, S. 200). In Bockenem wurden 4 Personen auf ein Becken gerechnet (Bodemeyer. Hannov. Rechtsaltertümer S. 66). So auch in Rostock 1567, Wiechmann. Mekl. altnieders. Litt II, S. 62. Verkehrt ist die Auslegung Kriegks. Deutsches Bürgertum II, S. 250, der Schüssel als Hauptgericht erklärt, worauf dann 2 oder 3 Personen gerechnet seien.

[4] Mekl. Urk. IX, Nr. 6004 § 10.

[5] § 13a.

[6] § 17.

bezeichnet sind, die Zahl der Gäste von Rats wegen nicht beschränkt[1], ebensowenig die der zum Trinken und Tanzen geladenen Gäste im J. 1339[2]. Damals aber schon schlofs sich hieran ein Mahl am andern Tage, und hierzu sind 30 Schüsseln gestattet; 1373 ist die Zahl der Schüsseln auf 20 vermindert[3], 1385 auf 10[4]. 1398 sind unter Verbot der grofsen Hochzeiten die Neuvermählten in die Zahl der gestatteten 24 Gäste eingeschlossen, und es sollen auch keine Speisen ausgetragen werden[5]; im J. 1417 sind 12 Schüsseln zugestanden[6]. Bemerkt mufs werden, dafs nach den spätern Ordnungen Prediger, Ratspersonen und Fremde, Junggesellen und Jungfrauen, nach den Rostocker und andern Ordnungen die allernächsten Verwandten und Gäste von auswärts[7], auch Geistliche, Fremde, Gesinde[8] nicht mitgezählt wurden. Ungeladene Gäste sollten entfernt werden (1339)[9], wozu der Rat 1373 einen Diener bestellen wollte[10].

Über das Hochzeitmahl bieten nur zwei der ältern Ordnungen schmale Andeutungen. Um 1295 sollte bei den kleinen

---

[1] Mekl. Urkb. III, Nr. 2315.

[2] Mekl. Urkb. IX, Nr. 6004 § 11.

[3] § 13c.

[4] 1385 § 17.

[5] 1398 § 3e.

[6] 1417 § 12.

[7] Berlin, Stadtb. S. 30, Braunschweig, Urkb. I, S. 43 § 9, Stralsund, 1. Stadtb. VI § 356, 2. Stadtb. § 3616.

[8] Hamburg.

[9] Mekl. Urkb. IX, Nr. 6004 § 12. Wer das tut, soll, auch wenn er handgreiflich wird, nicht zur Rechenschaft gezogen werden. Auch die spätern Ordnungen von 1567 und 1579 erklären sich gegen die ungeladenen Gäste, die hiernach z. T. maskirt *in vastelavendes wise* erschienen. Noch um 1628 wird in einem Kanzelproklam gerügt, dafs entgegen der Hochzeitordnung *ohne untterschiedt allerhandt gesinde, auch mans und frawens persohnen, so nicht invitiret und eingeladen, in die hochzeitten mitt gewaltt, der bestellten uffwartter ungeachtet, eindringen, sich zu tisch setzen, ehe und zuvor die kirchencaeremonien vollendt verrichtet und die hochzeittgeste ankommen, und hernacher alles (!) von kindern, megden und andern das hochzeitthauß erfüllet wirtt.* Die *verordnete uffwartter undt andere diener* sollten solche ungebetenen Gäste fernhalten. Vgl. Puf. II, S. 337 (Nienburg, 1569).

[10] 1373 § 13a.

Hochzeiten kein Konfekt, sondern nur Bier gegeben werden[1]; 1351 aber sollten nicht mehr als vier Gerichte[2] aufgetragen werden, verboten waren ganze gefüllte Hühner; wer Hühner geben wollte, sollte sie zerstückt auf den Tisch bringen[3].

Während des Essens sollten nach einer vorläufigen Aufzeichnung für die Bürgersprache des Jahres 1349 die Frauen nicht herumgehn und zusprechen, man möge sich vergnügt halten[4].

Nach dem Hochzeitmahle fand gemäfs der Lübischen Ordnung[5] der Treck[6] statt, d. h. der Bräutigam zog mit seinen und seiner Frau Angehörigen feierlich in sein Haus, wo eine weitere Bewirtung erfolgte. Nachher zog (wenn ich recht verstehe) bei den Tageshochzeiten der Bräutigam ins Hochzeithaus zurück[7], was bei der Abendhochzeit nicht vermerkt ist, wogegen dort der Bräutigam am Morgen vor dem Mahle einen andern Treck in den Dom gehalten hatte[8]. Es war aber auch das Hochzeitmahl bei den Tages-

---

[1] Mekl. Urkb. III, Nr. 2315.

[2] XIII § 2. — In Lübeck 1454 bis gegen 1470 vier Gerichte bei 32 wie bei 16 Schüsseln: Lüb. Urkb. IX, S. 215, 217, XI, S. 324, 326, Zeitschr. II, S. 519, 522. In Hannover, wo die Höchstzahl der Schüsseln 1303 auf 60 festgesetzt war, sollten 6 Gerichte *(fercula)* aufgetragen werden, Keutgen, Urkk. S. 293 § 8. Ebenfalls 60 Schüsseln und 6 Gerichte in Braunschweig (Urkb. I, S. 43 § 6). 6 Gerichte bei 32 Schüsseln zu Mühlhausen (Ratsgesetzgebung S. 42, Anfang des 14. Jhs.). Eine Mahlzeit von 3 Gerichten zu 24 Schüsseln und *ene maltyd van dren richten unde xij schottelen* nach dem Billwärder Recht (Lappenberg, Hamburg. Stadtr. S. 337 Nr. 54 f). 4 Gerichte bei höchstens 60 Schüsseln: Stralsund, 1. Stb. VI § 356, 2. Stb. § 3616.

[3] XIII § 3. Die oben gegebene Deutung der *pulli cum klotvysche* folgt aus der Gegenüberstellung von *pulli inscisi et divisi.*

[4] VIII § 1. Dies können nicht gut die Braunschweiger *ses vrowen* sein, *de dar umme gan* (Aufwärterinnen), Urkb. d. St. B. I, S. 43 § 6.

[5] Lüb. Urkb. IX, S. 215, XI, S. 324, Zeitschr. f. Lüb. Gesch. II, S. 519, 522 f.

[6] Der spätere Lübecker Bgm. Heinr. Brokes hatte 1598 seinen Aufgang oder Treck in das Haus eines Schwagers; er hatte kein eigen Haus und seinen Hausstand zunächst bei seiner Schwiegermutter, Zeitschr. f. Lüb. Gesch. I, S. 180.

[7] Lüb. Urkb. IX, S. 216, XI, S. 324, Zeitschr. f. Lüb. Gesch. II, S. 520.

[8] Ebd. S. 217, 326, 521. — Auf diesen Treck bezieht sich die aus den

hochzeiten vor dem Beilager, bei den Abendhochzeiten (aufser in den ältesten Zeiten, wo nur Bier geschenkt ward) am Tage nach dem Beilager. Wegen des Trecks nun bestimmen die Bürgersprachen, dafs keine Braut einen besondern Treck halten, sondern dafs die Hochzeit in dem Hause sein solle, wo das Beilager beabsichtigt werde[1]. Ein anderer Treck mufs es sein, wegen dessen 1480 denen, die in Bräutigams Weise mit ihren Angehörigen vom Markte ziehen wollten, verboten wird mittags eine Gasterei anzustellen[2]. Dieser hängt ohne Zweifel mit dem Steinstehn[3] zusammen, von dem Bartbol. Sastrow, der als einer der Letzten 1551 zu Greifswald diesen Brauch erfüllte, in seiner Lebensbeschreibung eine ausführliche Schilderung gibt[4]. Danach versammelten sich nachmittags nach 3 Uhr, wenn die Hochzeit abends angehn sollte, die Geladenen um den Bräutigam und geleiteten ihn nach dem Markte an den vierkantigen Eckstein an der Ecke der Schuhstrafse. Auf diesen Stein trat der Bräutigam, während seine Begleiter etwa 50 Schritte zurückblieben, und blieb dort unter dem Spiel der Spielleute ein paar Vaterunser lang. Danach ward er ins Hochzeithaus geleitet, *da wurden Braut und Breutigam zusammende gegeben*. Erklärt wird der Brauch, an den noch ein Gesellschaftsspiel[5] erinnert, damit, dafs Gelegenheit zu Einsprache geboten werden sollte. Sastrow aber knüpft daran eine derbe Erzählung, die erweist, dafs das Steinstehn unter Umständen nicht zu den Annehmlichkeiten gehörte.

---

spätern Wismarschen Hochzeitordnungen auf S. 129 Anm. 1 ausgehobene Stelle. Aufserdem wird S. 518 ein gemeinsamer *uthtreck* von Bräutigam und Braut, und S. 523 ein Treck aus den Kirchen erwähnt. Nach Lüb. Urkb. XI, S. 327 f. und Zeitschr. II, S. 524 konnte man zu den Abendhochzeiten doppelten oder einfachen Treck haben. Auf die treckeltunne des Schuhmacheramts zu Rostock (Beitr. IV, 1, S. 111) macht Koppmann aufmerksam. In Riga sind *samelinge edder trecke to der brud efte de brud to dem brudegame* vor dem letzten Monate vor der Hochzeit verboten 1384 § 47, Nap. S. 209.

[1] 1420 § 19. Auch der Zug in die Kirche (S. 128) wird als Treck bezeichnet.

[2] 1480 § 73.

[3] Anders der Heifsenstein zu Frankfurt, auf dem sich die Brautleute Treue gelobten und von wo sie zur Einsegnung in die Kirche geführt wurden, Kriegk, Deutsches Bürgertum 2, S. 232.

[4] III, S. 9.

[5] Beim Pfändereinlösen wird u. a. die Aufgabe gestellt, auf einem

Ein weiterer Akt, der sich stellenweise vielleicht an einen Treck anschlofs, war das Zubettebringen von Bräutigam und Braut[1]. Erst dies gab der Ehe rechtliche Folgen. Es sollte bei Tageslicht geschehen[2]. Danach sollten bei einer Tageshochzeit nur noch 10 Schüsseln aufgetischt werden[3], während nach 1398 (wo überhaupt allein Abendhochzeiten gestattet waren) nur noch 6 Frauen bleiben durften[4].

Im J. 1339 wird es verboten den jungen Eheleuten am Abende Hahn und Henne von auswärts zu bringen; erlaubt ist allein ein im Hochzeithause gekochter Hahn[5]. Ebenso wird 1398 untersagt, alter Gewohnheit nach dem Bräutigam von auswärts Hähne zu bringen, welcherlei Art auch immer[6]. Das Hahnenbringen war eine alte Sitte[7], die anschaulich in Daniels von Soest Beichte geschildert wird[8]. Später scheinen gewisse Hochzeitgeschenke unter diesem Namen gegangen zu sein[9], aber im 15. Jh. waren Hahn und Geschenke durchaus verschieden.

---

breiten Steine zu stehn. Der Betroffene mufs darauf vortreten und hat zu sprechen: *ich steh auf einem breiten Stein, und wer mich lieb hat, holt mich ein,* um dies Einholen abzuwarten.

[1] 1420 § 9. Nach den Hochzeitordnungen von 1587 und 1610 sollte die Braut sofort nach Rückkehr von der Kirche dem Bräutigam ans Bett geführt werden. 1641 fehlt eine Bestimmung darüber, doch sind auch ganz andere Zeiten beliebt. In den Verhandlungen von 1600 war Juni 9 beschlossen, dafs das *beilegen* nach den beiden geendigten *brautt- und brauttgambs dentzen* geschehen solle. — Vgl. Genzkows Tagebuch S. 97, 125, 133, 147, 148, 265, 278, 422. Koppmann, Hans. Gesch.-Bl. 1876, S. 202. Ein letzter Nachklang ist das Strumpfbandlösen am Preufsischen Hofe.

[2] Mekl. Urkb. IX, Nr. 6004 § 8, 1339; nach der Lübischen Ordnung wenigstens in der Zeit zwischen Fastnacht und Martini.

[3] 1373 § 13b.

[4] 1398 § 3d.

[5] Mekl. Urkb. IX, Nr. 6004 § 9.

[6] 1398 § 3d. — Vgl. die Kolberger Bgspr. nach 1533: *averst des nachts den hanen to halende, stellet ein rath gentzlich aff* (Riemann, Beil. S. 96 f. § 45).

[7] Vgl. Grimm, Rechtsaltertümer S. 440 f. und die Anm. von Jostes in seiner Ausgabe des Daniel von Soest, S. 206.

[8] In der Ausgabe von Jostes S. 204 ff.

[9] Mekl. Jahrb. 57, S. 176, 179, 183, 189, 195, 201, 209, 212, 220, 222, 223, 225, 230, 234, 240, 241, 243, 244, 248, 252, 258, 260, 262,

Vortänze, vermutlich Tanzbelustigungen vor der Hochzeit[1], sind 1339 verboten[2], Abendtänze[3] oder Vortänze 1398[4], Abendtänze im funfzehnten Jahrhunderte[5]. Ein anderes wird der Brautreigen vor dem Beilager[6] sein, wobei der Braut Lichter vorgetragen wurden[7], und der Tanz, zu dem bei Abendhochzeiten eingeladen ward[8]. Tätlichkeiten, die beim Tanze auf Hochzeiten vorfallen, unterliegen hoher Strafe[9].

264, 268, 272, 291, Mekl. Polizeiordnung 1572. Dreyer, Einleitung in die Lüb. Verordnungen S. 562 f. Anm. Die Verschiedenheit in früherer Zeit beweist Zeitschr. f. Lüb. G. II, S. 518 und 523, wo von erlaubten Geschenken, und S. 521 wie auch Lüb. Urkb. IX, S. 217, XI, S. 325, wo vom Hahnenbringen (nur bei Abendhochzeiten) gehandelt wird. Im J. 1610 wird in Wismar ein silberner Löffel als das übliche Geschenk der Hochzeitszeugen betrachtet.

[1] Vgl. Zeitschr. f. Lüb. Gesch. II, S. 518.

[2] Mekl. Urkb. IX, Nr. 6004 § 6.

[3] In Braunschweig sollte der Tanz mit der Wächterglocke aufhören (Urkb. der St. B. I, S. 43 § 11, vor 1349).

[4] 1398 § 3a.

[5] 1417 XLIV § 12, 1418 § 14, 1419 § 13, 1420 § 15, 1421 § 18, 1430 § 32, 1480 § 78.

[6] Diesen Tanz anlangend, den *brudt- und brudegambs tanz*, so beschränken die Hochzeitordnungen von 1567 § 32 und 1579 § 49 die Zahl der Teilnehmer auf 6 Frauen und 6 Jungfrauen und ebensoviele Männer und Junggesellen mit der Begründung, dafs sonst dadurch zu viel Zeit verloren gehe. Nachdem schon in einem Bedenken auf die Notwendigkeit, die Berufenen zur Ausübung ihrer Pflicht anzuhalten, verwiesen war, wird 1587 ausgesprochen, dafs die von Braut und Bräutigam den Schaffern für den Tanz Benannten bei einer Strafe von 4 M. dazu aufzufordern seien, dafs aber, wenn ein solcher, Mann oder Geselle, dem es *freundtschafft halben gebuhret*, sich weigere, ein Ersatzmann zu nehmen sei. Tanz mit Fackeln wird verboten. Allerhand Ordnungen I, fol. 54. 1589, Juni 29 verbot ein Ratsdekret, bei Hochzeiten in Neben- oder Nachbarhäusern zu tanzen; der Tanz solle aufs Hochzeithaus beschränkt bleiben (Ratsprotokoll S. 63). Maskirten Tanz untersagt die älteste Lübische Bgspr. (Lüb. Urkb. VI, S. 757).

[7] Mekl. Urkb. IX, Nr. 6004 § 8. Bruns, Bergenfahrer (Hans. Gesch.-Qu. II. 2), S. 410. Fackeltanz am Preufsischen Hofe.

[8] Ebd. § 11.

[9] 1356 § 16, 1371 und 1372 § 15.

Am Abende und am andern Tage oder nur am andern Tage sollten bei Tageshochzeiten keine weiteren Schmausereien statthaben (um 1295 und 1339)[1], bei Abendhochzeiten aber folgte schon damals und seitdem dann erst der Hochzeitschmaus, wovon bereits gehandelt ist. Gevelbier und unnötige Schmäuse oder weitere Schmäuse vor oder nach der Hochzeit sind verboten 1339, 1373, 1385[2].

Die Schranken, die dem Auflegen von Decken und Kissen gesetzt waren, sind bei der Kleiderordnung (S. 124) angeführt. Vgl. Lüb. Urkb. IX, S. 213.

Die Spielleute und Gaukler, auf die 1373 § 13 f nur hingedeutet wird, sollten nach einer Willkür vom J. 1343 bei den grofsen Hochzeiten jeder für 4 ß Lüb., bei den kleinen für 2 ß dienen oder die Stadt räumen, wogegen ihnen ein Vorrecht vor den fremden eingeräumt ward. Als Musikinstrumente werden genannt: Fidel, Pfeife, Trommel, Posaune, Rotte (Zither), Harfe[3].

Im 16. und 17. Jahrhunderte wenigstens scheint es nicht selten gewesen zu sein, dafs Adliche in der Stadt Hochzeit hielten. Möglicherweise, weil dabei Excesse vorkamen[4], vielleicht aber auch aus andern Gründen[5] sollte keiner ohne Erlaubnis der Bürgermeister sein Haus dazu vermieten LXXI § 40, LXXII § 39.

---

[1] Mekl. Urkb. III, Nr. 2315, IX, Nr. 6004 § 10.

[2] Mekl. Urkb. IX, Nr. 6004 § 1, 1373 § 13e, 1385 § 17.

[3] Mekl. Urkb. IX, Nr. 6276. — Auch die Lübecker Ordnung beschäftigt sich mit den Spielleuten und ihrem Lohne. Dort war es Brauch, dafs bei reichen Hochzeiten der Bräutigam sie einkleidete, ohne dafs sie ein Recht darauf hatten, Zeitschr. f. Lüb. Gesch. II, S. 524. Vgl. die Rostocker Ordnung von 1567 bei Wiechmann, Mekl. altniedersächs. Litteratur 2, S. 62 f., Hamburger Stadtrecht bei Lappenberg S. 161 (um 1300).

[4] 1576, Simonis und Judae ward bei der auf dem Fürstenhofe gehaltenen Hochzeit eines Moltke ein Buntfutterer von der Frau eines Freibäckers erstochen. Schröder, Ausf. Beschr. S. 1234. Vgl. die Bürgschaft Heinrichs v. Bülow für Mölln 1362, Lüb. Urkb. III, Nr. 437.

[5] 1641 wollte der Rat Häuser zu Hochzeiten einrichten und verdingen. Um das J. 1600 scheinen die grofsen Hochzeiten im Neuen Hause (Hinter dem Rathause, jetzt Eberhardtsche Ratsbuchdruckerei), das der Rat im J. 1569 gekauft hatte, stattgehabt zu haben, Ratsverordnungen I, S. 370. In Celle sollten Feuersgefahr halber ohne Vorwissen des Rats und vorangegangene Besichtigung der Feuerherde keine Hochzeiten in den Häusern

Abgeschlossen ward die Hochzeit durch den Kirchgang. Nach Mekl. Urkb. III, Nr. 2315 (um 1295) sollte die junge Frau am dritten Tage selbsechst zur Messe gehn, dagegen nach IX, Nr. 6004 § 10 (1339) bei einer Tageshochzeit am andern Tage gemäfs alter Willkür Kirchgang halten. In Stralsund ward um 1310 der Kirchgang anscheinend am zweiten Tage selbzwölft gehalten[1].

Besondere Berücksichtigung findet in den Ordnungen noch die Aussteuer[2], deren Beschaffenheit (wie anderswo, z. B. in Goslar die Zahl der Gäste) von der Höhe der Mitgift[3] abhängig gemacht wird[4].

Scharlach sollte 1339 nur bei einer Mitgift von 100 M. Silber gegeben werden[5], eine Bestimmung, die 1356 wiederholt ist[6]: denn

---

gehalten werden, Puf. I, S. 234 Art. 14, 8. Übrigens hat Dr. Laurenz Niebur zu LXIX, Anhang § 5 zur Beratung notirt, dafs die vom Adel zu ihren Hochzeiten fremdes Bier hereinführen.

[1] Zweites Stadtbuch § 3616.

[2] Beiläufig gehören Vermächtnisse zur Ausstattung armer Mägde zu den rechtlich bevorzugten LXXI § 23, LXXII § 17. Stiftungen dazu haben schon im 15. Jh. gemacht H. Heinr. Wesebom (1441), H. Joh. Schüttorf (1480), H. Jasper Wilde (1495), dann 1505 H. Matth. Grotekort. Aufser der Stiftung des letztgenannten dienen jetzt diesem Zwecke das Testament der Gertrud Grelle (1621) und ein wahrscheinlich nach einem zeitweiligen Verwalter einer oder mehrerer älterer Vermächtnisse Gödert v. d. Fehr benanntes Legat. Im 16. Jh. war es üblich, dafs solche Mädchen herumgingen, um sich Unterstützungen zu erbitten, Bettelordnungen von 1579 und 1586.

[3] Ob solche Bestimmungen wegen Vorspiegelungen über die Mitgift versucht wurden? Das Zeugebuch hat fol. 126v folgende Eintragung aus dem J. 1353: *Heydeke Wicendorp recognovit, quod quando recepit uxorem suam Hebelen sibi nomine dotis centum et quinquaginta marce fuerunt verbo et non facto promisse, sed tantum in veritate nisi centum marce fuerunt promisse per amicos uxoris sue supradicte, et has centum marcas Hinricus Raad sibi integraliter, ut recognovit, persolvit et pagavit.*

[4] Auf die zahlreichen und hin und her schwankenden Bestimmungen der spätern Ordnungen kann hier nicht eingegangen werden.

[5] Mekl. Urkb. IX, Nr. 6004 § 2.

[6] 1356 § 24.

300 M. Lüb. waren 100 M. Silber gleichwertig[1]. Buntwerk zu Unterfutter zu geben sollte nur bei einer Mitgift von mindestens 50 Mark Lüb. gestattet sein[2], Verbrämungen bei einer Mitgift von 100 Mark[3].

Der Wert des mitzugebenden Hausrats sollte sich 1356 bei einer Mitgift von 400 M. Lüb. innerhalb 50 M. Lüb. halten, bei 300 M. innerhalb 40 M., bei 200 M. innerhalb 30 M., bei 100 M. innerhalb 20 M., bei 50 M. innerhalb 10 M.[4]. Ein anderes System ist 1397 beliebt. Hiernach sollte bei einer Mitgift von 100 M. der Hausrat nur einen Wert von 10 M. haben dürfen, bei 200 M. von 20 M. und weiter in gleichem Verhältnisse (§ 13). Auf die früheren Bestimmungen wird verwiesen in 1398 § 3g, 1400 XL § 11, 1401 § 12, 1421 § 19, 1424 § 25, 1430 § 32. Ein Anschlag an der Rathaustafel wird angezogen 1480 § 71.

Die Decke in der Aussteuer sollte nicht kostbarer sein als von Siglaton[5] und nur aus zwei Stücken bestehn, das Stück etwa im Werte von 7 M. Lüb.: 1420 § 16, worauf 1421 § 17 und 1424 § 25 verwiesen wird.

An Kissen sollten höchstens 6 in der Aussteuer sein 1420 § 16 (1421 § 19, 1424 § 25); später sind im ersten Stande 9 das übliche.

Die Brustspange darf bei einer Mitgift von 300 M. Lüb. höchstens 2 M. lötig, die Ärmelspangen höchstens 1 M. lötig wert sein (1356 § 24), die Heftspange zum Rosenkranze aber soll je nach der Mitgift (von 400 M. bis 50 M. abwärts) von 20 ß Lüb. bis 4 ß Lüb. an Wert abnehmen (1356 § 22).

Den Rosenkranz selbst brachte in Lübeck im 15. Jh. der Bräutigam seiner Braut, wobei Wein und Konfekt gegeben ward[6]. Für Wismar erscheint das ausgeschlossen, da die Willkür von 1339 einzig eine *hanttruwe* zu geben erlaubt[7], was das Kleinod gewesen

[1] Mekl. Urkb. 17, S. 494a. Jetzt werden daraus 5000 M. geprägt. — Ähnliche Bestimmungen in Mühlhausen zu Anfang des 14. Jhs., Ratsgesetzgebung S. 44. Vgl. Danziger Willkür, S. 59 § 140.

[2] 1356 § 25.

[3] 1421 § 21, 1424 § 28, 1430 § 34.

[4] 1356 § 22.

[5] S. S. 124.

[6] Zeitschr. f. Lüb. Gesch. II, S. 516.

[7] Mekl. Urkb. IX, Nr. 6004 § 3.

sein wird, womit allein Bräutigam und Braut sich 1398 beschenken durften[1]. Die *hanttruwe* aber bestand nach dem Alten Lübischen Rechte[2] in einem Ringe oder einer Spange. Namentlich das letzte ist auch sonst bezeugt[3].

Die Beschenkung der gegenseitigen Verwandtschaft, die sonst wol Sitte war[4], wird in der Willkür des J. 1339 und 1398 ausdrücklich verboten[5].

Zu Hochzeiten durfte an Sonntagen jederzeit angespannt werden: 1405 § 1. Dabei mag bemerkt werden, daſs die Geistlichkeit nach der Reformation gegen die Sonntagshochzeiten vorging, woraus in Rostock ernstliche Streitigkeiten erwuchsen.

Die Innehaltung der Hochzeitordnung oder wenigstens die Buſsgelder für Übertretungen suchte man durch Eide zu sichern[6]. —

---

[1] 1398 § 3c.

[2] Hach II, 5.

[3] Crull, Amt der Goldschmiede S. 6. In einem Lübischen Nachlasse vom J. 1359 ist verzeichnet: *unus certus* (d. h. *sertus*), *proprie cyn tzappel sive annulus, cum quo puelle solent desponsari*, Lüb. Urkb. III, S. 338.

[4] Braunschweig, Urkb. der St. B. I, S. 43, S. 44 f. § 13, S. 64 § 16, S. 128 § 13. In Hamburg erlaubt die Ordnung um 1300 dem Bräutigam der Braut 2 Schuhe, der Braut dem Bräutigam 1 paar leinene Kleider, eine Haube und einen Gürtel zu senden, verbietet aber andere Geschenke, Lappenberg, Stadtrechte S. 160. Die Stralsunder Ordnung von etwa 1310 erlaubt nur Schuhe und Leinenkleider als gegenseitige Geschenke, 1. Stb. VI § 356, 2. Stb. § 3616. Vgl. Genzkows Tageb. S. 33 f.; Kolberg, Riemann, Beil. S. 85 § 33; Lübeck, Lüb. Urkb. IX, S. 213 f., XI, S. 322 f., 327, Zeitschr. II, S. 517 f., 523; Göttingen, Puf. III, S. 152 f. Danziger Willkür, S. 59 § 139.

[5] Mekl. Urkb. IX, Nr. 6004 § 3, 1398 § 3c. Ebenso in den spätern Ordnungen von 1567 und 1579; auch in der Rostocker Ordnung von 1567 bei Wiechmann, Meklenburgs altnieders. Litteratur 2, S. 61 und den Meklenburgischen Polizeiordnungen von 1516 (Mekl. Jahrb. 57, S. 291 § 23) und 1572; auch schon in der Lübischen Ordnung, Zeitschr. f. Lüb. Gesch. II, S. 518. Kiel, 1417: *dat me nene linnen kleder edder scho vergheven schal to den brutlachte*, Falck, N. stb. Mag. 7, S. 97. Vgl. wegen Zusammenkleidens S. 129. Gaben an Dienstboten werden frei gestellt in den Rostocker und Wismarschen Ordnungen von 1567.

[6] 1339 (Mekl. Urkb. IX, Nr. 6004 § 13), 1373 § 13h, 1385 § 16, 1395 § 12, 1397 § 12, 1421 § 21, 1424 § 28, 1430 § 34. Auch in Lübeck

Ratmannen, die wider die Ordnung verstiefsen, sollten ihren Anteil an den Sporteln einbüfsen [1].

Besondere Hochzeitordnungen sind erlassen: 1567, 1579 [2], 1587, 1602, 1610, 1641, 1648, 1658, 1675 f., 1682, 1683, 1701.

3. Kindbett, Taufe, Kirchgang.

Über das Kindbett hatte der Rat 1339 gewillkürt, dafs dabei keine Mahlzeiten gehalten werden dürften [3]. Darauf beziehen sich die Bürgersprachen von 1350—1353 [4]. Dagegen wird 1354 bestimmt, keine Frau solle zu ihrer Niederkunft mehr Frauen als zehn bitten, und diesen solle nur zu der Zeit, wo sie dazu geladen seien, ein Mahl bereitet werden; wer ungeladen erscheine, solle der Stadt mit 10 ß büfsen [5]. 1355 § 4 und 1356 § 27 wieder wird nur auf (diese) ältern Bestimmungen verwiesen, dann aber 1373 die Zahl der beim Kindbett aufzusetzenden Schüsseln auf 10 und damit die Zahl der Gäste auf 20 beschränkt; Männer werden von diesem Mahle ausgeschlossen [6]. Die genannte Zahl der Gäste wird von 1385—1418 festgehalten [7]. Diese mögen verzehren, was ihnen die Güte des Wirts vorsetzt (ebd.). Übertretungen werden nach 1354 mit 3 M. Silbers, nach 1373, 1385 und 1395 mit 10 M. Silbers, nach 1418 wieder mit 3 M. gebüfst. Andere Bürgersprachen derselben Zeit begnügen sich

(Lüb. Urkb. II, Nr. 1003, IX, Nr. 208, XI, Nr. 311, Zeitschr. f. Lüb. G. 2, S. 524 f.), Stralsund (um 1310, 1. Stb. VI § 356, 2. Stb. § 3616), Kolberg (Riemann, Beil. S. 88 § 46, S. 97 § 45), Kiel 1417 (Falck, N. stb. Mag. 7, S. 97), Hamburg (um 1300, Lappenberg, Stadtrechte S. 161), Braunschweig (Urkb. d. St. B. I, S. 121 § 252, Bodemeyer, Hannov. Rechtsaltertümer S. 78), Göttingen (Puf. III, S. 153), Mühlhausen (Ratsgesetzgebung S. 42).

[1] 1385 § 18.

[2] Von dieser ist nur der Artikel über die Kleidung der Dienstmägde durch Ablesen von der Kanzel publicirt.

[3] Mekl. Urkb. IX, Nr. 6004 § 14.

[4] XI § 11, XV § 10, XVII § 17, XVIII § 6.

[5] 1354 § 2 f.

[6] 1373 § 13 g.

[7] 1385 § 15, 1395 § 11, 1397 § 11, 1417 XLIV § 11, 1418 § 11. — Solche Kindbetthülfe war nur in den ersten drei Wochen zulässig, Lüneburger Stadtbuch S. 186 (1364).

mit Andeutungen oder Verweisungen auf früher[1]. Dem gegenüber wird 1480 wiederholend ausgeführt, dafs nicht mehr als 20 Frauen[2] zum Kindelbier gebeten werden, kein Gastgebot voraufgehn noch folgen und weder Frauen noch Männer zu Abend geladen werden sollen. Die Bufse von 3 M. Silbers wird als unerläfslich bezeichnet[3]. Hinzukommt 1424 § 24 eine Andeutung von Wein und Klaret[4], die 1427 LV § 2 dahin ausgeführt wird, dafs den Frauen beim Besuchen der Kindbetterinnen kein Klaret geschenkt werden, 1430 § 31 aber dafs niemand beim Kindelbier Klaret oder Wein im Übermafs schenken solle.

Auf die vor der Kämmerei ausgehängte Kindelbiers-Ordnung wird in LXX § 16 verwiesen.

Dem auch bei dieser Gelegenheit zu Tage tretenden Aufwande mit Decken und Kissen wird 1420—1426 entgegen getreten[5], worüber das Genauere bei der Kleiderordnung (S. 124) angegeben ist.

Zu Kindelbieren anzuspannen war auch Sonntags jederzeit erlaubt: 1405 § 1.

Ein Ratmann, der den Bestimmungen über Kindbett und Taufe zuwiderhandeln würde, sollte an den Sporteln keinen Teil haben: 1385 § 18.

Zur Tauffolge sollten um 1295 dem Kinde nur sechs Frauen zugelassen sein[6]. Der Täufling soll [ohne Veranstaltung eines Schmauses] in die Kirche gesendet werden (1339)[7]. Auf die übliche Abkündigung wird in der Bürgersprache von 1354 verwiesen[8], 1385 bis 1397 aber bestimmt, es sollten nur sechs Frauen den Täufling begleiten und bewirtet werden, weitere Mahlzeiten nicht statt-

[1] 1394 § 7, 1398 § 3g, 1400 XL § 11, 1401 § 12, 1419 § 11, 1420 § 14, 1421 § 17, 1424 § 25.

[2] Die gleiche Zahl in Lübeck 1454, 1467, um 1470, Lüb. Urkb. IX, S. 218, XI, S. 329, Zeitschr. f. Lüb. Gesch. II, S. 526. Nur 8 Frauen dürfen in Kiel zur Hülfeleistung zugezogen werden, 1417, Falck, N. stb. Mag. 7, S. 98.

[3] 1480 § 72.

[4] Ein altes Rezept dafür teilt Wehrmann mit in Zeitschr. f. Lüb. Gesch. II, S. 87 Anm.

[5] 1420 § 18, 1421 § 19, 1424 § 25, 1426 § 1.

[6] Mekl. Urkb. III, Nr. 2315.

[7] Mekl. Urkb. IX, Nr. 6004 § 14.

[8] 1354 § 3.

haben[1]. Nachdem die nächstfolgenden Texte[2] nur Andeutungen gebracht hatten, wird 1417 und 1418[3] wieder ausgeführt, dafs nur sechs Frauen den Täufling geleiten und bewirtet werden sollen, hinzugesetzt aber, dafs Männer sich am Mahle nicht beteiligen dürfen. Hierauf ist von 1419 bis 1430 verwiesen[4], besonders aber noch 1424 § 23 und 1430 § 30 verboten, dafs niemand gelegentlich einer Taufe Männer zum Frühstücke bitten solle. Bei Zuwiderhandlungen sollen Wirt wie Gast gebüfst werden. In LXIX § 40 ist das Verbot, Männer gelegentlich der Taufe zu Gaste zu laden, erneuert und die Zahl der Frauen wie früher bestimmt[5].

Das Gevatterngeld ist auf 4 ß Lüb. beschränkt[6]. 1480 § 71 wird auf die Tafel auf dem Rathause verwiesen.

Die Taufe selbst sollte binnen drei Tagen[7] vollzogen werden

---

[1] 1385 § 18, 1395 § 11, 1397 § 11. Hierzu merkt Schröder, Papist. Meklenburg S. 1568 an, dafs man diese Bestimmung fast bis 1700 beibehalten, dann aber angefangen habe, die Kinder mit einer oder zwei Frauen nach der Kirche fahren zu lassen und den Gevattern ein Glas Wein zu reichen. In Stralsund sollte nach der Taufe überhaupt niemand bewirtet werden (um 1310, 2. Stadtbuch § 3617).

[2] 1398 § 3g, 1400 XL § 11, 1401 § 12.

[3] XLIV § 11, 1418 § 11.

[4] 1419 § 11, 1420 § 14, 1421 § 17, 1424 § 25, 1430 § 31.

[5] Auch in Riga (1384, Nap. S. 208 § 45) und Lübeck (um 1470, Zeitschr. f. Lüb. Gesch. II, S. 526) durften nur 6 Frauen das Kind begleiten, es durften aber an letzterm Orte weitere sechs zu Gaste gebeten werden. In Stralsund (um 1310) und in Kiel (1417) durften acht Frauen (2. Strals. Stadtbuch § 3617, Falck, N. stb. Mag. 7, S. 98), in Hannover, Göttingen, Hildesheim im 14. und 15. Jh. 12 Frauen das Kind geleiten (Bodemeyer, Hannov. Rechtsaltertümer S. 82). In Göttingen kam noch eine Frau hinzu, die das Kind, und eine andere, die die Taufkerze trug. Puf. III, S. 156.

[6] 1419 § 12, 1420 § 13, LXIX § 39. Auf Andeutungen beschränken sich 1418 § 13, 1421 § 16, 1424 § 22, 1430 § 29. — So auch in Lübeck im 15. Jh. Erst wenn das Kind 5 Jahr alt geworden war, durfte es reicher beschenkt werden, Zeitschr. f. Lüb. Gesch. II, S. 527.

[7] Die Handhabung ergibt sich aus Genzkows Tagebuch, wo Taufen am Tage der Geburt berichtet sind auf S. 38, 117, 144, am folgenden Tage auf S. 288, 325, am dritten Tage (Geburt zwischen 11 und 12 Uhr nachts) auf S. 352 f. Nach der Meklenburgischen Polizeiordnung von 1572 sollte

LXXI § 9, LXXII § 5. Selbstverständlich ward in der Kirche getauft, und es ist aus dem J. 1536 aus Hamburg bezeugt, daſs wegen einer Haustaufe der Vater und der Geistliche drei Wochen lang gefangen gesetzt sind, während der Pate floh [1]. Erst 1698 sind Haustaufen in Wismar durchgehend Mode geworden, womit die vom Tribunal den Anfang gemacht haben [2]. Daran haben auch die folgenden Kirchenvisitationen glücklicherweise nichts geändert. Die beiden Kinder, die 1817 zur Feier des Reformationsfestes in S. Marien und S. Georgen getauft sind, haben diese Taufe nur wenige Wochen überlebt [3].

Ihren Kirchgang sollte die Mutter selbsechst [4] halten, nach alter Gewohnheit [5]. Schmausereien sind dabei verboten [6]. Auf diese Bestimmungen wird 1350 XI § 11 und auch wol 1354 § 3 Bezug

---

das Kind spätestens am 2. Tage getauft werden (beim Adel *fürderlich*, spätestens binnen 6 Wochen). Fürstliche Taufen beanspruchten längere Vorbereitung. So ladet z. B. Herzog Heinrich IV. von Meklenburg 1455, Aug. 29 den Lübischen Rat zu einem Tauffeste zum 15. Sept. ein, Lüb. Urkb. IX, Nr. 265. Im Hannoverschen finden sich Vorschriften aus dem 17. und 18. Jh., daſs die Taufe am andern Tage, ja sogar am Tage der Geburt stattfinden sollte, Bodemeyer, Hannov. Rechtsaltertümer S. 80. 1816, Dez. 13 erging ein Rescript, daſs die Meklenburgische Verordnung von 1810, Mai 20, die die Taufe binnen 8 Tagen nach der Geburt vorschreibt, auch für Wismar gelten sollte. — Als Tageszeit für die Taufen war in Kolberg (1680?) nach altem Herkommen Werkeltags Uhr 10, Sonntags die Zeit nach der Vesperpredigt hergebracht und vorgeschrieben, Riemann, Gesch. der St. Kolberg S. 383.

[1] Lappenberg, Hamb. Chron. S. 106.

[2] Schröder, Ausführl. Beschr. S. 587.

[3] Aufzeichnung des weil. Kirchenrats Massmann.

[4] Mekl. Urkb. III, Nr. 2315, um 1295. — Dieselbe Zahl in Lübeck um 1470 (Zeitschr. f. Lüb. Gesch. II, S. 526) und Lüneburg 1401 (Kraut S. 27); in Riga mit sechs Frauen 1384 (Nap. S. 208 § 45), in Kiel selbacht 1417 (Falck, N. stb. Mag. 7, S. 98). Dabei mag angemerkt werden, daſs die Kirche die Verminderung der bei Leichenfeiern, Kirchgängen, Hochzeiten Opfernden ungern sah. Z. B. erklärten sich die Schweriner Synodalstatuten von 1492 dagegen (Schröder, pap. Meklenburg S. 2483).

[5] 1339, Mekl. Urkb. IX, Nr. 6004 § 14; hinter mater ist purificata nachzutragen.

[6] Ebda. Ebenso in Berlin, Stadtbuch S. 31.

genommen, und es bleibt die Zahl der Begleiterinnen auch nach den spätern Bürgersprachen dieselbe[1]. 1417 und 1418 wird gestattet ihnen Konfekt zu geben, nach dem Kirchgange aber sollen sie nicht wieder bei der Kindbetterin einkehren. LXIX wird jegliche Gasterei verboten.

4. Begräbnis.

Die älteste Willkür betrifft die Geistlichen, die hinfort mit dem Kreuze und in Prozession nur am Begräbnisse Geistlicher teilnehmen sollen. Diese Willkür ist, obgleich eine spätere Aufzeichnung sie mit dem Datum 1316 versehen hat, aus den von Crull geltend gemachten Gründen dem Ausgange des 13. Jhs. zuzuschreiben[2].

Alle spätern Bestimmungen betreffen die Frauen. 1350, im Jahre des grofsen Sterbens, findet sich[3], eingesprengt zwischen andern Sätzen, von denen man sich bessere Wirkung versprochen haben wird, das Verbot, dafs Frauen nach dem Begräbnisse von der Kirche nicht zur Totenklage ins Sterbehaus zurückkehren sollen. Ebenso wenig sollen sie es am Tage zuvor nach den Vigilien tun, und die im Hause anwesenden Frauen sollen sich danach ohne Klage entfernen[4]. Etwa vierzig Jahre später wird angeordnet, dafs von den Vigilien und von der Leichenmesse mit der Leidtragenden nur 12 Frauen ins Sterbehaus zurückkehren sollen[5]. Dann wird 1417 und 1418 die Begleitung der Hauptleidtragenden sowohl auf dem Gange nach der Kirche wie bei der Rückkehr auf fünf Frauen eingeschränkt[6]. Die spätern Bürgersprachen begnügen sich mit Hindeutungen hierauf[7]. Hinzu kommt nur, dafs es bei der Trauerfeier aufser Landes Verstorbener ebenso gehalten werden solle[8] und dafs das Opfer Uhr 8 statthaben solle[9], endlich dafs die Frauen

---

[1] 1417 XLIV § 13, 1418 § 11, LXIX § 41. Auf die früheren Verordnungen wird verwiesen in 1419 § 11, 1420 § 14, 1421 § 17, 1424 § 25, 1430 § 31.

[2] Mekl. Urkb. III, Nr. 2315 mit Anm.

[3] XII § 3.

[4] Ebd. § 4.

[5] 1394 § 1, 1395 § 16, 1397 § 18. Nur angedeutet 1401 § 13.

[6] 1417 XLIV § 14, 1418 § 12.

[7] 1419 § 11, 1420 § 14, 1421 § 17, 1424 § 25, 1430 § 31, 1480 § 34.

[8] 1424 § 25.

[9] 1420 § 20, 1421 § 17.

bei den Totenmessen in ihren werktäglichen Röcken erscheinen und keine Verbrämungen tragen sollen[1].

Mit den Grabsteinen will der Rat es gehalten haben, wie früher verordnet, 1480 § 35. Diese Verordnung ist nicht auf uns gekommen. Später sollte der Besitzer seinen Namen oder sein Merk darauf hauen lassen, wenn er des Steins nicht verlustig gehn wollte[2]. Das kann aber wegen der 1480 angesetzten Strafe nicht gemeint sein.

Wegen des Aufwandes mit ausgehängten kostbaren Decken s. oben S. 124 bei der Kleiderordnung.

Die älteste besondere Begräbnisordnung vom J. 1575 ist bei Schröder, Evang. Meklenburg III, S. 217—220 gedruckt. Andere sind in den Jahren 1630, 1658, 1676 und 1734 erlassen.

5. Klosterfahrt.

Im J. 1360 ward gewillkürt, wer sein Kind aufserhalb der Stadt in ein Kloster gebe, solle zur Begleitung nicht mehr als 8 Männer und 8 Frauen bitten, bei unerläfslicher Strafe von 10 M. Silbers. Auf die Befolgung soll nach der Heimkehr ein Eid geleistet werden[3]. 1385 ist die Zahl der Wagen[4] auf vier, die Begleitung[5] auf sechszehn Bewaffnete mit ihren Dienern festgesetzt[6], was, nachdem 1394 § 8 nur eine Andeutung gegeben war, 1420 § 25 wiederholt wird.

[1] 1420 § 20.

[2] Mekl. Jahrb. 54, S. 115.

[3] Mekl. Urkb. XIV, Nr. 8791.

[4] Diese werden 1420 § 25 als *speetwaghen* bezeichnet. Es müssen aber dieselben Wagen sein, die anderweitig *sperwagen* genannt werden, durch übergespannte Decken geschlossen.

[5] Das Lübische Recht gestattete in seiner älteren Fassung die Begleitung durch 6 Frauen und 6 selbständige Männer, im Bardewikschen Kodex durch 3 Frauen und 2 selbständige Männer (dazu Mägde und Knechte), Hach II, 240 mit varia lectio, III, 234a. Im 15. Jh. ist in L. nur eine Geleitung durch 4 Frauen und 2 Männer aufser Mägden und Knechten erlaubt, Lüb. Urkb. IX, S. 218, XI, S. 329, Zeitschr. f. Lüb. Gesch. II, S. 526 (über die Aufnahme ins S. Johanniskloster in der Stadt S. 525). In Göttingen waren 2 Wagen mit je 9 Frauen und Mädchen und 2 Mitreitern zugestanden, Puf. III, S. 155; in Braunschweig durften 6 Frauen mit ihren Mägden begleiten, Urkb. der St. B. I, S. 68 § 91 f., S. 129 § 17. Vgl. Lüneburger Stb., S. 185.

[6] 1385 § 18.

Ein Ratmann, der sich dagegen verfehlen würde, sollte seine Sporteln einbüfsen[1]. Im J. 1430 § 36 werden die Bürger, die Klosterreisen vorhaben, an die Bürgermeister gewiesen, um sich von diesen über ihr Verhalten unterrichten zu lassen. 1480 § 71 wird auf die Tafel auf dem Rathause Bezug genommen.

6. Begineneinkleidung.

Sogar bei der Aufnahme in die Beginenkonvente[2], in die sicher nur ärmere Mädchen[3] eintraten, ward ein Aufwand getrieben, der den Rat veranlafste mäfsigend einzuwirken. Er bestimmte daher 1420 § 22—24 und 1430 § 37, es sollten bei der Aufnahme einer Begine nur zwei weltliche Frauen und keine Männer zugegen sein dürfen und es sollte kein Mahl angerichtet werden. Bei der Einkleidung ferner am Abend durften lediglich einige Mädchen anwesend sein, am Morgen jedoch konnten vier Männer und zwanzig Frauen dabei sein und mit der aufgenommenen Begine die Kirche besuchen, opfern und frühstücken. Insbesondere ward verboten andern, weder innerhalb noch aufserhalb des Konvents, noch den Klöstern Speisen zu senden. Wer die Einkleidung beschickt und die Kosten trägt, soll am Tage darauf vor dem Rate einen Eid ablegen. dafs er diesen Bestimmungen nachgelebt habe. Bezug genommen wird hierauf 1421 § 23 und 1424 § 25, auf einen Anschlag auf dem Rathause 1480 § 71[4].

---

[1] 1385 § 18.

[2] Beginen werden zuerst 1283 in Wismar erwähnt. 1287 bestanden 2 Konvente, seit dem Anfange des 14. Jhs. drei. Es sind der blaue oder Klumpsülvers Konvent (jetzt das Schabbelsche Gasthaus) bei den Minoriten in der Schulstrafse, der Krukowen oder Unser Lieben Frauen Konvent in der Beginenstr., Ploten Konvent (zuerst um 1302 erwähnt. Stadtbuch A S. 49b, wahrscheinlich mit dem grauen Konvente identisch) jetzt, wol nach dem Anstriche der Fenster und Türen, der blaue Konvent, auch in der Schulstrafse.

[3] Manche haben freilich einigen Besitz gehabt. Eine hat sogar ein Vermächtnis gemacht, von einer andern haben wir einen Grabstein.

[4] Vgl. die Lübische Beginenordnung von 1438, Lüb. Urkb. VII, Nr. 764.

g. Tanz.

Dafs Tanz und Spiel im Leben der Bauern von nicht geringer Bedeutung waren, ist namentlich aus Neidharts Liedern bekannt. Es wäre wunderbar gewesen, wenn die Städter solcher Lustbarkeit entsagt hätten, von der sich nicht einmal die Geistlichkeit immer zurückhielt [1]. Was den modernen Menschen befremdet, ist im Grunde wol nur der Umstand, dafs sie öffentlich im Freien vor sich ging, obgleich das das Natürlichste von der Welt ist [2].

Der Hauptplatz dafür scheint der Rosengarten gewesen zu sein, der schwerlich einer Stadt gefehlt haben wird [3]. Für Wismar ist er zuerst 1326/1327 in den Kämmereirechnungen bezeugt [4], in einer Stadtbuchschrift vom J. 1334 [5], in der Spielmannsordnung von 1343 [6], ferner in den Bürgersprachen von 1348 bis 1372 [7]. Aus dem J. 1516 ist überliefert, dafs Hans Holste aus Bukow Margareta Görnow auf dem Rosengarten erschossen hat [8]. Über seine Lage ergeben all diese Anführungen nichts, und auch damit ist nicht viel gewonnen, dafs im J. 1522 der Rat den Schützen *eynen schuttewall uppe deme Roßengarden* verliehen hat [9], da wir über die Lage dieses *schuttewalls* ebenso wenig wissen [10]. An eine Identificirung mit der

---

[1] Caesarius von Heisterbach II, S. 239.

[2] In Göttingen sollen die Tänze von Weihnachten bis in die Fasten auf dem Kaufhause, von Ostern aber bis Trinitatis auf dem Freudenberge statthaben; auf der Strafse sollte nur zu Fastnacht während dreier Tage getanzt oder gereiht werden dürfen. Puf. III, S. 154.

[3] Selbst eine so kleine Stadt wie Ribnitz hatte einen solchen, Kamptz I, 2, S. 335 § 41.

[4] Mekl. Urkb. VII, Nr. 4724, S. 357.

[5] Mekl. Urkb. VIII, Nr. 5516.

[6] Mekl. Urkb. IX, Nr. 6276.

[7] 1348 § 3, 1352 § 8, 1353 XVII § 16, 1356 § 16, 1371 und 1372 § 15.

[8] Schröder, Ausführl. Beschreibung S. 1234.

[9] Zeugebuch fol. 103, angeführt von Schröder, Ausführl. Beschr. S. 602.

[10] Wenn Schröder, Kurtze Beschr. S. 134 und 349 (2. Aufl. S. 139, 345) berichtet, das Papageienschiefsen habe ehemals bis zum J. 1711 vor dem Lübschen Tore stattgefunden, so kann das auf sich beruhen, so lange nicht hierin ein Widerspruch gegen das Folgende gefunden werden sollte. Für diesen Fall würden Einwände nicht weit zu suchen sein. Die Krämer und die S. Annen-Gesellschaft (nicht zu verwechseln mit der Papageien-

Flurbezeichnung Rosengarten, die Burmeister vorschnell vorgenommen hat, ist bei der Entlegenheit der so benannten Ackerstücke nicht zu denken. Zwei spätere Zeugnisse aber bekunden, dafs der Rosengarten vor dem Alt-Wismar-Tore gelegen hat: ein Ratserkenntnis von 1585, Nov. 10 [1], auf das Crull, und ein Bericht über die Ereignisse von 1627 bis 1629 [2], auf den Willgeroth aufmerksam gemacht hat. Dadurch wird es um so wahrscheinlicher, dafs der Rosengarten später Tiergarten genannt sei. Auch dieser hat nämlich vor dem Alt-Wismar-Tor gelegen und zwar auf dem Platen-Kamp [3], und hat gleichfalls der Lustbarkeit gedient [4].

---

gesellschaft der Kaufleute) hatten ihren Papageien-Baum oder ihre Vogelstange im Anfange des 17. Jhs. *außen dem Alten-Wißmarischen Thor zwischen den beiden Windtmuelen ufm Felde,* Krämer-Inventar S. 67.

[1] In Sachen des H. Dion. Sager wider Georg Schwartzkopff wird dieser für schuldig erklärt, binnen drei Tagen dem Kläger *den streitig gewesenen und fur dem Alten Wißmarschen Thore bei dem Rosengarten belegenen Hoff* abzutreten. Angeführt von Crull zu Mekl. Urkb. VIII, Nr. 5516.

[2] Wismarsche Annales von dem, was sich daselbst .... 1627 .... bis ao. 1629 zugetragen (in der ständischen Bibliothek in Rostock; auch in der Regirungs-Bibliothek zu Schwerin unter dem Titel diarium Megapolitanum. in specie Wismariense, danach abschriftlich in Lembkes jus statut. XVI). Hiernach ist im Anfang Juni 1629 vor dem A.-W.-Tore nahe der Zingel bei dem Rosengarten eine neue Schanze erbaut worden: Willgeroth, Bilder aus Wismars Vergangenheit S. 131.

[3] Auf dem Weberkampe, A. Köppe S. 526, Schröder, Kurtze Beschr. S. 295 (resp. 291; Ausführl. Beschr.: bey dem W.-K.) Ein Teil des Weberkamps ist nach dem Alten Stadtbuche der Platen-Kamp, jetzt fälschlich platter Kamp benannt. Die Kämmerei-Rechn. von 1599 vermerkt auf S. 85: *item das Newe gebewde auf dem Rosengarden gedecket,* vorher Arbeit der Zimmerleute auf dem Tiergarten. In der Kämmerei-Rechng. von 1616 werden auf dem Rosengartenteiche gehaltene Schwäne erwähnt. Im Tiergarten erntete man Äpfel und Nüsse.

[4] Vgl. Schröder, Kurtze Beschr. S. 134 (139), 322 (317). Im Ev. Meklenburg 2, S. 562 bringt er einen Auszug aus einem Schreiben des geistlichen Ministeriums, worin dies im J. 1568 um Abstellung des Unfugs im Tiergarten bittet: *item, daß man die fröligkeit auf dem Thier-Garten ehrlich halte und mässige, sich nicht lasse alldar voll sauffen ... und nicht lasse, wen es nacht und düster wird, aldar sauffen oder leichtfertigkeit treiben, wie man sagen will, das vormahl geschehen.*

Auf dem Rosengarten nun verpflichtete der Rat im J. 1343 die in Wismar wohnhaften Spielleute an allen Sonntagen und Festtagen zwischen Ostern und Johannis, wenn sie zu Hause wären, den Bürgern abends zu dienen und ihre Künste auszuüben[1]. Hier aber führte auch hauptsächlich nach den bereits einzeln angegebenen Stellen aus den Bürgersprachen von 1348 bis 1372 das junge Volk seine Reigen auf.

Den Tanz[2] belangend, verbietet die Willkür von 1339 solchen auf den Strafsen nach dem Läuten der Glocke, also nach 8 Uhr[3], ein Verbot, das in den Jahren 1376—1480 in dem andern einbegriffen ist, niemand solle sich ohne rechtes Gewerbe nach Glockenzeit auf der Strafse betreffen lassen[4], das aber (jedoch ohne Erwähnung eines Orts) von 1398 bis 1430 gelegentlich der Hochzeitordnungen erneuert oder in Erinnerung gerufen wird[5]. Verschärft wird es funfzig Jahre darauf 1480 § 78. Nun soll niemand hinfort bei unerläfslicher Strafe von 3 M. Silbers Abendtänze[6] halten, denn der Rat ist sich einig geworden, dafs keiner, weder im Rate noch aufser dem Rate, solche ausüben soll. Auch soll bei gleicher Strafe niemand sein Haus dazu hergeben und niemand deswegen bei einem Ratmanne Schutz oder Fürsprache finden.

Nicht selten mag es beim Reigen zu Tätlichkeiten gekommen sein. Und schon aus den achtziger Jahren des 13. Jhs.

Ehrliche fröligkeit können wir wohl leiden, aber in düstern, wen die eulen fliegen und der teuffel seine gahren pfleget zu stellen, lassen knechte, megde tollisiren, das gehöret christlichen ehrliebenden regenten abeuschaffen.

[1] Mekl. Urkb. IX, Nr. 6276.

[2] Vgl. Kriegk, Deutsches Bürgertum 1, S. 415—423.

[3] Mekl. Urkb. IX, Nr. 6004 § 16. Vgl. oben S. 94 f. In Göttingen sollte auch der Tanz bei Hochzeiten *vor wechterclocken* getan sein, Puf. III. S. 153; es sollte keiner vor der Bank, sondern alle hinter der Bank stehn, ebd. S. 198.

[4] S. 93.

[5] 1398 § 3a, 1417 XLIV § 12, 1418 § 14, 1419 § 13, 1420 § 15, 1421 § 18, 1430 § 32.

[6] Verbot für Schwerin, Kamptz I, 2, S. 291 f. § 12, auf dem Lande, Mekl. Polizeiordnung 1572. Mühlhausen um 1350, Ratsgesetzgebung S. 124, 125.

haben wir Kunde von einer Urfehde dreier Mühlknappen, die zusammen mit den Bäckern ergriffen waren, welche einen Reigen aufgeführt und dabei eine Schlägerei angefangen hatten[1]. Solche Störungen der Freude mufsten um so unliebsamer empfunden werden als man besonders beflissen war den Frieden der Lustbarkeit zu schützen[2]. Deshalb willkürte im J. 1339 der Rat, es solle, wer immer in frevlem Mute einen andern beim Reigen, wo es auch sein möchte, schlüge oder in den Haren raufte, der Stadt in 20 M. Silbers[3] verfallen sein, wovon kein Scherf erlassen werden sollte[4], und entsprechend wird wiederholt in der Bürgersprache kund gegeben: wer den andern beim Tanze im Rosengarten oder sonstwo (1356 im Rosengarten oder bei Hochzeiten[5], 1371 und 1372 im Rosengarten

---

[1] *Fridericus et Hence et Hence Wapinego (!), famuli Theoderici Kelinges, fecerunt orweydhe per colla ipsorum, quod numquam vindicabunt nec alicui culpam dabunt pro eo, quod detenti fuerunt cum pistoribus, qui corizaverunt et pugnam fecerunt. Nicolaus Danus famulus Johannis coci fecit idem. Albertus Muce fecit idem. Henneco de Gustrowe servus Vosses idem.* Stadtb. B, S. 79. Aus Braunschweig ist vom J. 1465 bezeugt: *Hinrik Floyr, Hans Sukopp unde Hans, Egghelingh Strobekes knecht, dusse dre deden unstüre uppe dem radhuse in jegenwordicheit des rades by dem dantze an eynem genant Gherd, eyn goldsmedeknecht, ... den rofften se unde slóghen one,* Mittelniederdeutsche Beispiele, ed. Hänselmann Nr. 50. Namentlich zur Fastnachtslustbarkeit (wie hier) scheinen oft die Rathäuser hergegeben zu sein. Das wird auch für Wismar zutreffen, wenngleich es nicht bezeugt ist.

[2] In Goslar war sogar der Verfestete beim Tanze sicher, Leibniz, Scriptores III, S. 508 § 23, S. 511 § 29. In Hannover sollte jeder beim Tanze auf dem Kaufhause höflich und sittsam *(curialis et compositus)* sein, Keutgen, Urkk. S. 293 § 11 (1303). Die Braunschweiger Bgspr. verbietet im Reigen oder im Spiele schnöde Worte oder Reime wider jemandes Ehre zu sprechen, ebenso Reigen in Maske, um jemand zu schlagen. Urkb. der St. B. I, S. 47 § 73 f., S. 68 § 81 f., S. 134 § 86 f.

[3] Sonst ward Harziehen nach Lübischem Rechte nur mit 12 ß gebüfst, Hach II, 145. Rost. Gerichts-Ordn. § 22, Rost. Beitr. III, 4, S. 67.

[4] Mekl. Urkb. IX, Nr. 6004 § 18.

[5] Der Text von 1348 hat als Concept gedient.

oder bei Hochzeiten oder sonst bei Zusammenkünften)[1] schlägt oder in den Haren rauft, soll es der Stadt mit 20 M. Silbers büfsen[2].

Der Tanz, um das anzuschliefsen, scheint bis in die Mitte des 16. Jhs. ein Reigen, vielleicht in der Art der Polonaise, gewesen und erst damals die heute mehr übliche Weise des Wirbeltanzes aufgekommen zu sein. So heifst es in der Rostocker Hochzeitordnung von 1567 (und gleichlautend in der Wismarschen desselben Jahrs § 33, und 1579 § 50): *dem gelyken wil ock ein radt dat unordentlyke upheuent*[3] *und ummeschwengent mit frowen und jungfrowen hyrmit gentzlyken vorbaden hebben*[4]. Erfahrungen mit solchem Verbote machte der spätere Stralsunder Protonotar und endlich Bürgermeister Bartholomaeus Sastrow. Er erzählt in seiner Lebensgeschichte III, S. 5, der Greifswalder Rat habe, *da die dantze in den hochzeiten mit dem unverschampten ummekuselen mit frawen und jungfrawen gahr zu unschmidig* (ungeschickt) *gemisbraucht*, ein strenges Verbot dagegen erlassen gehabt. Als ihm nun bei einer Hochzeit (im J. 1551) nach dem Essen seine Braut zum Tanze zugeführt worden, *hab ich mich mit ihr, unwissent des erbarn rats mandat, im dantz, yedoch modeste, darzu wenig mahll, vorwendet.* Tags darauf sei er vom Fron vor den Lübschen Baum geladen, eine Grobheit, Inhumanität und Incivilität, die er sich sehr zu Herzen genommen. Doch ist die Sache nach Rücksprache mit dem ältesten

---

[1] Beschlüsse der Kannengiefser der Wendischen Städte von 1662: *wan unser Gesellen würden betroffen werden, daz sie sich ausserhalb oder in dem Kruge würden haartogen*, Mekl. Jahrb. 53, S. 171 § 14.

[2] 1348 § 3, 1352 § 8, 1353 XVII § 16, 1356 § 16, 1371 und 1372 § 15.

[3] Wie im Bairischen Schuhplattlertanze. Nur dem Titel nach ist mir bekannt: Czerwinski, die Tänze des 16. Jhs., 1903.

[4] Wiechmann, Meklenb. altniedersächsische Litteratur II, S. 63 mit Parallelstellen aus Rostock, Lübeck und Stralsund. Mekl. Polizeiordnung von 1572: die Tänze sollten *nach altem adelichem Teutschen Gebrauch züchtig und erbarlich ohne alles Verdrehen und andere unzüchtige leichtfertige Geberde* gehalten werden. Nach der Nienburger Ordnung von 1569 sollen sich die Hochzeitsgäste *deß schentlichen beurischen bolderbönischen umbwerpens und entblotende der junffern, frouwen und megde* enthalten, Puf. II, S. 337.

Bürgermeister beigelegt. Die Schuld an dem Mandat bekommen hier in erster Linie die Studenten, die das *umbwerffent* viel zu grob getrieben.

h. Huren.

Gengler bemerkt in seinen Stadtrechtsaltertümern auf S. 288, die Rosengärten hätten wol zuweilen in die Sphäre der Frauenhäuser übergegriffen. Darum mögen, da doch ein Platz dafür sein mufs, die Bestimmungen über die losen Weiber hier angereiht werden. Zwar was ihre Kleidung anlangt, ist unter B f 1 (S. 121—3) schon zusammengestellt. Die andern Bestimmungen betreffen meist ihre Wohnung und ihren Aufenthalt. Zuerst soll nach 1401 § 20 kein öffentlich verrufenes Weib[1] weder allein noch ein oder zwei Mädchen herbergend in den öffentlichen Strafsen, wo ehrbare Frauen oder Jungfrauen oder andere ehrbare Leute in gröfserer Zahl ihren Kirchweg haben, verweilen, um Bier zu schenken oder zu verkaufen. In solchen oder ähnlichen anständigen Strafsen soll auch niemand dergleichen Weibern Wohnung gewähren, und sie sollen dort bis Johannis ihre Wohnungen räumen. Nachher, 1418 § 22, wird öffentlich verrufenen Weibern (1430 erläutert durch öffentliche Huren) die Wohnung in den breiten, öffentlichen Strafsen untersagt, wo ehrbare Frauen gemeiniglich verkehren. 1421[2] werden dann, nachdem 1419 und 1420 der Artikel nur angedeutet war[3], einzelne Strafsen, die Rosmarin-Strafse und die grofse Hohe Strafse als solchen Weibern verboten genannt, zu denen 1424 (in einem Nachtrage)[4] und 1430 § 24 noch die Beginen-Strafse hinzukommt, drei Strafsen, die nicht

[1] Hier und 1417 § 22 und 1421, § 34 steht die Lesung fest, während an zwei andern Stellen 1419 § 20 und 1420 § 38 zweifelhaft scheinen könnte, wie die Abkürzung aufzulösen sei, ob in *publicis* oder *publice*, an den übrigen Stellen das Verständnis und die Interpunktion nicht durchaus sicher sind. Trotzdem jedoch 1480 § 25 *de apenbaren brakevrowecken* steht und auch sonst *openbare wive* (z. B. HR. II, 2, S. 257 § 3) als Terminus vorkommt, habe ich es für richtiger gehalten *publice* zu schreiben und es als Adverb anzusehen.

[2] § 34.

[3] 1419 § 20, 1420 § 38.

[4] § 38.

zu den breiten gezählt werden können, die aber Kirchstrafsen [1] waren und sind. Solche Strafsen sollten von ihnen bis Pfingsten (1421) oder Johannis (1430) geräumt werden. Auf das alte Verbot bezieht sich 1480 § 25. Speciell wird 1424 hinzugesetzt, dafs kein derartiges Weib in der Hege ein Haus als [Huren-]Wirtin halten dürfe, und dafs die dort ihr Wesen treibende vor Michaelis wegziehen solle, bei Strafe von 10 M. Silbers [2]. Solche Frauensleute sollten sich aber auch nicht ehrbaren Frauen gleich kleiden noch irgend wertvollen Schmuck tragen dürfen, selbst nicht wenn sie später heirateten [3]; auch sollten sie nicht auf den Strafsen ehrbaren Frauen gleich gehn [4], noch mit ihnen in den Kirchen in demselben Stuhle stehn 1430 § 25. Das Letzte allein ist wiederholt 1480 § 27.

Als man im folgenden Jahrhunderte in dogmatischem Eifer ohne Rücksicht auf die Schwächen der menschlichen Natur, um die sola fides in das rechte Licht zu setzen, die guten Werke nicht nur ihr unterordnete, sondern sie hintanzusetzen und wol gar bekämpfen zu müssen meinte, wurden die Bande gesprengt, mit denen die alte

---

[1] Nicht um Schrödern eins anzuhängen, dem ich, wie jeder, der sich um Wismarsche Geschichte bemüht, zu Danke verpflichtet bin, sondern um einem Mifsverständnisse von ihm entgegenzutreten, das Unverstand wieder aufleben lassen könnte, wie Fanatismus es geboren hat, merke ich an, dafs er Pap. Meklenb. S. 1857 die Umschreibung für die Rosmarin-Strafse (die im 15. Jh. noch keinen Namen hatte) so ausgelegt hat, als ob die Nähe der Barfüfser das Hurenwesen dort begünstigt hätte. Trotz solcher Mifsverständnisse und sehr vieler Fehler halte ich den alten Mag. Dietr. Schröder hoch, von dem man weder mehr Wissen noch gröfsere Genauigkeit verlangen kann, als Zeit und Umstände, in der und unter denen er lebte und arbeitete, gestatteten, der aber fleifsig und ernsthaft gearbeitet hat.

[2] 1424 § 39. — Von einem städtischen Frauenhause, wie deren an manchen Orten bestanden haben, ist keine Kunde noch Andeutung auf uns gekommen, und wahrscheinlich ist in Wismar nie eins gewesen. In Lübeck ward 1442 ein solches begründet, Pauli, Lüb. Zustände 1, S. 200 Nr. 53. In Strafsburg wurden die Huren 1409 auf gewisse Strafsen beschränkt, Chron. II, S. 1025. Wegen Braunschweigs s den Ordinarius § 91, Urkb. der St. B. I, S. 170, wegen Wismars Hansische Gesch.-Bl. 1890/91, S. 72.

[3] 1417 XLIV § 22, 1421 § 33, 1424 § 37, 1430 § 25.

[4] Ich übersetze, so gut einer übersetzen kann, der selbst des Sinnes nicht sicher ist.

Kirche die Leidenschaften zu fesseln bemüht gewesen war, und für das ethische Leben ein höchst unerfreuliches Resultat erzielt, so dafs der Klagen bald kein Ende war. In Wismar sah man sich im J. 1566, nachdem ein allerdings recht unliebsamer Vorfall[1] die Gemüter aufgeregt hatte, veranlafst zu erklären, dafs *dat laster der megedeschenderie unde sunst alle laster der horerie averhand nimpt*[2], und versuchte im Einvernehmen mit den Predigern durch eine Verordnung[3] dem Einhalt zu tun und die genannten Laster aus der Stadt zu verbannen. Lose Weiber und unzüchtiges Gesinde sollten fortan nicht mehr in abgelegenen Strafsen zusammengedrängt werden, sondern überhaupt keine Wohnung mehr finden, über Unzucht betroffene Weibsbilder, welcher Art auch, in kürzester Zeit aus der Stadt geschafft, während die schuldigen Männer in die Fronerei oder den Turm gesetzt und um Geld, bei Wiederholung aber am Leibe gestraft werden sollten. Davon wird in den folgenden Bürgersprachen mit leichter Änderung der Satz wiederholt, dafs alle losen Weiber, die sich nicht bessern und nicht heiraten wollen, die Stadt räumen[4], und dafs niemand unzüchtigen Frauenzimmern Wohnung gewähren solle[5]. Mädchen, die nicht dienen wollen, sondern um eines freien Lebens willen sich als Näherinnen setzen und unter diesem Scheine oft Unzucht treiben, sind der Stadt zu verweisen[6].

Geschwängerte Mädchen sollten gemäfs alter Willkür nur auf 8 ß 4 ₰ und eine Mütze Anspruch haben[7]. Diese Be-

---

[1] Mekl. Jahrb. 58, S. 50 ff.

[2] Mekl. Jahrb. 58, S. 56. ähnlich LXX § 69. —

[3] Mekl. Jahrb. 58, S. 56 f. Vgl. die in anderer Beziehung sehr merkwürdigen Bestimmungen der Mekl. Polizei-Ordng. von 1572 und wegen Lüneburgs Puf. III, S. 384.

[4] LXX § 68.

[5] LXX § 70. LXXI § 93. — Ausführliche Bestimmungen hat die Hannoversche Bgspr. von 1536 (*das uneheliche Beywohnen* soll *gänslich abgeschaffet, und unzüchtige Weiber, die sich nicht bessern*, sollen ausgewiesen werden) Puf. IV, S. 218. Vgl. auch die dortigen Statuten von 1544 (ebd. S. 224—227) und die von Hildesheim von 1605 (ebd. S. 314 ff.).

[6] LXX § 70, LXXI § 91 (nach befundener Unzucht).

[7] 1566 § 1, LXX § 69. — Taleke Eggerdes liefs sich 1468 mit 20 M. Lüb. abfinden. Lüb. Urkb. XI. Nr. 352.— Vgl. Genzkows Tagebuch. S. 23.

stimmung, die durch die Geringfügigkeit des Ersatzes abschreckend wirken wollte, ist in LXXI § 92 gründlich umgeändert, indem als Voraussetzung hinzugefügt ist *up ere anreitzen* und aufserdem der Schwängerer zur Unterhaltung des Kindes verpflichtet wird. Die letzte Bürgersprache hat die Artikel, von denen einige schon in den letzten Fassungen von LXXI gestrichen waren, ausgelassen.

i. Lohnordnung.

»Wie die Arbeiter zu lohnen sind« ist die Überschrift eines Abschnitts des Ratswillkürbuches, das dort eine Anzahl Lohntaxen bringt, viele ohne Datum. Die datirten betreffen der Zeitfolge nach die Brauknechte (1332, darüber unten), Vorspraken (1335)[1], Makler und Träger (1339, darüber unten). Die undatirten, die schwerlich weit abliegen, beschäftigen sich mit den Zimmerleuten und Maurern[2], Lehmdeckern[3] und Schneidern[4].

---

[1] Mekl. Urkb. VIII, Nr. 5562: für die Vertretung eines Klienten vor Gericht 3 ₰ Lüb., vor dem Rate 6 ₰; Spezialtaxe für peinliche Fälle und für Berufung nach Lübeck. Vgl. Hach, Das alte Lüb. Recht II, 215.

[2] Mekl. Urkb. VII, Nr. 4683. Zimmerleute und Maurer erhalten: der Meister täglich 10 ₰ Lüb., der Geselle 8 ₰, dazu Frühstück und Mittag. Nach LXIX Anhang § 3 sollte Tagelöhnern keine Kost gegeben werden. — In Kiel sollte 1417 bei Beköstigung der Maurermeister 18 ₰, der Knecht 6 ₰, der Zimmermeister 4 Witten (16 ₰), der Knecht 1 ß erhalten; ohne Beköstigung Maurer- und Zimmermeister 2 ß, Maurerknecht 1 ß, Zimmerknecht 18 ₰, Falck, N. stb. Mag. 7, S. 99. Auch die Revalsche Bgspr. ums Jahr 1400 beschäftigt sich mit dem Lohn der Maurer und Zimmerleute (Arch. III, S. 88), mit dem der Maurer die von Riga 1376 (Nap. S. 206 § 33 f.), die von Göttingen mit dem der Brauer, Schneider, Wandscherer, Maurer und Zimmerleute (Puf. III, S. 176—178, 185, 192, 201 f.).

[3] Mekl. Urkb. VII, Nr. 4683: der Meister erhält 8 ₰, der Geselle 6 ₰, dazu Frühstück. Nach *supra* ist *prandere* nachzutragen, für *ut supra* war urspr. *semel* geschrieben.

[4] Mekl. Urkb. VII, Nr. 4684. Für einen einfachen Rock sollen 8 ₰ gezahlt werden, für einen doppelten Mantel 10 ₰, für Frauenkleider für jedes Stück (als Mäntel verschiedener Art, Kleid?, Rock) 8 ₰. — Die Schneider werden in Wilster zu Ende des 14. Jhs. (?) und in Kiel 1417 ermahnt, billigen Lohn zu nehmen; sonst werde der Rat einschreiten, Zeitschr. 8, S. 355, Falck, N. stb. Mag. 7, S. 99.

Die Bürgersprachen bestimmen den Lohn fast ausschliefslich für Arbeiter, die Beziehungen zum Brauwesen haben. Unabhängig davon sind eigentlich nur die Prahmtaxe und das Primgeld.

Die Prahmer sollen den Ballast für angemessenen Lohn wegschaffen[1]. Eine Aufzeichnung aus dem Ende des 14. Jhs. (wenigstens schliefst sie sich an eine Mühlenordnung vom J. 1396 an) bestimmt, dafs die Prahmleute für die Last schwerer Ware als Tonnengut und dergleichen nur 2 ₰ Lüb., für die Last Korn nur 3 ₰ Lüb. erhalten. Den Prahm, der Ballast vom Schiffe übergenommen hat, soll der Schiffer ans Land schaffen und für den Prahm über 12 Last 2 ß, darunter 1 ß zahlen. In LXX § 40 ist das Prahmgeld für jede Last auf 1 ß festgesetzt.

Durchaus verschieden vom Prahmgelde ist das Primgeld, eine für Beaufsichtigung der Ladung und Bewahrung vor Schaden und Verderb aufser der Fracht vorweg zu leistende Zahlung[2], worauf

---

[1] 1371 und 1372 § 11. Ergänzung des strengen Verbots, den Ballast in den Hafen zu werfen, A k (S. 67).

[2] Ein Schiffer, der sein verfrachtetes Schiff vor der Abfahrt verkaufen mufs, wird vom Rate zu Kalmar 1362 verurteilt, entweder ein anderes Schiff zu stellen oder *pecuniam ab eis levatam et dimidietatem nauli* zurückzugeben, Lüb. Urk. III, Nr. 420. Im J. 1480 übermittelt der Kaufmann zu Brügge den Städten das Begehren der Schiffer nach einer Bestimmung, *wat men den volke gheven sal voer ere voringhe, wanner dat de scipher van oesten compt myt koern gheladen, und wat en de coepman gheven sal van primegelde* HR. III, 1, S. 265 § 8. Nach der Ordnung vom J. 1482 ist dann die Besatzung verpflichtet *by vorlust erer voringe dat korne to kolen*, so oft der Schiffer es anordnet; *so solen se van elker last, de se kolen, unde so vaken also se kolen enen placken hebben unde van dem mattenschuddelse van elker last 1 groten*, ebd. S. 310 § 12. Vgl. das Alte Lüb. Recht. Hach IV, 21. Auch von anderer Ladung wird primgeld gegeben und richtet sich nach der Anzahl der Packen HR. III, 4, S. 132 § 14. *Vor 12½ last bewsoldt .. vor de last tho meten 9 ₰, noch vor de last tho storten 9 ₰, .. noch vor de last tho primegelde 1 ß, noch vor de last tho pramgelde 9 ₰* führt das Mittelniederd. Wtb. aus einem Wismarschen Protokolle von 1566 an. In den Verhandlungen zwischen Rat und Bürgern (Tit. I, Nr. 4, vol. 9) heifst es 1610, Mai 10: *wegen primgeldts, dabey erinnern, das zu Lübeck für 1 tonne butter 7 ß gegeben, und hette einnehmer daselbsten berichtet, wofern nicht beygesprochen, sondern verzeichnet würde, so*

die auf Lübeck befrachteten Schiffer keinen Anspruch haben sollten LXX § 41, LXXI § 86. Hat es hier aber »alter Gewohnheit nach« geheifsen, so taucht schon in einer Recension von LXXI die Lesart auf »anders als nach alter Gewohnheit«, um in LXXII § 72 übernommen zu werden. Es haben also unterdes die Schiffer wenigstens etwas von ihrer Forderung durchgesetzt.

Die Fuhrleute[1] sollten von der Last nicht mehr als 8 ₰ erheben 1371 und 1372 § 22.

Derselbe Satz wird den Trägern[2] für jede Last zugebilligt, die sie aus dem Prahm tragen 1371 und 1372 § 21. 1419 § 30 wird dann verboten das Tragegeld oder Maklergeld der Träger über 2 ₰ zu erhöhen, was erst durch 1424 § 59 und 1430 § 52 verständlich wird. Danach bezieht sich dieser Satz auf die Tonne, deren 12 auf die Last gerechnet werden[3]. Ein Träger, der mehr nimmt, soll für Jahr und Tag aus der Stadt weichen, ein Bürger, der mehr gibt, um 3 M. Silbers gebüfst werden. Es war übrigens schon im J. 1339 für die Träger und Makler[4] eine Ordnung und Taxe aufgestellt. Diese gewährte dem Träger für den Transport einer Tonne

---

würde es wol ewig bleiben. Mai 11: es sei kein Anlafs an die Lübecker abermahlen zu schreiben, dafs Zölle werden abgeschafft. Diese waren nämlich anläfslich der Verhandlung zur Sprache gebracht, und es handelt sich bei der Butter nicht um Primgeld.

[1] Vgl. Reval, um 1360 und um 1400, Arch. III, S. 86, 88.

[2] Das sonst nicht bezeugte *vryeknecht* kann nicht gut etwas anderes sein als ein nicht auf längere Zeit gedungener Knecht (Dienstknecht, *brodige knecht*), also ein selbständiger Arbeitsmann, früher Träger. Eine Erklärung in Analogie etwa von Freischuster will mir nicht mehr, wie ehemals, denkbar scheinen. Es entspricht durchaus, wenn in Brügge 1406 einregistrirte Arbeitsleute, die befugt sind sich mit Makelei abzugeben, *vrie knapen* benannt werden. Hans. Urkb. V, Nr. 750 § 2: *eens oesteliers knape, makelare ziinde offt ziin vrye knape, de int papiir van der stede staet, de moghende ys makelardie to doene van ziinen weghen.* Wegen des Lohns der Träger vgl. die Bgspr. von Reval um 1360 und um 1400, Arch. III, S. 86, 88.

[3] Mekl. Urkb. XVII unter Last.

[4] Bier, Korn und Pferde durfte jeder Träger vermäkeln, für alle andern Waren bestellt der Rat im J. 1351 sechs Makler, Mekl. Urkb. XIII, Nr. 7490.

Bier 2 ₰ Lüb.[1], wovon der Verkäufer und Käufer je die Hälfte zahlen sollten. Für das Vermäkeln jeder Last Bier oder Heringe ward als höchster Satz 1 ß zugestanden, für die einzelne Tonne (in genauem Verhältnis) 1 ₰[2], für die Tonne Butter 2 ₰, die Last Korn 6 ₰, die Last Hopfen 8 ₰, für 100 M. Lüb. Wert endlich 4 ß[3]. Ein Träger, der mehr nehmen würde, sollte für immer aus der Stadt verbannt sein, vorher aber in die Büttelei gebracht werden; ein Bürger, der auf irgend eine Weise mehr gewährte, sollte 3 M. Silbers zahlen. Ob in dem *quocumque munere* eine Hindeutung auf das Frühstück oder den Schmaus bei der Bierprobe (1419 § 29, 1480 § 80) enthalten sei, ist fraglich.

In ihrer etwa der Mitte des 15. Jhs. zuzuschreibenden Rolle bitten die Träger ihren alten Satz behalten zu dürfen, *dat vöder bers to vorende by dat water umme iij pennynghe.* Hernach hatten sie ohne Erlaubnis des Rats einen Verband gemacht[4], über den Bürger und Brauer klagten. Das bewog den Rat 1480 zu verkünden, jeder Träger, der aufgefordert würde Bier oder Konvent aus eines Brauers Keller zu bringen, könne es tun und es dahin schaffen, wohin es solle, ohne dafs er straffällig würde[5].

Die Brauknechte betreffend hatte der Rat im J. 1332 gewillkürt, dafs keiner für das Halbjahr mehr als alles in allem 24 ß Lüb. erhalten solle, bei Strafe von 3 M. Silbers für den Brauer und Stadtverweisung und 3 M. Silbers für den Knecht; für das einzelne Bräu Bier sollte der Brauknecht (Schopenbrauer) nur 8 ₰, für das Wasserschöpfen dafür 10 ₰ haben, bei 10 ß Strafe[6]. Gleichfalls

---

[1] Mekl. Urkb. IX, Nr. 5926. Wie oben und in Lübeck 1363, Wehrmann, Zunftrollen S. 179.

[2] So auch 1363 in Lübeck, s. die vorige Anm.

[3] Also $2^1/_2$ ‰. In Danzig auf die Mark 2 ₰, nach dortigem Gelde also $2^7/_9$ ‰. Wegen der Sätze in Braunschweig s. den Ordinarius § 68, Urkb. der St. B. I, S. 165. Eine sehr ausführliche Gebührenordnung für die Makler aus Stralsund (der ersten Hälfte des 15. Jhs. angehörig) s. Pomm. Jahrb. 2, S. 119 f.

[4] In Riga verbietet 1412 § 74, im 15. Jh., Anfang und Mitte des 16. Jh. § 69 der Rat den Arbeitsleuten und andern ohne seine Bewilligung *geselle efte endracht* zu machen (Nap. S. 221, Arch. IV, S. 208, Nap. S. 234, 239).

[5] 1480 § 79.

[6] Mekl. Urkb. VIII, Nr. 5303.

auf das Bräu Bier wird die Bestimmung von 1400 XL am Ende, man solle keinem (Schopen-)Brauer mehr als 14 ₰ geben, zu beziehen sein. 1419 § 31 und 1420 § 49 erscheint dann wieder das Verbot, dafs niemand seinem Meisterknechte für das halbe Jahr mehr geben solle als im Sommer 4 M., im Winter (der eigentlichen Brauzeit) 5 M. Lüb., Strafe wie 1332, nur dafs sie für die Herren auf 10 M. Silbers erhöht ist. Die folgenden Bürgersprachen [1] beschränken sich auf Andeutungen.

Wegen des Lohns der Schenkmädchen ist angeordnet, dafs er fest in Geld bestimmt sein und dafs nicht das Mädchen die Tonne Bier übernehmen, vielmehr diese auf Gewinn und Verlust des Krugwirts oder der Wirtin laufen solle. Sonst soll das Mädchen für Jahr und Tag aus der Stadt entfernt, Wirt oder Wirtin aber um 3 M. Silbers gebüfst werden: 1421 § 48, 1424 § 40. Diese Willkür entstammt dem J. 1411, Dez. 5 und begreift hier auch die Knechte, eine Bufse ist aber nur für die Herrschaft festgesetzt [2].

Eine nicht datirte sehr ausführliche Lohnordnung aus dem 16. Jh. findet sich im ersten Bande der Ratsverordnungen S. 11—36.

k. Dienstbotenordnung.

Knecht oder Magd, die sich doppelt vermieten, sollen Jahr und Tag aus der Stadt verbannt werden 1365 § 10. Das gleiche Verbot findet sich mehrfach in den Handwerkerrollen. In Wismar allerdings nur bei den Goldschmieden [3], in Lübeck aber bei den Nadlern (1356), Gärtnern (um 1370), Pergamentmachern (1376), Reifern (1390), Goldschmieden (1492) und Tischlern (1508) [4], in Hamburg bei den Böttchern (1375), Schmieden (1375, 1560) und Elbschiffern (1591) [5]. Merkwürdig abweichend macht die Hamburger Schusterrolle [6] von 1375 die Ausnahme, wenn die Werkmeister es erlauben [7].

---

[1] 1421 § 49, 1424 § 60, 1430 § 54.

[2] Ratswillkürbuch fol. 20 v.

[3] 1380 und (1403) 1543, Crull, Amt der Goldschmiede S. II § 12, S. IV § 18.

[4] Wehrmann, Zunftrollen S. 341, 208, 364, 384, 219, 254.

[5] Rüdiger, Zunftrollen S. 31 § 10, 250 § 10, 253 § 1, 238 § 1.

[6] Rüdiger, Zunftrollen S. 277 § 15.

[7] Vgl. das Alte Lüb. Recht, Hach III, 214 wegen der Schiffsknechte.

Vorzeitiger Abgang der Brauknechte ohne Übereinkommen war schon in der Willkür des Jahres 1332 mit der Strafe der Stadtverweisung für Jahr und Tag und einer Buſse von 3 M. Silbers bedroht[1], was, abgesehen von der weggelassenen Buſse, im J. 1340 auf alle Knechte und Mägde ausgedehnt ward[2]. Dies Statut wiederholen die Bürgersprachen von 1417 bis 1480[3]. Die Wismarschen Rollen kommen hierauf selten zurück[4], weit häufiger die der rechtsverwandten Städte[5]. Fast durchgängig trifft man in den Rollen das ergänzende Verbot, einem andern seine Knechte nicht zu entmieten[6].

Spätere Bürgersprachen statuiren für die Mädchen einen Dienstzwang[7], da man die Erfahrung gemacht hatte, daſs solche sich

---

[1] Mekl. Urkb. VIII, Nr. 5303.

[2] Mekl. Urkb. IX, Nr. 6018.

[3] XLIV § 17, 1418 § 17, 1419 § 16, 1420 § 34, 1421 § 35, 1424 § 42, 1430 § 55, 1480 § 61. — Vgl. Hach, Alt. Lüb. Recht II, 177, III. 193. — Dienstknechte sollen ihren Dienst halten, Hansebeschluſs von 1379, HR. I, 2, S. 209 § 5, angedeutet 1393, HR. I, 4, S. 141 § 7. Auch in Bremen sollen Knecht wie Magd, die ihren Dienst nicht halten, während eines Jahres nicht in der Stadt dienen dürfen 1537, Puf. II, S. 112 § 54. Ebenso in Göttingen mit Stadtverweisung als Folge, Puf. III, S. 202 f. Nur eine mäſsige Geldbuſse sehen dagegen die Goslarschen Statuten vor, Leibniz, Scr. III, S. 526 f. Vgl. die Mekl. Polizeiordnung von 1572. In Celle sollen die Dienstboten, die den Gottespfenning nicht an demselben Tage zurückgeben, ihren Dienst halten oder für 3 Wochen der Stadt entbehren. Puf. I, S. 231, 8. In Göttingen befreit die Rückgabe nicht von der Verpflichtung, Puf. III, S. 215 f.

[4] Kürschner 1383 (Mekl. Urkb. XX, Nr. 11501 § 12, Kannen- und Grapengieſser (1387, Mekl. Urkb. XXI, Nr. 11889 § 12), Maler und Glaser (undatirt und 1490), Schmiede (undatirt).

[5] Für die Böttcher war schon im J. 1321 von den Wendischen Städten eine ähnliche Willkür gemacht, Mekl. Urkb. VI, Nr. 4265.

[6] Auch im Alten Lüb. Rechte, Hach III, 193 in den Lesarten. Meklenb. Polizeiordng. von 1572, Malchin, Mekl. Jahrb. 14, S. 180.

[7] Auch in Lübeck (Melle, Gründl. Nachr. S. 112) und Bielefeld (1578, Walch III, S. 80). In Riga wird 1376 § 35 und 1384 ledigen Mädchen verboten, allein zu wohnen *(up sick sulven varen)*, wenn sie nicht bestimmten Besitz haben (Nap. S. 206, Arch. IV, S. 186), 1412 § 78 und im 15., 16., 17. Jh. wird losen Weibern und Mädchen untersagt, eine eigne Wohnung zu haben, und geboten sich zu vermieten (Nap. S. 221, Arch. IV, S. 208, Nap. S. 235 § 72, S. 239, 249 § 80).

sonst oft der Unzucht hingaben[1]: LXX § 71. Ob dies Gebot in den ältern Recensionen von LXXI § 91 noch aufrecht erhalten sei, läſst sich schwer sagen.

Zu vergleichen ist Bc (S. 104): Bestrafung der Dienstboten, die das Auskommen von Feuer verschuldet haben; Bd (S. 108): Buſsen wegen Fegens von Unrat in die Rinnsteine während des Regens; Bi (S. 158 f.): wegen Überschreitens der Lohntaxen; Bf 2 (S. 129): wegen Fernhaltens der Dienstboten vom Chor bei Trauungen.

1. Bettelordnung.

»Man soll die Bettler zur Rechenschaft ziehen, weil sie über Land streichen und betteln und mit ihrem Lügen und Trügen manchen dazu bringen, daſs er ihnen das Almosen gibt und glaubt, es sei wie sie gesagt haben, während sie mit solchen Almosen unordentlich leben und gelebt haben und sie in Wirtshäusern zu ungehöriger Zeit mit üppigen Frauenzimmern und sonst verzehren und verbringen, anders als sie billiger Weise tun sollten, und weil sie verursachen, daſs andere arme, rechtliche Leute, die des Almosens bedürftig sind, den Schaden davon gehabt haben und noch haben« heiſst es in einem Straſsburger Ratsprotokolle aus dem Anfange des 15. Jh., das Hegel in den Straſsburger Chroniken S. 1028 mitgeteilt hat.

Ist dergleichen Unfug noch jetzt nicht ausgerottet im Polizeistaate, bei geordneter Armenpflege und wo die offenen Hände sich meist geschlossen haben, wie muſste er im Mittelalter blühen, wo Pilgerfahrten an der Tagesordnung waren, vielfach im Auftrage und also auch berufsmäſsig unternommen wurden, wo allerorten Hospitäler mindestens Obdach boten, wo Almosen zu geben unter die guten Werke gezählt ward!

Auch in Wismar machte man seine Erfahrungen mit Schwindlern, die von der Freigebigkeit und Leichtgläubigkeit der Leute Nutzen zu ziehen wuſsten. Man schritt wol im einzelnen Falle strafend dagegen ein[2], hielt aber auch eine allgemeine Warnung

---

[1] Bh S. 154.

[2] Verfestungsbuch S. 94: *Jacop de vorswert de stad unde wart to der stupe slaghen, de hadde zulversmyde beden unde was eyn trucgheler*, 1421. — Vgl. die Entschuldigung Detlefs von Buchwald,

für angebracht, die denn in der Bürgersprache erfolgte. 1423 § 7: von den gesunden Schwindlern, die betteln. 1424 § 9: von den gesunden Schwindlern [oder Betrügern], die betteln, dafs sie hier nicht geduldet werden sollen. Deutlicher 1430 § 11: die Ratmannen verbieten den Schwindlern und Betrügern hier um Brot zu gehn zum Nachteile der wirklichen Armen; sonst soll der Büttel sie aus der Stadt bringen. 1480 § 7: der Rat gebietet, dafs hier keine kräftigen, mutwilligen Leute und ohne des Rates Zeichen um Brot gehn andern armen Leuten zum Nachteil: solche soll der Büttel aus der Stadt bringen [1]. LXX § 6: niemand soll in der Stadt betteln gehn, ob fremd oder einheimisch, er habe denn der Stadt Zeichen [2]: wer ohne das betroffen wird, soll durch den Büttel und Bettelvogt aus der Stadt gejagt werden, alt wie jung [3]. So auch in den ältern Fassungen von LXXI § 20, wogegen die spätern und ebenso LXXII § 15 auf die publicirte Bettelordnung [4] verweisen.

---

dessen Diener einen Pilger aus Rostock angehalten und ihm Geld abgenommen hatte 1463, Lüb. Urkb. X. Nr. 357.

[1] Dabei sei anmerkungsweise erwähnt, dafs in Lübeck, Braunschweig und Kolberg zur Erntezeit die Müssiggänger oder die Armen gemahnt werden aufs Land zu gehn und dort zu helfen, wofern sie nicht ausgetrieben werden wollen, Lüb. Urkb. VI, S. 756, XI, S. 122 f.; Melle. Gründl. Nachr. S. 116, Urkb. der St. B. I, S. 178 § 126, Riemann, Beil. S. 90 § 38.

[2] Dies bestand nach der Bettelordnung von 1652 in einem Kreuze mit dem Wappen der Stadt und sollte auf dem Ärmel oder der Brust getragen werden.

[3] Nach einem Kanzelproklam von Nov. 1571 sollen die herumstreichenden Landsknechte und fremden Bettler innerhalb zweier Tage entweder Dienst nehmen oder die Stadt räumen. Auch um 1590 wird in gleicher Weise vor den umherstreichenden wehligen Bettlern gewarnt. Die Kämmereirechnung von 1599 bucht auf S. 246, nachdem früher schon ein Geschenk an abgedankte Landsknechte verzeichnet war, *8 ß auß befehl der hern burgermeistere den landtstreichenden bedelers vorehret den 1. Februarii anno 600.* Die Torwächter sollten nach einem Ratsmandate von 1579, März 21 bei Strafe von 4 ß keine fremden Bettler einlassen (Ratsprotokolle S. 56). Vgl. die Meklenburg. Polizeiordnung von 1572. Fremde Bettler wollte man auch in Köln (Stein II, S. 283 § 22 f., I. S. 699 § 111, S. 393 § 45 u. ö.), Kolberg (Riemann, Beil. S. 97), Nienburg nicht dulden (1569, Puf. II, S. 342).

[4] Eine erste Bettelordnung ist am 24. März 1579 dem Ausschusse

Im Mittelalter waren mancherlei Vermächtnisse und Stiftungen für Arme gemacht. Das Hospital zum heil. Geiste und eine ganze Anzahl Gasthäuser oder Armenbuden oder Keller boten Wohnung. Für Kleidung ward durch Schuh- und Laken- oder Lein-Spenden gesorgt, für Nahrung teils durch feste Pfründen (wie beim heil. Geiste), teils durch Brot- und Butterspenden, Stiftungen von Erbsen und Speck, ebenso von Bier, und auch auf die Erwärmung, sei es durch Beschaffung von Kohlen oder Aufstellung von Kohlenbecken, hatten mildtätige Seelen Bedacht genommen. Entweder aber täuscht die Fülle der Nachrichten vom Einzelnen über den Umfang des Ganzen, oder es mag auch manches Armenhaus in Ermangelung von Mitteln zu seiner Erhaltung in Verfall geraten sein, wie sicher die Pfründen Einbufse erlitten haben und die Abnahme privater Wohltätigkeit sich fühlbar gemacht, dagegen die Bedürftigkeit zugenommen hat. Jedesfalls sah man sich bei der Reformation

vorgelesen, vielleicht aber nicht in Kraft getreten; eine zweite ist im J. 1586 publicirt, spätere 1638, 1652, 1663, 1721, 1747. Alle diese Ordnungen verbieten jegliches Betteln und suchen namentlich die Ortsfremden fern zu halten. Die wirklich Dürftigen sollen ermittelt und regelmäfsig unterstützt werden, wozu das Geld durch verschieden angeordnete Sammlungen aufgebracht werden sollte. Die letzte Ordnung, gelegentlich welcher sich die gesamte Einwohnerschaft zu wöchentlichen freiwilligen Beiträgen unterschrieben hatte, hatte nach einer Darlegung des Rats vom J. 1774 fast das gänzliche Aufhören des Bettelns vor den Türen bewirkt, bis die bald einsetzenden schlechten Zeiten (der siebenjährige Krieg!) die Armut steigerten und die Gaben einschwinden liefsen, so dafs auch die drei Bettelvögte abgeschafft werden mufsten, zumal da sie ¹/₃ des Ertrags der Armenbüchsen hinwegnahmen. Nach einem neuen, auf freiwilligen Beiträgen begründeten Versuche zu Anfang des 19. Jhs. ward durch das Statut von 1813, Juli 7 »die Gabe der Mildtätigkeit in staatsbürgerliche Pflicht umgewandelt«, und 1820 die Armenkontribution eine feststehende Abgabe, die der jährlichen Bewilligung nicht mehr bedarf. Die noch jetzt in der Hauptsache gültige Armenordnung ist am 19. Sept. 1827 erlassen. Vgl. Witte, Wismar unter dem Pfandvertrage S. 33 f. — In Greifswald stellte schon 1558 der Rat eine Bettelordnung in Aussicht (Gesterding, erste Fortsetzg. des Beitrags zur Gesch. der St. G. S. 82). Überhaupt gab die Reformation hier zu Lande den Obrigkeiten überall Anlafs, sich mit dem Armenwesen zu beschäftigen. — Vgl. Kriegk, Deutsches Bürgertum I, S. 139—147.

veranlafst, einen, wie es scheint, erheblichen Teil der Kirchengüter zu Armenzwecken zu verwenden, und etwas später, Vermächtnisse zu Armenhäusern neben andern milden Stiftungen zu privilegiren: LXX § 15, LXXI § 23, LXXII § 17.

Dafs Tatern und Zigeuner in der Stadt nicht geduldet werden sollten (LXXI § 21, LXXII § 3), ist schon unter Ba (S. 93) angeführt.

C. Das Erwerbsleben betreffende Verordnungen.

a. Brauerei.

Noch im Jahre 1653 hat der Bürgermeister und Syndicus Dr. Arnold Böddeker es ausgesprochen, dafs die Stadt und ihr Aufnehmen und ihre zeitliche Wohlfahrt nächst Gottes Segen guten Teils auf dem Brauwerke fundirt sei[1]. Wie viel mehr im Mittelalter! Demnach werden die Bestimmungen darüber hier billig an die Spitze gestellt.

Das »Alte Stadtbuch«[2] unterscheidet durch Beischriften am Rande die bebauten Grundstücke in Häuser, Buden, Keller usw. und hebt unter den Häusern die Brauhäuser und Mülzhauser besonders hervor. Die damit bezeugte Realgerechtigkeit hat so wenig wie in Hamburg[3] von Anfang an bestanden, sondern sich allmählich entwickelt. Ursprünglich hat es, wie es scheint, keine Beschränkung und kein Vorrecht gegeben, sondern jeder, der wollte und es vermochte, brauen können, und reichten Eines Mittel nicht dazu aus, so vereinigten sich wol mehrere zu dem Gewinn bringenden Geschäfte. Zuerst schlofs man 1350 die Fremden davon aus[4]. Bei unerläfslicher Strafe von 10 M. Silbers sollte kein Bürger einen Gast in seinem Hause brauen oder mülzen lassen[5]. Aber noch im J. 1399 ward beklagt, dafs mit Fremden in Societät gebraut werde *uppe*

[1] Aufzeichnungen Köppes S. 505.

[2] Unter der Dänischen Herrschaft 1677 bis 1680 von Bgm. Dr. Anton Scheffel angelegt. Vgl. Mekl. Jahrb. 66, S. 76.

[3] Lappenberg, Realgewerberechte, Hamburg 1861.

[4] Auch in Bremen 1539, Puf. II, S. 123 § 141. In Riga werden die Nichtdeutschen ausgeschlossen 1384, 1399 (Nap. S. 208 § 42, S. 212 § 38).

[5] 1350 XI § 7.

wyn unde vorlust, und es steht dahin, ob dem durch das damalige Verbot, sich mit andern zum Brauen zusammen zu tun[1], abgeholfen ist. — Im J. 1356 hatte der Rat viele Übelstände aus dem Zusammenbrauen mehrerer erwachsen sehen (§ 21) und verordnete darum, es müfste, wenn zwei sich zu gemeinsamem Brauen vereinigten, jeder mindestens 50 M. Lüb. zu eigen haben und davon der Stadt steuern; zudem sollten sie sich ein Brauhaus mieten (§ 21). »Womöglich« wird bei der Wiederholung 1365 § 6 der letzten Bestimmung hinzugefügt. Nicht dulden wollte man dagegen eine Vereinigung in der Weise, dafs jemand sein Brauhaus einem andern zur Herstellung von einem, zwei oder drei Bräu Biers, sei es um Geld oder auch umsonst, hergäbe[2], vermutlich weil man daraus die Erzielung eines den Ruf des Wismarschen Biers schädigenden Produkts besorgte.

In der Folge ward man noch ängstlicher oder engherziger. Was 1371 und 1372 § 26 vom Bier verkündet ist, entzieht sich unserer Kenntnis, und wir wissen nur, dafs um diese Zeit Lübeck, um sein eignes Braugewerbe vor Wismarscher Konkurrenz zu schützen, scharfe Verbote gegen das Wismarsche Bier erlassen hat. Um so mehr mufste hier auf gute Qualität gehalten werden, und deshalb wird das Zusammenbrauen, wobei die einzelnen weniger Gewähr boten[3], gänzlich untersagt sein. Dies Zusammenbrauen mehrerer

---

[1] 1399 XXXIX § 1.

[2] 1356 § 20, 1365 § 5. — Das Verbot, Brauhaus oder Braupfanne und Kessel herzuleihen, steht auch in der Brauerordnung vom J. 1535, Zeugeb. S. 342 ff. Ein Mietskontrakt anderer Art aus dem J. 1397 ist im Zeugeb. fol. 203v verzeichnet. Danach verkauft Detlef Wöste seine Braupfanne an Gert Werkman, um sie gleichzeitig um 4 M. jährlich wieder zu mieten, wobei die an Ort und Stelle verbleibende Pfanne, um sie vor jeder Beschlagnahme zu schützen, so angesehen werden soll, als ob sie im Werkmanschen Erbe stünde. Es handelt sich um eine Art Satzung. — Wer in Bremen in einem gemieteten Hause brauen wollte, sollte es auch bewohnen; mit fremdem Geräte zu brauen war nicht statthaft, 1539, Puf. II. S. 123 § 140.

[3] Möglich ist noch eine andere Erklärung. Es wird sich zeigen, dafs das Brauen überhaupt eingeschränkt ward. So mochte der bedrohte Erwerb derer, die Vollbetrieb hatten, nicht durch den Wettbewerb Kleinerer geschädigt werden sollen. Auch hierbei würde ein höherer Gesichtspunkt nicht ohne Weiteres in Abrede genommen werden können. In Kolberg

wird im J. 1399 in einer Aufzählung der Mifsbräuche, die im Brauwesen wahrgenommen wären, an die Spitze gestellt, und fortgefahren. dafs solche unvermögenden Brauer die Gerste oder das Malz nicht bar kaufen und dadurch die Preise steigern, geschlossen aber damit. dafs Auswärtige und Einheimische Societät mit Brauern halten[1]. Dem abzuhelfen wird dann verordnet, dafs sich nicht mehrere zum Brauen zusammentun dürfen, sondern immer nur Ein Bürger ein Brauhaus halten solle, bei 10 M. Silber. Gestattet wird, dafs solch ein Bürger, wenn er selbst des Brauens unkundig ist, einen andern zu sich einnehmen kann. Wenn aber in der ersten Fassung dieses Gesetzes hinzugefügt war, dafs dieser Braugehülfe (Schopenbrauer) zu Zeiten auch einmal für eigne Rechnung brauen möge, ist das bald hernach gestrichen, und ebenso das ursprünglich stehende »wenn er selbst des Brauens unkundig ist«, offenbar um zu verhüten, dafs hiermit das Brauen Unvermögender in gemietetem Hause oder die verpönte Braugenossenschaft gedeckt werde. Deshalb wird auch das Verbot von 1356 § 20 und 1365 § 5 in der Fassung B erneuert[2]. bei Strafe des Ausschlusses vom Brauen für ein ganzes Jahr und 3 M. Silbers für jedes Bräu, für den Mieter aber 10 M. Silbers. Wiederholt ist das Verbot, gemeinsam zu brauen, von 1400 bis 1424[3]. An letzter Stelle ist der Artikel gestrichen und erscheint auch nicht wieder[4].

Als Minimum eignen Besitzes soll, wer neu anfängt zu brauen, 200 M. Silbers nachweisen, wer das nicht kann und doch braut, aber um 10 M. Silbers und für jedes Bräu um 3 M. Silbers

---

sah man 1590 allein in der Verminderung der Salzsieder Rettung. Riemann, Gesch. von Kolberg, S. 137.

[1] XXXIX Eingang.

[2] XXXIX § 3.

[3] 1400 XL § 18 (allerdings nur angedeutet), 1401 § 22 (? Andeutung), 1411, Dez. 5 *(des sunnavendes in der tokümpst unses heren Jhesu Cristi*, Ratswillkürbuch fol. 20r), 1417 XLV § 2 f. (in engem Anschlusse an XXXIX B, auch mit den Bestimmungen über die Annahme eines Brauers und dem Verbote, Haus und Pfanne zu verleihen oder zu vermieten), 1418 § 29 (mit dem Gebote, dafs sich etwaige Gesellschaftsbrauer bis Johannis trennen sollen, unter beträchtlicher Erhöhung der Bufse nach diesem Termine), 1419 § 34, 1420 § 48, 1421 § 47, 1424 § 57.

[4] Auch in Lüneburg wird das Zusammenbrauen untersagt 1574, Bodemann, Zunftrollen S. 63.

(unnachläfslich) gebüfst werden 1399 XXXIX § 5, 6, 1417 XLV § 5. Den Vermögensnachweis verlangt XXXIX beim Schossen nach dem Brauen, XLV bevor gebraut wird, vor den Kämmerern unter dem Eide. Auf XLV wird die Verweisung in 1418 § 30 bezogen werden müssen, wie auf das Statut XXXIX vermutlich die Andeutung in 1401 § 22. Auch 1420 § 47, 1421 § 46 und 1424 § 56 bestehn auf solchem Vermögensnachweise für alle, die sich dem Braugewerbe zuwenden wollen; der letzte Paragraph ist aber wieder gestrichen.

Kurz darauf erscheint das Verbot, dafs kein Handwerker brauen solle[1], 1427 LV § 5 und 1430 § 51 mit der reciproken Bestimmung, dafs auch kein Brauer ein Handwerk ausüben, und dafs ein jeder sich seines Amtes erfreuen und dessen geniefsen solle. Voran geht 1430 in § 50 die Bestimmung, dafs nur die wahren Brauer brauen dürfen, damit die Stadt nicht bei der Accise betrogen werde. Und der Hauptsatz davon taucht, wahrscheinlich als die andern Bestimmungen einschliefsend, funfzig Jahre später wieder auf 1480 § 47. Schon damals mufs aber die rückläufige Bewegung, die immer sich steigernd im 17. und 18. Jh. allen Gegenmafsregeln zum Trotze ein Brauhaus nach dem andern sich schliefsen

[1] 1424 § 55 (als Nachtrag). Vielleicht ist in dem Nachtrage 1424 § 35 dasselbe gemeint. Es fragt sich aber, wie weit das Verbot durchgeführt sei. Noch zu Ende des 16. Jhs. verlangten die Ämter, bei ihrer Braugerechtigkeit erhalten zu werden. Sie erhalten zur Antwort, es sei ihnen nicht verwehrt zu ihres Hauses Notdurft zu brauen. Der verhandelte Bürgervertrag, auf den sie im Übrigen verwiesen werden, enthält nichts über ihr Recht. Das gleiche Verbot findet sich in Kiel (Willkür vom J. 1445, Kieler Rentebuch S. 328), Kolberg (Riemann, Beil. S. 89 § 21) und Bremen (1539, Puf. II, S. 118 § 104) und ward von den kleinen Preufsischen Städten verlangt (1441, HR. II, 2, S. 391 § 2, S. 398 § 3). Eine ebendahin gehende Willkür des Rigischen Rats in der zweiten Hälfte des 15. Jhs. hat zu lebhaften Verhandlungen der Kleinen Gilde mit dem Rate Veranlassung gegeben (Hans. Geschbl. 1888, S. 186). Das Verbot des Berliner Stadtbuchs (S. 32), dafs niemand in den Buden brauen solle, wird ziemlich auf dasselbe hinausgelaufen sein, obgleich der eigentliche Grund ein anderer gewesen sein kann, die Absicht Feuersgefahr zu mindern. Vgl. die Bgspr. von Güstrow (Besser, Beitr. II, S. 269, Kamptz I, 2, S. 278 § 33) und Boizenburg (Kamptz I, 2, S. 322 § 12) und die Meklenb. Polizeiordnung von 1572.

liefs, spürbar und bedrohlich eingesetzt haben. Denn es wird gleichzeitig bei aufserordentlich hoher Bufse (20 M. Silbers und Verlust des Guts) gewarnt, niemand solle ohne des Rats Bewilligung sein Brauhaus zerbrechen, indem er Pfannen und Braufässer daraus entferne[1], 1480 § 44. Es sollten also zwar die vorhandenen Brauer vor Konkurrenz geschützt, daneben aber auch gesorgt werden, dafs keine Verminderung der Brauhäuser eintrete[2]. — Auch das Verbot, Sode zuzuwerfen, mag eine Beziehung auf das Brauwesen haben, wenn auch die Sorge wegen Feuersgefahr in erster Linie gestanden haben wird[3].

Wie die Zahl der Brauer ward auch die Häufigkeit des Brauens beschränkt. Schon im J. 1332 ward gewillkürt, dafs die für die Krüge Brauenden nicht öfter als Einmal in vierzehn Tagen brauen sollten[4]. Die Bürgersprachen von 1356 und 1365[5] erlauben in jedem Brauhause zweimal wöchentlich zu brauen, die Willküren von 1399, 1411, 1417[6] nach alter Sitte nur Einmal in der Woche. bei Verlust des guten Namens (XLV). 1427 wird gestattet im Jahre

---

[1] Diese Warnung hat allerdings eine zweite, auf das Brauwesen nicht direkt bezügliche Seite. Denn die Braupfannen, über die im 13. und 14. Jh. besonders verfügt ward, gehörten seit dem 15. Jh. anscheinend zum immobilen Besitze und waren Rentnern und Pfandgläubigern mit verhaftet. Vielleicht sollte dies 1430 § 41 ausgesprochen werden. Dementsprechend scheinen etwa seit 1450 in Lübeck Veräufserungen der Braupfannen mehr und mehr in die Oberstadtbücher eingetragen zu sein (Rehme, das Lübecker Ober-Stb. S. 84, 6 und S. 113 Anm. 2). Im J. 1531 ward von dritter Seite auf Rückgabe einer von einem verstorbenen Hauseigentümer wegverkauften Braupfanne geklagt *dath hus ... derhalven nicht vorfsweket edder vorargert muchte bliven* und erkannte der Rat, Käufer und Verkäufers Witwe sollen *vorfogen, dath die panne wedder thor stede kame,* Zeugeb. 1531—1541, S. 5.

[2] Auch die Brauerordnungen von 1593 und 1601 kämpfen in dieser Beziehung mit doppelter Front.

[3] 1480 § 75, LXX § 52, LXXI § 60.

[4] Mekl. Urkb. VIII, Nr. 5303 § 1. — So auch in Kolberg, Riemann. Beil. S. 85 § 24, S. 87 § 32, 42. Zwecks Kontrolle wegen Einhaltung dieser Bestimmung und der über den Lohn sollten alle Brauer viermal im Jahre einen Eid leisten.

[5] 1356 § 19, 1365 § 4.

[6] XXXIX § 4, Ratswillkürbuch fol. 20r, XLV § 4, auch wol 1418 § 30.

(das Braujahr begann mit dem 8. September) zehnmal zu brauen, was jeder Brauer bei seiner Ehre einhalten sollte [1]. Auch weiterhin sind solche, nach den Umständen wechselnde Festsetzungen getroffen [2].

Den Satz, da die Zeiten gut seien, solle man nach Bedürfnis der Zeit brauen [3], so zu deuten, wie es am nächsten liegt, dafs nämlich alle Beschränkungen fortfallen, verbietet der Umstand, dafs 1356 § 19 dennoch eine solche angeordnet ist. Der Sinn ist vielmehr der, dafs die Brauer innerhalb der ihnen gesetzten Schranken

---

[1] LVI § 13.

[2] Im J. 1464 haben nach dem einzig erhaltenen mittelalterlichen Brauregister von 182 Brauern einer 15 Male, einer 14 Male, 18 dreizehnmal, ebensoviele nur Einmal, 10 zweimal, 7 dreimal, im Durchschnitte jeder nicht voll 8 Mal gebraut. 1480 § 46 ward als äufserstes 14maliges Brauen zugestanden, 1559—1571 12 Bräu (Zeugeb. fol. 348, Ratsprotokolle), 1572 bis 1586 und vielleicht später 10 Bräu, 1598 9 Bräu (Ratsprot. S. 158). In Lübeck sollte 1363 und 1388 wöchentlich Einmal gebraut werden dürfen (Wehrmann, Zunftrollen S. 179, 180), und nur wer zum Versand seewärts braut, ist nicht beschränkt (1388, ebd. S. 180, 1416 S. 182). Zur Sommerzeit, wann das Bier nicht von der Hand will, können die Älterleute das Brauen einschränken, so dafs nur alle 14 Tage gebraut wird, *uppe dat de rike den armen nicht vorderve* (1416, ebd. S. 181 f.), 1462 wird vierzigmaliges Brauen gestattet (ebd. S. 183). In Rostock waren anfangs 20 Bräu im Jahre statthaft, doch ward die Zahl ständig herabgesetzt, bis auf acht ums Jahr 1700 (Beitr. IV, 2, S. 51 § 13, S. 53—55 zu § 13). In Güstrow konnte wöchentlich Einmal gebraut werden (Kamptz I, 2, S. 278 § 34); ebenso in Lüneburg 1488 (damit der eine wie der andere sich ernähren könne, in einer Zeit des Aufschwungs, Bodemann, Zunftrollen S. 49) und 1564 (ebd. S. 55). In Göttingen war 1334 Hausbesitzern 7 Mal, einzelnen Leuten 2 Mal im Jahre zu brauen erlaubt, im J. 1339 8 Mal oder 4 Mal (Puf. III, S. 207, 200).

[3] 1351 XV § 13, 1353 XVII § 18, 1356 § 29, 1430 § 64. — Ebenso in Lübeck (Lüb. Urkb. VI, Nr. 783, IX, S. 960 f., XI, S. 124, Melle, Gründl. Nachr. S. 116), Kiel (Anfang des 15. Jhs. und 1563, Zeitschr. 10, S. 189, 192, 197, 14 S. 333, Westph., Mon. IV, Sp 3255), Riga (1384, 1412, Nap. S. 210 § 59, S. 221 § 82), Pernau (Arch. IV, S. 104 § 4 *so dat idermann full vor sin gelt kricht*), Schwerin (Kamptz I, 2, S. 292 § 13), Anklam (1544, Stavenhagen S. 435 § 36). Vgl. für Preufsen HR. I, 5, S. 150 § 9. Eine Entstellung ist es, wenn es für Hamburg 1594 S. 51 heifst *tho rechter tidt.*

für genügend und gutes, preiswertes Bier sorgen sollen, damit die Bürger nicht in Verlegenheit kommen[1].

Die Sorge des Rats um die Beschaffenheit des Biers tritt in den Bürgersprachen in der Bestimmung der zum Bräu Bier zu verwendenden Malzmenge zu Tage, auffallender Weise aber nicht etwa in der Art, dafs ein mindestes Mafs vorgeschrieben wird, sondern es wird umgekehrt ein höchstes festgesetzt, das nicht überschritten werden soll. Die Erklärung liegt darin, dafs die Brauer, um an Betriebskosten und Mahlkosten[2], vielleicht vor allem um an der Abgabe für die Brauzeichen zu sparen, das Quantum des auf Einmal zu verbrauenden Malzes, zugleich aber offenbar das Quantum des erzielten Biers über das übliche und in den Braugefäfsen gehörig zu handhabende Mafs[3] hinaus steigerten. Vielleicht ist aber das erste Mal, wo der Rat die Sache berührt, der Gesichtspunkt noch ein anderer. Denn da die Brauknechte hier mit dem Tode bedroht werden, wenn sie mehr Malz einsacken, als ihr Herr will[4], so mufs doch angenommen werden, dafs sie für sich selbst einen unerlaubten Vorteil herauszuschlagen bestrebt gewesen sind, indem sie doch nicht wol mit den Pferdeknechten verglichen werden können, die ihren Pferden zu Gute ihrem Herrn seinen Hafer stehlen[5]. Bestimmt wird

---

[1] Vgl. das Verlangen nach gutem Bier in Rostock (Beitr. IV, 2, S. 51 § 14, S. 55 zu § 14), Waren (Kamptz I, 2, S. 327 § 3), Plau (Mekl. Jahrb. 17, S. 355 § 7).

[2] Der Müller mufste das Malz zu einem Bräu, ob viel oder wenig, um denselben Preis mahlen, 1400 um 4 ß. Im J. 1524 klagte die Brauerschaft wider die Witwe des Grubenmüllers Hans Grote, dafs, obwohl ihr Mann im Jahre vorher eidlich versprochen habe, von jedem *bruwe moltes* nur 6 ß zu nehmen, er wie sie 7 ß genommen habe und nehme, und erlangte ein günstiges Urteil, Sept. 7, Zeugeb. fol. 135 B.

[3] 1400 XLI.

[4] Mekl. Urkb. VIII, Nr. 5303 § 6.

[5] In Braunschweig scheint das Maximum wegen der Accise bestimmt zu sein, Urkb. der St. B. I, S. 264 § 11. Bei der Festsetzung der Kornmenge (12 Malter) in Göttingen war die Absicht eine Ungleichmäfsigkeit in der Menge des gebrauten Biers zum Nachteile der Gleichberechtigten zu verhüten, Puf. III, S. 200, 205 f. Dagegen waltete in Mühlhausen bei der Bestimmung des im Jahre zu verbrauenden Maximums (30 oder 36 Malter) die Sorge ob, dafs genügend Brotkorn verbleibe (Ratsgesetz-

aber im J. 1400, dafs kein Brauer mehr Malz als 10½ Drömpt zu Einem Bräu in die Mühle schicken noch mehr verbrauen dürfe, während beobachtet war, dafs 12 und sogar 13 Drömpt gemahlen waren [1]. Die Kontrolle ward dem Müller übertragen, dem das etwa überschiefsende Quantum verfallen sein sollte. Es sieht aber nicht so aus, als ob der Rat durchgedrungen sei. Denn wenn die Wiederholung der Klage über das Verfahren der Brauer 1417 allenfalls damit erklärt werden könnte, dafs die ältere Redaktion aus Bequemlichkeit beibehalten sei, so redet doch die Hinaufsetzung des zulässigen Quantums auf 11 Drömpt [2] eine zu deutliche Sprache. Wegen der Kontrolle bleibt es beim Alten. 1480 werden 12 Drömpt erlaubt [3] und dabei scheint es verblieben zu sein, nur dafs später ein Aufmafs von 3 Sch. zugelassen ward [4]. Nun wäre es von Wert bestimmen zu können, wie viel Bier aus diesem Quantum Malz gewonnen ward, aber das ist einstweilen nicht möglich. In Lübeck sollten 1363 von 8 Drömpt Malz 18 Tonnen gebraut werden, 1462 von 6 Drömpt dasselbe Mafs (also von je 4 Scheffeln 1 Tonne) [5]. Auf etwa 21 Tonnen stellt sich das Bräu Bier in Wismar nach einem Kontrakte vom J. 1368, nach dem für eine Schuld von 16 M. ein solches gebraut werden soll [6], wenn man die Tonne zu 12 ß rechnet [7].

---

gebung S. 112. 113), wie in Hameln aus Sorge für den Kornbau die Aussaat des Leins beschränkt ward (Keutgen. Urkk. S. 298 § 87).

[1] XLI § 1 f.

[2] XLV § 1.

[3] 1480 § 45. — In Lübeck wurden 1363 8 Drömpt, 1462 nur 6 Drömpt erlaubt (Wehrmann, Zunftrollen S. 179, 184), die älteste Rostocker Bgspr. gestattet 10 Drömpt, später unter mannigfachen Änderungen 160, 180, 192 Scheffel gestrichenen Mafses, hier auch einmal ein Mindestquantum (Beitr. IV, 2, S. 51 § 13, S. 53—55 zu § 13); in Lüneburg war das Mafs im J. 1488 7 Wichimpten (zu je 12 Scheffeln), 1564 deren 6, beide Male mit einem Übermafse von 4 Scheffeln (Bodemann, Zunftrollen S. 49, 55). In Lübeck fafsten die Säcke 6 Scheffel (1462, Wehrmann a. a. O. S. 184), in Lüneburg 8 Sch. (1488, Bodemann a. a. O. S. 49).

[4] 1569—1571, 1579, 1598 nach dem Zeugnisse der Ratsprotokolle, Brauerordnungen von 1586, 1593, 1601, 1620, 1634; von 12 Dr. berichtet Köppe 1653. Der Müller aber klagte 1572, dafs wol an 15 Drömpt gesackt würden (Ratsprotokolle fol. 85 r).

[5] Wehrmann, Zunftrollen S. 179, 183.

[6] Mekl. Urkb. XVI, Nr. 9806.

[7] Das scheint damals der übliche Preis gewesen zu sein. Vgl. Wehr-

Wenn im J. 1502 Matthias Mallin, der in seinem Testamente[1] über ein Bräu Bier verfügt und über 24 Tonnen speciell disponirt, mit einem übrig bleibenden Reste rechnet, so kann dieser doch nicht zu grofs gewesen sein, und es werden auch 1504 in Hamburg nicht mehr als 30 Tonnen auf ein Bräu gerechnet[2]. Nach einem Ratsprotokoll vom J. 1578 fol. 50ʳ sollten von 12 Drömpt 71 (!) Tonnen von 11 Dr. 66 Tonnen gebraut werden, 1606 sehen die zur Bierprobe Verordneten es für gut an, dafs von jedem Drömpt Malz 7 Tonnen und nicht mehr gebraut werden[3]. Später, um 1630, sind nach den Aufzeichnungen Küppes aus 12 Drömpt Malz 80 Tonnen gebraut und hat der Rat im J. 1631 die Brauer aufgefordert, 8 Last oder 100 Tonnen[4] daraus zu brauen »wie vor diesem«.

Eine Klage über schlechtes Bier kommt schon 1400 XLI zum Ausdruck[5]. Die Tonnen zu merken wird bei der Verfrachtung notwendig geworden sein und sich bald als dienlich herausgestellt haben, um den Brauer erkennen zu können[6] und eine Gewähr für das Bier zu bieten. Gingen nun so gekennzeichnete Tonnen in den Besitz eines andern Brauers über, so konnte leicht nicht nur der Zweck des Merkens vereitelt werden, sondern sich noch eine Irreführung daran knüpfen. Darum ward bei strenger Strafe verboten, alte Tonnen eines andern Brauers aufzukaufen 1419 bis 1421[7], an letzter Stelle gestrichen.

---

mann, Zunftrollen S. 179, Mekl. Urkb. XVIII, Nr. 10424, S. 269. 1353 8 ß, Wismar, lib. parv. civ., fol. 127ʳ. Die Mekl. Urkb. XVII, S. 532 gesammelten Preise bewegen sich zumeist zwischen 8 ß und 12 ß Lüb.

[1] Lib. miss., fol. 111ʳ.

[2] HR. III, 5, S. 50 § 1.

[3] Instruktion für die Verordneten zur Bierprobe Tit. I, Nr. 6, vol. 3.

[4] Es mufs angemerkt werden, dafs in einem Register über das Hafengeld, vermutlich aus dem J. 1535, 15 Tonnen Bier (zur Ausfuhr nach Bergen bestimmt) auf die Last gerechnet werden. So schwankend ist alles.

[5] Andere Zeugnisse finden sich aus den Jahren 1481 und 1492, später häufen sie sich. Eine amtliche Bierprobe ward 1496 eingerichtet.

[6] Vgl. Mekl. Urkb. XXI, Nr. 12248. Für Lübeck 1363, 1388, 1416 Wehrmann, Zunftrollen S. 179, 181, 182; in Beschränkung auf das Dickbier (?) 1462 S. 183.

[7] 1419 § 32, 1420 § 50, 1421 § 47. — Ähnlich in Greifswald, Pomm. Gesch.-Denkm. II, S. 105 § 87. Lüneburg 1564: niemand soll des andern Merk oder Tonnen *bevaten*, Bodemann, Zunftrollen S. 57 § 14. In Lübeck war es dagegen für den Fall frei, wenn die Tonnen über See und Sand

Noch weniger wollte man eine Verwechslung mit fremdem Bier und verbot darum Wismarsches Bier mit fremdem zusammen zu verschiffen 1356 § 18.

Gleichzeitig erging das Verbot, fremdes Bier aufser zu eignem Verbrauche einzuführen 1356 § 18. In der Folge wird zunächst nur das Verzapfen[1] und die Einfuhr[2] des Bützower Biers untersagt. Um das Verbot wirksamer zu machen, wird dem Angeber die Hälfte des zu konfiscirenden Guts zugesagt[3]. Andeutungen allein stehn 1421 § 24 und 1424 § 58. Dann wird 1480 jegliches fremde Bier verboten, namentlich für Hochzeiten und Kindelbier und für Bierschenken; wer solches trinken will, kann es aus dem städtischen Keller (dem Eimbekschen Hause)[4] beziehen[5]. LXIX ist im Anhange § 5 notirt, *das von adell frembde bier herinfuhren zu ihren hochzeiten*. Nachher ist das fremde Bier freigegeben und nur mit höherer Accise als das einheimische belegt[6]. Nach der Duplik des Rats auf die Klagen des Ausschusses 1701 hat der Rat um der Brauerschaft willen den Konsum des Schwanschen, Kriwitzer und Parchimschen Biers, auch des Ratzeburger Rummeldeus allmählich unterdrückt, den des Knisenacks zurückgedrängt.

---

gewesen waren, und konnten für das seewärts zu verfrachtende Bier auch andere Tonnen als Lübische genommen werden 1416 und 1462, Wehrmann, Zunftrollen S. 182, 183. Die Flamländer klagen schon im J. 1392, dafs bei ihnen Holländisches Bier in Österschen Tonnen eingeführt und *vor esters bêr* verkauft werde HR. I, 4, S. 105 § 2. Versand anderes Biers in Eimbeker Tonnen 1408, Hans. Urkb. V, Nr. 845 f. Vgl. das Verbot, anderes als Lüneburger Salz in Lüneburger Tonnen zu füllen, Bremen 1539 (Puf. II, S. 113 § 63), und die Klage über die alten gezirkelten Heringtonnen (HR. III, 4, S. 114 § 195).

[1] 1419 § 35, 1420 § 27.

[2] 1420 § 26, 1430 § 49.

[3] 1430 § 49.

[4] Vgl. Crull, Mekl. Jahrb. 33, S. 70 f. Vgl. S. 116 Anm. 2. Auch in Kolberg darf nur der Rat fremdes Bier schenken, Riemann, Beil. S. 84 § 10.

[5] 1480 § 74.

[6] LXX § 59, LXXI § 88 (6 ß von der Tonne), LXXII § 74 (8 ß). — Diese Accise soll an die Weinherren (für die Ratsgefälle) entrichtet werden, während früher die Kämmerer sie (für die Stadt) zu vereinnahmen hatten. Vgl. auch die Bürgerverträge von 1583 § 18 und 1600 § 69. Das Wismarsche Bier war mit 4 ß besteuert.

Wie in Wismar, so war auch anderswo[1] fremdes Bier, und zum Teile wie in Lübeck[2] gerade Wismarsches Bier verboten und mit Konfiskation bedroht. Deshalb die Warnung, es nach dort zu versenden 1365 § 3.

Den Preis des Biers, der in Stralsund in der Bürgersprache verkündet ward[3], berühren die Wismarschen entweder nur obenhin wie 1430 § 64, wo Brauer und Bäcker gemahnt werden die Leute für ihr Geld gebührend zu bedienen, oder indem sie ihn für den Ausschank festsetzen[4].

---

[1] Z. B. in Anklam (Stavenhagen S. 434 § 35), Kiel (Anfang des 15. Jhs., 1410, 1423, 1563, Zeitschr. 10, S. 191, 14, S. 333, Falck, N. Stb. Mag. 7, S. 93, Zeitschr. 10 S. 197, Westph., Mon. IV, Sp. 3255), Wilster (1456, Zeitschr. 8, S. 356), Lüneburg (16. Jh., Puf. II, S. 199), Osterode (Puf. II, S. 240), Dortmund (1379, Statuten S. 170). Überseeisches Bier war in Riga (1384, Nap. S. 209 § 55), Hamburger in Bremen (1539, Puf. II, S. 124 § 150) verboten. In Lübeck sollte fremdes Bier nur auf dem Lohhause ausgeschenkt werden (1363, Wehrmann, Zunftrollen S. 179). In Lüneburg (1408, Bodemann, Zunftrollen S. 47) und in Braunschweig (Urkb. der St. B. I, S. 69 § 99, S. 70 § 112, S. 133 § 67) erteilte der Rat Privilegien für den Ausschank. Ausnahmsweise liefs der Kölnische Rat bei Kornteuerung fremdes Bier zu. Stein II, Nr. 204.

[2] Mekl. Urkb. XV, Nr. 9361 (Ersuchen um Freigebung konfiscirten Biers), XX, Nr. 11404 (Verbot vom J. 1382, unter falschem Datum bei Wehrmann, Zunftrollen S. 185). Undatirt sind die Bitten um Freigebung Mekl. Urkb. XVI, Nr. 9755 und XXII, Nr. 12248. Von einem in Lübeck auf Wismarsches Bier gelegten Zolle zeugt Mekl. Urkb. XVI, Nr. 9774 (ohne Datum), in dem zweiten dort angeführten Briefe handelt es sich um Pfundzoll. Im J. 1430 erbat sich übrigens der Lübische Rat aus Wimar *en gantz bruwe beres, dat jo gud sy* (Lüb. Urkb. VII, S. 418). Verbot in Kiel (Anfang des 15. Jhs., 1410, 1423, Zeitschr. 10, S. 188, 14, S. 333, Falck, N. Stb. Mag. 7, S. 93, Zeitschr. 10, S. 197). Die Danziger Brauer erregten 1378 um des Wismarschen Biers halber einen Aufstand und setzten sein Verbot durch (Hirsch, Handelsgesch. S. 305, Hans. Urkb. IV, Nr. 1039). Im J. 1435 untersagte der Hochmeister auf Antrag Danzigs die Einführung des Hamburgischen und Wismarschen Biers (Hirsch, Handelsgesch. S. 305 f.). Vgl. HR. II, 1, S. 374.

[3] Brandenburg, Magistrat S. 14.

[4] 1353 XVIII § 2 (das Stop 4 ₰, das ¼ Stop 1 ₰). Dafs der Preis auch sonst festgestellt ist, steht fest. Im J. 1486 beschwert sich ein Gerd oder Hans Scherf bei dem Bgm. Bernd Pegel, dafs er habe Strafe zahlen

Über den Lohn der Brauknechte ist unter B i (S. 158 f.) mitgehandelt.

Damit die Accise nicht hinterzogen würde, sollten nur die wahren Brauer brauen und den Acciseherrn schriftlich angeben, wohin das Bier gekommen sei, die Träger aber vor Sonnenaufgang und nach Sonnenuntergang kein Bier behandeln 1430 § 50, 53.

Im J. 1340 schon hatte der Rat gewillkürt, kein Ratmann noch Bürger solle den Schenkdirnen einen Schmaus oder Geschenke geben, noch jene solche fordern[1]. Die Wiederholung dieses Verbots 1419 erwähnt Nebenumstände, die ein buntes Bild mittelalterlichen Treibens ahnen lassen. Kein Brauer, heifst es, der »für Krüge« braut, soll den Trägern, wenn sie Bierprobe halten und die Schenkdirnen bringen, ein Frühstück oder einen Schmaus oder Konfekt geben, bei Strafe von 3 M. Silber, für den Träger aber, der solches annimmt, der Stadtverweisung[2]. Noch 1480 ward den Brauern untersagt, Träger, Krüger oder Krügersche zu Gaste zu bitten[3]; 1561, nach dem Abbrauen und Spunden die Träger und Schopenbrauer zu Gaste zu bitten[4], die damals ohne das ihre Arbeit nicht verrichten wollten[5]; 1574 und 1586, den Krügern oder Krügerschen Kirchmessgabe zu geben und nur der übliche *tappelwitte*[6] erlaubt, verboten die 25. Tonne mit dem Lecheln-Bier zu geben[7], ähnlich 1593[8].

---

müssen, weil er die Kanne Bier um einen Scherf zu billig abgelassen habe. Der Bgm. Dietr. Wilde habe ihn zwar davon freigesprochen, weil das Bier sauer gewesen, aber der Richteknecht habe sich daran nicht gekehrt, sondern die (vorher gütlich vereinbarte) Strafe eingezogen.

[1] Mekl. Urkb. IX, Nr. 6018.

[2] 1419 § 29.

[3] 1480 § 80.

[4] Nur wenn die Träger mehr als 1/2 Last Bier aus dem Keller bringen, soll es nach der Brauerordnung von 1574 erlaubt sein, ihnen Essen zu geben; nach der von 1601 erst, wenn sie mindestens 1 Last ausbringen.

[5] Zeugeb. fol. 451.

[6] 6 ₰ von jeder Tonne.

[7] Brauerordnungen der J. 1574 und 1586.

[8] Allerhand Ordnungen I, fol. 71v. Schon im J. 1572 hatten nach den Ratsprotokollen (fol. 84v) die Brauer verlangt, dafs verboten werden solle die 25. Tonne zu geben. Vgl. auch die Brauerordnungen von 1601 und 1604 f. Gaben an die Krüger werden in Lübeck schon 1363 und 1388

b. Backen.

Am Ende oder gegen Ende vieler Bürgersprachen steht die Andeutung »von den Bäckern«[1] oder »von den Bäckern, wie üblich«[2]. Nur in den ältern[3] heifst es »da die Zeiten gut sind, braue man und backe man nach Bedarf«[4], und noch ein wenig genauer 1430 § 64: Brauer und Bäcker sollen nach Bedarf der Zeit brauen und backen und die Leute für ihr Geld gehörig bedienen. Wahrscheinlich hat auch in den andern Bürgersprachen nur diese allgemeine Mahnung angedeutet werden sollen, während genauere Bestimmungen auf anderem Wege erlassen sein werden. Vgl. Mekl. Jahrb. 55, S. 32 Anm. 5.

c. Wer darf kaufen und verkaufen?

Wenn in Braunschweig der neu Zugezogene den Bürgereid geleistet hatte, so übergab ihm der Bürgermeister das Bürgerrecht unter gewisser symbolischer Handlung mit den Worten: hiermit überantworte und erlaube ich euch die Bürgerschaft von des Rates wegen dergestalt, dafs ihr kaufen mögt und verkaufen und gebrauchen

---

verboten, Wehrmann, Zunftrollen S. 179, 181. In Lüneburg wird 1572 gegen den eingerissenen Mifsbrauch gekämpft, die 30. Tonne zu geben, die Kirchmefstonne gestattet, Bodemann, Zunftrollen S. 62 § 7. — Vgl. für Köln wegen Weins Stein II, S. 159 § 11 und wegen der Bäckerknechte in Strafsburg Keutgen Urkk. S. 105 § 29.

[1] 1371 und 1372 § 26, 1373 § 14, 1385 § 24, 1395 § 26, 1397 § 29, 1400 XL § 26, 1401 § 28, 1424 § 64.

[2] 1417 XLIV § 29, 1418 § 34, 1419 § 39, 1420 § 55, 1421 § 54.

[3] 1351 XV § 13, 1353 XVII § 18, 1356 § 29.

[4] Vgl. die Bgspr. von Kiel, Anfang des 15. Jhs. und 1563 (Zeitschr. 10, S. 189, 192, 197, 14 S. 333, Westph., Mon. IV, Sp. 3255 *na der tiet und gelegenheit, wo ere ordnunge und rollen mede bringen, und geven... volle wichte)*, Wilster 1456 (Zeitschr. 8, S. 357 *were dat se des nicht endeden unde wart em dat brot opghenomen, so scholen se darto wedden dre mark sulvers)*, Bremen 1539 (Puf. II, S. 126 f. § 168 *na der tidt und ordnung)*, Reval 1560 (Qu. des St. R. S. 239). Vgl. für Preufsen HR. I, 5, S. 150 § 9 (1404) und die parallelen Stellen wegen des Brauens unter C a S. 169 Anm. 3); *groß genug* Mekl. Polizeiordnung von 1516, Mekl. Jahrb. 57, S. 289. Die Rostocker sollen *gude tid brodes* (statt *guder tide brot)* backen, Beitr. IV, 2, S. 51 § 14.

alles Rechts und aller Vergünstigung gleich andern unsern Bürgern[1]. Kaufen und verkaufen zu dürfen ward demnach als das Hauptrecht des Bürgers angesehen. Dieser Zustand ist nicht immer, wenigstens nicht überall von jeher gewesen[2], ist aber in den Hansestädten, sobald eine gewisse Konsolidation erreicht war, mehr oder weniger durchgeführt[3]. Auswärts allerdings beanspruchte man gern die Freiheit, die man zu Hause nicht zugestehn wollte.

In Wismar soll niemand in der Stadt (in den Strafsen 1430) handeln oder kaufen und verkaufen, er sei denn Bürger, heifst es 1424 § 17, 1430 § 44, 1480 § 37[4].

Kein Gast soll vom Gaste kaufen LXX § 31 (bei ernstlicher Strafe), aufserhalb der freien Märkte (bei Verlust des Gutes) LXXI § 63, LXXII § 53[5]. Auch soll kein Makler Gast zum Gaste führen,

---

[1] Ordinarius § 47, Urkb. der St. B. I, S. 160.

[2] Stein, Hans. Gesch.-Bl. 1902, S. 113—122. Stolze, Entstehung des Gästerechts S. 24 f.

[3] Stein, Beitr. z. Gesch. der deutschen Hanse S. 35—41 für Köln, S. 58—61 für Danzig, S. 61—66 für Riga.

[4] Flandrer dürfen Gut, das sie in Hamburg gekauft haben, dort nicht verkaufen 1268, Hans. Urkb. I, Nr. 660. *Vort so ne schal nen gast gûd kopen, dat he hir weder vorkopen wil, bi iij marken,* Riga 1376, Nap. S. 204 § 19 und später. Vgl. HR. III, 1, Nr. 89. *Van dem gebote, daz keyn gast sal gut czu der ze sendin etc., das sal blybin, als is yst gebotin,* Preufsen 1389, HR. I, 3, S. 474 § 4.

[5] Rolle der Krämer vom J. 1397, Ratsprotokoll 1611, Nov. 4, *das gast mitt gaste nicht handeln undt das korn uffkauffen sollen undt teurung machen.* Erst 1863 hat das neue Meklenburgische Zollsystem den Gasthandel in Wismar freigemacht. In Lübeck soll nach einer älteren Ordnung kein Gast Gastes Gut kaufen, *id en hebbe leghen achte daghe unde si beseen achte daghe unvůrkoft,* Lüb. Urkb. VI, S. 763 = II, S. 922 (eine Bestimmung, die nur 3 Tage vorsieht, ist an erster Stelle gestrichen). Im J. 1464 bringt ein Lübischer Ratssendebote in Danzig den Antrag an, *dat gast mit gaste kopslagen mochte, geliik to Lubeke unde in anderen zeesteden togelaten worde. Darupp de van Dantziik antworden, dat se ziik darinne gerne gutliken hebben wolden, so se siik ok deshalven geholden hedden, so se seden,* HR. II, 5, S. 358 § 142. Vgl. die Bestimmungen der Danziger Willkür, S. 40 ff. § 46 bis 59 und Hans. Urkb. VI, S. 404 § 7 f., VIII, Nr. 111 § 1, 167 § 1. 1473 klagen die Holländer, dafs sie in Lübeck zum Kaufe dorthin gebrachter Güter erst nach 4 oder 5 Tagen zugelassen würden und

um von ihm zu kaufen: Willkür vom J. 1339, Bürgersprache 1353.

---

dann noch vor Bürgern zurücktreten müfsten, HR. II, 7, S. 103 § 7, vgl. S. 104 § 8 ff., S. 184 § 2—7, S. 186 § 14, S. 300, 315 f. 368 ff. Als Gegenleistung verlangte man von den Gästen, *de hiir ... liggen unde kopslagen liik unsen borgeren, dat se vorschot gheven unde schoten ok geliik unsen borgeren* 1454, Lüb. Urkb. IX, S. 959. Übrigens waren weder die Bürger noch die Gäste mit den diesen gewordenen Zugeständnissen zufrieden. — Gast sollte nicht mit Gast handeln in Rostock (Beitr. IV, 2, S. 51 § 7), Stettin (Stein, Beitr. z. Gesch. d. deutschen Hanse S. 54), Kolberg (Riemann, Beil. S. 89 § 13, S. 92 § 13, S. 95 § 10), Anklam (1544, Stavenhagen S. 437 § 67), Friedland (Kamptz I, 2, S. 305 § 33, S. 310 § 56), Parchim (1622, Cleemann S. 159 § 12), Danzig (HR. II, 2, S. 67 § 20, Stein. Beitr. S. 61), Pernau (Arch. IV. S. 104 § 9), Bremen (1539, Puf. II, S. 119 § 107), Bergen (bei Todesstrafe. HR. I, 2, S. 244 § 3), Opslo (Hans. Urkb. III, Nr. 318), Witebsk (Hans. Urkb. I, S. 436), Wien und Wiener-Neustadt (1221, 1253, Stolze, Entstehung des Gästerechts S. 25), Judenburg, Ofen (Gengler, Stadtrechtsaltertümer S. 164 f.). Als in Riga dasselbe Verbot erging, erhob Lübeck Einspruch 1460. HR. II, 4. S. 527 f. § 1. Riga erwidert, es könne nicht leiden, dafs dort gehandelt werde wie im Stapel zu Flandern, in England (vgl. HR. I, 8, S. 600 § 1) oder sonst, es würde zu seinem Verderb gereichen, sei früher nicht gewesen, und man müsse die Stadt versorgen (S. 530, ähnlich S. 532 f. und S. 536 f.). Auf erneute Klagen äufsert es sich 1468 dahin: *wii holden dat also hir ... geliick juwe ersamheide in erer stadt unde in allen guden steden wonliick iss van oldinghes gewest to holdende unde van allen burspraken affgesproken wert, umme unse borgere unde ere gesellen by brode unde neringhe to beholdende, dat gast mit gaste nicht kopslagen en sall, by ener pene in yoweliker stede dar uppe gesath, de in unser stadt iss teyn mark Rigesch* für jeden Fall (HR. II, 6, S. 109; vgl. S. 113 f., 115). In Braunschweig bestand das Verbot um 1380 (Urkb. der St. B. I, S. 66 § 54), doch war es 1412 aufser für den Kornhandel freigegeben (ebd. S. 140 § 148) und später, wenn der Versuch, Bürger als Käufer oder Verkäufer zu gewinnen, fehlgeschlagen war (ebd. II, S. 517 § 3, nach Frensdorff, Makler, in der Festgabe für Regelsberger S. 294). In Hamburg durfte nach den Bgspr. von 1435 und 1447 Gast vom Gaste erst nach dreitägigem Feilhalten kaufen (Stein, Beitr. S. 49). Aus Erörterungen, die im J. 1419 zwischen Hamburg und Lüneburg über die Zulässigkeit des Handels von Lüneburgern mit Fremden in Hamburg vorfielen, geht hervor, dafs Herkommen und Gegenseitigkeit entscheidend waren (Lüb. Urkb. VI, S. 789.

1371 und 1372[1], und endlich kein Bürger für Gäste (mit der Gäste Gelde 1346—1372, für Gäste oder mit der Gäste Gelde von 1373 an) kaufen[2]. Als Buſse ist in den ältern Bürgersprachen 3 M.

S. 161. Vgl. VII, S. 289). In Göttingen dürfen Gäste an Gäste Hering, Stockfisch u. dgl. nur verkaufen, wenn Käufer die Ware ausführen wollen (Puf. III, S. 207), in Preuſsen ist es so bei jedem Gute (HR. I, 7, S. 8 § 3). Ob das in Stralsund den Polen und Ungarn 1390 gewährte Privileg unbedingt gewesen ist? (Hans. Urkb. IV, S. 451 § 1).

[1] Mekl. Urkb. IX, Nr. 5926 § 9, Bgspr. XVII § 10, 1371 und 1372 § 17. Dasselbe Verbot in der Trägerrolle (um 1450; sie dürfen auch dem Gaste keine *tydynge* zukommen lassen) und den Maklereiden des 16. Jhs. Ebenso in der Stralsundischen Maklerordnung aus der ersten Hälfte des 15. Jhs. (Pomm. Jahrb. 2, S. 120), in einer Danziger Willkür von 1445 (Hirsch, Handelsgesch. S. 220 mit Anm., S. 230) und in Hannover (Puf. IV, S. 152). Wegen Lübecks Lüb. Urkb. II, S. 922.

[2] 1346 § 2, 1352 § 4, 1353 XVII § 9, 1371 und 1372 § 16, 1373 § 11, 1385 § 13, 1395 § 9, 1397 § 9, 1400 XL § 9, 1401 § 9, 1417 XLIV § 9, 1418 § 9, 1419 § 9, 1420 § 11, 1421 § 12, 1424 § 17, 1430 § 45, 1480 § 36, LXX § 31, LXXI § 62, LXXII § 53. Auch später, z. B. 1768, ist dies Verbot eingeschärft und ist erst am 1. Oktober in Folge der Vereinbarung über den Eintritt der Stadt Wismar in das neue Meklenburgische Zollsystem auſser Kraft gesetzt. Bis dahin war es untersagt, für Rechnung Fremder Getreide oder Waren aufzulagern oder in öffentlicher Auktion zu verkaufen. Auch in den rechtsverwandten Städten bestand das Verbot. Rostock (Beitr. IV, 2, S. 51 § 7), Kolberg (Riemann, Beil. S. 86 § 8, S. 89 § 11, S. 92 § 12, S. 95 § 10), Stettin (Stein, Beitr. S. 54). In Lübeck durfte nach der mittelalterlichen Ordnung nach acht Liegetagen der Bürger für den Gast kaufen (Lüb. Urkb. VI, Nr. 784, 2 = II, S. 922), später ist es auch dort unbedingt verboten. Vgl. den Kaufleute-Eid bei Siewert, Rigafahrer S. 414 und Ratsprotokoll von 1649, Mitt. f. Lüb. Gesch. 7, S. 14 Die Preuſsischen Städte verbieten 1399, daſs Bürger Gäste Gut verkaufen, HR. I, 4, S. 491 § 2—7. In Goslar soll 1290 kein Bürger mit Gastes Geld Kupfer kaufen, Hans. Urkb. I, Nr. 1071. Societät mit Gästen wird in Lübeck 1306 bestraft (Lüb. Urkb. II, S. 1038, 2) und ist mit Nichthansen vielfach in hansischen Statuten untersagt: Hans. Urkb. III, S. 141, 348 § 9, HR. I, 5, S. 64 § 3, S. 67 § 7, S. 69 § 2—4, S. 156 § 8, Hans. Urkb. V, Nr. 937, HR. I, 6, S. 41, I, 7, S. 543 § 8, I, 8, S. 45 § 9, II, 1, S. 205 § 14, II, 2, S. 360 § 29, S. 510 § 15, II, 3, S. 189 § 63, II, 5, S. 67 § 14, II, 6, S. 327 § 17, II, 7, S. 536 § 189, 3, S. 538 § 190, 3, Hans. Urkb IX, S. 626 § 4, HR. III, 1, S. 400 § 35, III, 2, S. 166 § 263, III, 4, S. 90 § 53, 55, III, 5, S. 183 § 98.

Silbers bestimmt, 1480 20 M. Silbers und Verlust des Guts, ernsthafte Strafe ist angedroht LXX, Verlust des Guts LXXI und LXXII.

Kein fremder Krämer (oder Landfahrer) darf öfter als Einmal im Jahre ausstehn aufserhalb der (allgemeinen) Märkte, und das soll er tun nach Rate der Bürgermeister 1420 § 28, 1421 § 27 (hier gestrichen)[1].

d. Vorkäufer und Makler.

Unter Vorkauf ist dreierlei zu verstehn: 1. Kaufen von Waren über den eignen Bedarf hinaus in der Absicht damit zu handeln oder zu hökern, 2. Kaufen von Gütern, bevor sie auf den Markt gelangt sind, auch wol bevor ein Mitreflektant sich entschliefsen kann[2], 3. Kaufen von Gütern vor ihrer Entstehung oder Beschaffung, von Korn ehe es gewachsen, von Hering ehe er gefangen, von Laken und anderm Gut ehe es angefertigt[3] ist. Ebenso ist das Wort Vorkäufer mehrdeutig: es bedeutet Händler wie Makler.

Vorkauf im Sinne von 2 und 3 wollte man in Deutschland während des Mittelalters überhaupt nicht leiden[4], im Sinne von 1

---

[1] Die älteste Rolle der Krämer hatte zweimaliges Ausstehn für erlaubt erklärt. Es wäre nicht unmöglich, dafs die Einführung eines neuen Marktes (des Pfingstmarktes, von dem es allerdings unbekannt ist, wann er eingerichtet ist) auf die Änderung Einflufs geübt hat. Im Anfange des 17. Jhs. hatten die Krämer durchgesetzt, dafs die Erlaubnis von ihren Älterleuten einzuholen war. Für Rostock hatte der Rat im J. 1383 (vor der Entstehung des dortigen Pfingstmarktes) auf Bitte der Krämer vorläufig für ein Jahr verfügt, dafs ein fremder Krämer jährlich nur 3 Mal auf dem Markte ausstehn dürfe, während sie früher vierteljährlich dreimal zu Markte gestanden hatten (Mekl. Urkb. XX, Nr. 11 497). Ob dreimal ausstehn hier drei Tage ausstehn bedeutet? Das Feilhalten drei Tage lang Hans. Gesch.-Bl. 1897, S. 63) beruhte auf dem alten Gastrechte (Grimm. Rechtsaltertümer S. 400, mehr in der 4. Auflage I, S. 552).

[2] Were dat yement in der kumpenye deme anderen dar vorekop dede. Statuten der Dänemarkfahrer zu Stade, Mitte des 14. Jhs., Hans. Urkb. III, S. 90 § 7. Vgl. IV, S. 305 § 37. *We ok dem anderen vorkop dede, syn brok is veer schillingh,* Hannover, Puf. IV, S. 187. Vgl. Bgspr. von Parchim 1622 (Cleemann S. 161 § 23).

[3] HR. I, 6, S. 228 § 167, 5, S. 378 § 59 und sonst. Kauf später lieferbarer Waren HR. III, 1, Nr. 67, III, 7, Nr. 184, 187 § 31.

[4] Vgl. Gengler, Stadtrechtsaltertümer S. 174—178.

möglichst einschränken[1]. Man war unvergleichlich mehr als jetzt gewohnt aus erster Hand zu kaufen und schätzte den Kaufmann nur dann hoch, wenn er von fern her unentbehrliche Güter an den Markt brachte oder bei Fremden Zwischenhandel betrieb, vielleicht noch wenn er die daheim überschüssigen Güter anderswo auf den Markt führte. Sonst erblickte man in ihm vorwiegend den Kauf- und Preis-Verderber und legte ihm Hindernisse in den Weg, so viel man konnte. Um dem Bürger den direkten Kauf zu sichern, sind mancherlei Bestimmungen getroffen. Vor allem sollte die Ware an den Markt gelangen; gewisse Waren dort drei Tage lang feil gehalten werden, ehe ein Vorkäufer sie erwerben konnte; weiter konnten die Bürger beanspruchen mit dem Vorkäufer in den Kauf einzutreten, vielleicht mit dem Zugeständnisse eines kleinen Aufgeldes; endlich konnten gewisse Waren überhaupt dem Aufkaufe entzogen werden, und vom Wochenmarkte war der Höker entweder ganz oder bis zu bestimmter Stunde ausgeschlossen.

Die erste Wismarsche Ordnung für die Vorkäufer[2] gehört in den Anfang des 14. Jahrhunderts. Sie verlangt von dem Vorkäufer ein gewisses Vermögen (doppelt so viel als ein Reifer 1387 nachweisen mufste); was er kaufte, sollte er mit seinem eignen Gelde bezahlen[3] und, bevor er es verkaufte, in seine Wehr bringen; er sollte nur auf dem Markte oder an der Grube kaufen, nicht aber vor den Toren oder auf den Strafsen; Handwerker und Bürger, die über den Handel von Vorkäufern zukämen, sollten stets das Vorrecht haben, für eignen Bedarf die Hälfte der Ware an sich zu nehmen, während der oder die Vorkäufer sich mit der andern Hälfte sollten begnügen müssen[4]; nur zwei Vorkäufer durften zusammen kaufen.

---

[1] In Friedland wird jeder Vorkauf verboten. Kamptz I, 2, S. 310 § 56. *Ok vorbut de raed allen vorkop myd Dutschen unde myd Undutschen, bi ener halven mark,* Riga 1376 (gestrichen), 1384 (Nap. S. 204 § 20, Arch. IV, S. 185).

[2] Mekl. Urkb. VII. Nr. 4398.

[3] In Anklam sollte kein Kaufmann über sein Vermögen hinaus Korn einkaufen (1544, Stavenhagen S. 436 § 50).

[4] Vgl. Hans. Gesch.-Bl. 1897, S. 26 ff. Nach der Lüneburger Bgspr. von 1401 (Kraut S. 31) mufs derjenige, der *dor bate willen* Holz und Vieh aufkauft, Bürgern, die über den Kauf zu kommen und für eignen

Schlechthin untersagt ist in den Bürgersprachen der Vorkauf von Kohlen 1480 § 39.

Eintritt in den Kauf, um seinen eigenen Bedarf zu decken, ist jedem Bürger offen, wenn am Strande oder am Hafen Victualien[1] im Grofsen gekauft werden; nur mufs er bar zahlen LXX § 28, LXXI § 74, LXXII § 62.

Zu bestimmten Jahreszeiten ist Vorkauf von Korn ausgeschlossen. Dies soll kein Vorkäufer zwischen Himmelfahrt und Allerheiligen[2] kaufen 1352 § 3[3]. Im funfzehnten Jahrhunderte[4] wird die verbotene Zeit bis Nicolai[5] gestreckt. Ebenso soll Brennholz (1355 steht allgemein Holz) bis Jacobi[6] jeder nur für seinen eignen Bedarf kaufen dürfen 1353 XVII § 8, 1355 § 2.

Die ersten drei Tage sind dem Bürger vorbehalten, um für seinen Bedarf zu sorgen, und ist Vorkauf ausgeschlossen bei Bauholz[7] (das auch nur innerhalb der Stadt gekauft werden darf) 1346

Bedarf kaufen wollen, Holz um den Selbstkostenpreis, Vieh mit geringem Aufschlage abstehn. — Statt *similiter* ist Mekl. Urkb. VII, Nr. 4398 *simul* zu lesen. Das ergibt die regelrechte Auflösung der gebrauchten Abkürzung, der Sinn und das Ratswillkürbuch.

[1] Auch der Kornhändler, der im Wege des üblichen Verkehrs direkt vom Gute gekauft hatte, mufste von seinem Kornboden dem Bürger zu dessen eignem Bedarf einige Scheffel ablassen, es sei denn, dafs der liefernde Landmann ihm nachweislich durch Schuld verhaftet war 1735, Okt. 13. Wider den Vorkauf in Victualien erklärt sich die Hamburger Bgspr. von 1594 § 32.

[2] Nov. 1.

[3] Nur angedeutet 1395 § 23, 1397 § 26, 1417 XLIV § 25, 1418 § 28, 1419 § 25, 1420 § 41, 1421 § 42.

[4] 1424 § 52, 1430 § 46, 1480 § 56. — In Celle soll kein Mülzer oder Kornkäufer vor Martini (Nov. 11) in oder vor der Stadt, an den Toren oder in den Häusern Korn kaufen; nach Martini kann er auf dem Markte kaufen (Puf. I, S. 230 Nr. 7 § 4). Aufkauf von Korn ist in Reval um 1400 verboten (Arch. III, S. 88).

[5] Dez. 6.

[6] Juli 25.

[7] 1614, Jan. 9 klagen die Acciseeinnehmer vor den Bürgermeistern, dafs Herr Heinr. Kock das Bauholz allein aufkaufe (prot. extrajudicialia S. 63). — Vorkauf in Zimmerholz, Latten und Schieferstein war in Braunschweig verboten (Urkb. der St. B. I, S. 47 § 57, S. 67 § 66, S. 133 § 71).

§ 1, 1353 XVII § 7, überhaupt bei allen Waren 1380 § 1, 1385 § 21; angedeutet 1400 XL § 19 und 1401 § 19[1].

Drei Stunden lang soll Mehl auf dem Markte gewesen und es soll vom Wraker auf seine Güte geprüft sein, bevor jemand es fuderweise (den Armen zum Nachteile) kaufen darf LXX § 22, LXXI § 67, LXX § 55[2].

---

von Holz (ebd. S. 70 § 111), von Brennholz (ebd. S. 113 § 144). In Riga und Dortmund war es untersagt Zimmerholz über den eignen Bedarf hinaus zu kaufen (Riga: von 1376 bis in die Mitte des 17. Jhs., Nap. S. 203 § 7, Arch. IV, S. 183, Nap. S. 210, 213, 217, Arch. IV, S. 199, Nap. S. 227, 239, 244 § 33, an letzter Stelle: *das er also forth verkauffen will;* Dortmund: Statuten S. 169 § 112). Natürlich handelt es sich stets um Holz, das zum Verkaufe in die Stadt gebracht ist, was in Dortmund ausdrücklich ausgesprochen ist. In Riga unterlag Brennholz demselben Verbote 1399 (Nap. S. 212 § 45). Wider den Aufkauf von Holz in Reval um 1360 und um 1400 Arch. III, S. 85, 87; in Hamburg Bgspr. zu Thomae § 7 (von Böttcherholz, ebd. § 8. Vgl. Rüdiger, Zunftrollen S. 31). Angeflöfstes Holz darf in Bremen in den ersten drei Tagen nur zu eignem Bedarf gekauft werden (1539 § 114, Puf. II, S. 120). Um den Anfang des 15. Jhs. klagen die Älterleute bei der Trave vor dem Lübischen Rate darüber, dafs Hamburger in Lübeck Holz kaufen, bevor es seine rechte Zeit gelegen habe, und, darum belangt, behaupten, sie hätten das Gut gekauft, *ere dan id hir in den marked komen is; dat dunket uns een vorkoop,* Lüb. Urkb. VI, Nr. 784.

[1] Ähnlich noch in der Strandordnung aus dem Ende des 16. Jhs. mit Specificirung der Waren und Beschränkung der verbotenen Zeit meist auf zwei Tage. — *Ock en schal men nen guth, dat to schepe van nedden up kumpt, ane korne, dingen, vorkopen edder mit vorworden beschlaen, dat men wedder vorkopen wil, idt en hebbe 3 dage vehle gewesen vor unser stat, aver tho siner eigen behof,* Bremen 1539 (Puf. II, S. 120 § 115). Vgl. für Hamburg HR. III, 5, S. 38 § 147 (1504).

[2] Vieh, das zur See eingeführt war, sollten die Schlachter nicht kaufen, bevor es eine Nacht im Stalle eines Bürgers gewesen wäre, Willkür vom J. 1342 (Mekl. Urkb. IX, Nr. 6230). In Riga sollten Händler überhaupt kein Vieh kaufen, Schlachter in den sechs Wochen um Michaelis erst, wenn die Schutzfrist für Bürger (natürlich die drei Tage) verstrichen war 1376 usw. (Nap. S. 204 § 12 f.). Aufkauf von Vieh auf den Schiffen wie auf dem Markte ist in Reval um 1360 und um 1400 verboten (Arch. III, S. 85, 87).

Nicht vor 9 Uhr morgens sollen Händler Mulden und Schaufeln aufkaufen LXX § 25, LXXI § 71, LXXII § 60.

Aufserhalb der Stadttore soll niemand zwecks Vorkaufs Korn oder Holz oder andere Waren kaufen 1395 § 20, 1397 § 23 (wo durch eine Änderung das Verbot auf Holz beschränkt ist), 1417 XLIV § 21, 1418 § 25, 1419 § 22, 1420 § 40 und 1421 § 41 (wo *causa preempcionis* gestrichen ist)[1].

Gegen die Vorkäuferinnen[2] wendet sich 1480 § 43 und verbietet ihnen unter Androhung von Gefangensetzung und strenger Strafe (sonst war eine Bufse von 3 M. Silbers auf Übertretung der Bestimmungen über Vorkauf gesetzt) den Bürgern in den Strafsen, vor den Toren oder auf dem Markte Vorkauf zu tun.

Spätere Verordnungen wegen Vorkaufs[3] sind in den Jahren 1587, 1648, 1665, 1696 und 1735 erlassen. Die letzte ist 1800, Nov. 4 erneuert und 1816, Dez. 23 in Erinnerung gerufen. Hiernach ward erst nach 10 Uhr[4], wenn das ausgesteckte Zeichen[5]

[1] Hamburger Stadtrecht 1292 G § 22, Hach III § 322. In Braunschweig soll kein Vorkäufer Gut kaufen, bevor es auf den Markt gekommen ist (Urkb. der St. B. I, S. 67 § 68, S. 133 § 72) und niemand den Kornwagen entgegen gehn (ebd. S. 66 § 56, S. 131 § 48, 1387—1400). Das Eingeleiten der Kornwagen und das Kaufen auf dem Lande wird in Anklam untersagt (1544, Stavenhagen S. 436 § 60, 58). Dort soll auch niemand Holz vor den Toren kaufen (ebd. S. 437 § 63). Weiteres unter C e.

[2] In der allein erhaltenen Abschrift steht *den plerterschen unde den vorkoperschen* und man könnte etwa auf die Pläterstr. zu Rostock hinweisen. Allein die von Koppmann dafür vorgeschlagene Deutung, die auch ich für wahrscheinlich halte, würde hier wenig passen. Da nun unsere Abschrift auch sonst nicht fehlerfrei und *pluckinge* als Kleinhandel bezeugt ist, so habe ich kein Bedenken getragen *pluckerschen* herzustellen. Es sind die Sellerweiber der spätern Ordnungen (1735 § 8), deren der Rat, wie er sich 1727 in einer Klage gegen den Kommandanten Schwanfeldt äufserte, seit unvordenklichen Zeiten 4 bestellte.

[3] In einem Kanzelproklam ward zu Ende des 16. Jhs. gemäfs der Bgspr. vor Vorkauf gewarnt.

[4] Früher, wo man den Tag zeitiger begann, möglicherweise nach 9 Uhr, vgl. oben Mulden und Schaufeln betreffend. In Göttingen durften die Hökerinnen zwischen der Non des Freitags und der des Sonnabends nicht kaufen, Puf. III, S. 197. In Lübeck ward eine über der Wage hangende Glocke geläutet, Koppmann, Lüb. Chron. II, S. 399 § 23 (1406).

[5] *Gewette deutete dem Frohner an, das verfertigte Brett wegen*

weggenommen war, den Kaufleuten gestattet auf dem Markte im Groſsen und den Aufkäuferinnen im Kleinen aufzukaufen.

Vorkäufer, Makler, Träger sind in der ältern Zeit nicht streng geschieden, weder dem Ausdrucke nach noch in ihrer Tätigkeit [1]; und wenn im J. 1351 die Zahl der *promercatores* (auſser für

---

der Vorkäufferei durch seine Leute an den zu dem Ende auf dem Marckte errichteten Pfahl aufzuhangen, und müste das instehenden Mondtag früh geschehen, das Brett auch bis 10 Uhr behangen bleiben 1735, Nov. 5 (Lembke, jus statut. VII, S. 6073). In der Verordnung von 1735, Okt. 13 § 7: *ein gewisses Zeichen oder so genante Fahne.* Noch bis 1819, womit es aufhört, verzeichnen die Kämmerei-Rechnungen zu Johannis und Neujahr eine Ausgabe von je 6 M. an die Kohlenmesser, *das Marcktbrett auszuhängen.* Das ist eine alte Einrichtung: *nen vorehoke scal kopen noch verkopen uppe deme markete, de wile de bannere steket, honre, eyere, boteren eder kese,* Braunschweig (Urkb. der St. B. I, S. 47 § 59, S. 67 § 67, S. 133 § 72). *Vorkoper, hoken und geste scolen up den markt nicht kopen, diwile di wisgh utstecket,* Berlin (Stadtb S. 31). *Dar en schal ock nemandt kopen jenigerlei guth, dat he wedder vorkopen wil, dewile de baner up dem markede steit, edder vor 10 uren des morgens,* Bremen (1539, Puf. II, S. 118 § 103). Vgl. wegen Lüneburgs und Eimbeks Puf. II, S. 195, 199, 228, wegen Kolbergs Riemann, Beil. S. 90 § 37 *(de wyle de vane steit).* Gengler, Stadtrechtsaltertümer S. 154.

[1] *Nullus mekeleer sive fertor accipiet plus nomine mekelschap* ... Mekl. Urkb. IX, Nr. 5926. *Nullus meekeler aut fertor portabit hospitem [ad hospitem],* ebd. *Quod nullus promercator hospitem ad hospitem portat,* Bgspr. 1353 XVII § 10. Träger als Biermakler in den Brauerordnungen von 1593 und 1601. Auch anderswo tun die Träger Makeldienste: Lübeck (Anfang des 15. Jhs., Lüb. Urkb. VI, S. 761, 763. Vgl. IV, S. 131—134) und Danzig (Hirsch, Handelsgesch. S. 220, Willkür S. 43 § 57); verboten ist es in der Greifswalder Bgspr. (Pomm. Gesch.-Denkm. II, S. 97. In Greifswald war es aber auch 1554 eine Neuerung, daſs die Träger das Bier spundeten: Pomm. Jahrb. 2, S. 149. Kein Träger sollte dort Bier in einen Krug tragen, der einem andern zustand S. 150). Wenn es uns selbstverständlich ist, daſs kein Makler Handel treiben darf, so war es das früher nicht überall noch unbedingt, wenn auch aus einzelnen Städten, wie z. B. aus Stralsund (!) und Nowgorod, strikte Verbote vorliegen (s. Frensdorff, der Makler im Hansagebiete, Festgabe für Regelsberger S. 294 bis 299, S. 275, 277). Daſs in Wismar ein solches Verbot nicht bestanden hat, folgt wol aus Mekl. Urkb. XIII, Nr. 7490 und aus dem Umstande,

Bier, Korn und Pferde) auf sechs beschränkt wird, so spricht alle Wahrscheinlichkeit dafür, dafs hier Makler darunter zu verstehn sind[1]. Über die Maklergebühren unter B i (S. 157 f.), über das Verbot Gast zu Gast zu führen unter C c (S. 177 f.).

e. Wo darf nicht, und wo darf gekauft werden?

Das Verbot vor den Toren zu kaufen beschränkt sich nicht auf die Vorkäufer und auf Korn und Holz, wie es uns unter C d S. 184) begegnet ist, sondern ist mehrfach ganz allgemein ausgesprochen[2]. 1345 ist *et in civitate* nachgetragen, ein offenbar unfertiger Zusatz. Ebenso allgemein ist 1348 § 4 verboten am Hafen zu kaufen, 1480 § 58 mit dem Zusatze *sonder[lick] by deme bollwercke* und mit Erhöhung der Bufse von 3 M. Silber auf 20 M.[3].

---

dafs ein darauf zielendes Gelöbnis in den Eiden des 16. Jhs. und von 1664 und 1675 fehlt und erst 1735 erscheint, während für den Wraker am Strande ein solches schon im J. 1571 besteht (vgl. seinen Eid im Ratswillkürbuch fol. 51 v). Auch für Lübeck nimmt Pauli an, dafs Makler Geschäfte machen können, Lüb. Zust. III, S. 75.

[1] Mekl. Urkb. XIII, Nr. 7490. In Köln und Strafsburg unterschied man *furkouf* (Aufkauf) und *underkouf* (Makelei), *vürkeuffer* und *underkeuffer*.

[2] 1345 § 8, 1353 XVII § 12, 1480 § 57, LXIX § 62. Ebenso in einem Kanzelproklam von 1627, Sept. 30. Gleiche Bestimmung in Lübeck (Kaufmannsgut, Lüb. Urkb. II, S. 921 = VI, S. 762. Vgl. S. 764—766), Tondern (1691, Westph., Mon. IV, Sp. 3271), Güstrow (Besser, Beitr. II. S. 270, Kamptz I, 2, S. 275 § 18), Schwerin (Kamptz I, 2, S. 291 § 8), Friedland (Kamptz I, 2, S. 305 § 35), Mekl. Polizeiordnung von 1572, Parchim (1622, Getreide, Hopfen, Wolle, Holz und andere dergleichen Waren, Cleemann S. 161 § 23), Riga (1376, man soll das Gut auf den Markt kommen lassen, besonders Schlachtvieh, Nap. S. 205 § 31, gestr.) 1376, 1399, 1405, 1412, 15. Jh., Anfang und Mitte des 16. Jhs. (Nap. S. 203 § 10, S. 210 § 9, S. 213 § 9, S. 217 § 11, Arch. IV, S. 200. Nap. S. 228 § 9, S. 239 § 9; *außerhalb dem sticken*, Mitte des 17. Jhs., Nap. S. 243 § 24), Lüneburg (im 15. u. 16. Jh., Puf. II, S. 195, 199), Bremen (1539, Puf. II, S. 120 § 117).

[3] Der Strandvogt sollte Acht haben, *dat neine gudere in den pramen effte schuten gekofft scholen werden in der havene, id sy erst up den strandt geslagen* (Eid vom J. 1543, Ratswillkürbuch fol. 45 r).

Wer sich schon vor den Toren gegen gewisse Bestimmungen über den Kauf von Korn und vielleicht auch Hopfen verging, sollte doppelte Bufse verwirkt haben 1351 XV § 6.

Besondere Bestimmungen sind für Holz[1] und Kohlen und Korn getroffen. Bauholz (in 1346 wollte sich das richtige Wort nicht gleich finden lassen) mufs erst innerhalb der Stadtmauern angelangt sein und ist binnen den ersten drei Tagen auch nur zu eignem Bedarf (also nicht für Händler) käuflich 1346 § 1, 1353 XVII § 7. Wegen des weitern Verbots, Holz (1397 jeder Art, wie Dielen u. dgl.) zwecks Vorkaufs vor den Toren zu kaufen (1395—1421), s. unter Cd (S. 184); 1421 § 41 ist *causa preempcionis* gestrichen und es ist das Verbot ohne diese Bestimmung noch 1424 § 51 und 1430 § 47 wiederholt[2]. — Kohlen darf niemand aufserhalb der Tore kaufen[3].

Den Kauf von Korn[4] anlangend, so wird er vor den Toren, in den Strafsen und am Hafen verboten, freigegeben innerhalb der vier Ecken und an der Grube 1347 VI § 1, 1352 § 2, 1353 XVIII § 4, 1356 § 15. Keiner soll Korn kaufen, bevor man innerhalb der vier Ecken angekommen 1349 § 4. Niemand soll den Sack lösen lassen und dingen oder kaufen, bevor das Korn innerhalb der vier Ecken angelangt, bei unerläfslicher Bufse von 10 ß: XV 1351 § 5. Aufserhalb der Stadttore soll niemand Korn auf Vorkauf kaufen 1395—1421 (s. Cd, S. 184), wo an letzter Stelle

---

[1] Holz soll in Kiel niemand vor den Zingeln kaufen (Anfang des 15. Jhs., Zeitschr. 14, S. 332, 1423 Zeitschr. 10, S. 196), in Hannover vor gewissen Stellen (Puf. IV, S. 187, 192 f.).

[2] Noch im J. 1599 kauften gemäfs der Kämmereirechnung die Kämmerer auf dem Markte einem Bauern einen eichenen Balken ab.

[3] 1480 § 40, LXX § 24, LXXI § 70, LXXII § 58. So auch in Kolberg (Riemann, Beil. S. 89 § 10).

[4] Vgl. die Bgspr. von Kiel (man soll kein Korn in den Strafsen oder vor den Toren [oder auf der Brücke] kaufen, sondern nur auf dem Markte, Anfang des 15. Jhs, Zeitschr. 10, S. 188, 192; 14, S. 332; nicht draufsen auf der Föhrde und auf den Landwegen, Zeitschr. 10, S. 189, 192, 196, 14, S. 332; auch auf andere Waren ausgedehnt 1563, Westph., Mon. IV, Sp. 3254), Kolberg (Riemann, Beil. S. 93 § 29), Hamburg (Stein, Beitr. z. Gesch. der deutschen Hanse S. 48), Reval (um 1400, Arch. III, S. 91), Bielefeld (1578, Walch III, S. 73 f., auch Hopfen und andere Waren).

causa preempcionis gestrichen ist. Dasselbe Verbot ohne diese Bestimmung 1424 § 51, 1430 § 47. Wegen der Bedeutung der vier Ecken kann ich nur wiederholen, was ich an anderer Stelle [1] gesagt habe. Wenn wir bei Wehrmann, Lübische Zunftrollen S. 241 die Bestimmung finden: »Rauchwerk darf niemand kaufen, bevor es auf die Ecken der zweiten Strafse gekommen ist« und in der Greifswalder Bürgersprache: »niemand soll Korn kaufen aufserhalb der Stadt, sondern allein oberhalb der untersten Querstrafse« [2], so liegt es allerdings nahe die vier Ecken als die der ersten die Torstrafse schneidenden Querstrafse anzusehen. Und diese Erklärung würde alle Ansprüche befriedigen, zumal da sich unschwer für diese Grenzbestimmung noch mehr Belege beibringen lassen [3], wenn nicht das gleichzeitige allgemeine Verbot, auf den Strafsen zu kaufen (1347, 1352, 1353. 1356) im Wege stünde. Glücklicher Weise helfen einige andere Stellen und ermöglichen die Aufstellung und Begründung einer anderen Deutung. In Lüneburg nämlich hat auf die Klage der Bäcker, dafs ein Hausbäcker [4] Schönroggen auf den vier Ecken verkauft habe, der Rat entschieden: Fremde können Brot auf dem freien Markte feilhalten, kein Hausbäcker jedoch soll Schönroggen backen und verkaufen [5]. Aus Stettin aber führt Blümcke in seinen Handwerkszünften im mittelalterlichen Stettin S. 136 eine Stelle aus der Knochenhauerrolle an, wonach Vieh nur an den vier Ecken des Markts erhandelt werden darf. Danach wird es zulässig sein in den vier Ecken einen Ausdruck für den Markt zu erblicken, was besonders erwünscht darum ist, weil neben der Grube den Markt zu nennen geradezu notwendig war [6].

---

[1] Wort- und Sach-Reg. zum Mekl. Urkb. XVII unter ort.

[2] Pomm. Gesch.-Denkm. II. S. 90 f.

[3] Z. B. *ere id kumpt over ene twerstrate,* Rostock (Beitr. IV. 2. S. 50 § 5, später *ehr idt kumpt up dem marckte,* ebd. S. 52 zu § 51. *Nemand schall van den buren wat kopen, ehr dat kumpt aver de erste dwerstraten,* Anklam (Stavenhagen S. 437 § 62).

[4] Ein Bäcker, der um Lohn in den eignen Öfen der Bürger bäckt. Vgl. Hans. Gesch.-Bl. 1897, S. 58.

[5] Bodemann, Zunftrollen S. 3. Dort hatte die Kreuzung der Altstadt und Salzstrafse den Namen *veer ören,* Volger, Urspr. Lüneburgs S. 16.

[6] Von dieser Notwendigkeit läfst sich auch durch die Erwägung nichts abdingen, dafs die vier Ecken als Ecken der ersten Querstrafse genommen

Hopfenhändler sollen ihren Hopfen auf dem öffentlichen Markte, nicht aber in Hallen[1] oder Speichern feil halten, Wismarschen Hopfen ausgenommen 1351 XV § 3, 1352 § 12. In der ältern Verordnung vom J. 1339[2] fehlt die Ausnahme und das Verbot in Hallen oder Speichern zu verkaufen, und während nach der Bürgersprache in Säcken feil gehalten wird, werden hier Fässer und Kufen vorgeschrieben.

Lebendes Vieh[3] aufser Lämmern und Schweinen soll nicht vor den Wassertoren, sondern erst in der Stadt gekauft werden LXX § 26, LXXI § 72, auch nicht aufserhalb der Landtore, sondern auf dem Markte LXXII § 59. Wegen der Beschränkungen, denen der Kauf der Schlachter und Händler unterlag, s. unter Cd (S. 181, 183).

Die Leinwandschneider sollen in den Ratsbuden am Markte (nördlich vom Salzfäfschen) wohnen und feil halten 1453, 1480 § 55[4]. Ebenso scheinen die Flachshändlerinnen auf bestimmte Keller an-

---

den Markt einschliefsen. In Verhandlungen, die im J. 1572 wegen einer Vorkaufsordnung, wie es scheint, geführt, aber nicht zum Abschlufs gebracht wurden, wünschten die Ämter bei ihrer alten Gerechtsame zu bleiben: *nomlich wen wahr binnen dores kamen, dat denne ein jeder vor siner doren kopen muchte* (Ratsprotok. fol. 86 v). Am 20. Okt. ward vorgeschlagen: *dat ein jeder kopen mach, wen de wagen de brede vorby gekamen; idt scholen ock de brede ferner in de straten gehenget werden* (a. a. O. fol. 90).

[1] Eine *domus cum lobiis* in der Hege bezeugt das Reg. parrochiae Marianae fol. 69 (1518).

[2] Mekl. Urkb. IX, Nr. 6005

[3] Nach dem Eide des Strandvogts vom J. 1543 (Ratswillkürbuch fol. 45 r) sollte er darauf achten, dafs niemand Vieh aufser Schweinen und Schafen am Strande kaufte Pferde und Rinder sollen zu Rostock nicht im Schiffe gekauft werden dürfen, sondern erst nachdem sie *in eres werdes were* gebracht sind (Beitr. IV, 2, S. 51 § 6, S. 53 zu § 6). In Reval ist es verboten, Vieh vor den Toren zu kaufen (um 1400, Arch. III, S. 91). Knochenhauer sollen in Riga kein Vieh kaufen, das nach der Stadt unterwegs ist (1412, 15. Jh., Anfang des 16. Jhs., Mitte des 17. Jhs., Nap. S. 218 § 15, S. 222 § 15, S. 228 § 16, S. 244 § 29). In Hannover darf man Pferde, Kühe, Schafe, Schweine vor den Toren kaufen, nicht aber Leinwand, Wolle, Flachs, Wachs usw. (Puf. IV, S. 193).

[4] Vgl. Danziger Willkür, S. 51 § 97.

gewiesen gewesen zu sein[1]. Darüber finden sich aber nur Andeutungen: 1424 § 41 *de vlaskellerschen* und 1427 LV § 4 *dictum fuit de vlaskellerschen etc.* Für die andern Gewerbetreibenden, die in früheren Zeiten unter dem Rathause und am Markte ihre Verkaufsstellen hatten[2], wie Gewandschneider, Schuster, Bäcker, Schlachter, Töpfer usf. ist nur eine Bestimmung wegen der Latelzeit, der Zeit, wo sie um ihre Buden zu losen hatten, getroffen 1351 XV § 9, 1400 XL § 29. Wegen der Gewandschneider s. S. 199.

f. Einzelne Bestimmungen über Kauf und Verkauf.

Wer von Gästen kauft, soll sie, wie es einem Manne wohl ansteht[3], bezahlen, damit keine Klagen erwachsen[4].

Niemand soll sein eignes Gut kaufen bei 10 M. Silber und Verlust des Gutes[5].

---

[1] Die Livländer klagen im J. 1437, daſs Lübeck ihnen verbiete *ere kellere, dar se ere vlasz unde andere ware plegen inne to slitende, open to holdende* HR. II, 2, S. 121 Nr. 136.

[2] Vgl. Hans. Gesch.-Bl. 1897, S. 89—95.

[3] Im Texte steht *curialiter,* also *hovesch.* Vgl. HR. III, 6, S. 767 § 17. *to danke* oder *na willen* steht Wehrmann, Lübische Zunftrollen S. 241, 266.

[4] 1345 § 4, 1353 XVII § 11, 1356 § 11, 1365 § 11. Ähnlich in Rostock (Beitr. IV, 2, S. 51 § 7, S. 53 zu § 7), Greifenberg (Riemann S. 247 § 6). In Riga in Bezug auf die Bauern (1376, Nap. S. 204 § 15 und später bis 1412 Stat. u. R. S. 157); in Braunschweig in Bezug auf das vor den Toren gekaufte Vieh (Urkb. der St. B. I, S. 47 § 51, S. 67 § 62); in Lübeck in den Rollen der Knochenhauer von 1385 und der Häutekäufer von 1445 (Wehrmann S. 266, 241). In Rostock wurden 1301 verschiedene Bürger der Stadt verwiesen, weil sie Gäste nicht bezahlt hatten, und übernahmen in Einem Falle die Ratmannen die Bezahlung (Mekl. Urkb. V, Nr. 2731). Im J. 1368 weist Dordrecht darauf hin, es habe Anordnung getroffen, daſs jeder Käufer dem Verkäufer volle Zahlung in bar leiste (HR. I, 1, S. 405). Der Deutsche Kaufmann beschwert sich im J. 1442 über seine Behandlung in Opslo und Tunsberg: wenn er Zahlung verlange, *so beden se ome de betalinghe myd kulen unde myd speten* (HR. II, 2, S. 494). Den Engländern soll in allen Hansestädten *tegen ore schuldeners upt forderlixste* Recht zu Teil werden (HR. III, 6, S. 147 § 138, 1511).

[5] 1419 § 28, 1420 § 46, 1421 § 44, 1424 § 54, 1430 § 48, 1480 § 59.

Ein Bürger, der minderwertiges Korn kauft, soll keinen Abzug machen[1].

Wo Korn auf dem Wagen gekauft wird, sollen nicht mehr als zwei ein Fuder in Beschlag nehmen[2], Streitigkeiten über das Vorrecht die Bürgermeister entscheiden 1351 XV § 5.

Kein Bürger soll sich am Wasser vor dem vollständigen Abschlufs des Kaufs das Korn messen lassen und es in seine Säcke nehmen[3], bei Strafe von 10 M. Silber für Käufer und Verkäufer. Der Kornmesser, der dawider verstöfst, soll sein Amt verlieren 1420—1424.

Diese Bestimmung habe ich nur noch in Strafsburg (Keutgen, Urkk. S. 335 § 22, 1446) und Köln (Stein I, S. 331 § 8, bei Keutgen S. 341 § 8, 1449) angetroffen. Vgl. Hans. Urkb. VI, Nr. 922.

[1] 1345 § 11. Wer Korn kauft, das oben besser ist als unten, soll behalten, was gemessen ist, das andere aber zurückgeben. Riga (1376, 1384, 1399, 1405, 1412, 15. Jahrh., 16. Jahrh., Nap. S. 204 § 18, Arch. IV, S. 185, 191, Nap. S. 215 § 19, St. u. R. S. 157, Arch. IV, S. 201, Nap. S. 229 § 20, S. 239, anders redigirt in der Mitte des 17. Jhs. Nap. S. 245 § 41).

[2] Die Alten haben es so gehalten: wenn einer bei der Ware stand oder sie in der Hand hatte, so durfte ein anderer sie ihm nicht wegkaufen oder verteuern. Stiegen sie den Leuten auf den Wagen und fielen sie dabei unter den Wagen oder die Pferde und litten Schaden, den mufsten sie selbst tragen, Normann, Wend.-Rüg. Landgebrauch (ed. Fromhold CXIII § 1, 3). Vgl. Lüb. Urkb. VI, S. 762. In Riga war verboten die Bauern anzuhalten und zu hindern, zu ihren Wirten zu gelangen (1376, 15. Jh., Anfang und Mitte des 16. Jhs., Mitte des 17. Jhs., Nap. S. 204 § 16, S. 223 § 20, S. 228 § 13, S. 239, S. 244 § 26); ein Handel, der auf der Strafse bis zum Fordern und Bieten gekommen ist, soll nicht gestört werden (1384, Nap. S. 207 § 9). Etwas anderes ist es, wenn in Lübeck, Kiel und Oldenburg nur zwei sich zu einem Kaufe vereinigen sollen (L.: um 1350 Lüb. Urkb. II, S. 922 = VI, S. 762; K.: Anfang des 15. Jhs., Zeitschr. 10, S. 187, 191, 14, S. 332; 1563 Westph., Mon. IV, Sp. 3254; O.: Hollensteiner S. 286 § 11).

[3] 1419 § 26, 1420 § 45, 1421 § 43, 1424 § 53. — In Rostock soll der Kauf vollständig abgeschlossen werden und kein Raum für Nachzahlungen bleiben (Beitr. IV, 2. S. 52 zu § 5, S. 59 § 9*). In Lübeck soll niemand *uplosen* lassen *eynes gastes gut sunder sinen willen* (Lüb. Urkb. II, S. 921 = VI, S. 762).

g. Die einzelnen Waren.

Über das Holz s. Cd und Ce (S. 182, 184, 187). Vom Kauf der Kohlen stehn in den ältern Bürgersprachen[1] nur Andeutungen. Erst 1425 § 10: niemand soll Kohlen im Ganzen kaufen, sondern jeder sie messen[2] lassen, eine Bestimmung, die den Bürgern nach 1427 § 6 nicht zusagte. Dann ausführlicher 1480 § 38—40: jeder soll die Kohlen, die er kauft, von den geschwornen Kohlenmessern messen lassen; niemand zwecks Vorkaufs und niemand aufserhalb der Tore kaufen. Endlich verkürzt: niemand soll vor den Toren Kohlen kaufen, sonst sollen sie ihm nicht gemessen werden[3]. Der zuwiderhandelnde Kohlenmesser soll doppelt büfsen.

Über den Kauf von Korn und Mehl sind, soweit Beschränkungen des Vorkaufs und der Kaufstelle in Betracht kommen, die Rubriken Cd und Ce (S. 182—184, 187) zu vergleichen. Auch die Bestimmungen, dafs keiner auf minderwertiges Korn einen Abzug machen dürfe[4], dafs nicht mehr als ein oder zwei Käufer ein Fuder in Beschlag nehmen dürfen[5], dafs keiner sich vor vollständig abgeschlossenem Kauf das Korn am Wasser messen und sacken lassen solle[6], sind schon vorgewesen (Cf S. 191).

Aus den spätern Bürgersprachen tritt hinzu: niemand soll ungesichtetes Mehl kaufen[7], niemand fuderweise Mehl kaufen, bevor es drei Stunden auf dem Markte gewesen und vom Wraker[8] auf seine Güte geprüft ist[9]; wer Mehl in Tonnen verschiffen will, soll

---

[1] 1395 § 22, 1397 § 25, 1421 § 15.

[2] Auch in Lüneburg sollten die Kohlen gemessen werden (15. Jh. Puf. II, S. 195, Kraut S. 32), in Bremen nur die nicht gesackten, wenn nicht Mifstrauen gegen die Sackung obwaltete (1539, Puf. II, S. 121 § 129).

[3] LXX § 24, LXXI § 70, LXXII § 58. Ohne Messen also kein Kohlenkauf.

[4] 1345 III § 11.

[5] 1351 XV § 5.

[6] 1419 § 26, 1420 § 45, 1421 § 43, 1424 § 53.

[7] LXX § 21, LXXI § 66.

[8] Eid des Mehlwrakers aus der ersten Hälfte des 17. Jhs. im Ratswillkürbuch fol. 79.

[9] LXX § 22, LXXI § 67, LXXII § 55.

sie voll packen und wägen lassen und Kaufmanns Gut liefern[1], ebenso mit der hinzugefügten Verpflichtung es sichten zu lassen[2], es besichtigen zu lassen[3]. Auf Verfälschung ausgeschifften Mehls[4] wird LXIX im Anhange § 1 hingewiesen. Im Kleinen, scheffelweise, halbscheffelweise, fafsweise soll Mehl nur im Mehlhause verkauft werden[5]. Wer Malz und Roggen oder Gerste verschiffen will, soll es prüfen und durch die geschwornen Kornmesser messen lassen LXX § 33, LXXI § 78, LXXII § 66.

Hopfen[6], der in Wismar marktfähig ist, soll nicht zur See ausgeführt werden[7] 1349 X § 2. In der Stadt selbst sollten Händler

---

[1] LXX § 32.

[2] LXXI § 77.

[3] LXXII § 65.

[4] Die Norweger klagten 1512 über Verfälschung von Mehl und Malz (HR. III, 6, S. 438 § 3); jede Stadt soll ein Hinsehen darauf haben (HR. III, 6, S. 531 § 38, 1514); Mahnung der Lübecker Bergenfahrer an Rostock 1515 (HR. III, 6, S 623 Nr. 646). Vgl. die Rostocker Bgspr., Kamptz I, 2, S. 266 § 18 (irrtümlich ausgelassen in den Beitr. IV, 2, S. 58). Die Rigische Bgspr. warnt um die Mitte des 17. Jhs.: *weiter sehe ein jeglicher wohl zue, was für gueth er außm lande führe, das dasselbe auffrichtig und ohn falsch befunden werde* (Nap. S. 245 § 40).

[5] LXXI § 68, LXXII § 56. An der Stätte des Mehlhauses steht jetzt die Vereinsbank. Es sollte von ihm aus in teurer Zeit der ärmere Mann mit preiswertem Mehl versorgt und nach der Ordnung von 1586, März 24 am Montage und Donnerstage dort ein oder zwei Fuder Mehl im Kleinen verkauft werden. Im J. 1700 beklagt der Rat in seinen Exceptionen gegenüber der Bürgerschaft (§ 21), dafs das Mehlhaus und der Korn- und Mehlhandel auf Norwegen nicht mehr in seinem alten vigore. Das Tribunal erkennt aber 1701, Juli 4, dafs das Mehlhaus mit der Zeit wieder errichtet werden solle. Es ist samt den anstofsenden Buden im J. 1797 von der Stadt verkauft (Wism. polit. Neuigkeiten Nr. 32). Vgl. Willgeroth, Bilder aus Wismars Vergangenheit, S. 68.

[6] Über Hopfenbau in Norddeutschland und Hopfenhandel, bes. in Lübeck hat Stieda eingehend und klar gehandelt, Mitteil. f. Lüb. Gesch. 3, S. 1–16.

[7] Solche Ausfuhrverbote, hauptsächlich mit den Nordischen Reichen als Ziel sind öfter ergangen, z. B. Mekl. Urkb. XV, Nr. 9155, XVI, Nr. 9574 § 6, 9, 9613; Ausfuhr nach Hamburg verboten HR. I, 7, Nr. 535 (1422).

ihn nur auf dem Markte feilhalten[1], nicht aber in Hallen oder Speichern, Wismarschen Hopfen ausgenommen[2] (1351, 1352). Bürger und Gäste werden gewarnt, Hopfen aus Distelow[3] mit anderm zu mischen[4], wie auch alle, die Hopfen von Distelow oder Rutenbek[5] oder andern Orten des Wendlandes[6] bringen, sich vorsehen sollen, dafs er nicht gemischt sei[7]. Verstöfse sollen gemäfs dem Rechte geahndet werden, ohne Zweifel als Fälschung. Klagen über falsche Behandlung[8], indem man den Hopfen vor seiner Reife trocknete und drusch, auch mit Blättern vermengte, führten im J. 1410 einen vorläufigen Beschlufs der Hansestädte herbei, dafs Hopfen nur nach

---

[1] 1339, Mekl. Urkb. IX, Nr. 6005 in Kufen oder Fässern; 1351 XV § 3, 1352 § 12 in Säcken.

[2] Ähnlich in Bremen, wo Alfeldischer und Krigescher H. nur vom Wagen, anderer auch unter dem Rathause, keiner jedoch in Bürgerhäusern verkauft werden darf (1539, Puf. II, S. 127 § 170 f.).

[3] ³/₄ Meile südlich von Goldberg.

[4] 1351 XV § 4. In Bremen soll Braunschweigischer, Hamelscher, Lemgoscher und anderer H., jeder unter seinem Namen verkauft, und kein H. vermengt oder verfälscht werden (1539, Puf. II, S. 127 § 174 f.). in Lübeck mufsten die einheimischen Hopfenhändler, die aus der Mark und die aus dem Wendlande und aus Thüringen gesondert auf dem Markte ausstehn (Mekl. Urkb. V, Nr. 2769).

[5] ³/₄ Meile südöstlich von Kriwitz.

[6] Namentlich von Parchim (wo ein Stadtbuch erhalten ist) wissen wir, dafs dort Hopfen gebaut ist.

[7] 1353 XVIII § 3.

[8] Vom Hansetage 1385 zu Stralsund aus wurden Briefe an Parchim, Sternberg und Kriwitz gesendet, um dem Übelstande abzuhelfen, dafs man in dortiger Gegend den Hopfen auf den Stangen vertrocknen liefs, so dafs die Saat ausfiel HR. I, 2, S. 363 § 9 (Mekl. Urkb. XX, Nr. 11696). Im J. 1424 beriet man dann über einen Beschlufs, dafs gedroschener, nicht ranken- und blattfreier H. als falsch am Kake verbrannt werden solle. HR. I, 7, S. 478. Und wieder erliefsen die Städte im J. 1469 Schreiben an Parchim, Schwerin, Kriwitz, Brül, Sternberg, Goldberg, Neustadt, Grabow und Wittenburg, um die öfter wiederholte, jedoch nicht beachtete Mahnung Lübecks, den Hopfen von Ranken und Blättern rein zu halten, ernstlich einzuschärfen, HR. II, 6, S. 180 f. Nr. 199. Vgl. Lüb. Urkb. X, Nr. 503, XI, Nr. 400. Wismarsches Verfestungsbuch S. 101: *Godeke Holtorp de let vorvesten Hosanghe darumme dat he em synen hoppen vorsorct heft unde heft em brantbreve sant* (1425).

zuvoriger Prüfung durch Sachverständige zum Handel zuzulassen sei [1]. Dadurch nun, dafs der Hopfen nur unter Zuziehung der Hopfenmesser gehandelt werden durfte [2], fühlte sich im J. 1427 ein Teil der Bürgerschaft beschwert und wünschte im Ganzen, und ohne messen lassen zu müssen, kaufen zu können [3]. Ob hierzu die Andeutung in 1430 § 27 eine Beziehung hat, oder ob sie aus 1480 § 33 zu erklären ist, mufs zweifelhaft bleiben. An letzter Stelle wird, offensichtlich Feuersgefahr halber, geboten, den Hopfen aufserhalb der Stadt pflücken [4] zu lassen, und für die gleiche Auslegung von 1430 § 27 spricht der Platz, der diesem Paragraphen im Nachtrage gegeben ist. Die spätern Bürgersprachen [5] verweisen auf eine bei den Hopfenmessern zu findende Ordnung [6]. Aufserdem betrifft den Hopfen, um das anzuschliefsen, noch die Bestimmung, dafs niemand abends und ohne Auftrag ausgehn solle, solchen zu pflücken 1345 III § 3 (s. A i, S. 65).

Wie Kohlen und Hopfen nicht ungemessen, so sollte S a l z nicht ungewogen gekauft werden [7]. Später wird für Verkauf im Grofsen

[1] HR. I, 5, S. 558 § 6.

[2] Auch in Kiel (Bgspr. aus dem Anfange des 15. Jhs., Zeitschr. 14, S. 334 f).

[3] LVI § 6.

[4] D. h. von Ranken und Blättern befreien. Vgl. *humulus purus sine foliis et radicibus proprie ranken,* Pauli, Lüb. Zust. III, S. 131, 47.

[5] LXX § 23, LXXI § 69, LXXII § 57.

[6] Eine solche ist vom J. 1569 bekannt, sie hält daran fest, dafs der Hopfen gemessen und nicht im Ganzen *(mitt rempelnde)* verkauft werde.

[7] 1424 § 19 (Andeutung § 31), 1425 § 11, 1427 LV § 2, 1480 § 41 (nicht nach Tonnen). Dies beruht, soweit es das Lüneburger Salz anlangt, auf einem 1420 gefafsten hansischen Beschlusse (HR. I, 7, S. 148 Nr. 267), nachdem acht Jahre früher die Ratssendeboten von Elbing, Danzig, Wisby, Riga mit Lübeck vereinbart hatten, dafs alles Lüneburgische Salz in Lübeck nach Gewicht verkauft, für die Tonne aber 3 Lispfund berechnet werden sollten (HR. I, 6, S. 74 Nr. 71). Schon seit 1385 hatten die Preufsischen Städte darauf hingestrebt und für sich 1392 und 1399 entsprechende Beschlüsse gefafst, und noch früher verlangt die Bgspr. von Reval Verkauf nach Gewicht (um 1360, Arch. III, S. 86). In Riga (1412 und später, Nap. S. 219) soll Travensalz, in Bremen (1539, Puf. II, S. 113 § 62) Lüneburger Salz nach Gewicht gehandelt werden. Die zweite Hälfte

(nach Fudern) Messen durch die Rathausdiener vorgeschrieben[1]. Der Kleinverkauf nach Scheffeln und faſsweise war den Salzhaken vorbehalten, die dafür eine Abgabe[2] zu entrichten hatten.

Hering, Aal, Dorsch, Fleisch oder andere Waren, die weiter (verschickt oder) verschifft wurden, sollten vor dem Kaufe vom Wraker besichtigt, geprüft, aufgefüllt und nach der Güte gezirkelt werden LXX § 29, LXXI § 75, LXXII § 63. Zu dem letzten Artikel ist angemerkt, die Bürgerschaft habe begehrt, daſs der Wraker ermahnt werde, dem Statut fleiſsig nachzuleben[3], wobei offenbar die Absicht leitete, der Ware ihren guten Ruf zu erhalten.

Die Bestimmungen über den Kauf von Vieh sind unter C d, e (S. 183 Anm. 2, 189) gegeben. Pferde gehörten zu den Gegenständen, worin zu makeln jedem freistand (C d, S. 186). Das Verbot, solche (im Werte von 10 Mark und darüber 1436) zu kaufen, bevor sie (eine

---

des 15. Jhs bringt beiläufig viele Klagen über das Gewicht, zu dem die Tonnen angerechnet werden.

[1] LXX § 20

[2] 1480 § 42, LXX § 19, LXXI § 65. Diese Abgabe ist in den ältern Zeiten wol so eingezogen, daſs jedesmal für Benutzung der städtischen Salzscheffel ein Bestimmtes zu entrichten war (Mekl. Urkb. II, Nr. 1423 aus dem J. 1277 — wo statt *modiis* ursprünglich *salis* geschrieben war — und XIX, Nr. 10129, S. 654). Vgl. Puf. III, S. 196 (aus Göttingen). Noch die Wismarsche Marktordnung von 1864, Dez. 31 stellt den Beziehern des Markts öffentliche Maſse gegen eine Gebühr zur Verfügung.

[3] Der Strandwraker schwur: *dat ick ock keine gesoltede wahr, idt sy fleisch, dorsch, kabbelaw, hering, aal* (späterer Zusatz: *teer ungewraket), edder wo idt sonst namenn hebben mochte, vorstaden will upthovoren, ick hebbe se denn erstlich besehen, gefullet, vorhöget und ein jeder na syner arth getzirkelt und warderet,* Eid vom J. 1571 im Ratswillkürbuche fol. 50. An Instrumenten waren dem damals beeideten Dietr. Snoeke geliefert: *3 nye isernn, darmit he de tunnen brendt, dat eine under der stadt wapen mit A, dat ander under der stadt wapen mit M, dat drudde under der stadt wapen mit S, welche he to Lubeck maken laten und de h. kemerere alhir betalet, 1 nye dubbelt zerckel, 1 nye enckeldt zerckel welcke ehme de h. kemerere ock betalet, 1 olt dubbelt zerckel, 1 olt enckelt zerckel, 1 punder mit dem lode, und scholen tho der kalckwicht, 1 isern schuerstock tho dem there,* ebd. fol. 51.

Nacht lang 1436) in der Herberge gewesen[1], wird haben hindern sollen, daſs findige Händler dem langsameren Bürger oder dem städtischen Marstalle das Gut wegschnappen könnten, ehe diese auch nur davon erfuhren, ein Beweggrund, der in einer entsprechenden, Vieh betreffenden Willkür[2] am Tage liegt. Im 16. Jahrhundert ward Fremden und Einwohnern zu Gute ein wöchentlicher Pferdemarkt eingerichtet, der Donnerstags abgehalten werden sollte[3]. Daſs als Ort der groſse Markt gedacht werden muſs, erwähne ich deshalb, weil Jahrhunderte früher ein Pferdemarkt als Örtlichkeit begegnet. Vgl. Mekl. Jahrb. 66, S. 98 f.

Der Ausschank von Rheinwein und Südweinen und der Kleinhandel damit war von jeher dem Ratskeller zu Gunsten der Ratmannen vorbehalten. Ausgesprochen ist das Privileg[4] LXX § 60, LXXI § 89, LXXII § 75. An den letzten Stellen werden als heiſse Weine Bastard, Muscateller und Malvasier genannt und in LXXI E und LXXII wird noch der Rheinische Branntwein (Vorgänger des Franzbranntweins) hinzugefügt. Der Groſshandel mit denselben Weinen

---

[1] 1436 § 3, 1480 § 60. — In Rostock durften Pferde nicht im Schiffe gekauft werden und nicht, bevor sie *in eres werdes were* gekommen. Beitr. IV, 2, S. 51 § 6, S. 53 zu § 6.

[2] Mekl. Urkb. IX, Nr. 6230.

[3] LXX § 27, LXXI § 73, LXXII § 61. Ein Viehmarkt, und zwar Donnerstag bis Sonnabend vor Galli, ward erst 1694 angeordnet, 1787 aufs neue eingeführt. Er ist seit lange auf einen Tag beschränkt und wird um Gallen abgehalten. — In Kolberg ward der bevorstehende Pferdemarkt in der Bgspr. angekündigt, Riemann, Beil. S. 87 § 29.

[4] Auch zu Hochzeiten sich anderswoher Rheinwein zu beschaffen ward nicht gelitten. Vgl. Ratsprotokoll 1597, Apr. 11. Das Privileg des Ratskellers bestand mit geringer Beschränkung auch in Lübeck (Zeitschr. f. Lüb. Gesch. II, S. 84 f.) und ward, wie es scheint, auch in Reval im J. 1300 durchgesetzt (Arch. III, S. 79). Weiter bestand es in Kolberg (Riemann, Beil. S. 84 § 10 f., S. 93 § 41), Göttingen (Puf. III, S. 207), Hildesheim (Puf. IV, S. 309 § 162) und Celle (Puf. I, S 231 Nr. 7, Art. 5, auch für fremde Biere), während in Hannover der Weinverkauf erst später der Stadt reservirt ward (Puf. IV, S. 204). In Braunschweig (Urkb. der St. B. I. S. 71 § 115, S. 107 § 61, S. 133 § 69) und Lüneburg (1401, Kraut S. 28) vergab der Rat die Schankconcession, wogegen in Bremen die Bürger, die Malvasier, Romanie u. dgl. Wein ausschenken wollten, anscheinend nur Accise zu zahlen hatten (1539, Puf. II, S. 109 § 37).

hat Beschränkungen nicht unterlegen, und die Landweine, wie es in LXX, oder die Gubenschen, Märkischen und Französischen Weine, wie es in den folgenden Texten heifst, ist niemand auch im Kleinen zu vertreiben verwehrt gewesen, wenn er nur die Accise entrichtete und seinen Wein probiren liefs[1]. Diese Weine wurden sogar dem Ratskeller mit Absicht fern gehalten[2]. — Bei dieser Gelegenheit mag ein auffallender Artikel aus den älteren Bürgersprachen angeführt werden, worin gewarnt wird Weinmafse oder Geschirre aus dem Weinkeller zu verbringen[3]. Die Strafe dafür wird zuerst dem Befinden des Rates vorbehalten, später auf 3 M. Silbers normirt. Entweder müssen die Zecher Neigung gehabt haben, ihre Becher[4] mitgehn zu heifsen, oder es haben, was wahrscheinlicher sein mag, Leute, die Wein holten, gern dabei Mafse entliehen und vergessen sie wiederzubringen. Das Verfestungsbuch berichtet nur von einem, der seinen Wein nicht bezahlt hat (1418, S. 83).

Silber und grobes Silbergeld soll niemand kaufen, bevor es der Münze angeboten ist[5].

Der Handel und Ausschnitt der Laken war den Wand-

---

[1] LXX § 61, LXXI § 90, LXXII § 76. Vgl. die Bürgerverträge von 1583 § 18, 1598 § 51, 1600 § 67.

[2] Crull, Mekl. Jahrb. 33, S. 55. Vgl. für das übrige S. 71 ff.

[3] 1400 XL § 28, 1480 § 48.

[4] Zu Fastnacht wurden in Lübeck 60 neue irdene Krüge und Halbstübchenmafse nach Befinden neu angeschafft. Die Junker zechten aus neuen weifsen Holzbechern (Wehrmann, Zeitschr. f. Lüb. Gesch. II, S. 95). In einem vielleicht der Mitte des 15. Jhs. zuzuweisenden Briefe des Wismarschen Ratsarchivs bekennt Jakob v. Kampen, er habe in einem im Weinkeller entstandenen Zanke einem Dänen ½ Quarter an den Kopf geworfen. Die Kämmerer zahlten im J. 1602 an einen Zinngiefser 8 M. 4 ß *vor newe weinpotte, so er in den weinkeller gemachet,* 1608 aber 7 M. 8 ß dafür, dafs er 24 ℔ altes Gut *in den weinkeller zu massen* umgegossen und 13 ℔ neues Gut geliefert hatte; 8 ß erhielten die Gesellen *vor die wapen daruff zu stechen.* — Diebstahl im Weinkeller wird nach einer jungen Redaktion des Alten Lüb. Rechts (Hach II, 83, Lesarten) besonders strenge gestraft. Die Bremische Bgspr. (1539, Puf. II. S. 109 § 32) warnt: *nemandt schal dem winmanne entgan mit dem wingelde, he en do dat mit synem willen:* es soll also jeder bar zahlen, wenn ihm nicht gutwillig geborgt wird.

[5] 1353 XVIII § 5, 1356 § 17.

schneidern vorbehalten, die ratsfähig blieben, auch nachdem die Ämter von der Wählbarkeit ausgeschlossen waren. Ihre Verkaufsstellen hatten sie im untern Geschosse des Rathauses, und diese wurden, um allen Vorzug und alle Zurücksetzung zu vermeiden [1], jährlich durchs Los unter sie verteilt. Wer nicht mitloste, durfte nicht ausschneiden noch mit einem Wandschneider Kompagnie halten [2]. Es sollte aber auch kein Schneider oder Wandscherer mit Wandschneidern in Kompagnie sein [3] und Krämer nur gewisse altgewohnte, wahrscheinlich minderwertige Fabrikate (deren Namen [4], so lange sie keine Vorstellung von der Qualität geben, mehr oder weniger gleichgültig sind) verhandeln [5].

Die Leinwandschneiderinnen, die Flachshändlerinnen und andere Geschäftsleute sind zum Teil sicher, zum Teil aber wahrscheinlich nur wegen ihrer Verkaufsstellen mit Bestimmungen bedacht worden, s. C e S. 189 f.

Da den Brauern daran liegen mufste tüchtige und nicht zu teure Tonnen zu haben, so ist es erklärlich, dafs Willküren und Bürgersprachen sich auch damit beschäftigen. Zwar der Beschlufs über die Böttcherknechte, der im J. 1321 die Wendischen Städte zuerst wieder verbunden und Hamburg mit ihnen vereinigt zeigt, und die Willküren, die das Aufkommen des Böttcherhandwerks in Schonen hindern oder hintanhalten sollten, die über die Verantwortlichkeit

---

[1] Vgl. Mekl. Urkb. II, Nr. 1447, zu ergänzen nach X, Nr. 7199, S. 491. Das Verlosen war auch sonst üblich. Vgl. Hegel, Städte und Gilden II, S. 205. Schilderung des Hergangs in Lübeck im 18. Jh., Mitteil. f. Lüb. Gesch. I, S. 115 ff.

[2] 1345 III § 5, 1356 § 12. Vgl. 1351 XV § 9, 1400 XL § 29.

[3] 1345 III § 7, 1356 § 14. Die Schneider durften in Riga nur Laken bis zu 4 Ör die Elle ausschneiden (1376 bis zum Anfange des 16. Jhs. — seit 1412 wird Tuchscherer hinzugefügt — Nap. S. 205 § 22—S. 229 § 22).

[4] Es sind *Yrener, swesterdok, berwer, sagen, tyrletey*, Speirisch, Saartuch. Auf Yresch hatten die Goslarschen und Lübischen Krämer sogar ein Vorrecht, die letztern auch auf Saartuche (Leibniz III, S. 532 § 20, Wehrmann, Lüb. Zunftrollen S. 273). Welche Laken zu Lüneburg auf den Markt kommen und wer zum Verkaufe berechtigt ist, Lüneburger Stadtbuch S. 241 (um 1360). Berechtigungen zum Lakenschnitt in Breslau aus derselben Zeit, Hans. Urkb. III, Nr. 506.

[5] 1345 III § 6, 1356 § 13.

der Böttcher für ihr Fabrikat und andere können hier höchstens genannt werden, da sie in den Bürgersprachen keinen Widerhall finden. Dagegen würde das Verbot, dafs Bürger [zu Hause] keine Tonnen zwecks Handels damit aufkaufen und über See her eingeführte nicht teurer verkaufen sollten, als die Böttcher sich geeinigt hätten [1], ohne die frühere Willkür vom selben Jahre [2] nicht recht verständlich sein. Die Sache ist die, dafs die Böttcher, nachdem sie sich vorher Ausschreitungen hatten zu Schulden kommen lassen, sicherlich nicht ohne Anwendung eindringlicher Überredungskünste am 8. Juli des genannten Jahres vor dem Rate übereingekommen waren, rund ein Jahr lang als höchsten Preis für die Tonne 18 ₰ Lüb. zu nehmen, wogegen der Rat ihnen zugestanden hatte, dafs kein niedrigerer Preis als 1 ß erlaubt sein sollte. Die Bestimmungen der Bürgersprache werden als ergänzendes Zugeständnis anzusehen und zu beurteilen, wegen der verwirkten Bufse aber wird es in der Schwebe geblieben sein. — Alte Tonnen anderer durften Brauer nicht aufkaufen 1419—1421 (s. C a S. 172).

Wegen des Aufkaufens von Mulden und Schaufeln s. Cd (S. 184).

h. Mafs und Gewicht.

Nach dem Alten Lübischen Rechte war die Bufse für Verwendung falschen Mafses und Gewichtes 60 ß und sollte das Mafs vernichtet werden. Strafbar war aber nur, wer bei Verwendung unrichtiger Mafse ergriffen ward. Als Dieb sollte gestraft werden, wer in betrügerischer Absicht zweierlei Mafs verwendete [3].

In Wismar sollten zu Michaelis 1345 neue Mafse eingeführt werden [4], und 1348 werden demgemäfs die Bürger ermahnt, nur die jetzt geeichten Gewichte zu verwenden [5]. Danach wird lange Zeit [6]

[1] 1351 XV § 2, angedeutet 1355 § 3.

[2] Mekl. Urkb. XIII, Nr. 7492. Der Schlufs der Willkür lautet richtig gelesen: *de excessibus per ipsos perpetratis domini mei non dimiserunt, sed stabunt, prout steterunt, inneglecti.*

[3] Hach I, 45, 47, II, 131, 129.

[4] 1345 III § 13.

[5] 1348 § 7. 1349 § 9 nur eine Andeutung »von Mafsen und Gewichten«.

[6] 1352 § 6, 1353 XVIII § 7, 1371 und 1372 § 24, 1373 § 12, 1385 § 14, 1395 § 10, 1397 § 10, 1400 XL § 10, 1401 § 11.

aufgefordert Mafse und Gewichte (Scheffel und Mafse 1353) eichen zu lassen, der Regel nach mit dem Zusatze »ohne Furcht und Bruch«, und in dieser Fassung ist der Satz auch um das Jahr 1356 in der allgemeinen Bürgersprache nachgetragen[1]. Dann wird eine Reihe von Jahren hindurch bekannt gegeben, jeder, der im Handel Mafs und Gewicht verwende, könne sie sonder Furcht und Bruch von dem geschworenen Diener Heinr. Dargetzow eichen lassen[2]. Die letzten Redaktionen setzen an Dargetzows Stelle den Wachtschreiber[3]. Einer Strafe, die auch nach der Bürgersprache nur den trifft, dem die Verwendung falscher Mafse nachgewiesen wird, geschieht zuerst im J. 1371 Erwähnung: die Ratmannen wollen dem Rechte gemäfs darüber urteilen[4]. Dann wird es dem Befinden des Rats anheimgestellt[5], 1395[6] aber und 1417[7] wird Todesstrafe angedroht, an letzter Stelle mit dem Zusatze »wenn nicht der Rat besondere Gnade walten lassen wolle«. Aber gleich hier ist, vermutlich um die folgende Fassung vorzubereiten, wieder geändert und

[1] I § 10.

[2] 1417 XLIV § 10, 1418 § 10, 1419 § 10, 1420 § 12, 1421 § 14, 1424 § 18 (vgl. § 31), 1425 § 9, 1430 § 43. Im Bürgereide (nach den Bürgerverträgen von 1583 § 8, 1598 § 22, 1600 § 27) verpflichtete sich jeder einem jeden volles Gewicht und Mafs zu liefern. Die Gewichte, Wachtschalen und Ellen der Krämer werden nach ihrer Rolle vom J. 1604 von den Älterleuten unter Zuziehung eines Ratsdieners regelmäfsig geprüft und geeicht, Krämer-Inventar S. 86. — Mahnungen, rechtes Mafs und Gewicht zu halten, gehören zum eisernen Bestande aller Bürgersprachen. Vgl. Rostock (Beitr. IV, 2. S. 50 § 2), Ribnitz (Kamptz I, 2, S. 332 § 3), Grevesmühlen (Kamptz I, 2, S. 336 § 5), Kolberg (Riemann, Beil. S. 83 § 7 und später, stets in gleicher Fassung), Greifenberg (Riemann S. 247 § 4), Wilster (1456, Zeitschr. 8, S. 355), Güstrow (Besser. Beitr. II. S. 270), Parchim (Cleemann S. 158 § 7), Plau (Mekl. Jahrb. 17, S. 355 § 6). Waren (Kamptz I, 2, S. 327 § 4), Hamburg (1594 § 15), Riga (1376 usw., Nap. S. 205 § 25 usw.), Pernau (Arch. IV, S. 103 f. § 2), Bremen (Puf. II, S. 113 § 59).

[3] 1480 § 81, LXX § 18, LXXI § 64, LXXII § 54.

[4] 1371 § 24.

[5] 1397 § 10, 1400 XL § 10, 1401 § 11.

[6] 1395 § 10. Hier ist der Passus, wol als Vorbereitung der Redaktion von 1417, auf Rasur nachgetragen.

[7] XLIV § 10.

die Strafe von neuem der Willkür des Rats überlassen[1]. Die folgenden Fassungen sind unvollständig und verweisen auf früher. Dann droht 1480 § 81 und LXX § 18 der Rat, strenge richten zu wollen; endlich soll nach LXXI § 64 und LXXII § 54 der Betroffene an Ehre und Gut gestraft werden[2].

Zu kleine Tonnen sollen durch Abstreifen der Bänder zu nichte gemacht werden[3].

Gröfsere Quantitäten als ein Lispfund sollen auf der städtischen Wage gewogen werden[4].

Für den Kornkauf sollten nach 1371 und 1372 § 23 acht Kornmesser bestellt werden. Daneben gab es beeidigte Kohlenmesser und Hopfenmesser. Salzmesser war der Rathausdiener.

i. Münze.

Die Münze wird weniger oft berührt, als zu erwarten ist, und namentlich fehlen die in den Münzrecessen der vier Städte (Lübeck, Hamburg, Lüneburg, Wismar) angeordneten Abkündigungen[5], wofür der Umstand, dafs grade für die in Betracht

---

[1] 1418 § 10, 1419 § 10.

[2] In Anklam soll die Verwendung falschen Mafses als Fälschung angesehen werden (1544, Stavenhagen S. 437 § 73).

[3] LXX § 30, LXXI § 76, LXXII § 64. Dem Zusammenhange nach handelt es sich um Tonnen zum Versand von Fisch und Fleisch. Ebenso im Eide des Strandwrakers vom J. 1571. Dieser war verpflichtet zu klein befundene Tonnen zu *streuffen und alle bende darvan houwen unnd inth fuer leggen, doch dem kopmanne dath gutt laten* Ratswillkürbuch fol. 51. — Biertonnen sollten nach einer Willkür vom J. 1411 32 Stübchen halten.

[4] 1347 II § 2, 1352 § 5, 1353 XVII § 14. Ob das Revalsche Verbot (um 1360 und um 1400, Arch. III, S. 84, 88) *neman eyn zal weghen med zinen eghenen punderen* auf dasselbe hinaus will?

[5] 1365, Okt. Verbot Geld zu brennen, *quod intimabitur in civiloquio* HR. I, 1, S. 326 § 11. Lübeck, Hamburg und Wismar sollen einen Münzrecess *tor negesten bursprake eren borgeren witliken vorkundigen* 1455 HR. II, 4, S. 288 § 5. Dem Recesse, gemäfs dem in Lübeck und Hamburg zu Thomae, in Lüneburg *an gewontliken enden* wegen der Münze in der Bgspr. *warninge to donde* war (1504, HR. III, 5, S. 121 § 6), ist Wismar erst später beigetreten. Wie ein Münzrecess für die Bürgersprache zugestutzt ward, zeigt ein Vergleich von HR. I, 8, S. 618

kommenden Jahre besondere Redaktionen nicht gemacht sind, keine genügende Erklärung bietet[1]. Nur mit mehr oder weniger Bedenken können die 1382 § 4 und 1421 § 13 nachgetragenen Andeutungen auf die Münzrecesse von 1381 und 1422[2] bezogen werden.

1347 VI § 4 wird verlangt, man solle sein Schofs in kurrentem Gelde entrichten, denn minderwertiges sollen die Kämmerer ausschiefsen.

1424 § 20 wird vor den neuen Arnolds-Gulden[3] gewarnt, in § 21 aber es für unredlich erklärt, dafs Frauen das nirgends mehr gültige Dänische Kupfergeld[4] opfern. Nochmals wird 1480

---

bis 620 mit Grautoff, hist. Schriften III, S. 209-211, dessen Text hiernach zu datiren ist. 1463, Apr. 23 schreibt der Rat von Lüneburg an Lübeck, dafs er *vor dissem unsem anstanden marckede Jubilate* (Mai 1) *unse borgere vor uns nicht konnen vorboden*, um ihnen einen Münzrecess zu verkünden (HR. II, 5, S. 211 Nr. 310). Hier und bei andern Verkündigungen wegen des Geldes (HR. I, 2, S. 188 § 6, S. 399 § 7, I, 8, S. 609 § 7) läfst sich in der Regel nur an die Bürgersprache denken.

[1] Vgl. S. 23. Als Regel mufs angenommen werden, dafs die Münzrecesse, wenn nicht ganz, so doch zum grofsen Teile (vgl. die vorige Anmerkung) bekannt gemacht sind.

[2] HR. I, 2, S. 275 f., 7, 333 f.

[3] Arnold von Egmont ward 1423, minderjährig, Herzog von Geldern.

[4] Dies Geld sollte nach einem Abkommen zwischen König Erich und den Wendischen Städten, das diese 1423, Jan. 22 den Livländischen Städten mitteilten, bis 1423 Pfingsten gültig, es sollte aber niemand genötigt sein, es in Zahlung zu nehmen (HR. I, 7, S. 378). Der Entwurf eines von der Dänischen Königin mit den Seestädten zu vereinbarenden Münzrecesses (HR. I, 7, S. 498 f.) ist vom 8. Okt. 1424 datirt. Sonach ist klar, dafs die Berichte Körners (bei Schwalm S. 466) und der von ihm abhängigen niederdeutschen Bearbeitungen (Koppmann, Lüb. Chron. III, S. 225 f., 382) über den Finanztrick Kg. Erichs in der Datirung — sie geben das Jahr 1425 — irrig sein müssen. — 1493, März 4 beklagen sich die Herzoge Magnus und Balthasar, dafs die Wismarschen, obgleich *wy na rade unnser prelaten, manne unnde stede ... dat Densche gellt ernnstliken ... vorbaden hebbenn*, dennoch ihren Untertanen ihr Korn, Holz und Kohlen damit bezahlen. *Is der wegenn ock unnse beger, gy mit unnsen borgeren willen bestellen, dat sie den buren ... Lubesch unnde unnse gellt, unnde nene Densche drelinge geven.* Sonst werden *wy georsaket den unnsen to vorbedende, sie unnse stad derhalven vorby faren ...,*

§ 90 vor Dänischem Gelde gewarnt, das die Dänen in Zahlung zu geben suchten, aber nicht wieder nehmen wollten. Man sollte diese Witten nur für 2 ₰ annehmen, während die einheimischen das doppelte galten.

Das Vorrecht der städtischen Münze im Ankaufe des Silbers und des gröberen Silbergeldes[1] ist schon unter Cg (S. 198) angeführt.

k. Hafen und Schiffahrt.

Über den Hafen und über die Warnung vor Klipphäfen, die hier vor allem in Betracht kommen würde, ist unter Ak (S. 65—70), über das Prahmgeld und das Primgeld unter Bi (S. 156 f.), über das Verbot des Kaufs am Hafen unter Ce (S. 186 f., 189) gehandelt. Danach bleiben für diese Stelle nur zwei Verordnungen übrig.

Die erste betrifft die Segelbereitschaft. Es soll ein jeder Schiffer, der für eine Fahrt über den Sund hinaus geschartert ist, zu seiner bestimmten Zeit bereit sein und segeln[2]; wer aber unterläfst ihn der Abmachung gemäfs zu befrachten, soll gleichwohl die Fracht zahlen 1420 § 29, 1421 § 11, 1424 § 16.

Die Veräufserung von Schiffen behandelt die andere. Schon im J. 1412 war auf einem allgemeinen Hansetage beschlossen worden, dafs keine Schiffe an Nichthansen veräufsert werden dürften. Als dann die Konkurrenz der Holländer und Engländer fühlbarer

---

dat wy doch ungerne deden, in vorhopenynge, gy werdenn mit deme besten darto gedenckenn.

[1] 1353 XVIII § 5, 1356 § 17. Schon der zweitälteste Hanserecess (HR. I, 1, S. 7 § 14, etwa vom J. 1265) enthält eine Hindeutung auf den Handel mit Silber und Geld. Spätere Münzrecesse verbieten teils allen aufser dem Rate Silber einzuschmelzen (1373 HR. I, 2, S. 74 § 5), teils die Münzen der Städte einzuschmelzen, auszuschiefsen, auszuführen (1365 HR. I, 1, S. 326 § 11; 1381 HR. I, 2, S. 276 § 4; 1392 HR. I, 8, S. 618 f. § 3, 6).

[2] Dies war von besonderer Wichtigkeit, wenn, wie nur zu oft, der Unsicherheit halber die Schiffe zu Flotten vereinigt werden mufsten (wofür allerdings 1420 f. und in den zunächst vorangehenden Jahren kein hansischer Beschlufs vorliegt). Präcision war aber auch sonst nötig, weil in jenen Zeiten die Schiffahrt in der Regel zwischen Martini und Februar 22 geschlossen war. Vgl. Bruns, Bergenfahrer, S. 398 f. Anm.

ward, kam man auf Betreiben des Deutschen Kaufmanns zu Brügge darauf zurück und überwand auch das Widerstreben der Preufsen, bei denen damals mehr als anderswo Schiffe gebaut wurden, so dafs der Beschlufs von 1440 an in den folgenden Jahrzehnten mehrmals wiederholt ward, freilich nicht ohne dafs sich des öftern bei den Preufsen Widerstand dagegen erhob[1]. Im 16. und 17. Jahrhunderte werden ziemlich allgemein Sperrfristen eingeführt, vor deren Ablauf es nicht gestattet sein soll, Schiffe nach auswärts zu verkaufen[2]. In Wismar ist diese Frist von 1572 an, wo sie zuerst erscheint, auf sechs Jahre normirt[3], und es sollen bei früherem Verkauf für jede Last, die das Schiff hält, 4 Gulden an die Stadt gezahlt werden: LXX § 42, LXXI § 87, LXXII § 73.

---

[1] Genauere Angaben bei Baasch, Beitr. zur Gesch. des Deutschen Seeschiffbaus S. 2 ff.

[2] In Rostock scheint der Verkauf im J. 1545 durchaus verboten zu sein (Baasch a. a O. S. 141). In Lübeck verbietet die Petri-Bgspr., Prahme, Steknitz-Schiffe, Bote, Kähne an Fremde zu veräufsern, die Martini-Bgspr., den Statuten und alten Verordnungen zuwider Schiffe oder Schiffsparte an fremde ausheimische Nationen zu veräufsern, welche keine Bürger in dieser Stadt seyn (Melle, Gründl. Nachr. S. 113, 117). In Kiel sollte 1728 kein Schiff veräufsert werden, so lange es noch einigermafsen brauchbar war (Baasch a. a. O. S. 125). Die Sperrfrist beträgt 14 Jahre in Holstein (1623, a. a. O. S. 99), 10 Jahre in Hamburg (1529 und 1603, a. a. O. S. 10) und in Elbing (vor 1588 und mindestens noch 1608, a. a. O. S. 209), 8 Jahre in Lübeck 1560 (Wehrmann, Lüb. Zunftrollen S. 405 § 2), 7 Jahre in Lübeck 1648 (Mitteil. 7, S. 14) und Eckernförde (um 1650, Baasch. a. a. O. S. 129), 6 Jahre aufser in Wismar in Bremen (1539, Puf. II, S. 121 § 123), Stralsund (1620 und früher, 1646, Baasch, a. a O. S. 146 f.) und Stettin (1558, a. a. O. S. 165), 5 Jahre in Rostock (1576, a. a. O. S. 141), 4 Jahre in Schwed.-Pommern (1692, a. a. O S. 147) und Eckernförde (1740, a. a. O. S. 129), 3 Jahre endlich in Lübeck 1650 (Mitteil. 7, S. 14; vgl. aber Baasch, a. a. O. S. 54—56). Als Grund der Sperre wird z. T. Furcht vor Waldverwüstung angegeben.

[3] So auch in der Ordnung der Schiffszimmerleute von 1621 § 1 und noch in der erst 1879 aufgehobenen Hafenordnung von 1740, die 1854 neu publicirt ward. 1675, Jan. 30 wird Joh. Schacht und Jochim Knüppel für ihr neu erbautes Schiff eine Bauunterstützung von 10 Rtl. gewährt unter der Verpflichtung, sie zurückzuerstatten, wenn sie das Schiff »binnen kurzem« verkaufen. Einem Schiffbauer, der ein neugebautes Schiff auswärts zu verkaufen wünschte, wird es abgeschlagen 1597, Mai 5.

l. Träger, Karrenführer, Fuhrleute.

Das Wesentliche, was von diesen Leuten in den Bürgersprachen vorkommt, ist unter den Rubriken von der Strafsenordnung (B d, S. 106), von der Feiertagsheiligung (B e, S. 115), von der Lohnordnung (B i, S. 157 f.), vom Brauen (C a, S. 175) und endlich von den Vorkäufern und Maklern (C d, S. 185 f.) zusammengestellt, so dafs hier lediglich zwei Bestimmungen nachzutragen bleiben.

Keiner soll ohne Erlaubnis des Rats Karrenführer sein: 1430 § 22, 1480 § 22.

Mit den Fuhrwagen und den Karrenfuhren will der Rat es gehalten haben, wie es früher geboten ist: 1480 § 21. Wir wissen nichts darüber.

m. Schonen.

Mit den Verhältnissen des Verkehrs zu Schonen beschäftigen sich die Wismarschen Bürgersprachen weniger, als nach den Hanserecessen erwartet werden müfste[1]. Alles, was sie bieten, ist das Folgende.

Der nach Schonen als Vogt entsendete Ratmann oder Bürger[2] soll ferner nicht mehr schofsfrei sein: 1387 § 1.

---

[1] In den Bürgersprachen sollten verkündet werden: eine Bestimmung wegen des Besuchs von Schonen (1368) HR. I, 1, S. 419 § 6 (vgl. Hans. Urkb. IV, Nr. 277), wegen des Beginns der Schonenfahrt (HR. I, 1, S. 455 § 4, 1369, vgl. I, 8, S. 564; I, 2, S. 172 § 9, 1378), wegen der Fischer, die gemahnt werden sollen, sich so zu verhalten, dafs kein Kaufmann ihretwegen in Schaden komme (HR. I, 2, S. 336 § 12, 1384; vgl. HR. III, 2, S. 26 § 56, 1486), wegen der Flamländer, denen niemand zu Schonen Salz und Tonnen verkaufen und Laken abkaufen soll (HR. I, 3, S. 441 § 10, 1389). Die Namen der Vögte werden in der Bgspr. bekannt gemacht (HR. I, 2, S. 170 § 23, 1378).

[2] Wismar scheint meist Ratmannen zu Vögten bestellt zu haben, während andere Städte öfter und Lübeck regelmäfsig Bürger entsendet haben, s. Schäfer, Hans. Gesch.-Qu. 4, S. CXXXVII Anm. und vgl. Lüb. Urkb. XI, S. 123. Aus Wismar ist noch im J. 1465 der Rm. Gert Loste als Vogt bezeugt (HR. II, 5, S. 604), 1471 der Rm. Thimme v. d. Heide, wahrscheinlich nach 1479 (vielleicht 1493?) Hans Bantschow (HR. I, 8, Nr. 1152). Auch dieser letzte wird nach der Redewendung am Ende des Briefs Rm. gewesen sein, Hans Hoppenacke Bgm. Der Grund des ver-

Das Verbot der Klageerhebung über Zwistigkeiten, die in Schonen entstanden wären, vor andern als den dortigen Wismarschen Vögten[1], ist unter A I (S. 71) berührt worden. Ihre Gerichtsbarkeit, sogar in Streitigkeiten Wismarscher mit andern Hansestädtern und mit Dänen, war in einem Privileg vom J. 1323 versichert[2].

Allzu zahlreich werden die Wismarschen nicht nach Schonen gegangen sein, da sie, so viel wir wissen, nur zu Skanör, und nicht auch in Falsterbo eine eigne Fitte gehabt haben. Vermutlich um eine höhere Platzmiete zu erzielen, wird im J. 1345 II § 6 verordnet, daſs nicht mehr als zwei selbständige Bürger sich in eine Bude teilen dürfen. Später ist zwei in drei verändert und der Artikel so 1356 § 6 wiederholt[3].

Vor Jacobi[4] soll niemand die Buden beziehen 1347 V § 5 (wo das Datum fehlt, aber notwendig ergänzt werden muſs), 1348 § 8, 1350 XII § 6.

Erwähnt nur seien die Willküren vom J. 1321 und 1342, die das Aufkommen des Böttchergewerbes in Schonen hindern wollten[5].

n. Krugwirtschaft.

Vom Weinkeller und von dem Verbote, Krüge daraus zu verbringen, ist unter C g (S. 197 f.) das Nötige angeführt. Auch die

---

schiedenen Verfahrens liegt in den gröſseren oder kleineren Verhältnissen der Städte. Wismar war nie so wohlhabend, daſs die Kreise, aus denen sich der Rat ergänzte, und die Ratmannen dem Besuche des Schonischen Markts entwachsen wären.

[1] 1345 II § 7, 1356 § 7.

[2] Mekl. Urkb. VII, Nr. 4411.

[3] Lübecker vereinigten (in späterer Zeit) zwei, ja vier Buden in Einer Hand, s. Schäfer a. a. O. § 268, 323.

[4] Juli 25. Denselben Termin setzte Kampen seinen Bürgern im J. 1364 (Hans. Urkb. IV, Nr. 105); acht Tage nach Jacobi die hansische Willkür des Jahres 1368 (HR. I, 1, S. 420 § 7). Vgl. S. 206 Anm. 1. Die eigentliche Marktzeit war von Aug. 15 bis Okt. 9 (Schäfer a. a. O. S. XCII). Nach dem S. 206 Anm. 2 angeführten Schreiben Hans Bantschows war es eine Neuerung, daſs Schiffer vom Dänischen Vogte in Strafe genommen wurden, weil sie vor dem 29. Juli angekommen wären.

[5] Mekl. Urkb. VI, Nr. 4265, IX, Nr. 6219.

andern Bestimmungen über Krugwirtschaft haben schon alle unter andern Gesichtspunkten Erwähnung gefunden, so dafs es hier nur übrig bleibt, sie zusammenzustellen.

Bürger und Ämter sollen zu ihren Zusammenkünften keine besondern Häuser mieten, sondern in die gemeinen Krüge gehn, bei Strafe von 10 M. Silbers (1418 § 19), s. A b (S. 37).

Der Bierpreis in den Schenken wird, da die Zeiten sich gebessert haben, für das Stop Bier auf 4 ₰, für das volle Viertel aber auf 1 ₰ festgesetzt[1] (1353 XVIII § 2), s. C a (S. 174).

Kein Krüger soll für die zu verzapfende Tonne Bier von den Schenkmädchen bestimmtes Geld nehmen, sondern jeder soll sein Bier auf eigne Rechnung verzapfen[2]. Sonst soll der Wirt um 3 M. Silbers gebüfst werden, die Dirne aber für Jahr und Tag die Stadt räumen (1421 § 48). Wiederholt in Anschlufs daran, dafs die Krügerinnen in der Hege jede nur Ein Schenkmädchen halten dürfen (1424 § 40), s. B i (S. 159).

Brauer, die für Bierkrüge brauen, sollen den Schenkmädchen keine Schmäuse oder Geschenke geben (1340, Mekl. Urkb. IX, Nr. 6018, 1419 § 29, 1480 § 80), s. C a (S. 175).

Berüchtigte Weiber, die Bier schenken oder verkaufen, sollen sich weder allein noch ein oder zwei Mädchen herbergend in den öffentlichen Strafsen aufhalten, wo ehrbare Frauen, Jungfrauen oder andere ehrbare Leute in gröfserer Zahl ihren Kirchweg haben

---

[1] Schon im J. 1340 war gewillkürt, dafs die Schenkwirtinnen (bertepperschen, Lüb. Urkb. VI, Nr. 783) volles Mafs geben und Würfelspiel nicht dulden sollten (Mekl. Urkb. IX, Nr. 6018). *Mensuram ipsis annuatim ponendam plenam dabunt* kann doch nur bedeuten, dafs jährlich der Preis gesetzt werden sollte, um den sie das Mafs voll zu geben hätten. Sie sollen volles Mafs geben, da die Zeiten gut sind, Lübeck (Lüb. Urkb. VI Nr. 783, IX, S. 960 f., XI, S. 124). Die Bierzapfer sollen volle Mafse geben, ebd. (Melle, gründl. Nachr. S. 116). Vgl. für Rostock Beitr. IV, 2, S. 51 § 14, S. 55 f. zu § 14, für Reval (um 1400) Arch. III, S. 90, für Kiel (Anfang des 15. Jhs. und 1563) Zeitschr. 10, S. 189, 192, 197, 14, S. 333, Westph., Mon. IV, Sp. 3255.

[2] 1411, Dez. 5: Mann oder Frau, die hier in der Stadt Bier verzapfen, sollen es nicht ihrer Magd oder ihrem Knechte in die Hand setzen (*dat bêr in de hant nicht setten*) bei 3 M. Silbers, Ratswillkürbuch fol. 20ᵛ.

(1401 § 20). Kein berüchtigtes Weib soll in der Hege als [Huren-] Wirtin ein Haus haben (1424 § 39), s. B h (S. 153).

D. Einzelnheiten.

a. Geschichtliches.

Mit der Begründung, dafs die Zeiten gut seien oder sich gebessert hätten, werden Brauer und Bäcker aufgefordert, demgemäfs nach Bedarf zu brauen und zu backen, die Schenkwirtinnen aber volles Mafs zum gesetzten Preise zu geben 1351, 1353, 1356[1].

Die Bedeutung der Eintragungen 1348 § 10 und 1349 IX § 14 »wer diejenigen seien, gegen die man Recht suchen müsse« ist jetzt verborgen. Vielleicht sind Namen Verfesteter bekannt gemacht, und es könnte ein Zusammenhang mit dem Kampfe Lübecks gegen die Scharfenberg und Züle bestanden haben, wovon Detmar Kunde gibt[2]. Ebensowenig wissen wir, ob 1349 IX § 8, wonach Raubzüge vor den Toren stattgefunden haben, mit den eben erwähnten Vorgängen oder mit der weitern Bekanntmachung Beziehungen habe, dafs der König von Dänemark dem Landesherrn Feind geworden sei (1349 IX § 6). Über diesen Krieg, der mit den Märkischen Wirren und der Erhebung der Meklenburger zu Herzogen zusammenhängt, vgl. Detmar, Lüb. Chron. I, S. 518 mit Koppmanns Anmerkungen und Hans. Urkb. III, Nr. 150.

Die Bekanntmachung von 1394 § 10, es sei hochnotwendig die Waffen bereit zu halten, mag mit dem unglücklichen Schicksale Kg. Albrechts von Schweden in Zusammenhang stehn, dessen Kampf mit Kgin. Margareta hauptsächlich von Vitalienbrüdern von Rostock und Wismar aus fortgesetzt ward.

Die Andeutung 1401 § 10 »von den Dänen« ist zu unbestimmt, als dafs ich eine Erklärung wagen möchte, zumal da sie nachgetragen ist, möglicherweise in Vorbereitung einer spätern Fassung. Wäre dies der Fall, so wäre eine Beziehung auf die Klage in 1417 XLIV § 3 »man befürchte, dafs zu Wasser und zu Lande

[1] XV § 13, XVII § 18, XVIII § 2, 1356 § 29. Genau ebenso in Lübeck, anscheinend aber regelmäfsig, sicher um 1420, 1454, 1457, 1458 und 1466 (Lüb. Urkb. VI, Nr. 783, IX, Nr. 925, XI, S. 124).

[2] Koppmann, Lüb. Chron. I, S. 516.

zwischen den Fürsten Feindseligkeiten bevorstünden«, nicht ausgeschlossen. Diese Warnung geht auf die Fehde zwischen Kg. Erich von Dänemark und den Grafen von Holstein, auf deren Seite Herzog Albrecht von Meklenburg trat (1417, März 28)[1]. In demselben Jahre schlofs Wismar ein neues Bündnis mit Lübeck, Rostock, Stralsund, Lüneburg und Greifswald[2]. Wenn im folgenden Jahre 1418 § 3 wie auch 1419 § 3 über grofse Unsicherheit zu Lande wie zur See geklagt wird[3], so ist es urkundlich bezeugt, dafs Vitalienbrüder von Kiel aus im Frühjahre von 1418 im Wismarschen Hafen erschienen sind[4].

Aufserdem sind als Zeugnisse für die Geschichte der Stadt, insbesondere für deren Niedergang anzusehen die Klagen und die Bestimmungen von 1480 § 86 f., LXX § 46—48, LXXI § 47—50, LXXII § 45—48 (vgl. A m, S. 86—89), 1480 § 44 und 75, LXX § 52, LXXI § 60 (vgl. C a, S. 167 f.); vielleicht auch LXX § 42, LXXI § 87, LXXII § 73 (vgl. C k, S. 205), endlich 1480 § 84.

b. Das grofse Sterben.

Schon zum Jahre 1349 berichten die Strafsburger Chroniken von dem Wüten der Pest. Diese verbreitete sich nicht stetig fortschreitend von Ort zu Ort, sondern sprang oft wie der Springer im Schachspiel über und griff dann wieder hinter sich[5]. In Magdeburg hauste sie im J. 1350 von Pfingsten bis Michaelis[6], ein Datum, das ich deshalb anführe, weil es von Detmar aufgenommen und auf ganz Deutschland bezogen ist[7], während schon ein Wechsel des Stralsunder

---

[1] HR. I, 6, S. 339 Anm., Dahlmann, Gesch. von Dännemark III. S. 103, Daenell, Zeitschr. f. Schl.-Holst. Gesch. 32, S. 289.

[2] Wismar verpflichtete sich 16 Gewaffnete und 4 Schützen zu stellen. HR. I, 6, S. 318 f. Zu den Friedeschiffen, deren Ausrüstung im J. 1416 beschlossen war, sollte Wismar 2 *kreyere*, 2 *snycken* und 120 Bewaffnete stellen, HR. I, 6, Nr. 319 § 1.

[3] Dieselbe Klage in einer Kieler Bgspr. aus dem Anfange des 15. Jhs. (Zeitschr. 14, S. 331) und der Lübischen Bgspr. von 1457, 1458 und 1466, Lüb. Urkb. IX, S. 961, XI, S. 123.

[4] HR. I, 6, Nr. 536, vgl. Nr. 534, 556 § 43.

[5] Heinr. v. Herford, ed. Potthast, S. 280.

[6] Schöppenchronik S. 218.

[7] Koppmann, Lüb. Chron. I, S. 521.

Ratmanns Arnold Vot vom J. 1350, März 20[1] von der schrecklichen Pest zeugt, die in der ganzen Welt herrsche. Bereits vor dem Ausbruche der Seuche scheint man hier und da begonnen zu haben, die Juden zu verfolgen[2], nachher beschuldigte man sie die Brunnen vergiftet und das Sterben veranlafst zu haben, und nun ward die Verfolgung wol allgemein durchgeführt, und es wird nicht allzuviel Leute gegeben haben, die, wie Heinr. v. Herford[3], der törichten Beschuldigung gegenüber ungläubig blieben. Bei uns teilten die Behörden den Aberglauben durchaus.

Zu Anfang des März 1350 verbietet die Bürgersprache XI § 6 bei Strafe von 10 M. Silbers fremde Juden zu beherbergen. Im Juli wird aber für das Ergreifen von Brunnenvergiftern eine Belohnung von 20 M. Lüb. ausgelobt (XII § 1) und jedem die unerhörte Berechtigung erteilt, überall Haussuchung zu halten (XII § 2), »den Juden« aber gar sollte man ohne besondere Vollmacht verhaften können, wo man ihn fände (XII § 5). Wegen des Briefs gegen die Pestilenz begnügt sich der Text leider mit einer Andeutung (§ 7). Möglich wäre, dafs damit ein Brief des Rates von Wisby an den von Rostock gemeint ist, den Rostock weiter an Wismar mitgeteilt hat und in dem über die in Wisby stattgehabten Untersuchungen berichtet wird[4]. Verständiger waren die gleichzeitig verfügten Beschränkungen der Leichenklagen (XII § 3 f.). Auf gröfsere Zahlen mittelalterlicher Überlieferung ist bekanntlich nicht mehr zu geben als auf solche orientalischen Ursprungs, und so werden, bis auf wenige Ausnahmen vielleicht, die zahlenmäfsigen Berichte von der Pest als übertreibend angesehen werden müssen. Kaum übertrieben sind die allgemeinen Angaben, und wie nahe man sich den Tod gerückt glaubte, bezeugt aufser den angeführten Mafsregeln und Nachrichten die aufserordentlich grofse Zahl von Wismarschen Testamenten, durch die Stiftungen ins Leben gerufen sind, aus der kurzen Zeit der Monate Juli und August[5]. Sie bewähren, dafs

[1] Pauli, Lüb. Zustände II, S. 128 nach Lüb. Urkb. II, S. 964.

[2] Koppmann zu den Lüb. Chron. I, S. 521.

[3] Seine Chronik, herausgegeben von Potthast, S. 280. Vgl. übrigens Manzonis Verlobte und Aus dem Leben Bernhardis II, S. 32 f.

[4] Mekl. Urkb X, Nr. 7083. Andere Mitteilungen Wisbys über andere Untersuchungen werden Mekl. Urkb. X, Nr. 7098 angeführt.

[5] Mekl. Urkb. X, Nr. 7099—7102, 7108, 7110, 7113—7115.

der Beobachtung Königshofens, es seien von einem grofsen Sterben zu Strafsburg[1] im J. 1381 die Kirchen so reich geworden, dafs man ihrer drei abgebrochen und in gröfserem Mafsstabe neu erbaut habe, eine allgemeine Gültigkeit zugeschrieben werden darf.

c. Einzelne Sätze aus dem Schuld- und Erb-Rechte, vom Leibgedinge und von der Gerichtsordnung.

In der Bürgersprache 1353 XVII § 20 wird in Übereinstimmung mit einer wenige Wochen älteren Willkür[2] eine frühere Willkür widerrufen, der zu Folge Fristbewilligung durch die Mehrheit der Gläubiger auch für die dissentirende Minderheit verbindlich gewesen war. Aus Mekl. Urkb. IV, Nr. 2646 ergibt sich, dafs die aufgehobene Willkür (die in den Rechtshandschriften vermifst wird) Lübisches Recht[3] gewesen und in Rostock am Ende des 13. Jhs. gehandhabt ist.

So strenge das Lübische Recht in der Einforderung der echten Weichbildrente war, hatte sich vielleicht an der hypothekarischen Rente, möglicherweise unter dem Einflusse des kirchlichen Zinsverbots[4], ein laxer Modus herausgebildet. Jedesfalls sind, obgleich die Höhe der Rente in städtischen Grundstücken von 10 % auf 5 % heruntergegangen war, viele Beispiele langjähriger Rentenstundung vorhanden, wobei nicht mehr zu ermitteln ist, ob sich die Rentenforderung aus Rentenkauf oder Satzung herleitet. Während nun Rente, wenn keine persönliche Haftbarkeit vereinbart war, nur einen dinglichen Anspruch gewährte, setzt die Bürgersprache

[1] Strafsburger Chron. S. 772.

[2] Mekl. Urkb. XIII, Nr. 7756 (für *aliquomodo* der letzten Zeile ist *ammodo* zu lesen).

[3] Vgl. Lüb. Urkb. V, S. 264 f.

[4] Hier zu Lande hat man sich nicht daran gekehrt und auch persönliche Schuld verrenten lassen. Vgl. die Register zum Mekl. Urkb. Dafs daneben auch Dürftigen mit zinslosen Vorschüssen geholfen sei, kann man gern glauben, wenn auch die Überlieferung versagt. Gegen Wucherzinsen auf Pfand zu leihen war ein Vorrecht der Juden. Vgl. Mekl. Urkb. IX, Nr. 5762 und dazu X, Nr. 6627, 6630, 6821, 6835, 6938, 6961, 7043; 6751; 6709, 6994. Vgl. auch III, Nr. 1774.

von 1480 in § 69 fest, dafs nur einjährige Rente[1] aus dem verpflichteten Grundstücke gemahnt werden dürfe, wegen längerer Rückstände aber allein der Eigentümer zu verklagen sei. Später, in LXX § 45 und LXXI § 46 wird der Rente von 2 Jahren dingliches Recht zugesprochen[2]. So ist es auch in LXXII § 44 geblieben, wonach in solchem Falle dem Rentner, der zwei Jahre lang die Rente gestundet hätte, das pflichtige Grundstück ohne weitläuftigen Prozefs für Kapital und Rente zugeschrieben werden und dem säumigen Eigentümer einzig ein Anspruch auf den Mehrwert des Grundstücks verbleiben sollte, dessentwegen er sich nunmehr binnen Jahr und Tag mit seinem bisherigen Gläubiger abzufinden haben sollte.

In den Deutschen Handschriften des Lübischen Rechts (bei Hach II, 191, III, 47) ist bestimmt, wenn bei beerbter Ehe ein überlebender Parens zur zweiten Ehe schreite, solle er mit den Blutsfreunden seiner Kinder abrechnen[3]. Mehr wird auch in Wismar kaum verlangt sein, und wenn in der Bürgersprache von 1399 XXXVIII für diesen Fall Abteilung als der Übung entsprechend eingeschärft und auf Unterlassung davon eine Bufse von 10 M. Silbers gesetzt wird, so wird die Annahme gestattet sein, dafs der Ausdruck nicht ganz scharf sei. Ob Abrechnung, Ausspruch, Abteilung zu wählen war, wird sich nach den Verhältnissen gerichtet haben. Immer aber sollte die Auseinandersetzung vor Eingehung der neuen Ehe erfolgen[4]. Im folgenden Jahre ist der Artikel nur angedeutet (1400 XL § 22), um erst nach langen Jahren in LXX § 7 wieder aufzutauchen,

---

[1] Kapital und *bynnenjarsche* Rente ist nach der Rostocker Gerichtsordnung aus der Mitte des 15. Jhs. als dinglicher Anspruch einzuklagen, Rost. Beitr. III, 4, S. 69 § 38. In Bremen sollte bei Verlust der Priorität jedes halbe Jahr die Rente eingemahnt werden (1539, Puf. II, S. 106 § 12).

[2] So schon in einem oben unter A 1 angeführten Ratserkenntnisse vom J. 1551 (S. 77, Anm. 1).

[3] Auch nach der Bgspr. von Bremen (1539, Puf. II, S. 112 § 52), Bielefeld (1578, Walch III, S. 78), Parchim (1622, Cleemann S. 162 § 25).

[4] Die Bildung einer Gütergemeinschaft, wenn Mann und Frau Kinder in die Ehe bringen (Altes Lübisches Recht I, 16, II, 2, Pauli, Abhandl. aus dem Lüb. Rechte II, S. 179 f.) ist für Wismar in Einem Falle (aus dem J. 1324) bezeugt mit Bewilligung des Rats (statt der der Kinder) und der Erklärung, dafs beide Teile nichts hätten (Mekl. Urkb. VII, Nr. 4573).

hier mit ausdrücklicher Gleichstellung von Abteilung und Ausspruch und dem Hinzufügen, dafs den Kindern vor der Auseinandersetzung Vormünder bestellt werden sollten (§ 8)[1]. Fortan verschwindet der Artikel nicht wieder, vielmehr wird durch die mehrfachen (hauptsächlich freilich redaktionellen) Änderungen daran das besondere Interesse bezeugt, das man an ihm nahm[2]. Sie betreffen in der folgenden Fassung LXXI § 30 die auf Versäumung der Abteilung gesetzte Strafe. Hatte zu LXX Laurenz Niebur noch die alte Strafe von 10 M. Silbers nachgetragen, so wird in LXXI § 30 und LXXII § 23 dem nachlässigen Parens seine Statutarportion abgesprochen und das Gut des verstorbenen Gatten ganz dessen Kindern zugewiesen[3]. Mevius hat also in seinem Kommentar zum Lübischen Rechte zu II, 2, 28, § 21 ff.[4] Wismarsches Recht wiedergegeben, wenn auch ohne Berufung darauf und begründet aus dem revidirten Lübischen Rechte, das später fällt als die älteren Recensionen von LXXI und dessen betreffender Artikel einen ganz wundersamen Ursprung hat[5]. Eine weitere Neuerung bringt LXXII § 23 darin, dafs dem abteilenden Parens das Recht zugesprochen wird, vom Gute seines verstorbenen Gatten einen Kindesteil für sich zu nehmen. Sowohl das alte wie das revidirte Lübische Recht hat feste Bestim-

---

[1] Das Urteil vom J. 1582, März 30, das Burmeister, Bürgersprachen S. 100 unglaublich entstellt wiedergibt, steht nicht im Zeugebuche, sondern im Urteilsbuche. Es ist aus dem Grunde wichtig, weil es die Recension C von LXXI (§ 30) zu datiren ermöglicht, die demnach dem J. 1581 zugeschrieben werden mufs. Der betr. Passus lautet: *weil vormüge unser jerlichs abgelesener burgersprach ein beerbte wittwe, ehe sie sich vorendert, bey peen 20 mr. silbers nicht allein den kindern, so sie mit ihrem vorstorbenen manne gezeuget, vormunder zu erwehlen, sondern ihnen auch einen außspruch oder erbschichtung zu thun schuldig*...

[2] Abteilung der Kinder, Gewinnung des Bürgerrechts, Haftbarkeit der Ehefrau für Schulden des Mannes und Vorgehn gegen die nichtheimischen Bettler schienen dem Rate 1579 diejenigen Punkte zu sein, die vor allem und zwar womöglich in Übereinstimmung mit Rostock in der geplanten Polizeiordnung behandelt werden müfsten. Vgl. auch die Mekl. Polizeiordnung vom J. 1572.

[3] Eingeschärft in einem Kanzelproklam (S. 76) ums J. 1595.

[4] Vgl. Pauli, Abhandlungen aus dem Lüb. Rechte II. S. 189, Böhlau. Mekl. Landrecht II. S. 153 mit Anm.

[5] Vgl. Pauli a. a. O. S. 184.

mungen nur für den Fall, dafs die Kinder völlig aus der Gütergemeinschaft abgesondert werden oder Kinder zweier Ehen zur Teilung kommen. Ob nun das Wismarsche Statut ebenso wie Mevius (Kommentar zu II, 2, 11, § 12 und § 32) auf irriger Anwendung des revidirten Lübischen Rechts II, 2, 28 fufse[1], kann hier nicht ausgemacht werden und ist vielleicht auch nicht auszumachen, bemerkenswert ist aber das wiederholte Zusammenstimmen beider. Wenn weiter in § 23 der Bürgersprache hinzugefügt wird, dafs Vater oder Mutter gegen die Pflicht, ihre abgesonderten Kinder zu unterhalten, den Niefsbrauch von deren Gut haben sollen, bis jene mündig werden, so entspricht das nur altem Rechte, das uns in Abteilungsurkunden vielfach entgegentritt.

Überflüssiger Weise, wie es scheinen möchte, wird in LXX § 9, LXXI § 31 und LXXII § 26 Erbschichtung vor neuer Verehelichung auch für den Fall verlangt, dafs die frühere Ehe kinderlos geblieben ist, bei wachsender Strafe; wobei Erwähnung verdient, dafs nach der Fassung A und ursprünglich auch B von LXXI der Kämmerei das Erbteil des Zuwiderhandelnden verfallen sollte.

Wenn von den abgeteilten Kindern eins mit Tode abgeht, so bestimmt LXXII § 24 folgerichtig, dafs dessen Teil nach Kopfzahl unter seine Vollgeschwister und seinen rechten Parens geteilt werden solle, und dehnt das auch auf ein dem Kinde etwa inzwischen angefallenes Erbe aus.

Wenn endlich Halbgeschwister aus zwei oder drei Ehen mit einem überlebenden Parens des Verstorbenen Nachlafs zu teilen haben, so wird in LXXII § 25 dem vorangegangenen § 23 und dem revidirten Lübischen Rechte (II 2, 28) gemäfs statuirt.

Erbfolge[2] nach dem Grundsatze der Repräsentation ist im J. 1580 (und in der vorangehenden Fassung) festgesetzt, wenn Enkelkinder neben Kindern oder Geschwisterkinder neben Geschwistern zu erben haben: LXXI § 23a, b. Das entsprach einem Reichsschlusse vom J. 1521, mag aber, weil der Grundsatz der Repräsentation sich mit der Erbfolgeordnung des Lübischen Rechts schlecht

[1] Vgl. Pauli a. a. O. S. 207.

[2] Die Erbfolge wird auch in der Mekl. Polizeiordnung des J. 1572 behandelt.

vertrug und deshalb in diesem Rechte erst weit später durchdrang[1], gestrichen sein.

Um Erben, die ihre Rechte nicht selbst sofort wahrnehmen konnten, aber auch die Stadt vor Benachteiligung zu bewahren, wird in verschiedenen Fällen die Anfertigung eines Inventars vorgeschrieben[2]. Zuerst kann der Rat Inventarisirung für Güter anordnen, die auswärtigen Erben zufallen und von denen die Stadt Abschofs zu erheben hat: LXIX § 53, LXX § 12, LXXI § 25 (mit Änderungen und nicht in allen Fassungen). Wenn Ledige ohne Testament versterben, so soll auf Erfordern von Erben oder Gläubigern sogleich Versiegelung und Inventarisirung des Nachlasses erfolgen: LXXI § 24, LXXII § 18. Wer aber Miterben abzufinden hat, soll binnen vier Wochen ein notarielles Inventar anlegen lassen und danach ohne weitläuftigen Prozefs Erbschichtung tun. Sonst sollen seine Miterben in das Erbgut eingewiesen, er aber bei weiterer Hartnäckigkeit seines Erbrechts verlustig gehn LXXII § 21. Desgleichen sollen Vormünder, sobald sie von den Bürgermeistern bestätigt sind, für ein notarielles Inventar sorgen: LXXI § 33 und LXXII § 28[3].

Ohne Bewilligung des Rats, der schon im 13. Jhs. als Obervormund auftritt, soll sich niemand mit dem Gute unmündiger Kinder befassen LXX § 17. In LXXI § 32 und LXXII § 27 ist auch das Gut von Witwen, Kranken und Verstorbenen unter gleichen Schutz gestellt, die Bestellung von Vormündern[4] oder Nachlafspflegern aber den Bürgermeistern zugewiesen. Der Strafsatz wird jedesmal geändert. Jährliche Rechnungsablegung der Vormünder vor der Behörde wird, um das gleich anzuschliefsen, nur in zwei Recensionen von LXXI § 33a (A, ursprünglich auch B) angeordnet.

---

[1] Vgl. Pauli, Abh. aus dem Lüb. Rechte III, S. 74 ff.

[2] Es hat sich ein gerichtliches Inventar-Buch erhalten, das die Jahre 1438 bis 1548 umfafst. Wegen Rostocks vgl. Rost. Beitr. III, 1, S. XX

[3] Vgl. Böhlau, Mekl. Landrecht II, S. 205 Anm. 14.

[4] Vgl. darüber die Mekl. Polizeiordnung vom J. 1572. Böhlau, Mekl. Landrecht II, S. 162. Die Bestellung der Vormünder, falls keine berechtigten Verwandten da waren oder nichts darüber vorgesehen war, nahm der Rat schon im Alten Lüb. Rechte in Anspruch (Hach I, 70, II, 100. III, 13). Vgl. Frensdorff, Stadt- und Ger.-Verfassung Lübecks, S. 156 f.

Erbansprüche sollen bei Strafe der Verwirkung rechtzeitig, von Einheimischen binnen vier Wochen, von Fremden und Abwesenden aber binnen Jahr und Tag geltend gemacht werden: LXIX § 54, LXX § 13, LXXI § 28. Dagegen soll (entgegen altem Rechte und entgegen dem revidirten Lübischen Rechte) niemand ohne Erlaubnis vom Rate oder gerichtliche Einweisung, um seine Ansprüche zu wahren, zum andern einfahren[1]: LXX § 14, LXXI § 27, LXXII § 20. Die Buſse beträgt 30 M. Lüb., und nur LXXI A und anfänglich auch B war im Übereifer angedroht, daſs ein Zuwiderhandelnder sein Erbrecht zu Gunsten der Kämmerei verwirkt haben sollte.

Erbenzeugnisse werden zunächst von Auswärtigen gefordert: LXIX § 50, LXX § 10, dann allgemein vor Ausantwortung jeglicher Erbschaft: LXXI § 29, LXXII § 22.

Legate zu öffentlichen, kirchlichen oder milden Zwecken werden für sogleich bei Testamentseröffnung fällig erklärt, sonst sollen die Bedachten ohne Prozeſs gerichtlich eingewiesen werden, es mögen die Testamente bestätigt werden oder nicht LXX § 15, LXXI § 23. In LXXII § 17 wird die Frist auf 14 Tage erstreckt, nach deren Ablauf der Legatar Anspruch auf den doppelten Betrag des Legats gewinnt. In den beiden letzten Stellen ist der Kreis der bevorzugten Legate bedeutend erweitert.

Die von städtischen Sekretären verfaſsten und von zwei Ratmannen entgegengenommenen Testamente sollen vier Wochen nach dem Ableben des Testirenden von Gerichts wegen geöffnet werden[2]: LXXI § 22, LXXII § 16. Nach LXXI sollen sie dann

[1] Als am 4. August 1605 Dr. Elias Prott aus Rostock sich diesem Statut zuwider als Vertreter seiner Hausfrau, einer Schwester des weil. Bgm. Plate, bei dessen Witwe *selbst fünff mitt mordtlichen wehren gewalttsamb* (wie deren Sachwalt behauptete, während er eine ganz andere Darstellung davon machte) im Hause festgesetzt hatte, lieſs der deshalb zusammengerufene Rat ihn auffordern, das Haus zu räumen. In den Verhandlungen gibt der Bgm. Eggebrecht als Grund des Statuts an, daſs vor Jahren sich Erben *mitt gewehrter handt zu einander eingesetzt* hätten, Ratsprotokoll S. 99 ff.

[2] Schon im J. 1543, Aug. 23 hatte der Rat angeordnet, daſs alle solche Testamente nach Jahr und Tag von den Kämmereiherrn geöffnet und die für die Stadt oder zu Gottes Ehren bestimmten Gaben erhoben

vollständig in ein dafür bestimmtes Buch[1] eingetragen, nach LXXII, falls sie sich nicht offenbar als ungültig erweisen, ohne Weitläufigkeit vom Rate bestätigt werden.

Sein Gut ohne Bewilligung des Rats um Leibgedinge zu verkaufen[2] wird 1435 § 2, 1480 § 53, LXX § 62, LXXI § 53 untersagt. Nach den letzten Stellen soll auch niemand aufserhalb der Stadt Leibgedinge kaufen[3]. Anfänglich werden die Kontrakte für nichtig erklärt, zuletzt eine Bufse von 50 M. Lüb. angedroht.

Die Gerichtsordnung betrifft ein unvollständiger Artikel[4] der unvollständigen Bürgersprache LXIX. Danach sollte über Sachen unter 5 M. Lüb. sowie Injurien (aufser unter Standespersonen[5] und bei schweren Beleidigungen?) im Niedergerichte end-

---

werden sollten. Gedruckt bei Schröder, Ev. Mekl. I, S. 468 f. (das Datum ist im Zeugebuche S. 175 wie im liber missarum, der Vorlage Schröders, fol. 108v als *donrdages* oder *donnerstags Bartolomei apostoli* gegeben).

[1] Im liber missarum sind im J. 1602 Testamente von den Jahren 1441 bis 1601 ausgezogen, wenige voll ausgeschrieben worden. Auch das Testament Hartich Blocks, wegen dessen in einer Übersicht über die Altäre und Vicareien in S. Jürgens auf die Abschrift im Grünen Buche des Rats verwiesen wird, findet sich dort abgeschrieben. Jetzt zeigt der Originaleinband des lib. missarum, wenn er gemeint war, keine Spur von Grün.

[2] In Braunschweig soll man nur vom Rate oder mit des Rates Willen Leibgedinge kaufen, Urkb. der St. B. I, S. 47 § 56, S. 67 § 65, S. 136 § 107. Minder verständlich ist die Ribnitzer Bestimmung, dafs niemand in der Stadt Eigentum ewige Rente kaufen sollte (Kamptz I, 2, S. 352 § 10).

[3] Auch in Göttingen ist es verboten aufser *an tegheden eder an vorwerken,* wobei die Bestimmungen über die Verschossung deutlich zeigen, dafs die Stadt als Verkäufer von Leibrenten den Vorzug haben wollte, Puf. III, S. 157. Vgl. Pauli, Abh. aus dem Lüb. Rechte IV, S. 42, Anm. Wenn Hansen von nichthansischen Städten Renten oder Zinse kaufen, will man ihnen bei der Einmahnung nicht beistehn (1498, HR. III, 4, S 93 § 69).

[4] § 58.

[5] Im J. 1558 ist mir in Wismar zuerst die Bezeichnung als *vornehmer* Bürger begegnet, Mekl. Jahrb. 56, S. 108 Nr. 202; gleichzeitig *namhafftich fram burger,* Kirchenbuch des Grauen Klosters S. 49. Auch in der Ordnung des J. 1566 wider die Unzucht werden Personen *gudes ansehendes und nahmhafftyge personen* vom Volke unterschieden und

gültig erkannt werden und die Berufung an den Rat ausgeschlossen sein, während die Gerichtsordnung von 1578, auf die in LXX § 63 verwiesen wird, den Appellationswert auf 10 Gulden bemifst und ihn als altherkömmlich bezeichnet.

Über Bürgenstellung aber hatte eine verlorene Bürgersprache aus der Mitte des 16. Jhs. bestimmt. Das erfahren wir aus einem im Zeugebuche fol. 81 verzeichneten Erkenntnisse des Rates vom 20. Mai 1552. *Nach vorlesung eines gemeinen*[1] *langerst vorher boleveden statuts und stadtgesettes im tugeboke bogrepen, ock in jungst affgelesener burgersprake renovirt und vornyet* verweist der Rat *nachdem alhir gebruchlich, ock dath sulvige statut also ludet und nhu neulich in der burgersprache vorniget worden, dath de eine dem andern burgen stellen solle* die Klage an den Stapel zurück, damit Kläger (ein Parchimscher Bürger) dem Statute nachkomme und Beklagten *mit fuller klage anspreken moge.* Das angezogene Statut ist im J. 1515 beliebt und verlangt, dafs Kläger und Beklagter bei jeder Klage Bürgen dafür stellen, dafs sie ihre Sache nach Lübischem Rechte zu Ende führen wollen[2] (Zeugeb. S. 368 f.).

d. Die Strafen und Bufsen.

Die Strafen und Bufsen, die in den Bürgersprachen für Übertretung ihrer Verbote und Gebote angesetzt sind, zerfallen in will-

---

sollen besser behandelt werden, Mekl. Jahrb. 58, S. 57 § 4, 6 Bereits im J. 1521 aber erklärte der Rm. Michel Bornecke, es sei ihm als Rm. *beßwerlick vor deme stopele efte neddersten gerichte to ßwerende.* Darüber zu erkennen verschob der Rat bis zu seiner nächsten Sitzung, wo die Entscheidung aus formalen Gründen entfiel. Zeugebuch fol. 84[r], 85[v].

[1] Überflüssige *n* habe ich weggelassen.

[2] Lübischem Rechte nach war allgemein der Kläger nur in peinlichen Sachen verpflichtet Bürgen zu stellen, wenn er nicht selbst Bürge sein, d. h. in die Hechte gehen wollte. Vgl. Rost. Gerichtsordnung in den Rost. Beitr. III, 4, S. 70 § 39. Bei Klagen um Geldforderung bedurfte es in Lübeck gegen Ende des 15. Jhs. keiner Bürgschaft (s. Pauli, Lüb. Zustände III, S. 63, wo offenbar *belanget* statt *beclaget* gelesen werden mufs). In Rostock mufste nach der Gerichtsordnung aus der Mitte des 15. Jhs. auch der Kläger Bürgen für die Fortführung des Verfahrens stellen, wenn sich der Beklagte dazu erbot. Beitr. zur Gesch. Rostocks III, 4, S. 65.

kürliche in das Ermessen des Rats (oder auch einmal des Gewetts) gestellte[1] und von vornherein bestimmt ausgesprochene.

Willkürliche Strafe steht darauf, wenn sich jemand im Handel ungeeichter oder unrichtiger Mafse bedient (1397 § 10. 1400 XL § 10, 1401 § 11, 1417 § 10 nachgetragen, 1418 § 10, 1419 § 10; strenge Strafe 1480 § 81, LXX § 18), wenn jemand aus des Rates Weinkeller Gefäfse *(winpotte)* verbringt (1400 XL § 28), wenn ein Bürger Klipphäfen benutzt (1435 § 1, 1480 § 14, dazu Verlust des Guts), oder Malz, Roggen oder Gerste ohne amtliche Prüfung und Vermessung verschifft (LXX § 33), Rheinwein oder Südweine verzapft (LXXII § 75), bei Säuberung des Hafens, bei Arbeiten an den Stadtgräben und Wällen sich seiner Bürgerpflicht entzieht (LXX § 75, nachgetragen), oder seinen Schutt nicht in die Feldwege bringt (LXXI D § 83, nachgetragen), oder wenn einer auf den Strafsen, zwischen den Toren oder bei der Stadtmauer seinen Mist lagert (LXIX § 65), wenn einer sein Vieh unter besonderen Hirten austreibt (LXX § 4, dazu soll das Vieh gepfändet werden), wenn Müssiggänger bei den Landwehren oder in der Stadt Teichen und Gräben angeln (1480 § 84; strenge Strafe steht auf Angeln in den städtischen Teichen 1423 § 9), wenn Bürger ihre Wache vernachlässigen (1430 § 63), wenn jemand über Fürsten und Herren, auch Geistliche und andere ehrbare Personen Arges redet (1425 § 4; strenge Strafe auch für Schmähschriften LXXI § 8, 94), wenn ein Bürger den andern vor einem auswärtigen Gerichte verklagt (LXX § 64), wenn die Frau statt des Mannes zu Schosse geht (LXXII § 37), wenn jemand nächtlicher Weile mit Waffen auf der Strafse betroffen wird (1430 § 61, 1480 § 66; dazu soll er in die Büttelei gebracht werden), oder wenn einer verdächtige Frauenzimmer hegt (LXXI § 93; strenge Strafe LXX § 70, 72), wenn Kinder oder Dienstmädchen sich bei Trauungen in den Chor der Kirche drängen (LXXI D § 5), wenn die Handwerksämter neue Kosten aufbringen (1420 § 36 nachgetragen, 1421 § 32; strenge Strafe 1424 § 36, 1430 § 38, 1480 § 49), wenn der überlebende Parens bei beerbter Ehe

[1] Diese Willkürlichkeit sollte wol besonders schrecken. In einem Artikel der Revalschen Bgspr. um 1360 heifst es: *de en scal sinen broke nicht weten* (Arch. III, S. 86), ebenso in einem Hanserecess: *de scholde sines brokes nicht weten* (HR. I, 6, S. 271). Auch Danziger Willkür, S. 22.

vor getaner Erbschichtung zu neuer Ehe schreitet (LXX § 7; der Syndicus Niebur ändert es in 10 M. Silber), oder wenn junge Leute sich ohne Einwilligung ihrer Eltern verloben (LXXI § 12, LXXII § 7), endlich wenn Vormünder versäumen Inventar aufzunehmen (LXXI B—E § 33, LXXII § 28).

Strenge Strafe wird aufser in den schon angemerkten Fällen angedroht, wenn jemand alte [mit dem Merke eines andern gezeichnete] Biertonnen kauft (1419 § 32, 1420 § 50, 1421 § 45; zuletzt gestrichen), wenn jemand mit dem Gelde von Nichtbürgern Handel treibt (LXX § 31), wenn Nichtburger mit Nichtbürgern handeln (LXX § 31), oder wenn Hökerinnen auf den Strafsen, vor den Toren oder auf dem Markte die Waren den Bürgern vorweg kaufen (1480 § 43, aufserdem sollen sie in die Büttelei gesetzt werden), wenn Brauer Accise unterschlagen (1430 § 50), wenn jemand seinen Sot verfallen läfst oder zuschüttet (1480 § 75), wenn Botsleute Ballast vom Steinhaupte nehmen und ohne Willen der Kämmerer Ballast verkaufen (LXXII § 69, ursprünglich 3 M. Lüb.), wenn wer Missetäter (zuletzt auch Sakramentirer) hegt (1423 § 6, 1424 § 8, 1430 § 10, LXXI § 7, LXXII § 3), oder wenn wer den Sonntag durch Ausschank während der Kirchzeit entheiligt (LXIX § 91), wenn jemand durch Fluchen, Sichverschwören oder Gotteslästerung wider die christliche Lehre und die Forderung eines christlichen Lebenswandels verstöfst (LXXI § 1, LXXII § 1), schliefslich wenn jemand von Gärten oder von Höfen vor der Stadt Schlösser u. dgl. widerrechtlich entfernt (1480 § 85).

Das Gewette hat die Bufse festzusetzen, wenn jemand vor den Toren lebendes Vieh kauft (LXXII § 59), oder wenn Bönhasen die Privilegien der Ämter verletzen (LXXII § 31). Im letzten Falle soll Stadtverweisung hinzutreten.

Die von Rechts wegen auf das betreffende Verbrechen oder Vergehn stehende Strafe soll verhängt werden bei unrichtiger Verschossung des Vermögens (1345 III § 1, 1356 § 9, 1371 und 1372 § 18), bei Hopfenvermengung (1351 XV § 4, 1353 XVIII § 3), bei Benutzung falscher Mafse (1371 und 1372 § 24), bei Schwängerung (LXX § 69, LXXI § 92). — Wer Missetäter hegt, soll gerichtet werden wie der Missetäter selbst (1480 § 5, LXX § 67). Wer falsch schofst, soll wie ein Meineider gestraft werden und das nicht verschofste Gut verwirkt haben (LXX § 55, LXXI in den Fassungen ABCD, z. T. gestrichen § 37; ursprünglich auch LXXII § 36).

Todesstrafe befährt, wer Ballast in den Hafen wirft (von 1345 II § 3 an bis LXXII § 67, aufserdem Verwirkung alles Gutes), wer bei einem Schadenfeuer stiehlt (1351 XIII § 7, XXXV § 3, 1397 § 17, 1430 § 28, 1480 § 30), wer Feuer verruchlost und dadurch Schaden verursacht (1436 § 1, 1480 § 28, LXX § 50, LXXI § 51, LXXII § 49), wer die Feuereimer verweigert oder verbringt (1480 § 31), wer falsches Mafs verwendet (1417 § 10, gestrichen), wer die Stadtgräben heimsucht (1430 § 62, 1480 § 67), wer städtisches Gemeingut occupirt (LXX § 1, LXXI § 13, LXXII § 8; aufserdem Verlust des Gutes), endlich wer Schmähschriften ausgehn läfst (LXX § 73).

Für vogelfrei werden Tatern und Zigeuner erklärt (LXXI § 21).

Stadtverweisung soll den treffen, der auswärts eine Klage anbringt (XXVII § 3, 1395 § 19, 1397 § 22, 1400 XL § 16, 1401 § 18, [1417 § 20] immer neben Verlust aller Habe; neben einer Bufse von 50 M. Lüb.: 1418 § 24, 1419 § 21, 1420 § 39, 1421 § 30, 1424 § 33, 1430 § 42, 1480 § 52; neben einer Bufse von 100 M. Lüb.: LXXI § 54, LXXII § 33), wer seine Klage einem Fremden aufträgt (neben einer Bufse von 50 M. Lüb.: LXXI § 55, 100 M. Lüb.: LXXII § 33), wer widerrechtlich Gefangene auslöst (aufserdem sollen 100 M. Silbers verwirkt sein: 1394 § 3, 1395 § 18, 1397 § 21, 1400 XL § 15), den Müller, der einen gewissen Verstofs gegen die Brauerordnung nicht anzeigt (1400 XLI § 1, 1417 XLV § 1), den Träger, der sich vom Brauer bewirten läfst (1419 § 29) oder der zu hohen Lohn nimmt (1424 § 59, 1430 § 52), den Meisterknecht, der sich vom Brauer zu hohen Lohn geben läfst (1419 § 31, 1420 § 49; aufserdem eine Bufse von 3 M. Silbers), die Schenkdirne, die das Bier tonnenweise zum Ausschank übernimmt (1421 § 48, 1424 § 40), wer von Fürsten und andern Arges redet (1430 § 3, vorher soll er noch auf den Kak gestellt werden), Gauner oder nicht privilegirte Bettler (1430 § 11, 1480 § 7, LXX § 6, LXXI § 20), wer seine Waffen nicht bereit hält (1480 § 4, LXX § 74, LXXI § 18, LXXII § 14), unverbesserliche Huren (LXX § 68), Mägde, die nicht dienen wollen und sich einem unzüchtigen Leben hingeben (LXX § 70; aufserdem Staupenschlag: LXXI § 91), wer sich aufserhalb der Stadt trauen läfst (sofern er sich nicht mit 40 M. Lüb. oder 50 fl. loskauft LXXI § 10, LXXII § 6), Bönhasen (LXXII

§ 31, aufserdem willkürliche Strafe vom Gewette). — Für Ein Jahr sollen aus der Stadt verwiesen werden Dienstboten oder Gesellen, die sich doppelt vermieten (1365 § 10), die zur Unzeit abgehn (1417 § 17, 1418 § 17, 1419 § 16, 1420 § 34, 1421 § 35, 1424 § 42, 1430 § 55, 1480 § 61).

Auf den Kak soll gesetzt werden, wer von Fürsten und andern Arges redet (1430 § 3, dazu Stadtverweisung; die Strafe kann mit 10 M. Silbers abgekauft werden 1480 § 3).

Im Halseisen soll stehn, wer am Abende ohne redliches Geschäft auf der Strafse betroffen wird (1385 § 20, 1395 § 14; aufserdem ist Einsetzung in die Büttelei und eine Bufse von 3 M. Silbers angedroht), Kinder oder Dienstmädchen, die bei Trauungen in den Chor der Kirche dringen (wofern sie nicht 2 ß zahlen, LXXI § 5), wer Kirchhöfe verunreinigt (LXXI § 6, LXXII § 4), wer mit Schlüsselbüchsen schiefst (wenn er nicht 3 ß zahlt, LXXI § 58; aufserdem soll die Schlüsselbüchse verwirkt sein).

Gewippt soll werden, wer flucht oder von Herren und anderen so redet, dafs er wider den Anstand verstöfst (1385 § 19. 1395 § 13, 1397 § 14).

Staupenschlag sollen erleiden Mägde, die nicht dienen wollen und sich einem unzüchtigen Leben hingeben (LXXI § 91, aufserdem sollen sie die Stadt räumen).

In die Büttelei soll gebracht werden der Hirt, der zur Nachtzeit weidet (1345 II § 1, 1353 XVII § 2), wer ohne Auftrag Hopfen pflückt (1345 III § 3), der Dienstbote, der beim Regen Schmutz in die Rinnsteine kehrt (1371 und 1372 § 13), wer ohne redliches Geschäft am Abend auf der Strafse betroffen wird (XXVII § 4; aufserdem soll er im Halseisen stehn und 3 M. Silbers zahlen: 1385 § 20, 1395 § 14; aufserdem soll er 3 M. Silbers zahlen: 1397 § 15, 1400 XL § 12, 1401 § 14), wer nachts Waffen trägt (dazu kommt eine Bufse von 3 M. Silbers: 1397 § 15, 1400 XL § 12, 1401 § 14; willkürliche Strafe: 1430 § 61, 1480 § 66), Hökerinnen, die aufkaufen (1480 § 43, dazu strenge Strafe).

Ins Gefängnis soll gesetzt oder um 10 M. Lüb. soll gebüfst werden, wer an der Stadt Dämmen gräbt (LXXII § 9).

Einbufse an seinem guten Namen soll leiden, wer einen flüchtigen Verbrecher nicht aufhält (aufserdem soll er um 10 M. Silbers gebüfst werden I § 5, 1371 und 1372 § 7), wer wider die

Brauordnung verstöfst (1417 XLV § 4, 1427 § 13). Verlust von Ehre und Gut droht dem, der falsche Mafse verwendet (LXXI § 64, LXXII § 54).

Das Amt soll gelegt werden Älterleuten, die bei Aufnahme neuer Amtsbrüder diese übersetzen (1398 § 3h dazu eine Bufse von 10 M. Silber; 1400 XL § 17), Kornmessern, die vorzeitig messen (1420 § 45, 1421 § 43).

Seiner Vormundschaft soll entsetzt werden und 50 oder 100 M. Lüb. dazu zahlen: ein Vormund, der nicht inventirt oder nicht jährlich Rechnung ablegt (LXXI A und anfangs auch B § 33, § 33a).

Die Vermögensstrafen oder Geldstrafen zerfallen in unbestimmte und bestimmte.

Ratmannen zunächst wird die Ausrichtung eines Schmauses auferlegt, wenn sie gegen die Brauordnung verstofsen (Willkür des J. 1332). Ihr Anteil aber an den Sporteln wird denjenigen entzogen, die ihr Schofs zu spät entrichten (Willkür des J. 1340) oder die sich wider die Hochzeit-, Kindbett- oder Klosterfahrt-Ordnung vergehn (1385 § 18).

Sein ganzes Vermögen soll aufser seinem Leben verwirkt haben, wer Ballast in den Hafen wirft (1345 II § 3 bis LXXII § 67), ebenso wer städtisches Gemeingut occupirt (LXX § 1, LXXI § 3, LXXII § 8). Vermögensverlust und Stadtverweisung droht dem, der gegen Mitbürger fremde Gerichte anruft (XXVII § 3, 1395 § 19, 1397 § 22, 1400 XL § 16, 1401 § 18).

Das Gut, das nicht verschofst ist, soll verwirkt sein (1347 VI § 3, 1352 § 14, LXX § 55, LXXI § 37, LXXII § 36, z. T. soll aufserdem Leibesstrafe eintreten). Bei unrichtiger Verschossung wollen sich die Ratmannen mit dem Defraudanten in sein Gut teilen (1356 § 9). Verloren sein soll das Erbteil, wovon das Abschofs hinterzogen wird (LXX § 11, LXXI § 26, 35, LXXII § 19, 32) oder das sich jemand durch Einfahren sichern will (LXXI A § 27, dazu eine Bufse von 50 M. Lüb.), das Gut, von dem Zoll, Accise oder Hafengeld hinterzogen wird (LXXI § 79, LXXII § 35), der Wein, der nicht veraccist ist (LXX § 61, LXXI § 90, LXXII § 76), und das fremde Bier, von dem keine Accise gezahlt ist (LXXI § 88, LXXII § 74). Verwirkt sollen sein: vermengter Hopfen (1353 XVIII § 3), fremdes Bier, das unerlaubt verkauft wird (1356 § 18 dazu 10 M. Silber; aufserdem 3 M. Silber: 1420 § 26, 1430 § 49),

Wein, der zuwider den Privilegien des Ratskellers verkauft wird (LXX § 60, LXXI § 89) oder der nicht geprobt ist (LXX § 61, LXXI § 90, LXXII § 76), das Wrack, das nicht rechtzeitig aus dem Hafen entfernt wird (aufserdem 3 M.: 1421 § 10, 1424 § 15, 1430 § 16; LXX § 39 und später fehlt die Strafe), die Braupfanne eines Brauhauses, das sein Eigentümer untauglich zum Brauen macht (aufserdem 20 M. Silber 1480 § 44), das Malz, das jemand über das erlaubte Quantum hinaus in die Mühle schickt (dazu 50 M. Lüb. 1480 § 45), wüste Stellen, die nicht binnen bestimmter Frist wieder bebaut werden (1480 § 86, LXX § 46, LXXI § 47f., LXXII § 45 f.), das Grundstück, das jemand an einen Fremden bringt (LXXI § 41, LXXII § 40), oder das ein Fremder an einen Fremden veräufsert (LXXII § 41), oder das einem Fremden zu Gute im Stadtbuche zu treuer Hand eingetragen wird (dazu 100 M. Lüb. LXXI § 43, LXXII § 42), das Gut, das in Klipphäfen verschifft wird (dazu willkürliche Strafe 1435 § 1, 1480 § 14), das Gut, das jemand kauft, obgleich es sein eigen ist (dazu 10 M. Silber: 1419 § 28, 1420 § 46, 1421 § 44, 1424 § 54, 1430 § 48, 1480 § 59) oder das jemand mit dem Gelde Fremder kauft (1480 § 36, aufserdem 20 M. Silber; LXXI § 62, LXXII § 53), das Gut, das Gast an Gast aufser im Jahrmarkte verkauft (LXXI § 63, LXXII § 53), das Gut, das jemand vor den Toren (LXIX § 62), oder das Vieh, das einer vor den Wassertoren kauft (LXXI § 72), ungewrakter Hering, den jemand gekauft (LXX § 29, LXXI § 75, LXXII § 63), minderwertiges Mehl, das jemand ungewogen und in nicht ganz gefüllten Tonnen verschifft (dazu 3 M. Silber: LXX § 32; dazu 20 M. Lüb.: LXXI § 77, LXXII § 65), die Ware, die eine Leinwandhändlerin aufserhalb der Leinbuden feil hält (dazu 3 M. Silber 1453). Weiter sollen verwirkt sein: der Mantel, in dem jemand bei einer Feuersbrunst erscheint (XXXV § 3, 1397 § 17, 1400 XL § 14, 1430 § 28, 1480 § 30), die Kleider, die gegen die Kleiderordnung verstofsen (dazu 3 M. 1421 § 33, 1424 § 37, 1430 § 25), Schmuck, den Huren oder Dienstboten entgegen der Kleiderordnung tragen (1480 § 26, LXIX § 83), das Hildesheimer Messer oder ungewöhnliche Wehr, die jemand führt (1452 dazu 3 M. Silber; LXX § 66, LXXI § 56), das Gewehr, womit jemand in der Stadt schiefst (LXXI § 57), ebenso Schlüsselbüchsen (dazu soll er 3 ß Lüb. zahlen oder im Halseisen stehn LXXI § 58), Schafe und Ziegen, die aufs Feld getrieben sind (1480 § 64).

Zu kleine Tonnen sollen unbrauchbar gemacht werden (LXX § 30, LXXI § 76, LXXII § 64).

Wer sein Haus einem andern zum Brauen überläfst, soll ein ganzes Jahr nicht brauen dürfen (1399 XXXIX § 3).

Seine Erbansprüche soll verlieren, wer vor getaner Erbschichtung wieder heiratet (LXXI A, urspr. auch B § 30 f., LXXII § 21, 23). Pia legata soll doppelt erlegen, wer sie nicht sofort auskehrt (LXXII § 17). Seinen Nachbarn soll schadlos halten, wer ihn dadurch geschädigt, dafs er sein Haus hat verfallen lassen (1480 § 87). Wer in der Musterung seine Waffen nicht aufweisen kann, für den wollen die Ratmannen solche auf seine Kosten beschaffen (1371 und 1372 § 4, 1373 § 4, 1385 § 5, 1395 § 4, 1417 § 3, 1418 § 3, 1419 § 3). Wer das Pflaster vor seinem Hause nicht bessert, für den will der Rat es tun lassen und die Kosten einziehen (LXX § 49), die Kosten doppelt wahrnehmen (LXXI § 16, LXXII § 12).

Die bestimmten Geldbufsen[1] sind im 14. und 15. Jh. so überwiegend auf 3 M. Silbers[2] normirt, dafs dies als Regel angesehen werden kann und eine Aufzählung überflüssig erscheint. Auch als Zusatzstrafe findet sich dieser Satz wiederholt. In den Bürgersprachen des 16. Jhs. dagegen begegnet er selten, da hier niedrigere Bufsen, in Münze angesetzt, bevorzugt werden, und es kommen die

[1] Vgl. Pauli, Zeitschr. f. Lüb. Gesch. I, S. 198 ff.

[2] Darauf, dafs unter einer Mark Silbers nicht ohne Weiteres eine Mark lötig zu verstehn sei, sondern dafs sie unter Umständen zu 2 M. 4 zu berechnen sei, hat Hartwig, Lübecker Schofs S. 111 f. aufmerksam gemacht. Vgl. dazu Koppmann, Hans. Gesch.-Bl. 1903, S. 188 f. Aus der Dissertation Beselins (Praeses: Mantzel), de duobus vel tribus viris, Rost. 1742, S. 14 führe ich aufserdem an: *es ist allerdings ein grosser Unterscheid zu machen unter einer Marck Silbers und ein Marck löhtiges Silbers. Ersteres gilt ordentliche 2 Lübische Marck, letzteres aber 16 Loht oder 8 Rthlr.* Komplizirt wird die Geschichte dadurch, dafs einige Male Mark lötig und Mark Silber wechseln. So steht z. B. XLIX § 35 *3 mr. puri*, gegenüber *3 mr. argenti* vorher und nachher (vgl. XLVIII § 34 und LII § 42), ähnlich Rost. Beitr. IV. 2, S. 57 § 3*. Vgl. weiter unten (S. 227—229). Dagegen *puri* in *argenti* geändert XXI § 22e. — *3 mr. puri* begegnet XXV § 4, nachgetragen ist *puri* in XXX § 5. Einfach *3 mr.* finden wir III § 4, VI § 1, VII § 6, 7, XIV § 3, XVI § 12, XVIII § 5, XXIV § 3, 11, XXV § 20, XXVIII § 1, 2, XL § 27, XLII § 8, XLIV § 15, 25, XLIX § 9, LII § 43.

3 M. Silber nur in LXX § 51 (nach ältern Vorlagen), LXX § 17, LXXI C, E § 32, LXX § 32 (hier als Zusatzbufse) und § 48 vor, und zwar für den Fall, dafs jemand Korn in Häusern lagert, dafs er sich unbefugt des Gutes Unmündiger unterwindet oder dafs er minderwertiges Mehl ungewogen und in nicht voll gepackten Tonnen verschifft oder endlich Buden zu Torwegen macht.

Auch die Bufse von 10 M. Silbers ist in den ältern Bürgersprachen häufig und gleichermafsen auf sie beschränkt, auffallend bevorzugt von 1418 bis 1420. Sie ist angedroht dem, der ohne Erkundigung beim Rate einzuziehen lange Reisen antritt (I § 6)[1] oder der verbotene Pilgerfahrten zieht (1419 § 27), dem der Missetäter oder auch Juden hegt (1345 II § 2, 1356 § 3, 1350 XI § 6), der Fremde brauen läfst (1350 XI § 7) oder der sonst wider die Brauordnung verstöfst (1399 XXXIX § 1, 3, 5, 6, 1400 XLI § 1, 2, 1417 XLIV § 12, XLV § 1, 2, 3, 5, 1427 § 5, 1430 § 51), wenn jemand bei Hochzeiten unerlaubten Aufwand macht (1351 XIII § 2, 1356 § 22, 1373 § 13[2], 1385 § 16 f., 1395 § 11, 1397 § 12, 1398 § 3, 1418 § 14, 1430 § 32), wenn einer sich gegen die Ordnungen über Kleider, Kindbett, Klosterfahrt, Begineneinkleidung oder Begräbnis vergeht (1356 § 22, 24, 1382 § 3, 1394 § 2[3], 1395 § 17[3], XXXV § 1, 2, 1397 § 19[3], 20, 1418 § 20, 1419 § 18, 1420 § 18, 21, 1421 § 20, 1424 § 26, 1430 § 33. — 1385 § 15, 1395 § 11, 1398 § 3g. — 1385 § 18. — 1394 § 1[3], 1395 § 16[3], 1397 § 18[3], 1420 § 24, 1421 § 23, 1430 § 37. — 1420 § 20, 1480 § 35), wenn jemand seine Wachtpflicht vernachlässigt (1351 XIII § 5), fremdes Bier einführt (1356 § 18, dazu soll das Bier verloren sein), oder von Herren und andern unschicklich redet (1356 § 23, 1371 und 1372 § 2[4], 1373 § 2, 1385 § 3, 1395 § 3, 1397 § 3, 1400 XL § 3, 1401 § 3, 1417 § 2, 1418 § 2, 1419 § 2, 1420 § 3, 1421 § 3, 1422 § 2, 1423 § 2; nach 1480 § 3 kann statt der Geldbufse Ausstellung am Kak eintreten), wenn jemand fahrende Priester, Kleriker oder Schüler über 10 Tage lang herbergt (XXVII § 2)[3] oder sich an verbotenen Gilden beteiligt (1381 § 1[4], 2[3], 1417 § 18, 1419 § 17, 1420 § 35, 1421 § 31,

[1] *sub pena decem marcarum,* nachgetragen.

[2] § 13 d: *sub pena x marcarum.*

[3] *sub pena decem marcarum puri.*

[4] *sub pena decem marcarum.*

1424 § 34, 1430 § 39), wenn einer Hofwohnungen nicht abbricht (1382 § 2), städtisches Gemeingut occupirt (1395 § 1, 1397 § 1, 1398 § 1, 1400 XL § 1, 1401 § 1, 1417 § 1, 1418 § 1, 1419 § 1, 1420 § 1, 1421 § 1, 1422 § 1, 1423 § 1, 1480 § 1), wenn einer für die Aufnahme in die Ämter neue Kosten aufbringt (1398 § 3h, 1400 XL § 17; aufserdem soll er sein Amt verloren haben), wenn einer vor Eingehung einer neuen Ehe nicht Erbschichtung tut (1399 XXXVIII § 1, LXX § 7, LXXI 1580 § 31), wenn jemand dem Geschrei nicht folgt (I § 5, 1371 und 1372 § 7; aufserdem soll der gute Name verwirkt sein), wenn besondere Amtshäuser gemietet werden (1418 § 19), wenn jemand Bauern gewaltsam vom Lande weg in die Stadt führt (1418 § 21)[1] oder Korn am Wasser kauft (1419 § 26, 1420 § 45, 1421 § 43) oder sein eignes Gut kauft (aufserdem soll das Gut verwirkt sein 1419 § 28[1], 1420 § 46, 1421 § 44, 1424 § 54, 1430 § 48, 1480 § 59), wenn ein Brauer zu hohen Lohn gibt (1419 § 31, 1420 § 49), ein Schiffer nicht rechtzeitig zum Absegeln fertig ist (1420 § 29, 1421 § 11, 1424 § 16), wenn die Hurenwirtschaft in der Hege nicht binnen bestimmter Frist geschlossen wird (1424 § 39), endlich wenn Geistliche oder kirchliche Institute ihren Grundbesitz nicht rechtzeitig an Bürger veräufsern (1435 § 3).

20 M. Silbers sollen verbrochen sein für Harzichen beim Tanze im Rosengarten (1348 § 3, 1352 § 8, 1353 XVII § 16, 1356 § 16, 1371 und 1372 § 15), wenn jemand Ballast Bord über Bord nimmt (1385 § 10, 1395 § 7, 1397 § 7, 1400 XL § 7, 1401 § 7, 1417 § 7, 1418 § 7, 1419 § 7, 1420 § 8, 1421 § 8, 1424 § 12, 1430 § 14), wenn einer ohne Bewilligung des Rats Grundeigentum in geistliche Hand bringt (1424 § 32, 1430 § 40) oder unerlaubte Pilgerfahrten zieht (1421 § 40, 1424 § 49, 1430 § 7, 1480 § 6), nach der Bürgersprache von 1480 endlich, wenn jemand auf der Weide Ballast gräbt (§ 11), Hopfenranken in die Stadt bringt (§ 33), mit dem Gelde Fremder oder am Hafen kauft (§ 36 dazu Verlust des Gutes; § 58), Brauhäuser zerbricht (§ 44, dazu Verlust der Braupfanne).

100 M. Silbers soll verbrochen haben, wer Prahme mit Ballast überlädt, so dafs sie sinken (1385 § 9, 1395 § 6, 1397 § 6, 1400 XL § 6, 1401 § 6, 1417 § 6, 1418 § 6, 1419 § 6, 1420 § 7, 1421 § 7, 1424 § 11, 1430 § 13, 1480 § 9), wer in geschlossenen Höfen neue Wohnungen baut (1382 § 1), wer Gefangene von Strafsenräubern

[1] *sub pena decem marcarum.*

auslöst (dazu Stadtverweisung 1394 § 3[1], 1395 § 18[1], 1397 § 21[1], 1400 XL § 15), wahrscheinlich auch wer zu oft braut (1480 § 46).

Die Bufse von 1 M. Silbers ist nur für den Fall vorgesehen, dafs jemand auch nach wiederholter Mahnung seinen Steindamm ungebessert läfst (1480 § 88).

In Münze angesetzte Bufsen sind in den Bürgersprachen des 14. und 15. Jhs., wenn man von dem öfter erscheinenden Satze 10 ß Lüb. und dem seltenen von 50 M. Lüb. absieht, so gut wie nicht zu finden, während sie im 16. Jh. bevorzugt werden, wo andererseits die 10 ß Lüb. verschwinden.

Um 6 ₰ kann jeder den Knecht pfänden, der mit beladenem Wagen in den Strafsen trabt (1356 § 26), soll der Büttelknecht den pfänden, der gewisse Stellen verunreinigt (1480 § 89).

2 ß Lüb. sollen Kinder und Dienstboten verbrochen haben, die bei Trauungen in den Chor der Kirche dringen (LXXI § 5, wer nicht zahlt, soll im Halseisen stehn).

3 ß Lüb. soll zahlen, wer mit Schlüsselbüchsen schiefst (LXXI § 58, sonst soll er im Halseisen stehn), ebensoviel ist für jede Tonne Teer zu zahlen, die nicht rechtzeitig zu Keller gebracht ist (LXXI § 59).

4 ß Lüb. soll entrichten, wer zu spät schofst (1349 X § 1), wer den Dreck in den Rinnstein fegt (LXIX § 61), wer während der Predigt im Chor spaziren geht (LXXI § 4), wer unter eignen Hirten weiden läfst, für jedes Haupt Vieh (LXXI § 15, LXXII § 11).

Um 6 ß Lüb. soll der Torwächter gebüfst werden, der am Sonntage unerlaubt öffnet (LXXI § 2).

8 ß Lüb. soll zahlen, wer am Sonntage während des Gottesdienstes ausschenkt, und zwar für jeden Gast (LXXI § 3, LXXII § 2), wer aufserhalb des Mehlhauses Mehl bei Scheffeln oder fafsweise verkauft, für jeden Scheffel (LXXI § 68, LXXII § 56).

10 ß Lüb. soll verbrochen haben, wer am Abende ausgeht Hopfen zu pflücken (1345 III § 3), wer vorzeitig Korn kauft (1351 XV § 5), wer die Strafsenreinigung unterläfst (1348 § 5), der Dienstbote, der beim Regen Unrat in den Rinnstein fegt (1353 XVII § 5, 1371 und 1372 § 13, 1373 § 9, 1385 § 11, 1395 § 8, 1397 § 8, 1400 XL § 8, 1401 § 8, 1417 § 8, 1418 § 8, 1419 § 8, 1420 § 9,

---

[1] *centum marcas puri.*

1421 § 9, 1430 § 17, 1480 § 16), wer seinen Unrat auf der Leiste lagert oder ihn Nachbaren zuschanzt (1365 § 8), wer solchen an verbotene Stellen bringt (1480 § 19), wer ungebeten in einem Kindbetthause zu Gaste geht (1354 § 3), der Brauer, der den Sonntag entheiligt (1365 § 7), wer mit beladenem Wagen in den Strafsen Trab fährt (1365 § 9, 1405 § 3), wer seinen Steindamm nach der ersten Mahnung nicht bessert (1480 § 88), wer Dänische Witten für mehr als 2 ₰ annimmt oder ausgibt (1480 § 90).

20 ß soll zahlen, wer Hopfen erntet, bevor er seine Pacht entrichtet hat (1345 III § 2, 1352 § 13, 1353 XVII § 6, 1356 § 10).

1 Reichstaler soll der Brauer zahlen, der am Sonntage zu früh anheizt (LXIX § 89), wer sein Kind nicht binnen 3 Tagen taufen läfst (LXXI § 9, LXXII § 5).

2 M. Lüb. sollen die Botsleute verbrochen haben, die ohne Anweisung Ballast verkaufen (LXX § 36, LXXI § 82).

3 M. Lüb. hat zu zahlen, wer nicht rechtzeitig das Bürgerrecht gewinnt (LXIX § 42), wer Schutt oder dgl. neben den Dämmen oder in den Nebenwegen ablagert (LXX § 3), wer ungesichtetes Mehl kauft (LXX § 21, LXXI § 66), wer vor den Toren Kohlen kauft (LXX § 24, LXXI § 70, LXXII § 58: überall steht nur 3 M.), wer Ballast oder Steine vom Strande wegholt (LXX § 37, LXXI § 83).

4 M. Lüb. zahlt, wer sein Verlöbnis nicht in der Kirche vollziehen läfst (LXXI § 11; in andern Redaktionen in 1 M. abgeändert).

5 M. Lüb. sind angesetzt für Verstöfse gegen die Bestimmungen über das Gevatterngeld, die Taufordnung, den Kirchgang (LXIX § 39—41).

6 M. Lüb. soll der Kohlenmesser zahlen, der vor den Toren gekaufte Kohlen mifst (LXX § 24, LXXI § 70, LXXII § 58: überall das Doppelte von 3 M.), wer an den Dämmen oder an der Stadtmauer gräbt (LXXI C, E § 14, urspr.: 60), wer ohne Erlaubnis neue Gräben zieht (LXXI § 17).

4 Gulden sollen von jeder Last entrichtet werden, die ein vorzeitig wegverkauftes Schiff hält (LXX § 42, LXXI § 87, LXXII § 73).

10 M. Lüb. soll verwirkt haben, wer Salz im Grofsen verkauft, ohne es messen zu lassen (LXX § 20), wer sich ohne zuvorige Erbschichtung aufs neue verheiratet (für den Fall, dafs die frühere Ehe

kinderlos geblieben ist LXXI C § 31), wer ohne Erlaubnis sein Haus Fremden zur Hochzeit herleiht (LXXI § 40), wer ungedroschnes Korn im Hause lagert (LXXI § 52, LXXII § 51), wer Malz oder hartes Korn unbesichtigt und ungemessen verschifft (LXXI § 78, LXXII § 66), wer an der Stadt Dämmen gräbt (LXXII § 9, hier kann auch Gefängnisstrafe eintreten).

Um 10 Gulden soll gebüfst werden, wer Mehl im Grofsen kauft, bevor es die gesetzliche Zeit feil gehalten worden ist (LXX § 22, LXXI § 67, LXXII § 55), wer ohne Erlaubnis neue Gräben zieht (LXXII § 13).

20 M. Lüb. soll zahlen, wer bei Eingehung einer neuen Ehe seinen Kindern Erbschichtung tut, ohne ihnen Vormünder bestellt zu haben (LXX § 8: nur 20 M.), wer Mehl verschifft, das nicht Kaufmanns Gut ist (LXXI § 77, LXXII § 65; aufserdem soll das Mehl verwirkt sein), wer Ballast Bord über Bord einnimmt (LXXI § 81, LXXII § 68; auch LXX § 35 und LXXI A, wo nur 20 M. steht, wird so zu deuten sein; früher 20 M. Silber), wer ohne Erlaubnis Fremden sein Haus zur Hochzeit hergibt (LXXII § 39).

30 M. Lüb. hat verwirkt, wer Wohnungen an Fremde ohne Genehmigung vermietet (LXXI § 39).

20 Gulden hat verbrochen, wer an verbotenen Stellen Mist lagert oder ihn dorthin bringt (LXXII § 10).

40 M. Lüb., wer sich aufserhalb der Stadt trauen läfst (LXXI § 10), wer sich des Gutes unmündiger Kinder unterwindet (LXXI A § 32 nach dem Entwurfe).

Um 50 M. Lüb. soll gebüfst werden, wer gegen Mitbürger vor einem fremden Gerichte klagt (dazu soll er aus der Stadt weichen: 1418 § 24, 1419 § 21, 1420 § 39, 1421 § 30, 1424 § 33, 1430 § 42, 1480 § 52), wer einem Fremden zu demselben Zwecke sein Recht aufträgt (LXX § 65; dazu soll Stadtverweisung treten LXXI § 55), wer mehr Malz, als gestattet ist, zu einem Bräu Bier in die Mühle schickt (1480 § 45, dazu soll das Malz verloren sein), der Vormund, der kein Inventar aufnehmen läfst (LXXI § 33, aufserdem soll er abgesetzt werden), wer seine Buden zu Ställen, Torwegen oder Gärten macht (LXXI § 50, LXXII § 48), wer Grundstücke anders als vor dem Rate oder dem Stadtbuche verpfändet oder vereignet (1480 § 51, LXX § 43; Lüb. fehlt), wer, um sich sein Erbteil zu sichern, zum Hinterbliebenen einführt (LXX § 14, LXXI § 27, LXXII § 20; an der ersten Stelle fehlt Lüb.), wer sein Gut zu Leibgedinge macht (LXX § 62 ohne Lüb., LXXI § 53), wer ohne Genehmigung an Fremde vermietet (LXXII § 38 ohne Lüb.).

60 M. Lüb. soll verbrochen haben, wer an der Stadt Dämmen oder an der Stadtmauer gräbt (LXX § 2 ohne Lüb., LXXI § 14; C und E ändern in 6), wer sich des Gutes Unmündiger unterwindet (LXXII § 27).

50 Gulden soll zahlen, wer sich auswärts trauen läfst, oder er soll aus der Stadt weichen (LXXII § 6).

Um 100 M. Lüb. soll gestraft werden, wer sich ohne zuvorige Erbschichtung wieder verheiratet, wenn die frühere Ehe kinderlos geblieben war (LXXI DE § 31, LXXII § 26), wer sich des Gutes Unmündiger unterwindet (LXXI § 32 in verschiedenen Recensionen), der Vormund, der nicht jährlich Rechnung ablegt (LXXI A und B § 33a), wer einem Fremden zu Gute ein Grundstück auf seinen Namen schreiben läfst (LXXI § 43), wer gegen Mitbürger auswärts klagt (dazu soll Stadtverweisung eintreten LXXI § 54, LXXII § 33), wer zu solchem Zwecke einem Auswärtigen sein Recht aufträgt (aufserdem soll er die Stadt meiden LXXII § 33), wer Prahme überlastet, dafs sie sinken (LXXI § 84, LXXII § 70, auch wol LXX § 38; früher 100 M. Silbers).

200 M. Lüb. endlich soll zahlen, wer sein Gut zu einem Lehen macht oder Lehngut erwirbt (LXXII § 34).

Übersieht man die Liste der Bufsen, so ist unverkennbar, dafs trotzdem nach Ausweis der Handschriften gerade der Strafsatz besonderer Erwägung unterlegen zu haben scheint, namentlich im 14. und 15. Jh. eine strikte Einforderung nicht die Regel gebildet haben kann, sondern Gnade geübt sein mufs[1]. Und nicht zu oft hat man diese von vorne an ausgeschlossen, wie z. B. 1350 XI § 7, 1351 XV § 5, 1395 § 11, 1397 § 12, XXXIX § 6, 1421 § 26, 1480 § 72.

Im übrigen sind noch folgende Einzelnheiten zu bemerken.

---

[1] Das ist für die gesamten mittelalterlichen Strafbestimmungen wol als Regel anzunehmen. Vgl. Pauli, Zeitschr. f. Lüb. Gesch. I, S. 203 ff. Mevius, Comm. in jus Lub. I, 1, Art. 11, § 130. In Brügge suchte der Deutsche Kaufmann die Bufsen der Ordonnanzen dadurch in Respekt zu erhalten, dafs er nur unter der Bedingung Gnade walten liefs, wenn der Begnadigte schwur, es geheim zu halten, HR. II, 1, S. 459. Vgl. Hans. Urkb. VI, Nr. 951.

Angebern werden nach altem Gebahren[1] Belohnungen verheifsen: 1350 XII § 1, 1351 XV § 5, 1430 § 49.

Doppelung der Bufse tritt ein, wenn jemand vor den Toren die Bestimmungen über den Kauf verletzt: 1351 XV § 6, Erhöhung, wenn jemand auch besondere Mahnungen, seinen Strafsendamm zu bessern, unberücksichtigt läfst: 1480 § 88. Ratmannen werden höher gebüfst als andere Bürger: Mekl. Urkb. IX, Nr. 6521[2].

Für Kinder und Dienstboten wird der Hausvater verantwortlich gemacht: LXXI § 5.

Flurbeschädigung soll wie Diebstahl geahndet werden: 1417 § 24.

Pfändung wird dem angedroht, der nicht rechtzeitig sein Schofs oder andere Abgaben zahlt (1480 § 70, LXXII § 35, 36), wer besondere Hirten hält (LXX § 4, LXXI § 15, LXXII § 11), wer von Torwegen oder Gärten, die früher Wohnbuden gewesen waren, nicht Bürgerpflicht tun will (LXX § 47, LXXI § 49, LXXII § 47), wer seiner Bürgerpflicht beim Hafen oder bei den Stadtgräben nicht nachkommt (LXX § 75, LXXI § 19). Jederman kann den Knecht pfänden, der mit beladenem Wagen in den Strafsen trabt (1356 § 26), ebenso später die Müssiggänger, die in der Stadt Gräben oder Teichen angeln (1480 § 84). Pfänder, die nicht binnen gesetzter Frist ausgelöst werden, will der Rat verkaufen lassen (LXX § 58, LXXI § 61, LXXII § 52)[3].

---

[1] Vgl. Grimm, Rechtsaltertümer, 4. Aufl., II, S. 222 f.

[2] Vgl. Altes Lüb. Recht, Hach II, 240. Kriegk, Deutsches Bürgertum I, S. 328. Werkmeister werden höher gebüfst als Selbstherrn: Altes Lüb. Recht, Hach II, 198, 208.

[3] 1532, Juni 9 sollte von den Kanzeln gemahnt werden, die Pfänder bei der Kämmerei bis zu Johannis einzulösen *na inholdt der burgersprake.*

Nachträge.

Zu S. 11 Anm. 3. Nach Brandenburg, Geschichte des Magistrats der Stadt Stralsund, S. 14 Anm. 57 ist in Stralsund zuletzt 1693 Bürgersprache gehalten.

Zu S. 13 Anm. 1. In Lübeck ward 1418 von den Kanzeln aufgefordert, Ansprüche an die Englische Krone anzumelden, Hans. Urkb. VI, Nr. 191.

Zu S. 38 f. Wegen eines im Wismarschen Hafen verübten Raubes (Mekl. Urkb. IX, Nr. 6563) entscheiden 1345 die von Stralsund und Greifswald, dafs die Stadt für den Schaden aufzukommen habe, weil sie den betroffenen Kaufleuten Geleit erteilt habe. Auch wenn sie kein besonderes Geleit gegeben hätten, würden die Wismarschen dazu verpflichtet gewesen sein, *ex quo ... de civiloquio suo intimassent, quod omnes mercatores in portu suo Wismariensi securi esse deberent,* HR. I, 1, S. 173, Mekl. Urkb. IX, Nr. 6564, S. 694. Eine Bürgersprache dieses Inhalts ist nicht erhalten. — Vgl. noch Genzkows Tagebuch, S. 22 f., 32.

Zu den Kapiteln über die Strafsen und Dämme (Af) und die Strafsenreinigung (Bd) würde ich Gasner, Zum Deutschen Strafsenwesen mehrfach angeführt haben, wenn mir damals von diesem empfehlenswerten Buche mehr als der Titel bekannt gewesen wäre.

S. 32 Anm. 2 Z. 2 ist *wechvuren* statt *wechvoren* zu lesen.

S. 105 Anm. Z. 6 S. 84 § 61 statt § 84 § 61.

S. 160 Anm. 3 Z. 6 1539 statt 1537.

Die Bürgersprachen.

Huic libellulo inscribenda sunt primo civiloquia, deinde in sequenti quaternulo, qualiter de anno in annum consilium disponitur et innovatur.

I, [Communia civiloquia][1].

Ista sunt civiloquia, que communiter cottidie intimantur.

Primo a Deo et dominio nostro bonam habetis civitatem. Qualiter illam custodire debetis, sepius vobis intimatur, videlicet:

1. Quod unusquisque personaliter vigilet equitando et eundo, ubi ad vigilandum ponitur, vel talem pro se mittat, pro quo velit respondere, sub pena trium mr. arg.

2. Quod unusquisque arma sua parata habeat et nemini extra civitatem concedat; sed si fama surrexerit, unusquisque cum armis currat ad valvam sibi deputatam.

3. Quod unusquisque videat, quem hospitet, quod talis sit, quod pro ipso respondere velit, et

4. Quod premuniat hospites suos, quod arma sua in hospicio dimittant; quod si facere noluerint, sed arma portaverint, hospes potest licite equos hospitum extra domum suam pellere; quod si civis noster non fecerit et hospes arma portaverit, civis iii mr. arg. emendabit.

5. Quod omnes accurrant ad ›ove!‹, ubi clamatur; et si aliquis pro maleficio efficitur profugus et si non vult[a] teneri et in fuga vulneratur[b] vel interficitur, ille, qui hoc facit sine ali[qu]o[c] vórsatinghe, nullam penam pro eo pacietur; et si aliquis adest, qui potest et talem profugum non inpedit, civitati x[d] mr. arg. emendabit et eo minor debet reputari.

---

[a] wlt. [b] wlneratur. [c] alio. [d] x *auf Rasur.*

[1] Schröder, Kurtze Beschreibung S. 88. Burmeister S. 1. Mekl. Urkb. IX, Nr. 6474.

6. Quod[a] nullus longas reysas velificet vel ambulet nisi cum consilio dominorum consulum, quia ipsi sciunt, quod alii nesciunt, (sub[b] pena x mr.).

7[c]. Quod unusquisque videat, cui accommodet bona sua, quia domini volunt esse potentes securitatis sue.

8. Quod byspraken libertates civitatis.

9. Quod videant, ubi ponant igniciones suas, ne sibi et suis vicinis deinde dampnum fiat, sub pena iii mr.

10. Quod unusquisque faciat equare mensuras suas et pondera sua sine timore et sine excessu.

11. Quod volunt omnia antiqua statuta et arbitria prius pronunciata seruare[d].

II, 1345[1].

Anno[e] x⁰lv⁰ in festo ascensionis Domini[2] hec intimabantur.

1. Quod nullus habeat speciales pastores (aut[f] de nocte extra civitatem equos custodiat, iii[g] mr. arg.; pastor de nocte et equi debent[h] poni ante omnia ad domum preconis).

2. Quod nullus detineat[i] aliquem maleficum aut profugum pro maleficio aut ipsum juvet secrete vel occulte, quod deveniat vias suas, sub pena x mr. arg.

3. Quod nullus proiceat lastadien in deep hujus civitatis, sub pena vite et bonorum suorum.

4[k]. Quod nullus veeghe aut portet stercora sua, quando pluit ad rônnam, sub pena iii mr. arg.

5. Quod nullus frangat pontem sive plateam vel exaltet vel de-

---

[a] *S. 2.* [b] sub—marcarum *nachgetragen.* [c] *§§ 7—11 sind einzeln später hinzugefügt und zwar nach 1353 und spätestens 1365, wahrscheinlich aber bis auf § 11 im Jahre 1356.* [d] *Eine halbe Seite frei.* [e] *S. 3.*
[f] aut—preconis *nachgetragen.* [g] *Ursprünglich:* x.
[h] debet. [i] detineat *als zweideutig gestrichen, aber unentbehrlich.* [k] *§ 4 steht hinter § 7, ist aber durch Verweisung hierher eingeordnet.*

[1] Burmeister S. 2. Mekl. Urkb. IX, Nr. 6524.
[2] Mai 5.

primet, vel aliquod novum edificium edificet (aput[a] plateam) nisi cum consilio dominorum consulum, sub pena iii mr. arg.

6. Quod nisi duo[b] cives nostri habentes proprium suum panem habeant unam bodam in Skanore, (iii mr. arg.)[c].

7. Quod nullus civium nostrorum in Skanôre aliquam discordiam inter cives nostros ortam aliquibus aliis intiment vel querulentur nisi advocatis nostris, sub pena iii mr. arg.

8. Hii sunt de lobio intimandi: domini Rodekoghele, Ywanus de Clûtze, Hinr. de Zulten, Smodesyn, Ledeghe et Qualitze.

III, 1345[1].

Anno x⁰lv⁰ dominico die ante festum sancte Crucis[2] hec intimabantur[d].

1. Primo[e], quod unusquisque talliet pro bonis suis, prout valent; si quis hoc non fecerit, domini volunt judicare, ut juris ordo dictat; si eciam post mortem alicujus hoc invenerint, quod mortuus non satisfecit, volunt cum heredibus suis bona dividere et tantum accipere, prout fuerit juris et ut in vita accepisse voluissent.

2. Quod dent redditus de humuletis, antequam de fructibus se[f] intromittunt, sub pena unius talenti.

3. Quod nullus volens carpere humulum de vespere exeat aut humulum alicujus carpeat sine licencia illius, cui humulus pertinet, sub pena dimidii talenti; eciam illi, qui hoc infregerit, non debet dari aliquod precium pro carpatura, et licite sine excessu debet poni in domum preconis nomine illius, cui humulus pertinet.

4. Quod omnes ementes bona ab hospitibus ipsa eis curialiter solvant, quod querimonie de ipso non fiant, sub pena iii mr.

---

[a] aput plateam *am Rande nachgetragen nach 1353 (XVII § 1), vor 1356.* [b] *Später, vor 1356, ersetzt durch:* tres. *Zuerst war der Paragraph begonnen:* quod nisi duo proprii sui domini habeant unam bodam; *diese Redaktion ward verworfen, nachdem* proprii sui domini *durch* cives *ersetzt worden war.* [c] *Strafe nachgetragen,* sub pena *fehlt.*

[d] *Danach:* reverte, *d. h. schlag um. Das* Nota *zu Anfang von S. 4 ist später hinzugefügt.* [e] *S. 4.*

[f] se in.

[1] Burmeister S. 3, Mekl. Urkb. IX, Nr. 6569.

[2] Sept. 11.

5. Quod nullus inscidat pannos vel cum panniscidis aliquam habeat societatem, nisi sortilegiet super pretorium, sub pena iii mr. arg.

6. Quod nullus institor debet alios pannos inscidere preter antiquitus consuetos, ut sunt Yrener, swesterdok, berwer, sagen, tyrletey, Spiresch (et[a] Sardokos).

7. Quod nullus institor[b], sartor sive pannirasor aliquam cum panniscidis habeat societatem, sub pena predicta.

8. Quod nullus aliqua bona qualiacumque emat extra valvas civitatis (et[c] in civitate), sub pena trium mr. arg.

9. Quod omnia statuta et arbitria volunt servare.

10[d]. Quod unusquisque muniat se ad annum, qui habet.

11[e]. (Quod nullus civium nostrorum, quando emit annonam non eque valentem, faciat defalcacionem, sub pena iii mr. arg.)

12. Quod[f] nullus ferat arma sive trusalia in civitate sive secrete sive publice, sub pena iii mr. arg.

13. Quod Michaelis[1] volunt ponere novas mensuras.

14[g]. Quod byspraken libertates civitatis.

IV, 1346[2].

Anno x^{C}lvi^{o} in festo ascensionis[3] hec mandaverunt:

1. Nullus debet emere aliqua [lingna] edificiorum[h], nisi veneri[n]t[i] intra muros; et cum intra muros venerunt, nullus ligna edificiorum[k] emet, priusquam jacuerunt in tercium diem, nisi ipsa ad proprium suum edificium habere voluerit, sub pena iii mr. argenti.

2. Item nullus emet aliqua bona intra civitatem vel [in][l] jurisdictione civitatis cum hospitum pecuniis, sub pena iii mr. arg.

3[m]. Item nullus habebit speciales pastores, sub pena prius statuta, trium mr. arg.

---

[a] *Zusatz.* [b] *Über der Zeile.* [c] *Später am Rande zugesetzt, 1351?* [d] *§ 10 gestrichen.* [e] *§ 11 später unten an den Rand hinzugefügt, aber gestrichen.* [f] *S. 5.* [g] *§ 14 später als die früheren Artikel niedergeschrieben.* [h] *Urspr.* bona sive lingna, *verbessert in* bona edificiorum. [i] venerit. [k] ligna ed. *urspr.* ipsa. [l] in *fehlt.* [m] *§ 3 später als die ersten Artikel niedergeschrieben.*

[1] Sept. 29.

[2] Burmeister S. 3. Mekl. Urkb. X, Nr. 6654.

[3] Mai 25.

V, 1347[1].

Anno x°lvij° hec in festo ascensionis[2] sunt pronunciata:

1. Primo antiqua civiloquia. Secundo

2. Quod omnes ementes et vendentes super Livonicum talentum nullibi ponderent nisi supra libra civitatis.

3. Quod[a] nullus civium nostrorum aliquas injurias, dictas schelinghe, quas opticere potestis, extra partes queruletur; sed cum hic domi venerit, accipiet, quod dictaverit ordo juris Lubicensis.

4[b]. Quod nullus habeat majores nupcias.

5. Quod nullus accipiat bodas in Skanore.

6. Quod nullus proiceat lastadias in portum.

VI, 1347[3].

Anno x°lvij° Martini[4] domini mei pronunciarunt:

1. Quod nullus debet emere annonam extra valvas aut in plateis aut in portu, sed intra iiii^{or} angulis et in fovea, sub pena iii mr.

2. Quod unusquisque muneat se ad annum cum cibariis et similibus.

3. Quod quisque talliet pro omnibus bonis suis; quod si non fecerit, bona illa, pro quibus non satisfecit, debent esse civitatis, sive fuerit post mortem, sive ante mortem.

4. Quod portent dativos denarios pro tallia sua, quia camerarii debent eligere.

VII, 1348[5].

Anno[c] x°lviii° in festo ascensionis Domini[6] hec pronunciarunt:

1. Quod nullus ferat arma occulte vel manifeste, sub pena iii mr. argenti[d].

---

[a] *S. 6.* [b] *Dieser und die folgenden Artikel sind größer geschrieben und mit Raum zur Ausfüllung, wie sie denn auch lediglich als Andeutungen anzusehen sind.*
[c] *S. 7.* [d] *Urspr.* Lub.

[1] Burmeister S. 4. Mekl. Urkb. X, Nr. 6762.
[2] Mai 10.
[3] Burmeister S. 4. Mekl. Urkb. X, Nr. 6798.
[4] Nov. 11.
[5] Burmeister S. 4. Mekl. Urkb. X, Nr. 6851.
[6] Mai 29.

2. Quod nullus proiceat lastadien in portum, sub pena corporis et rerum suarum.

3. Quicumque alium percusserit vel per crines traxerit aput danze in roseto vel ubicumque fuerint[a] xx mr. argenti civitati emendabit.

4. Quod nullus emat in havena, sub pena iii mr. arg.

5. Quod unusquisque ante domum suam purget omni sabbato et non permittat stercora super listas suas, sub pena dimidii talenti.

6. Quod nullus custodiat extra civitatem equos, vaccas, porcos aut oves nocturno tempore, sub pena iii mr.

7[b]. Quod non ponderant cum aliis ponderibus quam nunc equatis. sub pena iii mr.

8[c]. Quod nullus accipiet bodas in Skanore ante Jacobi[1], sub pena iii mr. arg.

9. Omnia alia arbitria volunt, quod observentur, sub penis prius asscriptis.

10. Qui illi sint, in quibus justicia debeat queri.

11. Quod bysprakent libertates civitatis.

VIII, [1349]. Vorläufige Aufzeichnung[2].

Memoretur[d] in proximo civiloquio:

1. Quod inhibeantur domine, ne vadant in nupciis de homine ad hominem salutantes et alloquentes eos, quod sint leti etc.

2. Item quod domine specialiter non invitentur ad nupcias, sed sufficiet, quod conjunx invitetur.

3. Item si aliquis consulum in obsequio civitatis facto offenditur, quod reus emendabit.

---

[a] ubicumque fuerint *ist später (nach 1353, s. XVII § 16, und vor 1356, s. XXI § 16) geändert in* in nupciis. [b] *§ 7 wahrscheinlich nachträglich eingeschoben.* [c] *§ 8 steht zu Ende dieser Bürgersprache, durch (gleichzeitige?) Leitungsstriche an diese Stelle gewiesen.* [d] *S. 8.*

[1] Juli 25.

[2] Burmeister S. 5. Mekl. Urkb. X, Nr. 6851 § 12 ff.

IX, 1349[1].

Anno x⁰lix⁰ in festo ascensionis Domini[2] hec pronu[n]ciaverunt:

1. Quod vigilent, ubi deputantur ad vigilandum.
2. Quod sint obedientes illis iiii[or], qui sunt deputati.
3[a]. Quod unusquisque sit benivolus ad resistendum.
4. Quod habeant arma in parato ad defensionem.
5. Quod domini volunt facere videre arma.
6[b]. Qualiter rex est inimicus domini nostri.
7. Quod igitur videant, quorsum ambulent.
8. Qualiter rapine fiunt ante portam.
9[c]. De mensuris et ponderibus.
10[d]. Quod nullus habeat speciales pastores in pascuis civitatis.
11[e]. Quod nullus de nocte pascat extra.
12. Quod bysprakent libertates civitatis.
13. Quod omnia alia arbitria volunt teneri.
14. Qui sint, in quibus jus queri debeat.

X, 1349[3].

Anno x⁰lix⁰ sabbato ante Martini[4] hec pronunciaverunt domini mei civibus suis:

1. Primo quod quolibet anno cives debent talliare, m[ediocres][f] et ill[ustres][g], infra oct[avas] Martini[5] sub pena iiii[or] solidorum Lubicensium, in quibus nichil dimittetur.

2. Item quod nullus ducat ad stagnum humulum, qui solet vendi hic in foro, sub pena iii mr. argenti.

3. Item quod nullus emat annonam, antequam veniant intra iiii[or] angulos sive acies.

---

[a] *§ 3 hinter § 8; Ordnung gemäß dem Leiter.* [b] *§ 6 gestrichen.* [c] *§ 9 nach § 13, hinter § 11; Ordnung nach dem Leiter.* [d] *§ 10 nach § 13; Ordnung nach dem Leiter.* [e] *§ 11 nach § 13 hinter § 10; Ordnung nach dem Leiter.* [f] *S. 9.* [g] m et ill *mit Abkürzungszeichen, über gestrichenem* ante Martini.

[1] Burmeister S. 5. Mekl. Urkb. X, Nr. 6968.

[2] Mai 21.

[3] Burmeister S. 6. Mekl. Urkb. X, Nr. 7005.

[4] Nov. 7.

[5] Nov. 12—18.

XI, 1350[1].

Anno quinquagesimo feria quinta ante Letare[2] domini mei hec pronunciaverunt de lobio civibus nostris:

1. Primo quod nulla civium nostrarum, sive sit puella sive domina, debet aliquo modo ferre bŏrdas super aliquibus vestimentis, sub pena trium mr. arg.

2. Item nullo modo ferant krispeleken de auro vel argento, sub pena supradicta.

3. Item nullo modo ferant pannos, quibus aurum vel argentum sit intextum, sub pena predicta.

4. Item nulla domina sive puella ferre debet cericeos pannos, nisi pater[a] vel ipsa aut provisor seu maritus talliet pro l marcis Lubicensibus, sub pena supradicta.

5. Item nullo modo ferant varium opus ad vestimenta, nisi provisores seu mariti earum tallient pro l marcis Lubicensibus, sub pena supradicta.

6. Item nullus civium nostrorum aliquo modo debet hospitare aliquos Judeos hospites, sub pena decem marcarum argenti.

7. Item[b] quod nullus civium nostrorum permittat aliquem hospitem in domo sive in hereditate sua braxare seu brasiare, sub pena x mr. argenti, in qua pena nichil remittetur.

8. Item nullus civium nostrorum[c] aliquo modo ferat[d] arma sive trusalia[e] hic in civitate, sub pena trium mr. argenti.

9[f]. Item nullus hospitum debet ferre arma hic in civitate; quod si faceret, hospes suus deberet civitati emendare iii mr. arg.; quare unusquisque premuniat suos hospites, quod dimittant arma sua in hospiciis suis.

10. Item nullus clericorum ferat hic in civitate arma; quod si faceret, vellemus accipere in subsidium superiores suos et ipsum compescere; eciam si aliquod incommodum sibi de illo eveniret, illud nobis conqueri non deberet.

---

[a] pater *wol gestrichen, das folgende* vel *aber nicht.* [b] *S. 10.* [c] *Anfänglich war fortgefahren* aut hospitum, clericorum aut laicorum. [d] ferant. [e] sive trusalia *über der Zeile.* [f] *In der Mitte dieses Paragraphen steht am Rande* item lecen[a] (= licencia?) debet esse extra.

[1] Burmeister S. 6. Mekl. Urkb. X, Nr. 7056.

[2] März 4.

11[a]. Item de puerperiis et purificacionibus volunt tenere, ut prius est mandatum.

12. Item hec volunt facere scribi et assere affigi in pretorio.

XII. 1350[1].

Anno suprascripto dominico die ante Margarete[2] domini mei hec civibus suis pronunciaverunt:

1. Primo quod quicumque aliquem deprehenderit cum veneno ita, quod legitime devincitur, illi volunt domini mei dare xx mr. Lub.

2. Item[b] unusquisque potest[c] secure querere in domibus et angulis, ubicumque voluerit, alicujus contradictione non obstante.

3. Item domini mei mandant sub pena ...[d], quod domine non debent de cetero intrare domum, ex qua aliquis mortuus est, quando veniunt de ecclesia post sepulturam, ad conquerendum et plangendum mortuum et sepultum.

4. Simili modo dictis vigiliis non intrabunt domum funeris ad querulandum, sub pena supradicta; et ill[e][e] domine, que sedent[f] in domo, dictis vigiliis exibunt sine querulacione.

5. De Judeo, quod si deprehenditur in vel ante civitatem, sine licencia debet arestari.

6. Quod nullus accipiat bodas in Skania ante Jacobi.

7. De littera contra pestilenciam etc.

XIII, 1351[3].

Anno Domini m°.ccc°.l primo in crastino circumcisionis Domini[4] hec infrascripta domini mei civibus de lobio pronunciaverunt:

1. Primo post communia civiloquia

2. Quod non habeant plura fercula in nupciis quam quatuor fercula, sub pena x mr. argenti.

---

[a] *§ 11 folgt nach § 12; Ordnung gemäß dem Leiter.* [b] *S. 11.* [c] potest potest. [d] *Rasur; es scheint geschrieben gewesen zu sein:* iii mrc. [e] illi. [f] sedent *über ein nicht gestrichenes* sunt *geschrieben.*

[1] Burmeister S. 7. Mekl. Urkb. X, Nr. 7096.

[2] Juli 11.

[3] Burmeister S. 7. Mekl. Urkb. XIII, Nr. 7404.

[4] Jan. 2.

3. Quod non dabunt pullos cum klotvysche; sed si volunt dare pullos, debent esse inscisi et divisi.

4. Quod non plures vestient se simul ad nupcias, quam iiii[or] ex latere sponsi et iiii[or] ex latere sponse.

5. Quod unusquisque personaliter vigilet, ubi ponitur ad vigilandum, sub pena x mr. arg.

6. Quod nullus currat ad ignem, nisi ad hoc munitus, quod possit juvare, quod extingwatur.

7. Quod[a] nullus aliqua bona extra ferat de domibus civibus tempore incendii, nisi statim in weram representet vel ubi mansit demonstret; quod si cum aliquibus, que tacite retinet, reprehenditur, licet sit modicum, volunt judicare in supremum suum.

8. Quod volunt omnia arbitria tenere de nupciis, ut sunt conscripta.

XIV, 1351[1].

Anno l° primo in festo ascencionis Domini[2] hec infrascripta domini mei pronunciaverunt:

1. Primo communia civiloquia in principio libri.
2. Deinde, quod nullus habeat speciales pastores.
3. Quod nullus custodiat tempore nocturno extra civitatem equos aut talia, sub pena iii mr.

XV, 1351[3].

Anno Domini m°.c°c°c°. l° primo in dominica post beati Mattei[b][4] hec infrascripta domini mei consules de lobio mandaverunt sub infrascriptis penis firmiter observanda:

1. Primo communia.
2. Quod nullus civium nostrorum emat tunnas ulterius vendendas; eciam si de stagno aut aliunde lagenas portaverit, non dabit ipsas carius, quam doliatores ipsas dare sunt arbitrati; pena est iii mr. arg.

---

[a] *S. 12.* [b] *Anfangs war geschrieben* crastino beati Landberti *(Sept. 18).*

[1] Burmeister S. 8. Mekl. Urkb. XIII, Nr. 7471.

[2] Mai 26.

[3] Burmeister S. 8. Mekl. Urkb. XIII, Nr. 7516.

[4] Sept. 25.

3. Quod omnes, qui jam emerunt vel de cetero ement humulum ulterius vendendum, debe[n]t[a] ipsum habere venalem in saccis in publico foro, et non in[b] lobiis aut in granariis, preter Wismariensem humulum, sub pena trium mr. arg.

4. Quod domini mei muniant cives et hospites, quod non permisceant Disteloweschen humulum cum aliquo alio humulo, sed per se ipsum vendant inpermixtum, sub pena juris; quod si aliquis faceret, vellent humulum et venditorem secundum quod jus dictaret judicare.

5. Quod nullus solvere faciat saccum vel prebeat, quod dinghent dicitur, vel emat aliquo modo annonam, antequam venerit in quatuor angulos sive acies, órde dictos, sub pena x solidorum, in quibus unicus denarius non dimittetur; sed quicumque aliquem accusaverit ita, quod hoc emendet, de illa emenda volunt consules dare unum solidum accusanti.

6. Quicumque horum articulorum aliquem fregerit extra civitatem sive extra valvam, ille duplicem dabit emendam.

7. Quod ubicumque in curru annona emitur, non plures quam unus aut duo optinebunt unum plaustrum, videlicet ille qui primus ad empcionem venerit, et de omnibus aliis, qui post primum advenerint, nisi unus solus, sub pena iii mr. argenti; si plures quam duo fuerint, veniant ad proconsules, quod disbrigentur.

8. Quod[c] feria tercia[1] panniscide debent sortilegiare.

9. Quod alii debent sortilegiare super pretorium secundum consilium camerariorum.

10[d]. De nupciis [et][e] puerperiis.

11[d]. Quod velint securare et conducere.

12. Quod volunt tenere omnia ipsorum antiqua arbitria.

13. Quod, ex quo tempora sunt bona, braxent et pistent secundum exigenciam temporis.

14. Quod interdicunt, byspraken, libertates civitatis[f].

---

[a] debet. [b] *S. 13.* [c] *S. 14.* [d] *§§ 10, 11, oben am Rande nachgetragen; gemäß Verweisung eingeordnet. Die Bürgersprache ist auch sonst absatzweise aufgezeichnet.* [e] et *fehlt.* [f] *3/4 Seite frei geblieben.*

[1] Sept. 27.

XVI, 1352[1].

Anno[a] Domini m°ccc°lii° in die decollacionis Jo[hannis] baptiste[2] domini mei pronunciaverunt:

1. Primo communia civiloquia, que communiter et cotidie pronunciantur.

2. Item secundo, quod nullus debet emere annonam extra valvas aut in plateis aut in portu, sed intra iiii^or angulos et in fovea, sub pena trium marcarum argenti.

3. Item, quod nullus preemptor preemere debet annonam infra hinc et festum omnium Sanctorum[3], sub pena iii marcarum argenti.

4. Tercio, quod nullus emet aliqua bona intra civitatem vel in jurisdictione civitatis cum pecuniis hospitum, sub pena iii mr. argenti.

5. Item, quod omnes ementes et vendentes super Livonicum talentum nullibi ponderant nisi supra libra civitatis, sub pena iii marcarum argenti.

6. Item, quod unusquisque faciat equare mensuras suas et pondera sua sine timore et sine excessu.

7. Item, quod nullus civium nostrorum aliquas injurias, vulgariter[b] schelinghe, habens, quas obticere potest, extra partes queruletur[c], sed cum domi hic venerit, accipiet, quod dictat ordo juris Lubicensis, sub pena predicta.

8. Item, quicumque alium percusserit vel per crines traxerit in[d] danze in roseto, vel ubicumque fuerit, xx marcas argenti emendabit.

9. Item, quod sabbatis unusquisque mundet ante domum suam, et caveant, ne stercora proiciant ad rennam, quando pluit.

10. Item, quod nullus ferat arma in civitate sive trusalia publice vel occulte, sub pena iii marcarum argenti.

11. Item, quod domini mei volunt facere videre arma.

12. Item omnes, qui jam emerunt humulum vel de cetero ement ulterius vendendum, debe[n]t[e] ipsum habere venalem in saccis in publico foro, et non in lobiis vel granariis, preter Wismariensem humulum, sub pena trium mr.

---

[a] *S. 15.* [b] wlgariter. [c] *S. 16.* [d] *Zuerst:* aput. [e] debet.

[1] Burmeister S. 9. Mekl. Urkb. XIII, Nr. 7652.

[2] Aug. 29.

[3] Nov. 1.

13[a]. Quod dent redditus de humuletis, antequam de fructibus se intromittant, sub pena unius talenti.

14. Item, quod unusquisque talliet pro omnibus [bonis][b] suis. Quod si non fecerit, bona illa, pro quibus non satisfecerit, debent esse civitatis, sive fuerit ante mortem, sive post.

15[c]. Item, quod cives debent talliare quolibet anno infra oct. . . .

XVII, 1353[1].

Anno[d] Domini m°.ccc°l°. tercio in die sancto ascencionis Domini[2] domini mei pronunciaverunt et indicaverunt de lobio civibus nostris:

1. Primo civiloquia communia.

2. Item, quod nullus habeat speciales pastores neque diurno neque nocturno tempore, sub pena iii mr. argenti; pastor custodiens de nocte et equi debent ante omnia poni ad domum preconis.

3. Item, quod nullus proiciat lastadien in portum hujus civitatis, sub optentu vite sue et bonorum suorum.

4. Item, quod nullus franget pontem vel plateam seu exaltet vel deprimet, vel aliquod novum edificium edificet, nisi cum consilio dominorum consulum, sub pena trium marcarum argenti.

5. Item, ubi stercora, quando pluerit, ad ronnam portantur vel proiciuntur, hospes hoc emendare debet cum tribus marcis argenti et familiaris ejus, qui facit, cum dimidio talento.

6. Item, quod dent redditus de humuletis, antequam fructus deportant, sub pena unius talenti.

7. Item[e], nullus debet emere ligna edificiorum, nisi venerint intra muros, et cum intra muros venerunt, postquam jacuerunt in tercium diem, nisi ipsa ad suum proprium edificium habere voluerit.

8. Item, quod nullus emat ligna combustilia infra hinc et festum Jacobi majoris[3], nisi ipsa ad suum proprium usum habere voluerit, sub pena iii marcarum argenti.

9. Item, quod nullus emet aliqua bona intra civitatem vel in jurisdictione civitatis cum hospitum pecuniis, sub pena iii mr. argenti.

---

[a] *§ 13 steht hinter § 15, aber mit Verweisung.*
[b] bonis *fehlt.* [c] *§ 15 unfertig und gestrichen.*
[d] *S. 17.* [e] *S. 18.*

[1] Burmeister S. 10. Mekl. Urkb. XIII, Nr. 7766.
[2] Mai 2.
[3] Juli 25.

10. Item, quod nullus promercator hospitem ad hospitem portat ad emendum ab eo bona sua, sub pena trium marcarum argenti.

11. Item, quod omnes bona ab hospitibus ementes ipsa eis curialiter exsolvant ita, quod querimonie de ipso non fiant, sub pena trium marcarum argenti.

12. Item, quod nullus aliqua bona, quali[a]cumque[a] fuerint, emat extra valvas civitatis, sub pena trium marcarum argenti.

13. Item, quod nullus ferat arma sive trusalia in civitate, sive publice vel occulte, sub pena trium marcarum argenti.

14. Item, quod omnes ementes et vendentes super Livonicum talentum nullibi ponderent nisi supra libram civitatis, sub pena iii marcarum argenti.

15. Item[b], quod nullus civium nostrorum aliquas injurias, schelinghe dictas, quas opticere [potest][c], extra partes querulatur; sed cum hic domi venerit, accipiet, quod dictaverit ordo juris.

16. Item, quicumque alium percusserit vel per crines traxerit aput coream in roseto vel ubicumque alias fuerit, viginti mr. argenti civitati emendabit.

17. De nupciis et puerperiis, quod volunt tenere ut prius.

18. Ex quo tempora sint bona, quod braxent[d] et pistent secundum tempus.

19. Quod bispraken libertates civitatis.

20. Quod volunt omnia antiqua arbitria et statuta prius pronunciata servare, preter illud arbitrium, quod, quando major pars creditorum alicui debitori diem d[e]derit[e], quod extunc eciam minor pars diem dabit[f]. Hoc revocando contradixerunt et ammodo pro nullo arbitrio habere volunt[g].

XVIII, 1353[1].

Anno Domini m°ccc°liii° dominica die post omnium Sanctorum[2] domini mei hec[h] civibus suis de lobio pronunciaverunt:

---

[a] qualicumque. [b] *S. 19.* [c] potest *fehlt.* [d] *Letzte Silbe auf Rasur.* [e] diderint. [f] dabit, *letzte Silbe auf Rasur.* [g] *Anfangs war nach § 2 ein besonderer Artikel über den Widerruf dieses Statuts entworfen, ist aber bei der Schlußredaktion gestrichen.* [h] h *mit übergeschriebenem* c, *sonst für* hoc.

[1] Burmeister S. 11. Mekl. Urkb. XIII. Nr. 7830.

[2] Nov. 3.

1. Primo civiloquia communia.

2. Sed specialiter, quod, ex quo temporalia se melioraverunt, quod tabernatrices debent[a] dare stopam cervisie pro iiii[or] den. et quartale plenum pro uno denario, sub pena trium marcarum argenti.

3. Item, quod qui portant humulum de Distelowe vel Rutenbeeke vel alias[b] ex partibus Slavie, quod videant, quod sit inmixtus; quod si secus fuerit, debent esse deperdita bona, et volunt humulum et venditorem judicare secundum quod dictaret ordo juris.

4. Item, quod nullus debet emere annonam extra valvas aut in plateis aut in portu, sed intra iiii[or] angulos et in fovea, sub pena trium marcarum argenti.

5. Item, quod nemo debet emere argentum vel grossos denarios vel sterlingos, nisi prius prebeantur in monetam dominis monetariis, sub pena trium marcarum.

6. De nupciis et puerperiis volunt tenere ut prius.

7. Quod unusquisque faciat equare modios et mensuras suas.

8. Quod[c] videant, ubi ponunt igniciones suas.

9. Quod volunt tenere omnia antiqua arbitria et statuta.

10. Quod byspraken libertates civitatis.

11. Quod volunt securare et conducere, quod unusquisque videat, cui accomodet.

XIX, 1354[1].

Anno Domini m°ccc°l. quarto in die sancto ascencionis Domini[2] hec[d] subscripta domini mei intimaverunt de lobio civibus eorum per eos observanda:

1. Primo communia civiloquia, que continentur in primo hujus libri folio.

2. Item, quod nulla domina, que[e] debet parere, in partu sua plures rogatas dominas habere debet vel vocare[f] quam decem nec eis aliquas expensas facere, nisi eo tempore, quo vocat[e][g] sunt ad partum, (sub[h] pena trium marcarum argenti).

---

[a] *S. 20.* [b] al *mit Abkürzungszeichen.* [c] *S. 21.* [d] hec *wie XVIII Einl.* [e] que *auf Rasur.* [f] vocare *ursprünglich* aduocare. [g] vocati. [h] sub *bis* argenti *nachgetragen.*

[1] Burmeister S. 12. Mekl. Urkb. XIII, Nr. 7947.

[2] Mai 22.

3. Item, si plures mulieres vel domine advenerint non vocate[a], ille emendabunt hoc civitati cum dimidio talento.

4[b]. Et cetera alia consueto more.

XX, 1355[1].

Anno[c] Domini m°ccc°lv° in die sancto ascencionis Domini[2] domini mei hec[d] subscripta de lobio intimaverunt:

1. Primo communia consueto more, que in primo folio hujus libri continentur.

2. Item, quod nemo emat ligna nisi ad suum proprium usum ante Jacobi[3].

3. Item de amis.

4. Et cum hoc ultima communia, videlicet de puerperiis et nupciis et alia statuta, ut prius intimata sunt observanda.

XXI, 1356[4].

Anno Domini millesimo ccc°l sexto dominica die post festum ascencionis Domini[5] hec infrascripta domini mei consules, novi et veteres, de lobio sub certis infrascriptis penis observanda decreverunt intimare:

1. Primo consueta communia, que in primo hujus libri folio continentur.

2. Item, quod nemo speciales pastores neque de die neque de nocte habere debet extra civitatem, sub pena trium marcarum argenti.

3. Item[e], quod nullus aliquem maleficum aut profugum pro maleficio [detineat][f] aut ipsum juvet secrete vel occulte, quod deveniat vias suas, sub pena x marcarum argenti.

4. Item, quod nullus proiciat lastadien in dep hujus civitatis, sub pena vite et bonorum suorum.

---

[a] *Urspr.:* vocati. [b] *§ 4 nachgetragen.* [c] *S. 22.*
[d] hec *abgekürzt wie in XVIII Einleitung.* [e] *S. 23.*
[f] detineat *fehlt. Vgl. II § 2.*

[1] Burmeister S. 12. Mekl. Urkb. XIII, Nr. 8086.
[2] Mai 14.
[3] Juli 25.
[4] Burmeister S. 12. Mekl. Urkb. XIV, Nr. 8232.
[5] Juni 5.

5. Item, quod nullus frangat pontem sive plateam vel exaltet vel deprimet, vel aliquod novum edificium edificet aput plateam, nisi cum consilio consulum, sub pena trium marcarum argenti.

6. Item, quod nisi tres cives nostri habentes suum proprium panem habeant unam bodam in Schanore, sub pena iii marcarum argenti.

7. Item, quod nullus civium nostrorum in Schanore aliquam discordiam inter cives nostros ortam aliquibus aliis intimet[a] vel queruletur[b] nisi advocatis nostris, sub pena trium marcarum argenti.

8. Item, quod unusquisque purget ante domum suam omni sabbato, et non permittat stercora jacere super listas (sub[c] pena dimidii talenti), nec stercora, quando pluerit, proiciat ad ronnam, sub pena trium marcarum argenti.

9. Item[d], quod unusquisque talliet pro bonis suis, prout valent; si quis hoc non fecerit, domini volunt judicare, ut dictat ordo juris. Eciam si post mortem alicujus invenerint, quod mortuus non satisfecit, volunt cum heredibus suis bona dividere et tantum accipere, ut est juris et ut in vita sua accepisse voluissent.

10. Item, quod dent redditus de humiletis et de sortibus agrorum, antequam fructus deportant, sub pena unius talenti.

11. Item, quod omnes ementes bona ab hospitibus ipsa eis curialiter solvant, ita quod querimonie de eo non fiant, sub pena trium marcarum argenti.

12. Item, quod nullus inscidet pannos vel cum panniscidis aliquam habeat societatem, nisi sortilegiet super pretorium, sub pena trium marcarum argenti.

13. Item, quod nullus institor debet alios pannos inscidere preter antiquitus consuetos, ut sunt Yrener, swesterdok, berwer, sagen, tirleteyer, Spiresch et Sardok, sub pena trium marcarum argenti.

14. Item[e], quod nullus sartor, institor vel pannirasor aliquam cum panniscidis habeat societatem, sub pena iii marcarum argenti.

15. Item, quod nullus emat annonam extra valvam aut in plateis aut in portu, sed intra quatuor angulos et in fovea, vel alia bona, sub pena trium marcarum argenti.

---

[a] intiment. [b] querulentur. [c] sub — talenti *unten am Rande, nachdem erst* dimidium talentum *übergeschrieben war.* [d] *S. 24.* [e] *S. 25.*

16. Item quicumque alium percusserit vel per crines traxerit aput danze in roseto vel in nupciis, xx mr. argenti emendabit.

17. Item, quod nemo debet emere argentum vel grossos vel sterlingos, nisi prius prebeantur in monetam dominis monete.

18. Item, quod nemo civium nostrorum aut hospitum debet navigare cervisiam Wismariensem ad alienam cervisiam, et quod nemo huc in portum nostrum plus aliene cervisie portare navigio debet, quam ad sua propria pocula indigebit, sub pena x marcarum argenti, (cum[a] perdicione aliene cervisie).

19. Item, quod in nulla domo hic in civitate plures cervisie braxari debeant in qualibet septimana quam due cervisie, sub pena iii mr. argenti.

20. Item[b], quod nemo nemini alteri debet accomodare domum suam ad braxandum[c] vel pro pecunia ad unam, duas vel tres cervisias braxandas prohurare, sub pena trium marcarum argenti.

21. Item, quia multa incommoda sunt ex diversis braxatoribus, et ergo, quando duo, quicumque fuerint, volunt se simul conjactare ad braxandum hic in civitate, extunc quilibet illorum debet semper in proprio habere quinquaginta marcas Lubic. denariorum, de quibus quilibet illorum per se satisfacere poterit civitati, et ad hoc debent sibi domum propriam perhurare et conducere, sub pena iii marcarum argenti.

22[d]. Item quicumque a se puerum suum vel amicum suum matrimonialiter desponsaverit, debet donaciones dandas propter nupcias preter vestes tenere et dare in hunc modum:

a. Primo, quod, quicumque dederit[e] puero suo vel amico suo nomine dotalicii cccc marcas Lubicensium denariorum vel ultra, debet eidem puero suo vel amico dare suppellectilia, ynghedôme dicta, quinquaginta marcarum Lubicensium[f] denariorum et nichil supra vel ultra, et debet in electione esse dantis, utrum libencius sponso dare velit utensilia, ynghedôme dicta, vel pecuniam prenarratam, videlicet l marcas Lub. denariorum. Item dare debet eidem puero suo vel amico suo unam fibulam ad pater noster de uno talento Lubicensi, sub pena x marcarum argenti.

---

[a] cum — cervisie *in abweichenden Schriftzügen unten am Rande.* [b] *S. 26.* [c] branxandum. [d] *§ 22 ist gestrichen.* [e] dederit dederit. [f] *S. 27.*

b. Item, si quis dederit nomine dotalicii puero suo vel amico suo ccc marcas Lub. denariorum, dabit eidem puero vel amico suo ynghedôme de quadraginta marcis Lub. denariorum et supra non neque ultra, et eciam stabit ad dantem, utrum libencius sponso dare velit utensilia, ynghedôme dicta, vel pecuniam prenarratam, videlicet xl marcas. Item dare debet eidem puero vel amico suo una[m][a] fibulam ad pater noster de una marca Lubicensi, sub pena x marcarum argenti.

c. Item quicumque dederit puero vel amico suo nomine dotalicii ducentas marcas Lub. denariorum, dabit eidem puero vel amico suo ynghedôme de xxx marcis Lub. denariorum, et stabit ad electionem dantis, utrum libencius sponso dare velit dictum ynghedôme vel[b] pecuniam prenarratam, videlicet xxx marcas. Item dare debet eidem suo puero vel amico unam fibulam de xii solidis Lubicensium denariorum, sub pena [x][c] marcarum argenti.

d. Item, si quis dederit nomine dotalicii puero suo vel amico suo centum marcas Lub. denariorum, dabit eidem ynghedôme xx marcarum Lub. denariorum, et non ultra neque supra, et stabit in electione dantis, utrum libencius sponso dare voluerit ipsum ynghedôme vel pecuniam prenarratam, videlicet xx marcas Lub. denariorum. Item dare debet eidem puero vel amico suo unam fibulam ad pater noster de viii solidis Lubicensium denariorum, sub pena x marcarum argenti.

e. Item, si quis dederit puero suo vel amico suo nomine dotalicii quinquaginta marcas Lub. denariorum, dabit eidem puero vel amico suo ynghedôme x marcarum Lub. denariorum, et non ultra neque supra, et stabit in electione dantis, utrum sponso libencius dare voluerit ipsum ynghedôme vel pecuniam prenarratam, videlicet x marcas. Item dare debet eidem puero vel amico suo vna[m][d] fibulam de[e] quatuor solidis Lub. denariorum ad pater noster, sub pena x[f] marcarum argenti[g].

23. Item[h], quod nemo loquatur super dominos vel principes vel bonos homines malum, sub pena x marcarum argenti.

---

[a] vna. [b] *S. 28.* [c] iii. [d] vna. [e] *S. 29.*
[f] x *auf Rasur, urspr.:* iii. [g] argenti *urspr.* puri.
[h] *Von hier an nachlässiger geschrieben.*

24. Item nemo dabit puero suo vel amico suo scarlaticas[a] vestes, nisi dederit ei dotalicium ccc marcarum Lub. den., sub pena x marcarum argenti; et[b] infra hanc pecuniam nemo dabit scarlaticum pannum. Item[c] dare debet eidem unum monile non melius quam due marce puri[d] argenti, et non meliora tenacula, mowenspanghen dicta, quam una marca puri argenti, sub pena x marcarum argenti.

25. Item nemo dabit puero suo vel amico varium opus ad sufforraturam vestium, nisi dederit ei dotalicium quinquaginta marca[rum][e] Lub. denariorum et supra, sed non infra. Et[f] quod nulla ferat, nisi provisor vel maritus earum talliet pro l marcis.

26. Item quicumque viderit vel invenirit aliquem servum[g] dravende cum onerato curru in plateis, potest eum licite expignerare[h] super vi den.

27. Item de nupciis et puerperiis volunt tenere, ut prius sepius est intimatum.

28. Item, quod volunt omnia antiqua statuta et arbitria tenere et servare, ut prius mandata sunt.

29. Item, quod, ex quo tempora bona sunt, quod braxent et pistent secundum exigenciam temporis.

30. Hii sunt de lobio intimandi, videlicet domini Her. Walmerstorp, Her. Rikelant, Willekinus Witte, Hinr. Stetin, Lubbertus Swarte et Hinr. Ghunter.

XXII, 1357—1360[1].

De[i] anno Domini m°ccc° lvii, lviii, lix et lx communia in primo [folio][k] sunt intimata cum quibusdam aliis, que pendent in publico consistorio.

---

[a] c *und* t *sind fast nie zu unterscheiden.* [b] *Hier war versehentlich ein neuer Paragraph begonnen, Rasur.* [c] *§ 24 ist von hier an getilgt.* [d] puri *am Rande.* [e] marcas. [f] *Das Ende des Paragraphen am Rande.* [g] *S. 30.* [h] expignere, *abgekürzt.* [i] *Von anderer Hand.* [k] folio *fehlt.*

[1] Burmeister S. 15. Mekl. Urkb. XIV, Nr. 8341.

XXIII, 1361—1364[1].

De[a] anno Domini m⁰ccc⁰lxi, lxii⁰, lxiii et lxiiii⁰ nulla specialia fuerunt intimata, sed tantum communia, que continentur in primo folio, etc.

XXIV, 1365[2].

Anno Domini m⁰ccc⁰lx⁰ quinto in festo ascensionis Domini[3] hec infrascripta fuerunt per dominos meos de lobio intimata:

1. Primo omnia communia, que in primo folio hujus libri continentur.

2. Item, quod nullus proiciat lastidien[b] in portum hujus civitatis, sub pena antiqua.

3. Item, quod nullus navigio vel per currus ducere debet cervisiam[c] Wismariensem ad civitatem Lubicensem vel in eorum districtum ad vendendum ibidem vel ad dandum ibidem alicui, sub pena trium marcarum.

4. Item, quod in nulla domo hic in civitate in qualibet septimana plures cervisie braxari[d] debent quam due tantum, sub pena trium marcarum argenti.

5. Item, quod nullus nemini alteri debet accomodare domum suam vel perhurare pro pecunia vel gratis ad braxandum, sub pena trium marcarum argenti.

6. Item, quando[e] duo volunt se simul ponere vel jactare ad braxandum hic in civitate, quilibet illorum debet semper in proprio habere quinquaginta marcas Lubicensium denariorum, de quibus satisfaciet civitati; et ad hoc debent domum propriam conducere et hurare, si poterunt, sub pena trium marcarum argenti.

7. Item, quod quilibet civis debet celebrare a labore suo et braxatura sua a hora vesperarum sabbati usque ad horam vesperarum dominice die[i][f], et nullus debet inter has horas ignem habere in der darne[g] vel facere haurire aquas ad braxandum; et istud similiter facient et tenent aliis diebus celebribus, sub pena x solidorum.

---

[a] *S. 31, wieder von der früheren Hand.* [b] *So.* [c] *Die ersten Silben auf Rasur.* [d] *S. 32.* [e] qui-cūdo. [f] die. [g] *S. 33.*

[1] Burmeister S. 15. Mekl. Urkb. XV, Nr. 8882.

[2] Burmeister S. 15. Mekl. Urkb. XV, Nr. 9355.

[3] Mai 22.

8. Item, quod unusquisque debet purgare plateam suam ante domum suam omni sabbato, nec debet, quando pluerit, stercora proicere ad ronnam nec stercora sua facere jacere super listam nec stercora sua ferre vel proicere ante domum vicini sui, sub pena x solidorum.

9. Item, quod nemo cum curribus oneratis vel vacuis debet draven in plateis, sub pena x solidorum.

10. Item, quicumque servus vel ancilla se duobus dominis vel dominabus duabus ad serviendum tradiderit, ille vel illa debet [esse][a] extra civitatem diem et annum.

11. Item, quod omnes ementes ab hospitibus ipsis curialiter persolvant, ut querimonie non fiant, sub pena trium marcarum.

XXV, 1371 und 1372[1].

Anno[b] Domini m°ccc°lxxi[c] in vigilia ascencionis Domini[2] statuerunt domini mei consules hec infrascripta:

1. Primo omnia communia civiloquia, ut notum est, teneantur.

2. Item, quod nemo loquatur super dominos, principes et dominas malum, sub pena x marcarum.

3. Item, quod, quicumque nocte vel die ad vigilandum per se in[d] propria persona ordinatus fuerit, vigilet, sub pena trium marcarum argenti.

4. Item, quod unusquisque habeat sua arma in prompto, quia domini consules volunt circuire et arma civium videre; et si quis non habuerit, domini consules volunt sibi de propriis suis comparare, et cum hoc civitati tres marcas puri emendabit.

5[e]. Quod unusquisque videat, quem hospitet[f].

6. Quod nullus ferat arma et trusalia, sub pena iii marcarum argenti.

7. Si aliquis pro maleficio[g] efficitur profugus et si non vult teneri et in fuga vulneratur vel interficitur, ille qui hoc facit pro eo nullam penam pacietur; et si aliquis adest, qui potest, et talem pro-

[a] esse *fehlt.* [b] *S. 34, von neuer Hand.* [c] *Möglicherweise ist die* i *später hinzugesetzt, wie übergeschrieben ist:* et secundo. [d] in in. [e] *Von § 5 an später niedergeschrieben.* [f] *Es war versehentlich mit* quod *fortgefahren.* [g] malificio.

[1] Burmeister S. 16. Mekl. Urkb. XVIII, Nr. 10201.

[2] 1371 Mai 14, 1372 Mai 5.

fugum non impedit (et[a] juverit, ut viis suis currat), civitati x mr. arg. emendabit et eo minor debet reputari.

8. Quod unusquisque videat, cui accomodat bona sua, quia domini consules volunt esse potentes sue securitatis.

9. Quod byspraken libertates civitatis.

10. Quod non[b] proiciant[c] lastadien in portum hujus civitatis, sub obtentu vite sue et bonorum suorum.

11[d]. Item de pramonibus, qui debeant deportare lastadien pro competenti precio.

12. Quod nullus franget pontem vel plateam vel exaltet vel deprimet vel aliquod novum edificium edificet, nisi cum consilio dominorum consulum, sub pena trium marcarum arg.

13. Item, ubi stercora, quando pluit, ad rennam proiciuntur, hospes hoc emendabit cum tribus marcis arg. et familiaris ad domum preconis ponatur.

14. Quod nullus habeat speciales pastores neque nocturno neque dyurno tempore[e], sub pena iii mr. arg.

15. Item, quicumque alium percusserit vel per crines traxerit in coreis in orto rosarum[f] vel in nupciis (et[g] alibi in congregacionibus), emendabit xx mr. arg.

16. Item nullus emat aliqua bona cum hospitum pecuniis, sub pena iii mr. arg.

17. Quod nullus promercator hospitem ad hospitem portet ad emendum ab eo aliqua bona, sub pena iii marcarum arg.

18. Quod unusquisque talliet pro omnibus suis bonis; pro quibus non satisfecerit, sive fuerit ante mortem sive post, tollent ab eo, quod dictaverit ordo juris.

19. Item quivis custodiat suum ignem.

20. Item nemo debet sua blada in messe ponere ad domum sue habitacionis, sub pena iii marcarum.

21. Item, quod nullus vryeknecht magis tollet pro i lasta annone de pramene[h] portanda quam octo denarios.

---

[a] et — currat *über der Zeile.* [b] nō *über der Zeile.* [c] proiciat. [d] *S. 35, nochmals zu anderer Zeit geschrieben.* [e] *Der Schreiber hatte zuerst mit* custodiens *fortgefahren.* [f] ros. [g] et—congregacionibus *über der Zeile, die letzten beiden Worte mit anderer Tinte.* [h] *So.*

22. Quod nullus vector pro i lasta vehenda magis tollet quam octo den.

23. Item de octo mensuratoribus annone ponendis.

24. Quod unusquisque faciat equare mensuras et pondera sua sine timore et sine excessu (si[a] aliquis inventus fuerit cum falso pondere vel falsa mensura, domini consules hoc judicare voluerint, ut ordo juris dictaverit).

25. Item nominentur consules.

26. Et[b] de pistoribus et de cervisia.

XXVI, 1373[1].

Anno[c] Domini m⁰ccc⁰lxxiii in vigilia ascencionis Domini[2] statuerunt domini mei consules hec infrascripta:

1. Primo omnia communia civiloquia, ut notum est, tenentur.

2. Item, quod nemo loquatur super dominos et principes[d] et dominas, virgines et personas ecclesiasticas (et[e] alios probos homines) malum, sub pena x marcarum arg.

3. Item, quod, quicumque nocte vel die ad vigilandum per se in propria persona ordinatus fuerit, vigilet, sub pena trium marcarum arg.

4. Item, quod unusquisque habeat sua arma in prompto, quia domini consules volunt circuire et arma civium videre; et si quis non habuerit, domini consules volunt sibi de suis propriis comparare, et cum hoc civitati tres mr. arg. emendabit.

5. Item, quod nemo portat arma et trusalia, sub pena trium marcarum arg.

6. Item, quod unusquisque videat, cui accomodat bona sua, quia domini consules volunt esse potentes sue securitatis. (Et[f] dicatur de conductu ulterius.)

7[g]. Quod bispraken libertates civitatis.

---

[a] si — dictaverit *mit derselben Tinte wie in § 15* in congregacionibus *nachgetragen.* [b] *Vor* et *ist* de ceruisia *gestrichen.* [c] *S. 36.* [d] princepes. [e] et — homines *späterer Zusatz.* [f] et — ulterius *nachgetragen.*
[g] *§ 7 ist durch* nota *und Verweisungszeichen wol später an die erste Stelle gewiesen.*

[1] Burmeister S. 17. Mekl. Urkb. XVIII, Nr. 10443.

[2] Mai 25.

8. Item, quod non proiciant lastadien in portum hujus civitatis, sub optentu vite sue et bonorum suorum.

9. Item, ubi stercora, quando pluit, ad ronnam proiciuntur, hospes hoc emendabit cum tribus marcis arg. (servitores[a] cum dimidio talento).

10. Item nullus debeat peregre proficisci sine consensu dominorum consulum.

11. Item, quod nullus emat ad manus hospitis aut cum hospitum pecuniis, sub pena trium marcarum arg.

12. Item[b], quod unusquisque faciat equare mensuras et pondera sua sine timore et excessu.

13. Item domini consules statuerunt,

a. Quod in dyurnis nupciis tantummodo ad lx scutellas expensarum debeat invitari, et non magis, sub pena x marcarum arg.; et domini consules volunt ad hoc unum juratum ordinare, qui ad hoc respiciat et non invitatos repellat.

b. Item, quando sponsus et sponsa sunt in thalamo positi, tunc expense in vesperis faciende non debent majores esse [nisi][c] ad x scutellas, sub pena x marcarum arg.

c. Item in vespertinis nupciis non debent plures invitari ad expensas nisi ad xx scutellas, sub pena x marcarum arg.

d. Item non debent plures esse, qui invitant ad nupcias, nisi duo ex parte sponsi et duo ex parte sponse cum uno scriptore; et ipso die, quando invitabitur ad nupcias, tunc non debent esse majores expense nisi cum illis quatuor invitatoribus, sub pena x marcarum.

e. Item nulle alie expense debent fieri, sive ante nupcias vel post, nisi ut premissum est, sub pena x marcarum arg.

f[d]. De fistulatoribus.

g. Item expense in puerperiis faciende non debent esse majores nisi tantummodo ad x scutellas, sub pena x marcarum arg. (et[e] viri non debent ibi comedere, sub pena x mr.).

---

[a] servitores—talento *späterer Zusatz.* [b] *S. 37.*
[c] nisi *fehlt.* [d] *§ 13 f am Rande, auch wol von späterer Hand, nicht aber von der, die § 2 und § 9 erweitert hat, eher von derselben, die in § 13 g tätig gewesen ist. Durch Zeichen hierher gewiesen.* [e] et — mr. *von späterer Hand? Vgl. Anm.* [d].

h. Item domini consules volunt, quod predicta statuta inviolabiliter observentur et quod quilibet sequenti die, cum domini consules fuerint congregati in consistorio, jurabit coram ipsis ad sancta Dei, quod predicta statuta sunt per ipsum plenarie optenta.

14. De pistoribus.

15. Et nominentur consules.

XXVII, zwischen 1378 und 1380[a] [1].

1. Item[b] domini mei decreverunt, quod nulla ancilla serviens in tabernis debet portare pannos in capite, proprie důke, necnon magnas tunicas necnon clenodia (et[c] pater noster), non deaurata, ultra valorem quatuor solidorum, sed debebunt deferre capucia in capite. Et[d] capucia debent habere unum rufum circulum[d], sub pena iii mr. argenti.

2. Item, quod nullus de civibus nostris debeat hospitare in bodis et habitacionibus suis presbiteros, clericos et scolares, nisi presbiteros qui habent hic investinghe et vitam suam ut boni presbiteri, et scolares qui visitant scolas, ultra x[e] dies, sub pena x marcarum puri, (exceptis[f] ambulantibus et peregrinis).

3. Item domini mei concorditer decreverunt et observari statuerunt, quod, quicumque opidanus vel opidana Wismariensis alium opidanum vel opidanam voluerit incusare vel contra eum causare, pro quacumque causa sit, hoc fieri debeat coram nostro jure Lubicensi et non alibi, et non debet hoc committere alicui spirituali; quod si aliquis contra fecerit, hic mansione sua in civitate ista perpetue carebit cum amissione et perdicione bonorum suorum omnium atque rerum.

4. Item[g], quod nullus debet transire in plateis post pulsum campane, nisi habuerit legitimum negocium; quod si aliquis compertus fuerit, hic debet clausure tradi et vinculis mancipari.

---

[a] *In vier Absätzen von der Hand Heinrichs v. Balsee, also kaum vor 1376, successive niedergeschrieben.* [b] *S. 38.*
[c] et pater noster. *Zusatz von anderer Hand.*
[d] et—circulum *gestrichen.* [e] x *verändert in* tres.
[f] exceptis—peregrinis, *Zusatz von gleicher Hand, gleichzeitig mit § 3.* [g] *S. 39.*
[1] Burmeister S. 19. Mekl. Urkb. XVIII, Nr. 10515.

XXVIII, 1380[1].

Anno octuagesimo:

1. Quod nullus promercator qualiacumque bona emere debeat (infra[a] tres dies supra vorkoep, sub pena iii mr.).

2[b]. Item, quod quilibet videat ad ignem suum, quod nullum de hoc dampnum eveniat. Et quicumque excercuerit agriculturam, nullibi debet deferre annonam suam quam ad horrea, et non ad domos, sub pena trium mr.

XXIX, 1381[2].

Anno Domini m°ccc°lxxx primo hec sunt statuta:

1. Primo omnia antiqua officia habencia sua lumina[c] atque ghylde, illa debent ipsa ulterius optinere, sicud eis a consilio indulta sunt et concessa. Insuper nullus alius debet habere convivia quoquomodo, et qui habet unum convivium, non debet esse in aliquo alio convivio, sub pena decem marcarum.

2. Item, quod servi et serve braxatorum et alii soluti homines non debent insimul habere ghylde sive convivaciones[d], et nullus debet eis ad hoc concedere domum suam, sub pena x mr. puri.

3[e]. Et nominentur consules intrantes.

XXX, 1382[3].

Item[f] anno lxxxii° asscencionis Domini[4] domini mei consules concorditer statuerunt:

1. Quod nullus in civitate ista edificare debeat ad curias bodas ad inhabitandum, quam ad publicam plateam, sub pena centum mr. argenti.

2. Et illi, qui jam edificaverunt in curias, debent edificia frangere

---

[a] infra—marcarum *nachgetragen, die Strafbestimmung noch später.* [b] *§ 2 ist später niedergeschrieben als § 1.* [c] lma. *Vgl. Mekl. Urkb. XIX, Nr. 11162.* [d] convivaciones *von anderer Hand in* [con]gregaciones *geändert.* [e] *§ 3 ist später hinzugefügt.* [f] *S. 40.*

[1] Burmeister S. 19. Mekl. Urkb. XIX, Nr. 11265.

[2] Burmeister S. 19. Mekl. Urkb. XX, Nr. 11341.

[3] Burmeister S. 20. Mekl. Urkb. XX, Nr. 11435.

[4] Mai 15.

infra hinc et instans festum pasche[1], sub pena x mr.; et ultra et post pascha nullus debet eas inhabitare, sub pena trium mr. arg.

3. Item nulla civis debet deferre pannum sericum vel varium [opus][a] in inferiori parte tunice, sub pena x mr. arg.

4[b]. Item de moneta.

5[c]. Item de specialibus pastoribus et de nocturnis pasturis, sub pena iii mr.[d].

XXXI, 1385[2].

Anno[e] Domini m°ccc°lxxx quinto[f] in festo asscensionis Domini[3] statuerunt domini mei consules Wismarienses infrascripta:

1. Primo, quod ipsi bispraken libertates hujus civitatis intus et extra.

2. Inde omnia communia civiloquia teneantur, ut est notum.

3. Item, quod nemo loquatur super dominis principibus, dominis, virginibus et personis ecclesiasticis ac aliis probis hominibus aliquod malum, sub pena decem mr. arg. (Et[g] si aliquis compertus fuerit, quod probari poterit duobus viris ydoneis.)

4. Item, quicumque ad vigilandum per se in propria persona nocte vel die ordinatus fuerit, vigilet, sub pena trium mr. arg.

5. Item, quod unusquisque habeat sua arma prompta, quia domini .. consules volunt circuire et arma civium videre; si quis civium arma propria non habuerit, volunt ea sibi de propriis comparare, et cum hoc civitati tres mr. arg. emendabit.

6. Item, quod nemo portet arma et trusilia, sub pena trium mr. arg.

---

[a] opus *fehlt.* [b] *Von der Hand, die § 5 hinzugefügt hat, gestrichen.* [c] *§ 5 von anderer Hand.* [d] *An diesem Worte ist geändert und mit kritzelnder Feder* pari *nachgetragen. — Eine halbe Seite frei.* [e] *S. 41.* [f] *Übergeschrieben* xcv^to^. *Dementsprechend sind hier die 1395 aufgenommenen Artikel (Einleitung, § 1—3, 5, 7, 8, 11, 13—16, 19—20, 22 = XXXIV Einleitung und § 1—15) am Rande durch die Buchstaben* a — p *bezeichnet.* [g] et — ydoneis *nachträglich eingefügt.*

[1] 1383 März 22.

[2] Burmeister S. 20. Mekl. Urkb. XX, Nr. 11689.

[3] Mai 11.

7. Item, quod unusquisque videat, cui bona sua accomodet, quia domini .. consules potentes esse volunt sue securitatis et conductus. Et dicatur ulterius de conductu seriose, etc.

8. Item[a], quod nemo proiciat lastadien in portum hujus civitatis, sub optentu bonorum atque vite.

9. Et quod nemo onustet lastadien ad schŭten, pramones, bøte vel ad alias naves, quod submergantur, sub pena centum marcarum arg.

10. Item nemo dabit seu recipiet ballast de una navi ad aliam, sub pena viginti mr. arg., (quod[b] unusquisque suis hospitibus intimabit).

11. Item, ubi stercora proiciuntur ad rønnam, quando pluit, hoc hospes emendabit cum tribus mr. arg., servus vel ancilla cum dimidio talento.

12. Item nullus debet peregre proficisci sine consensu dominorum .. consulum.

13. Item, quod nullus emat cum peccuniis hospitum ad manus alicujus hospitis, sub pena trium mr. arg.

14. Item, quod unusquisque faciat equare mensuras suas atque pondera absque timore et excessu.

15. Item, quandocumque Deus cum aliqua muliere suam graciam fecerit, mulieres, que tunc presentes fuerint in nativitate pueri (et[c] illarum mulierum plures esse non debeant quam xx), comedere possunt, quidquid per graciam hospitis fuerit ministratum. Et quando puer baptizabitur, sex mulieres accessum cum puero ad baptismum habeant, et eedem ibidem comedant, nec alie expense fieri debeant quomodolibet, ante sive retro, sub pena decem mr. arg.

16[d]. It[em][e], quod nullus celebrare vel habere debeat nupcias diurnas, nisi qui dat filie sue vel amice pro dote sua c marcas Lubicenses. — Et quicumque celebraverit seu fecerit nupcias, debet habere ad rogandum quatuor personas dumtaxat, videlicet duos ab una

[a] *S. 42.* [b] quod—intimabit *von anderer Hand hinzugefügt.* [c] et — xx *von gleicher Hand (?) mit anderer Tinte am Rande hinzugefügt.* [d] *§ 16 ist von gleicher Hand und mit gleicher Tinte wie der Nachtrag in § 15 auf einem eingehefteten Pergamentblatte, das nur diesen Paragraphen enthält, geschrieben.* [e] ita. *S. 43.*

parte et duos ab alia parte, (et[a] nisi habebunt xii drosten). — Et non debent eciam facere expensas vel sumptus in faccione luminum, ita quod vocent ad hoc amicos vel amicas, sed dumtaxat quatuor bagwinas vel alias virgines seu mulieres, que faciant et preparent lumina supradicta. — Eciam non debent esse ad illas sollempnitates nupciarum plures virgines quam sex paria, et ille prius non veniant ad nupcias quam die nupciarum precedente. — Et ille, qui nupcias fecerit, post eas statim ante consulatum veniet faciendo juramentum suum, quod ista omnia sic servasset, prout vobis est ante dictum, sub pena decem marcarum argenti nullatenus dimittenda etc.

17. Item[b] in nupciis diurnis non debent fieri majores expense quam ad xxx schutellas; et in vespertinis nupciis ad x schutellas, et alie non debent fieri expense, ante sive retro. (sub[c] pena x mr. arg.).

18. Item in vestitura alicujus pueri ad claustrum non debent haberi plures currus quam quatuor et apud illos sedecim viri muniti, videlicet weraftich cum suis (servis)[d], et non magis[e], sub pena decem mr. arg. Que omnia domini consules per consules et communes cives volunt firmiter observari[f]. Si quis proconsulum[g] vel .. consulum ista supradicta trimenbria statuta infregerit, non debet aliquam porcionem illo presenti anno in consilio de donacionibus distribuendis percipere seu aliquatenus sublevare[g]. (Et[h] istud nulli debet indulgeri per juramenta).

19. Item de juramentis gravibus et de malis verbis etc., quando duo boni viri super aliquo sceleratore testimonium perhibuerint, hic supra wippam in penam peccati locari debeat et reponi.

20. Item, quod nullus transire debeat in plateis de vespere post pulsum campane, nisi legitimum habuerit negocium; quod si aliquis in hoc compertus fuerit, hic clausure tradi debeat[i] et vinculis collorum mancipari[k] debeat et cum hoc emendare civitati tres mr. arg.

---

[a] et–drosten *von anderer Hand am Rande hinzugefügt.* [b] *S. 45.* [c] sub—arg. *am Rande, mit anderer Feder.* [d] *Urspr.* clientulis. [e] *Urspr.* maius. [f] *Der Satz ist nach einem andern verworfenen Versuche umgestaltet in:* que omnia et omnia alia statuta domini consules volunt firmiter observari a quolibet, sive sint proconsules, consules, cives atque civisse, sub pena prius expressa. [g] proconsulum—sublevare *von einer Linie umzogen mit der Randbemerkung:* taceatur de isto in publico. [h] et—juramenta *mit anderer Tinte zugefügt.* [i] *Danach kleine Rasur.* [k] *Zweite Silbe auf Rasur.*

21. Item, quod nullus promercator qualiacumque bona supra[a] vorkôp emere debeat infra tres dies, sub pena trium mr. arg.

22. Item, quod quilibet ad ingnem suum videat, quod nullum ex hoc dampnum eveniat. Et quicumque excercuerit agriculturam, annonam suam nullibi deferre debeat quam ad horrea, et non ad domos, sub pena trium mr. arg.

23. Item de specialibus pastoribus et de nocturnis pasturis etc., sub pena trium mr. arg.

24. Item de pistoribus.

25[b]. Item de ›tho mit drecke‹.

26[b]. Item de hospitando alienos.

27. Et nominentur .. consules.

XXXII, 1387[1].

Anno Domini millesimo trecentesimo octogesimo septimo feria quarta post asscensionis Domini[2] .. domini mei communiter, proconsules et .. consules, pro statuto concorditer ordinando statuerunt:

Quod peramplius nullum .. consulem, qui ex parte consilii in Schania fuerit advocatus, de tallia sive de exaccione, sive consul sive civis fuerit, volunt aliqualiter habere supportatum, sed facere debeat, sicud alter facere teneatur.

XXXIII, 1394[3].

1. Inprimis[c], quod mulieres, quando transitus fit cum uno mortuo, de vigiliis seu missa[d], quod tunc nulle mulieres secum retransire debent ad domum defuncti forcius quam cum sex paribus feminarum, sed alie mulieres de ecclesia retransire debent unaqueque in domum suam, sub pena decem marcarum puri.

2. Item nulla domina vel virgines hujus civitatis togas nutantes, alias dictas slepehoiken, deferre debent, nec virgines ante decem annos cum smide vel cum vario ad sollempnitates nupciarum vel

---

[a] *S. 46.* [b] *§ 25 und § 26 sind nachträglich, nacheinander angereiht.* [c] *S. 47. § 1–3 am Rande* q, r, s *signirt, für XXXIV.* [d] missa *mit abgekürzter Endsilbe.*

[1] Burmeister S. 22. Mekl. Urkb. XXI. Nr. 11882.

[2] Mai 22.

[3] Burmeister S. 22.

alias precedere seu anteire debeant, sub pena decem marcarum puri.

3. Item nullus debet peregrinari, quod nullus dampnum ex hoc recipiat; et quisque caveat sibi de equitatura sua, quia, si aliquis captus fuerit de nostris a latronibus seu platearum raptoribus, hic nullatenus redimi debeat. Quod si aliquis de amicis suis eum redemerit, ille vadiabit civitati c marcas puri cum perpetua carencia civitatis; sed qui honore captus[a] fuerit[b], ille cum bonis suis se licite potest liberare.

4. Item de meretricibus.

5. Item de hospitando.

6. Item de igne et luminibus.

7. Item de puerperiis et nupciis.

8. Item[c] de reisis claustrorum.

9. Item de pastoribus specialibus.

10. Item de armis, quia summe necessarium est, cum articulis precedentibus in civiloquio premisso.

Actum anno Domini m°ccc°xciiii° asscensionis Domini[1].

XXXIV, 1395[2].

Anno[d] Domini millesimo trecentesimo nonagesimo quinto in festo asscensionis Domini[3] statuerunt domini mei .. consules Wismarienses infrascripta:

1. Primo, quod ipsi bispraken libertates hujus civitatis intus et extra (si[e] quis se de hiis intromittat, x mr. argenti emendabit[f]).

2. Inde omnia communia civiloquia teneantur, ut est notum.

3. Item, quod nemo loquatur super dominis, principibus, virginibus et personis ecclesiasticis ac aliis probis hominibus aliquod malum, sub pena decem marcarum argenti. Et si aliquis compertus fuerit, quod probari poterit duobus viris ydoneis.

---

[a] camptus. [b] fuert. [c] *S. 48, zu ¾ frei. S. 49–51 sind unbeschrieben, nur daß auf S. 49 versehentlich XXXI § 17 angefangen war.* [d] *S. 52.*
[e] si–emedabit *von anderer Hand eingeschoben.* [f] emedabit.

[1] Mai 28.

[2] Burmeister S. 23.

[3] Mai 20.

4. Item, quod unusquisque habeat sua arma prompta, quia domini consules volunt circuire et arma civium videre; si quis civium arma propria non habuerit, volunt ea sibi de propriis comparare, et cum hoc civitati tres mr. argenti emendabit.

5. Item, quod unusquisque videat, cui sua bona accomodet, quia domini .. consules potentes esse volunt sue securitatis et conductus. Et dicatur ulterius de conductu seriose, etc.

6. Item, quod nemo proiciat lastadien in portum hujus civitatis, sub optentu bonorum atque vite; et quod nemo onustet lastadien ad schuten, pramones, bote vel ad alias naves, quod submergantur, sub pena centum mr. argenti.

7. Item nemo dabit seu recipiet ballast de una navi ad aliam, sub pena viginti marcarum argenti, quod unusquisque[a] suis hospitibus intimabit, nisi cum consensu dominorum consulum.

8. Item, ubi stercora proiciuntur ad ronnam, quando pluit, hoc hospes emendabit cum tribus marcis argenti, servus vel ancilla cum dimidio talento.

9. Item, quod nullus emat cum peccuniis hospitum ad manus alicujus hospitis, sub pena trium marcarum argenti.

10. Item, quod unusquisque faciat equare mensuras suas atque pondera absque timore et excessu, (et[b] si quis in hoc repertus fuerit, vita sua emendabit).

11. Item, quandocumque Deus cum aliqua muliere suam graciam fecerit, mulieres, que tunc presentes fuerint in nativitate pueri — et illarum mulierum plures esse non debeant quam xx —, commedere possunt, quidquid per graciam hospitis fuerit ministratum. Et quando puer baptizabitur, sex mulieres accessum cum puero ad baptismum habeant, et eedem ibidem commedant, nec alie expense fieri debeant quomodolibet, ante sive retro, sub pena decem mr. argenti.

12. It[em][c], quod nullus celebrare seu habere debeat nuptias diurnas, nisi qui dat filie sue vel amice pro dote sua c mr. Lubicenses. — Et quandocumque celebraverit seu fecerit nupcias, debet habere ad rogandum quatuor personas dumtaxat, duos ab una parte et duos ab alia parte, et nisi habebunt xii drosten. — Et non debent

---

[a] *S. 53.* [b] et — emendabit *auf Rasur und später zugefügt, als die Redaktion von XLIV vorbereitet wurde.*
[c] ita.

etiam facere expensas vel sumptus in faccione luminum[a], ita quod vocent ad hoc amicos[b] et amicas, sed dumtaxat quatuor bagwinas vel alias virgines seu mulieres, que faciant et preparent lumina[a] supradicta. — Etiam non debent esse ad illas sollempnitates nuptiarum plures virgines quam sex paria, et ille prius non veniant ad nuptias quam die nuptiarum precedente. — Et ille, qui nuptias fecerit, post eas statim ante consulatum veniet faciendo juramentum suum, quod ista omnia sic servasset, prout vobis est ante dictum, sub pena decem mr. argenti nullatenus dimittenda.

13. Item de juramentis gravibus et de malis verbis etc., quando duo boni [viri][c] super aliquo sceleratore testimonium perhibuerint, hic supra wippam in penam peccati locari debeat et reponi.

14. Item, quod nullus (sive[d] laycus, sive clericus sit) transire debeat in plateis de vespere post pulsum campane, nisi legitimum habuerit negotium; quod si aliquis in hoc compertus fuerit, hic clausure tradi debeat et vinculis collorum mancipari debeat et cum hoc emendare civitati tres mr. argenti.

15. Item, quod quilibet ad ignem suum videat, quod nullum ex hoc dampnum eveniat; et quicumque exercuerit agriculturam, annonam suam nullibi deferre debeat quam ad horrea, et non ad domos, sub pena trium mr. argenti.

16. Inprimis, quod mulieres, quando transitus fit cum uno mortuo, de vigiliis seu missa[e], quod tunc nulle mulieres secum retransire debent ad domum defuncti fortius quam [cum][f] sex paribus[g] feminarum, sed alie mulieres de ecclesia retransire debent unaquaque in domum suam, sub pena decem mr. puri.

17. Item nulla domina vel virgines hujus civitatis togas nutantes alias dictas slepehoiken, deferre debent, nec virgines ante decem annos cum smide vel cum vario ad sollempnitates nuptiarum vel alias precedere seu anteire debeant, sub pena decem mr. puri.

18. Item nullus debet peregrinari, quod nullus dampnum ex hoc recipiat; et quisque caveat sibi de equitatura sua, quia si aliquis [captus][h] fuerit de nostris a latronibus seu platearum raptoribus, hic nullatenus redimi debeat. Quod si aliquis de amicis suis eum rede-

[a] luninū, lunina. [b] *S. 54.* [c] viri *fehlt.*
[d] sive — sit *am Rande von anderer Hand, ohne Einweisung.*
[e] missa *mit abgekürzter Endsilbe.* [f] cum *fehlt.*
[g] *S. 55.* [h] captus *fehlt.*

merit, ille vadiabit civitati c mr. puri cum perpetua carentiȧ civitatis; sed qui honore captus fuerit, ille cum suis bonis se licite potest liberare.

19. Item domini mei concorditer decreverunt et observari statuerunt, quod, quicumque opidanus seu opidana Wismariensis alium opidanum vel opidanam voluerit incusare vel contra eum causare, pro quacumque causa sit, hoc fieri debeat coram nostro jure Lubicensi, et non alibi, et non debet hoc committere alicui spirituali; quod si aliquis contrafecerit, hic mansione sua in civitate ista perpetue carebit[a] cum amissione et perdicione bonorum suorum omnium atque rerum.

20. Item[b] nullus emat frumenta seu ligna extra valvam ad preempcionem, sub pena trium marcarum argenti.

21. Item de specialibus pastoribus.

22. Item de emptura carbonum.

23. Item de preemptoribus frumentorum.

24. Item de vigiliis.

25[c]. De fossato.

26. De pistoribus.

27. Consules nominentur.

XXXV, zwischen 1395 und 1397[1].

1. Inprimis[d], quod nulla domina deferre debet togas sufforratas[e], quin cum viro suo habeat cc mr., sub pena x marcarum argenti.

2. Item nulla domina deferre debet ornamenta circa anteriorem partem manicarum seu circa collum, dicta smyde, nisi in latitudine unius pollicis; et eciam non portabunt nodos, v[u]lgariter dictos spuntknope, nisi usque medium tunice[f] usque ad nedderdeel, sub pena decem marcarum argenti.

3. Item nullus[g] debet currere ad ignem tempore nocturno seu

---

[a] carebit et. [b] *S. 56.* [c] *§ 25—27 von anderer Hand (schon § 21—24 scheinen später eingetragen zu sein), die letzten beiden wol später als der erste hinzugefügt. § 26 an letzter Stelle.* [d] *Dieser Text wol von anderer Hand.* [e] suffarratas. [f] tunice ad vsque ad. [g] *Urspr.:* nulla domina.

[1] Burmeister S. 25

diurno, nisi cum instrumentis ad ignem extingwendum[a] necessariis, nec aliquis togatus accedere debet, sub privacione togarum. Nec alique mulieres accedere debent[b], nisi[c] ibi fuerint pro eorum[d] bonis deportandis. Et si ibidem quis in furtu compertus fuerit, ille cum amissione vite sue emendabit.

XXXVI, 1397[1].

Anno[e] Domini millesimo c°c°c° nonagesimo septimo in festo asscensionis Domini[2] domini mei consules Wysmarienses infrascripta statuerunt:

1. Primo, quod ipsi bispraken libertates hujus civitatis intus et extra; et si quis se de hiis intromittat, decem mr. argenti emendabit.

2. Item omnia communia civiloquia teneantur, ut notum est.

3. Item, quod nemo loquatur super dominis, dominabus, principibus, virginibus et personis ecclesiasticis ac aliis probis hominibus aliquod malum, sub pena decem marcarum argenti.

4. Item unusquisque habeat arma sua prompta sub[f] pena trium marcarum argenti.

5. Item unusquisque videat, cui bona sua accommodet, quia domini consules potentes esse volunt sue securitatis. Et dicatur tunc de conductu seriose.

6. Item nemo proiciat lastaden[g] in portum hujus civitatis, sub optentu bonorum atque vite sue. Et nemo eciam onustet lastaden in scuten, pramones, bote vel alias naves, quod submergantur, sub pena c marcarum argenti.

7. Item nemo dabit seu recipiat ballast de una navi ad aliam, sub pena viginti marcarum argenti, nisi faciat jussu seu consensu dominorum; quod unusquisque suis hospitibus intimabit.

8. Item[h], ubi stercora proiciuntur ad rønnam, quando pluit, hoc hospes cum tribus marcis argenti emendabit, servus vel ancilla cum dimidio talento.

9. Item nullus emat cum peccuniis hospitum ad manus alicujus[i] hospitis, sub pena trium marcarum argenti.

---

[a] extingwed. *mit übergeschriebenem* g. [b] debet. [c] ni. [d] *So.* [e] *S. 57.* [f] sup. [g] *So.* [h] *S. 58.* [i] alicuis.

[1] Burmeister S. 25.
[2] Mai 31.

10. Item, quod unusquisque faciat equare mensuras suas atque pondera absque timore et excessu. Et si quis inequales mensuras habuerit vel inequalia pondera, hoc stabit ad[a] dominos consules[b], qualiter hoc volunt judicare.

11. Item, quandocumque Deus cum aliqua muliere suam graciam fecerit, mulieres, que tunc presentes fuerint in nativitate pueri — et illarum mulierum plures esse non debent quam viginti, — comedere possunt quicquid[c] per graciam hospitis fuerit ministratum. Et quando puer baptizatur, sex mulieres accessum cum puero ad baptismum habeant, et eedem ibidem comedant, nec alie expense fieri debeant quomodolibet, ante sive retro.

12. Item, quod nullus celebrare seu habere debeat nupcias diurnas, nisi qui dat filie sue vel amice[d] c mr. Lubicenses pro dote sua. — Et quandocumque fecerit nupcias, debet habere ad rogandum quatuor personas tantum, duos ab una parte et duos ab alia, et nisi habebunt xii drosten. — Et non debet eciam facere expensas seu sumptus in factione luminum, ita quod vocent ad hoc amicos vel amicas, sed solummodo quatuor bagwinas vel alias virgines seu mulieres, que faciant lumina supradicta. — Eciam non debent esse ad solempnitates dictarum nupciarum[e] plures virgines quam sex paria, et ille prius non veniant ad nupcias quam die nupciarum precedente. — Et ille, qui nupcias fecerit, post eas statim ante consulatum veniet faciendo juramentum suum, quod ista omnia sic servasset, prout est ante dictum, sub pena decem mr. argenti nullatenus dimittenda.

13. Item omnis, qui filie seu amice sue c marcas pro dote daturus fuerit, ille suppellectilia de valore decem marcarum tantum sibi dabit; qui cc marcas, supellectilia xx marcarum tantum, et sic ulterius procedendo, sub pena trium marcarum argenti.

14. Item de juramentis gravibus et de malis verbis etc.; quando duo boni viri super aliquo sceleratore testimonium perhibuerint, hic supra wyppam in penam peccati locari debet.

15. Item, quod nullus laicus seu clerus transire debet in plateis de vespere post pulsum campane (nec[f] cum armis nec fustibus), nisi legitimum habuerit negocium; quod si aliquis in hoc compertus fuerit,

---

[a] a. [b] consules *fehlt.* [c] quicquam *abgekürzt.* [d] amice pro dote. [e] *S. 59.* [f] nec — fustibus *am Rande mit anderer Tinte, ohne Weisung.*

hic clausure civitatis mancipari debet et cum hoc emendare civitati tres mr. argenti.

16. Item, quod quilibet ad ignem suum videat, quod nullum dampnum ex hoc eveniat. Et quicumque exercuerit agriculturam, annonam suam nullibi deferre debeat quam ad horrea, et non ad domos, sub pena trium mr. argenti.

17. Item nullus currere debet ad ignem tempore nocturno sive diurno, nisi cum instrumentis ad ignem[a] extingwendum necessariis[b]; nec aliquis togatus accedere debet[c], sub privacione toge. Nec ulle mulieres accedere debent, nisi ibi essent pro earum bonis salvandis. Et si quis ibidem in furtu compertus fuerit, cum perdicione vite emendabit.

18. Item, quod mulieres, quando transitus fit cum uno mortuo, de vigiliis seu missa[d] quod tunc nulle mulieres secum retransire debent[e] ad domum defuncti forcius quam sex paribus feminarum. Sed alie mulieres de ecclesia retransire debent, unaqueque in domum suam, sub pena decem mr. puri.

19. Item nulla domina vel virgines hujus civitatis togas inutantes, slepehoykene dictas, deferre debeant. Nec virgines ante decem annos cum smyde vel cum vario ad solempnitates nupciarum seu alias precedere vel anteire debent, sub pena decem marcarum puri.

20. Item nulla domina vel virgines deferre debent ornamenta, dicta smyde, circa anteriorem partem manicarum aut circa collum quam in latitudinem unius pollicis; nec eciam portabunt nodos, vulgariter[f] spuntknope dictos, nisi usque ad medium tunice, sub pena decem marcarum argenti. (Et[g] viri talliabunt pro clenodiis sub juramentis eorum.)

21. Item nullus debet peregrinari, quod nullus ex hoc dampnum recipiat; et quisque caveat se de equitatura sua, quia, si aliquis de nostris a raptoribus captivatus fuerit, hic nullatenus redemi[h] debeat. Quod si aliquis de amicis suis eum redimeret, ille vadiabit civitati c mr. puri cum perpetua carencia civitatis; sed qui honore captus fuerit, ille cum suis bonis licite se potest liberare.

---

[a] igne. [b] necc̄ariis. [c] *S. 60.* [d] missa *mit abgekürzter Endsilbe.* [e] debet. [f] wlgariter. [g] et — corum *angehängt, mit gleicher Tinte und von gleicher Hand geschrieben.* [h] *So.*

22. Item[a] domini mei concorditer decreverunt, quod, quicumque opidanus vel opidana alium opidanum vel opidanam incusare voluerit vel contra eum vel eam causare, pro quacumque causa sit, hoc fieri debet in nostro jure Lubicensi, et non alibi; et non debet hoc committere alicui spirituali persone. Quod si aliquis contrafecerit, hic mansione[b] sua in hac civitate perpetue carebit cum perdicione bonorum suorum atque rerum.

23. Item nullus emat[c] ligna (cujuslibet speciei ut delen et consimilia)[d] extra civitatem (super preempcionem)[d], sub pena trium marcarum argenti.

24. Item de specialibus pastoribus.

25. Item de emptura carbonum.

26. Item de preemptoribus frumentorum.

27. Item de vigiliis.

28. Item de fossato.

29. Item de pistoribus.

XXXVII, 1398[1].

Anno[e] Domini millesimo tricentesimo xcviii° in festo asscencionis Domini[2] domini mei consules infrascripta statuerunt:

1. Primum est, quod ipsi bispraken libertates hujus civitatis intus et extra; et si quis se de hiis intromiserit, decem marcas argenti emendabit.

2. Item omnia communia civiloquia teneantur, ut notum est.

3. Item eodem anno domini mei consules infrascripta concorditer observari statuerunt:

   a. Primum quod quivis celebrans nuptias debet habere nuptias serotinas tantum, et non nuptias majores seu diurnas. Nec eciam habebit coreas, alias dictas aventdantze seu voredantze, sub pena decem marcarum argenti.

   b. Item ad earundem nuptiarum epulas plures non debent rogare quam duo viri, unus parte ex una et reliquus parte ex altera, sub eadem pena.

---

[a] *S. 61, das letzte Drittel frei. S. 62 unbeschrieben.* [b] masione. [c] *Urspr.* emat frumenta seu. [d] *Am Rande.* [e] *S. 63.*

[1] Burmeister S. 28.

[2] Mai 16.

c. Item non debent aliqua munera seu clenodia dari[a] amicis[b] sponsi aut sponse, nisi forte sponsus sponse aliquod mitteret aut ipsa sibi viceversa, sub pena decem marcarum argenti.

d. Preterea[c] de vespere, cum sponsus et sponsa in lecto fuerint, possunt ibi manere sex femine per istud sero commedendo et bibendo que ipsis proponuntur, et non plures. Nec etiam debebunt sponso galli portari ab extra, cujuscumque speciei fuerint[d], prout hactenus fuerat consuetum, sub pena decem marcarum argenti.

e. Insuper altera die, cum sponsus et sponsa surrexerint, potest idem sponsus cum undecim amicis suis ad se sumptis ibidem epulari et sponsa cum undecim dominabus pari forma. Nec eciam debebunt cibaria in domos alias portari[e] de domo sponsi, sub pena decem marcarum argenti.

f. Item hii, qui easdem nuptias celebraverunt, venire debent statim post hoc ante consulatum prestando juramenta sua ad hoc, quod premissa omnia in omni modo et forma observaverunt, sub pena premissa.

g. Item puerperia, suppellectilia et factiones luminum volunt domini consules observari sub eadem pena, prout prius est intimatum.

h. Insuper unusquisque, qui in officium aliquod receptus fuerit hujus civitatis, dabit antiquas justitias[f] ad arma et ad lumina et eciam dabit consortibus ejusdem officii unam bonam lagenam cervisie. Hiis factis debent eundem receptum in offitium seniores seu magistri ejusdem aliis sumptibus officio faciendis nullatenus molestare, sub privacione officii et decem marcarum argenti pena.

---

[a] *Der letzte Buchstabe war anfangs verschrieben.*
[b] amicis *abgekürzt, so daß die Flektionssilbe frei zu ergänzen ist.* [c] *S. 64.* [d] *Urspr.:* fuerint ab extra.
[e] *Urspr.:* portari demo. [f] *S. 65, nur zu einem Drittel beschrieben.*

XXXVIII, 1399[1].

Anno[a] Domini m⁰ccc^m⁰xcix⁰ in festo asscencionis Domini[2] domini mei consules infrascripta statuerunt:

1. Primum, quod nullus seu nulla civium hujus civitatis habens pueros suas nupcias celebrare debebit[b], nisi prius ipsis pueris divisio hereditaria, prout hucusque moris et consuetudinis fuerat, facta cognoscatur, sub pena decem marcarum argenti.

XXXIX. De[c] braxatoribus[d], 1399[3].

An den jaren na Godes bord dusent drehundert unde an dem negen unde negentigesten jare up den Vridach negest na des hilgen lichames dage[4] do vunden myne heren de borgermestere unde de radmanne unde vorvoren yn der warheyt mengerhande stucke, dar de menheyt der borgere plegende to bruwende vorderflliken scaden ane nemen. To dem ersten, dat sik twe effte dre to samende werpen unde huren een hus to bruwende. Item so borgen de sulven de last gersten edder moltes jo twier edder dryer marke[e] durer, den[f] me see umme rede penninghe kopen mach, dar de kornekoep den menen borgeren, de allenen hus[g] upholden, sere mede vorduret werd. Vortmer hebben de sulven wedderlegghent unde selschop uppe wyn unde vorlust beyde buten der stat unde ok bynnen der stat van bruweren unde ok de nicht plegen to bruwende.

Worumme de rad vor en willekøre endrachtliken heft gesettet:

1. Dat nemant sulff ander edder sulff dorde edder meer scal huse upholden, de sik to samende werpen effte worpen hebben to

---

[a] *S. 66, nur zu einem Drittel beschrieben.* [b] debebit *ursprünglich* debebunt. [c] *S. 67.* [d] *Die Überschrift ist später hinzugefügt. Die ganze Willkür ist gestrichen, aber auf S. 78 f. wiederholt niedergeschrieben* (B). *Dort Beischrift statt Überschrift. Einen dritten Text, der in § 3 und 4 mit B, sonst mit A geht, bietet Schröder, Ausführl. Beschreibung der St. u. Herrschaft Wismar S. 325* (S). *Ich merke nur wesentlichere Abweichungen an.* [e] mr, B: mark. [f] B: wen. [g] B: huze.

[1] Burmeister S. 29.

[2] Mai 8.

[3] Fehlt bei Burmeister.

[4] Mai 30.

bruwende, sunder we bruwen wil, de scal allenen een hus huren edder upholden, bi x marken suluers.

2. Weret over, dat welk van den borgeren, de sulven een hus hadde, nicht en wolde edder vormochte[a] to bruwende, de mach[b] wol enen bedderven[c] man to sik yn nemen, dede bruwe[d].

3[e]. (Vortmer scal nemant van den borgeren, dede plecht to bru[wende][f] edder de bruwen wil, syn hus vorlenen edder vorhuren enem anderen myt sik yn synem huze to bruwende. Weret, dat dat jemant dede, de scal bynnen enem gantzen jare[g] nicht bruwen. Weret, dat dar we entjegen dede, also dicke he dat deyt, scal he dat beteren myt[h] iii marken sulvers; unde de gene, dem he dat hus also gelenet edder vorhuret hefft, scal dat beteren[h] myt x marken sulvers.)

4. Doch[i] scal men[k] yn dem sulven hus[l] men enes bruwen in der weken, alse dat bethe here[m] to[n] een seede geweset is.

5. Vortmer scal nemant bruwent anslaen, he en hebbe synes echliken gudes cc mark Lubesch sunder selschop unde wedderleccghent jemandes, by x marken sulvers. Unde dat schal de sulve[o] dat erste darna, dat he syn schot bringhet, waren vor den kemereren myt synen eeden.

6. Weret over, dat jemant bevunden worde, de bruwent ansloge unde cc mark nicht en hedde, alse vorscreven steyt, de scal dat dem rade[p] beteren mit x marken sulvers, unde, also dicke unde[q] vakene he gebruwen hefft[r], mit dren marken sulvers, nicht to latende[s].

---

[a] A *urspr.:* vormochte allenen. [b] A *urspr.:* macht.
[c] *Die letzte Silbe von* bedderven *in A über der Zeile.*
[d] *In A folgte:* unde mach ok under stunden wol bruwen sulven en beer, wanner he dat enden kan, sunder broke. [e] *§ 3 nur in B und S.* [f] B: bru. [g] *S. 79, das letzte Drittel frei.* [h] myt — beteren *fehlt in* S. [i] doch. BS: ok. [k] men, BS: en jewelk. [l] BS: yn synem hus. [m] bethe here, BS: van oldinges een s. is gewezet. [n] *S. 68, nur zur Hälfte beschrieben.* [o] S: de sulve de bruwent ansleyt, B: en jewelk de bruwent ansleyt.
[p] dem rade *fehlt* B. [q] dicke unde *fehlt* B.
[r] B: hefft also vaken scal he dat beteren. [s] nicht to latende *fehlt* B.

XL, 1400[1].

Anno[a] Domini m°cccc° in festo asscencionis Domini[2] domini mei consules Wismarienses infrascripta statuerunt:

1. Primum, quod ipsi bispraken libertates hujus civitatis intus et extra; et si quis se de hiis intromiserit, decem mr. argenti emendabit.

2. Item communia civiloquia teneantur, ut prius intimatum est.

3. Item nemo loquatur super dominos, dominas, principes, virgines et personas ecclesiasticas ac alios probos homines aliquod malum, sub pena decem mr. argenti.

4. Item unusquisque habeat arma sua prompta, sub pena trium mr. argenti.

5. Item unusquisque videat, cui bona sua accommodet, quia domini consules potentes esse volunt sue securitatis. Et dicatur de conductu seriose.

6. Item nemo proiciat ballast in portum hujus civitatis, sub obtentu bonorum atque vite sue. Et nemo eciam onustet ballast in scuten, prame, bote vel in alias naves, quod submergantur, sub pena c mr. argenti.

7. Item nemo dabit seu recipiat ballast de una navi in aliam, sub pena viginti mr. argenti; quod unusquisque suis hospitibus intimabit.

8. Item, ubi stercora proiciuntur ad ronnam tempore pluvie, hoc hospes cum iii[bus] mr. argenti emendabit, et[b] servus vel ancilla cum dimidio talento.

9. Item[c] nullus emat cum pecuniis hospitum ad manus alicujus hospitis, sub pena trium mr. argenti.

10. Item unusquisque faciat equare mensuras suas atque pondera absque timore et excessu. Et si quis inequales mensuras seu inequalia pondera habuerit, hoc stabit ad dominos consules, qualiter hoc volunt judicare.

11. Item nupcias, puerperia, suppellectilia et factiones luminum volunt domini consules observari sub eadem pena, prout prius est notificatum.

---

[a] *S. 69.* [b] et et. [c] *S. 70.*

[1] Burmeister S. 29.

[2] Mai 27.

12. Item nullus laicus seu clerus transire debet in plateis de vespere post pulsum campane nec eciam cum armis, puta gladiis, trusilibus seu consimilibus, nisi legitimum habuerit negocium; quia, si quis in hoc compertus fuerit, hic clausure civitatis mancipari debet et cum hoc tres mr. argenti emendare.

13. Item quilibet ad ignem suum videat, ne quis dampnum exinde recipiat. Et qui exercet agriculturam, nullibi annonam suam deferre debet quam ad horrea, sub pena trium mr. argenti.

14. Item nullus currere debet ad ignem tempore nocturno sive diurno absque instrumentis ad ignem extingwendum necessariis[a]; nec eciam aliquis togatus accedere debet, sub toge sue privacione; nec eciam mulieres accedere debent, nisi essent ibi pro eorum[b] bonis salvandis.

15. Item nullus debet peregrinari, quod nullus ex hoc dampnum recipiat; et quisque caveat sibi de equitatura sua, quia, si aliquis de nostris a raptoribus captivatus fuerit, nullatenus redemi[b] debebit. Quia, si aliquis de amicis suis eum redimeret, vadiabit civitati c mr. argenti cum perpetua[c] carencia civitatis; sed qui honorifice captus fuerit, ille cum bonis suis licite potest liberari.

16. Item, quicumque opidanus vel opidana alium seu aliam incusare voluerit vel contra eum vel eam causare, pro quacumque causa sit[d], hoc fieri debet in nostro jure Lubicensi et non alibi, et non debet hoc committere alicui spirituali persone; quia, si quis contrafecerit, hic mansione sua in hac civitate perpetue carebit cum perdicione suorum bonorum atque rerum.

17. Item unusquisque, qui in officium aliquod receptus fuerit, dabit antiquas justicias ad arma et lumina et consortibus officii unam bonam lagenam cervisie. Hiis factis debent eundem receptum in officium seniores ejusdem aliis sumptibus officio faciendis nullatenus molestare, sub privacione officii et pena decem marcarum argenti.

18. Item de braxatoribus ii[bus] vel tribus in una domo commorantibus.

19. Item de preempcionibus uniuscujusque rei.

20. Item de extraneis seu rusticis per cives non inducendis per vim, sub pena trium mr. argenti.

21. Item de infamatis mulieribus smyde deferre non debentibus.

22. Item de divisione hereditaria facienda.

---

[a] necriis. [b] *So.* [c] *S. 71.* [d] sit *fehlt.*

23. Item de specialibus pastoribus.

24. Item de vigiliis.

25. Item de fossato.

26. Item de pistoribus.

27. Item de swinekovenen, sub pena iii mr.

28. Item[a] de delacione mensurarum vini, dictarum winpotte, extra cellarium; hoc stabit ad dominos meos, quam hoc volunt judicare.

29. Item de sortibus panniscidarum, quod unusquisque eorum accipere debet sortem suam temporibus consuetis et in loco solito, sub pena trium mr. argenti.

XLI. De[b] braxatoribus[1], 1400.

An den jaren na Godes bord dusent unde veerhundert an dem avende Symonis et Jude[2] sint gekomen vor den raad de molre menliken sik beclagende, wo ichteswelke lude sin, wanner se bruwen willen, so senden se yn de molen, etlike xiii dromet, etlike xii dromet moltes, des doch de meste menheit nicht en deit, unde dat moten se malen umme iiii schillinge also wol alse enem anderen, de vele myn sacket. Unde dat dunket dem rade nicht liik wesen. Ook so is dat wol vorvaren van den knechten, de bi huslank plegen to bruwende, dat etlike lude laten molt malen besundergen, unde wanner se bruwen willen, so doen se van deme molte to deme, dat se hebben nye malen laten, twe secke, dre, also vele se willen. Unde dat en kan me denne nicht wol handelen yn den vaten. Unde willen denne darna vele beers bruwen. Unde darmede werd dat beer vele erger, wen dat wandaghes plach to wesende, dar vele secgendes aff is yn anderen steden. Hirumme heft de raad, olt unde nye, gewillekoret, strengeliken to holdende[c] van enem jewelken, he sy borgermester, radman, borger edder borgersche, he sy, we he sy:

1. Dat nemant scal molt yn de molen senden to malende to enem bere meer wen $10^{1}/_{2}$[d] dromet; wil he dar myn yn senden, dat sta to em, men meer scal he dar nicht senden to enem bere to bruwende; unde dat scholen de molre waren bi erer woninege unde bi eren eeden, wanner men dat van en esschet. Unde weret, dat den molren

---

[a] *S. 72.* [b] *Die Überschrift steht am Rande.*
[c] *S. 73.* [d] xj *mit durchstrichenem* j.

[1] Burmeister hat auch diese Willkür weggelassen.

[2] Okt. 27.

yn jemandes molte mysdachte, dat mogen se sunder vare, enen sak, twe edder dre, utstorten laten, unde weret dat des moltes denne mer were wen 10½[a] dromet, so scal dat molt vorbroken wesen yn de stat, unde de dat utgesand hefft, de scal dat beteren der stad myt x marken sulvers. Unde dat scal de molre bringhen vor den rad unde nicht vorzwigen, bi siner woninghe.

2. Ook so scal nemant mer moltes bruwen to enem bere unde to ener tiit wen 10½[a] dromet, alse vorscreven is, bi x marken sulvers.

Desse vorscreven sette unde bode wil de[b] raad yn aller mate unde bi alsodanem broke, alse vorscreven is, geholden hebben, unde dar to alle olde sette unde bode van dem bruwende, alse dat ere kundiget is. Unde nemant scal na dessem dage mer yn de molen senden wen 10½[a] dromet. Ok en scal me nenem bruwere mer geven wen xiiii pennincghe.

XLII, 1401[1].

Anno[c] Domini m°cccci° in festo ascencionis Domini[2] domini mei consules Wismarienses infrascripta statuerunt:

1. Primum, quod ipsi bispraken libertates hujus civitatis intus et exterius; et si quis se de hiis intromiserit, decem mr. argenti emendabit.

2. Item omnia communia civiloquia teneantur, prout prius est intimatum.

3. Item nullus loquatur supra dominos, dominas, principes, virgines et personas ecclesiasticas ac alios honestos homines aliquod malum, sub pena decem marcarum argenti.

4. Item unusquisque habebit arma sua prompta, prout prius est intimatum, sub pena trium marcarum argenti.

5. Item unusquisque videat, cui bona sua accommodet, quia domini consules potentes esse volunt sue securitatis. Et dicatur tunc de conductu seriose.

6. Item, quod nemo proiciet ballast in profundum hujus civitatis, sub obtentu vite atque bonorum suorum. Nec eciam quis onustet ballast in schuten, prame, bote aut in alias naves, quod submergantur[d], sub pena c marcarum argenti.

---

[a] xj *mit durchstrichenem* j. [b] de de.
[c] *S. 74.* [d] submergant.
[1] Burmeister S. 31.
[2] Mai 12.

7. Item nemo dabit seu recipiat ballast de una navi in aliam, sub pena viginti marcarum argenti; quod quivis suis hospitibus intimabit.

8. Item, ubi stercora proiciuntur ad ronnam tempore pluvie, hoc hospes cum iii^{bus} marcis emendabit, servus vero aut ancilla cum dimidio talento.

9. Item, quod nullus emere debet cum pecuniis hospitum ad manus alicujus hospitis, sub pena trium marcarum argenti.

10[a]. Item de Danis.

11. Item[b] quivis faciat equare mensuras suas atque pondera[c] sua absque timore et excessu; si autem quis cum inequalibus mensuris aut ponderibus repertus fuerit, hoc stabit ad voluntatem dominorum consulum, qualiter hoc velint judicare.

12. Item puerperia, suppellectilia[d] et factiones luminum observari volunt domini consules sub eadem pena, prout prius est notificatum.

13[e]. Hic fiat item mentio de transitu cum mortuis ad ecclesiam.

14. Item nullus laicus seu clerus transire debet in plateis de vespere, nisi legitimum habuerit negocium; nec eciam quisquam arma deferre debebit in eisdem, puta trusilia, gladios aut consimilia. Quia si quis in hujusmodi facto repertus fuerit, hic clausure civitatis mancipari debet et cum hoc tres mr. argenti emendare.

15. Item quilibet ad ignem suum videat[f]; et qui exercet agriculturam, annonam dumtaxat ad horrea deferre debet, prout prius est intimatum et sub eadem pena.

16. Item nullus currat ad ignem tempore nocturno sive diurno, prout hoc prius est intimatum et sub eadem pena.

17. Item nullus debet peregrinari nisi consilio et scitu dominorum consulum, ne quis dampnum inde recipiat; et quisque caveat de equitatura sua, prout hoc in precedentibus[g] statutis[g] plenius reperitur.

18. Item, quicumque opidanus vel opidana[h] alium seu aliam incusare voluerit vel causare in quacumque re vel causa, hoc facere debet in nostro jure Lubicensi, et non debet hoc committere alicui

---

[a] *§ 10 am Rande, wol von anderer Hand. Ob ein Zeichen zwischen §§ 4 und 5 sich hierauf beziehen soll, ist zweifelhaft.* [b] *S. 75.* [c] podera. [d] suppelltilia.
[e] *§ 13 nachträglich eingeschoben.* [f] videat *fehlt.*
[g] *Flektionssilben frei ergänzt.* [h] opidana *fehlt.*

persone spirituali; quia, si quis contrafecerit, hic mansione[a] sua perpetue carebit cum perdicione bonorum suorum atque rerum.

19. Item de preempcionibus uniuscujusque rei, prout prius.

20. Item domini mei consules concorditer statuerunt, quod nulla mulier publice infamata sola seu una aut duabus ad se receptis seu recepta, cervisiam propinantes[b] aut vendentes in publicis plateis, in quibus honeste domine aut virgines aut alii honesti homines[c] frequenter ecclesiam visitare solent et redire ab eadem, morari debent, aut in eisdem plateis nullus civium nostrorum ipsis mulieribus mansionem seu mansiones aut in consimilibus honestis plateis debet perhurare, sub pena trium marcarum argenti. (Et[d] debent recedere de mansionibus earum ante festum Johannis baptiste[1] proxime venturum.)

21. Item de infamatis mulieribus smyde, (argentea sive deaurata clenodia)[e], deferre non debentibus, sub pena priori.

22[f]. Item de[g] braxatoribus.

23[h]. Item de vigiliis.

24[i]. Item de celebracione festivitatum.

25[k]. Item de fossato.

26. Item de ovilibus, proprie zwinecoven, sub pena trium marcarum argenti.

27[l]. Item de fimo, proprie mesvalt, sub pena iii marcarum argenti.

28. Item de pistoribus.

29[m]. Nota de fossato ulterius fodiendo.

30. Item de specialibus pastoribus.

31. Item nullus ponat lingna ante januas suas, sub pena iii marcarum argenti.

---

[a] *S. 76. S. 77 unbeschrieben. Wegen S. 78 f. s. XXXIX.* [b] *So.* [c] *Danach eine kleine Rasur.* [d] et—venturum *am Rande ohne Weiser.* [e] argentea—clenodia *am Ende des Paragraphen mit nachlässiger Einweisung.* [f] *§ 22 am Rande nachgetragen, mit Weiser.* [g] de *fehlt.* [h] *§ 23 ist vor § 30 wiederholt.* [i] *§ 24 oben am Rande nachgetragen, mit Weisung.* [k] *Vgl. § 29.* [l] *§ 27 ff. sind in mehreren Absätzen später hinzugefügt, § 27 hinter § 30 stehend, aber an die betr. Stelle verwiesen.* [m] *§ 29 am Rande, abgegriffen. Vgl. § 25.*

[1] Juni 24.

XLIII, 1405[1].

An[a] den jaren na Godes bord dusent veerhundert unde darna an dem viften jare des Vrigdages na misericordia Domini[2] do bevunden myne heren de borgermestere unde radmanne, dat seldene we van allen ampten, unde besundergen de genen de myt vore ummegaen, alse buwlude, molre unde voerlude vire holt yn hilgen vornomenen dagen. Worumme hefft de rait endrachtliken vor en willekore geset:

1. Na dem dat id en bot Godes is unde ok der hilgen kerken, dat nemant scal yn vornomenen hilgen dagen noch yn allen sondagen perde spannen noch spannen laten to arbeide yn den selen den gantzen dach ut, unde yn allen appostoldagen ere to vespertiit, he sy buwman, molre edder vorman, edder we he sy, bi iii marken sulvers. Ane dat en were, dat we varen wolde to brudlachten, to kindelberen edder anders syn werff, de mach varen, wanneer em dat evene kumpt.

2. Ok so schalme nene wagene yn alsodanen hilgen dagen van buten to yn de stat laten myt korne, myt holte noch mit jenigem anderen gude, (ere[b] de clocke twe sleit).

3[c]. Vortmer[d] so scal neen buwman noch molre edder jemant anders, de myt vore umme geyt, myt vuller last draven[e] up den straten. Weret, dat dar we entjegen dede, de scal dat also dicke beteren myt enem halven punde.

4. Vortmer scal nemant yn vornomenen hilgen dagen, des sondages, der appostole edder yn anderen plegelken viredagen underboten noch underboten laten to bruwende, edder vůer laten boten yn de darnen, ere de klocke vyve slagen hefft na myddage, bi iii marken sulvers.

---

[a] *S. 80.* [b] ere—sleit: *zuerst war geschrieben:* ere de myssen ute syn. [c] *§ 3 ist hierher gewiesen durch ein Zeichen, hinter dem die Änderung in § 2 eingetragen ist.* [d] *S. 81, worauf nur § 3 eingetragen ist. S. 82 unbeschrieben* [e] draven *über wegradirtem* varen.

[1] Schröder, Pap. Meklenburg. S. 1728, Burmeister S. 33.

[2] Mai 8.

XLIV, 1417[1].

Anno[a] Domini millesimo quadringentesimo xvii° in festo asscencionis Domini[2] domini mei proconsules et consules, novi et veteres, infrascripta statuta firmiter observanda concorditer statuerunt:

1. Primo ipsi bispraken omnes libertates hujus civitatis intus et exterius; quia, si quis de eisdem se intromiserit, civitati x marcas argenti emendabit.

2. Item nemo loquatur maliciose super dominos, principes, virgines ac alios probos homines, spirituales atque seculares, sub pena decem marcarum argenti.

3. Item, quod unusquisque civium habeat sua arma prompta, quia, prochdolor, tam per mare quam per terras principum lites timentur imminere. Volunt eciam domini consules circuire et arma civium videre; si quis civium arma sua prompta non habuerit, volunt ea sibi de propriis comparare, et cum hoc civitati tres mr. argenti emendabit.

4. Item, quod unusquisque videat, cui bona sua accomodat, quia domini consules potentes esse volunt sue securitatis et conductus. Et dicatur ulterius de conductu seriose.

5. Item, quod nemo proiceat ballast in portum hujus civitatis, sub obtentu bonorum suorum atque vite.

6. Item, quod nemo onustet ballast in quascumque naves vel ad[b] schutin[c], pramones vel ad bøte, quod submergantur, sub pena centum marcarum argenti.

7. Item nemo dabit seu recipiat ballast de una navi in aliam, nisi fiat cum consensu dominorum consulum, sub pena viginti marcarum argenti; quod unusquisque civium suis hospitibus intimabit, prout eciam hec tria statuta in porta civitatis clarius scripta reperiuntur.

8. Item, quod tempore pluvie nullus proiciat stercora ad ronnaplatearum; quod factum si fuerit, hospes cum tribus marcis argenti et servus vel ancilla cum dimidio talento emendabunt.

9. Item, quod nullus emere debet cum pecuniis hospitum ad manus alicujus hospitis, sub pena trium marcarum argenti.

---

[a] *S. 83.* [b] *S. 84.* [c] *So.*

[1] Burmeister S. 33.

[2] Mai 20.

10. Item, quicumque in negociacionibus suis utitur mensuris atque ponderibus, potest absque ullo timore et excessu accedere servum nostrum juratum Hinricum Darghetzowen et facere eas equari; quia, si quis[a] cum inequalibus repertus[b] fuerit, vita[c] sua emendabit, nisi consules graciam in hoc[d] vellent facere specialem[c] (stare[e] debet ad dictamen consulum, qualiter hoc emendabit).

11. Item, quandocumque Deus cum aliqua muliere graciam suam fecerit in nativitate alicujus pueri, quod tunc non plures mulieres ibi ad edendum et ad bibendum, que per graciam hospitis eis ministrantur[f], manere debeant quam viginti. Et quando puer baptizabitur, sex mulieres accessum cum puero ad baptismum dumtaxat habeant et eedem ibi commedant, nec quicumque viri se de hujusmodi commestione immisceant, sub eisdem penis, prout prius est intimatum.

12. Item de nupciis volunt observari, quod dumtaxat habeantur duodecim schutelle et non plures (neque[g] quecumque choree vespertine neque ghevelbeer fiant) cum aliis condicionibus et sub eadem pena, prout sepius est in[illegible]atum (videlicet[h] x marcarum argenti).

13. Item cum muliere, cum qua Deus graciam suam fecerit, plures mulieres, quibus species ministrantur, accessum ad ecclesiam habere[i] non debent quam sex, et eedem in reversione[k] quelibet ad domum propriam redeat, sub pena sepius recitata[l].

14[m]. (Item, quando funeralia alicujus peragi debent, eciam totidem mulieres, et non plures debent cum domina exire et econverso intrare.)

15. Item, quod nullus clerus sive laycus de vespere post pulsum majoris campane in plateis transire debeat, nisi legitimo habito negocio, neque arma in plateis tempore nocturno portare debeat, sub pena sepius intimata (iii marcarum)[n].

16. Item, quod quilibet caute ad ignem suum videat, quod nullum

---

[a] *Es folgte:* in hoc re. [b] repertus repertus. [c] vita — specialem *nachträglich gestrichen und dafür* [e] (stare — emendabit) *eingesetzt.* [d] in hoc *auf Rasur.* [f] *S. 85.* [g] neque — fiant *oben am Rande nachgetragen, hierher gewiesen.* [h] videlicet — argenti *nachgetragen.* [i] habere *fälschlich in* haberi *geändert.* [k] *Ursprünglich folgte* ad domum ejusdem d, *was während der Niederschrift gestrichen worden ist.* [l] recitata *auf Rasur.* [m] *§ 14 ist nachträglich eingeschoben.* [n] *Nachgetragen.*

ex hoc dampnum eveniat. Et quicumque exercuerit agriculturam, annonam suam nullibi quam ad horrea deferre debebit, sub pena trium marcarum argenti.

17[a]. (Item, si aliquis servorum vel ancillarum sine licencia indebito tempore a domino vel domina sua recederet, extunc talis debet manere per diem et annum extra civitatem; et si aliquis civium talem servum vel ancillam clam conveniret et tenere vellet, emendabit civitati cum iii marcis argenti.)

18. Item[b] domini consules firmiter observare statuerunt, non plures per quascumque personas in hac civitate fore debere contubernias seu conventicula, ghilde proprie dicta, quam ab antiquo per dominos consules graciose sunt admissa, neque omnino[c] esse debent contubernie beate Marie virginis vel beate Ghertrudis neque beati Olavi, vel quocumque alio nomine nominentur, sed quodlibet[d] officium seu officiales secundum laudabilem conswetudinem huc usque habitam simul cum suis convenire possunt, et non alias, sub pena decem marcarum argenti.

19. Item nullus debet peregrinari, nisi fiat cum scitu[e] dominorum consulum, ne quis ex hoc dampnum incurrat, propter causas vobis sepius expressas et sub pena sepius recitata[f].

20. Item, quod nullus civium nostrorum opidanum seu opidanam nostre civitatis incusare debebit seu impetere coram judicio spirituali vel hoc committere alicui spirituali persone, sed debebit stare contentus in nostro jure Lubicensi, sub pena prius expressa.

21. Item nullus causa preempcionis emere debet frumenta seu ligna sive quecumque alia bona extra valvas civitatis, sub pena trium marcarum argenti.

22[g]. (Item nulla publice infamata mulier debet deferre aliquod smyde neque velamina lintea in capite ultra valorem quatuor solidorum, sub pena trium marcarum argenti, eciam si jam esset maritata.)

23. Item[h] nullus debet habere speciales pastores, sub pena sepius expressa. (Eciam[i] nullus debet pellere oves vel capras ad campum.)

---

[a] *§ 17 ist nachgetragen.* [b] *S. 86.* [c] om̄.
[d] quodlibet *am Rande mit Einweisung.* [e] situ.
[f] *Urspr.:* resitata. [g] *§ 22 ist nachgetragen.*
[h] *S. 87, nur zu Dreiviertel beschrieben.* [i] eciam — campum *nachgetragen.*

24. Item nullus de nocte pecora sua per speciales pastores tempore nocturno pascere faciat, quia, si quis in frumentis suis ex hoc dampnum reciperet, hoc[a] domini consules tamquam furtum judicare vellent[a] (hujusmodi[b] dampnum restaurabit et civitati tres mr. argenti emendabit).

25[1]. Item de preempcionibus frumentorum domini consules observari volunt sub pena prius intimata (iii marcarum)[c].

26. Item dicatur de vigiliis et de fossato civitatis, prout conswetum est.

27. Item volunt omnia communia civiloquia sub penis in eisdem expressis stricius observari.

28. Item consules nominentur.

29[d]. (Item de pistoribus, prout conswetum est, dicatur.)

XLV. Vom Brauen, 1417[2].

An[e] den jaren na der bord unses heren Cristi verteynhundert jar darna an dem soventeynden jare des Dunnerdages na aller Godes Hilgen dage[3] do irvoren myne heren de borgermestere unde radmanne, dat ytwelke lude synt, wanner se bruwen willen, so senden se in de molen, etlike xiii dromet, etlike xii dromet moltes, unde dat múten de molre malen umme iiii ß alzo wol alze enem anderen, de vele myn sacket, unde dat dunket dem rade nycht liik wesen.

1. Hirumme so hefft de rad, olde unde nye, ghewillekoret strengelken to holdende van enem yewelken, he zy borgermester, radman, borger edder borgersche, he zy we he zy, dat nymant schal molt in de molen senden to malende to enem bere meer wen xi dromet. wil he dar myn in senden, dat sta to em, men meer schal he dar nycht in senden to enem bere to bruwende; unde dat scholen de molre waren by erer waninge unde by eren eden, de se dem rade darto dan hebben. Unde weret, dat den molren in yemandes molte mysduchte, so scholen se enen sak edder twe utstorten laten unde dat molt meten, unde weret dat des moltes[f] denne meer were wen

---

[a] hoc—vellent *ist gestrichen und dafür* [b] (hujusmodi – emendabit) *nachgetragen.* [c] *Nachgetragen.* [d] *§ 29 ist nachgetragen.* [e] *S. 88.* [f] *S. 89.*

[1] Vgl. § 21.

[2] Fehlt bei Burmeister. Vgl. XLI.

[3] Nov. 4.

xi dromet, so schal dat overmolt in den molre vorbroken wesen, unde de dat utghesand hefft, de schal dat beteren der stad myt x marken sulvers. Unde dat scholen de molre bringen vor den rad unde nycht vorswigen, by erer waninge unde by eren eden. Ok schal nymant meer moltes bruwen to eneme bere unde to ener tiid wen xi dromet, alze vorscreven is, by x marken sulvers.

2. Vortmer schal nymant sulff ander, sulff drudde edder meer, de zyk to samende[a] werpen edder worpen hebben, hūse upholden to bruwende; sunder we bruwen wyl, de schal allene en hus hūren edder upholden, by x marken sulvers. Weret over, dat welk van den borgeren, de sulven en hus hadde, nycht enwolde edder vormochte to bruwende, de mach wol enen bedderven man to zyk yn nemen, dede bruwe.

3. Vortmer schal nyn borger, dede plecht to bruwende edder de bruwen wil, syn hūs vorlenen edder vorhuren enem anderen myt[b] zyk in syme huse to bruwende. Weret dat dat yemant dede, de schal bynnen eme gantzen jare nycht bruwen, unde alze dycke, alze he dat deyt, schal he dat beteren myt iii marken sulvers, unde de yene, dem he dat hus aldus lenet edder vorhuret hefft, schal dat beteren myt x[c] marken sulvers.

4. Ok schal en yewelk in syneme hus men enes brūen in der weken, alze dat van oldinges en sede is ghewesed; unde dede yemant dar entegen, den schal me nycht holden vor so bedderven man na alze vore.

5. Vortmer so schal nymant bruwent anslan, he en hebbe synes echliken gůdes cc Lub. mark sunder[d] selschop unde wedderlegent[e], unde dat schal en yewelk, dede bruwent ansleyt, eer he beginnet to bruwende, vor den kemereren waren myt synen eden. Weret over dat yemant bruwent ansloghe unde cc mark nycht en hadde alze vorscreven ys, de schal dat beteren myt x marken sulvers, unde alzo vaken, alze he bruwen hefft, alzo vaken schal he[f] dat beteren myt iii marken sulvers.

6. Desse vorscreven sette unde bode wyl de rad in aller mate unde by alsodanen broke, alze vorscreven is, gheholden hebben, unde

---

[a] somende. [b] *S. 90.* [c] x *auf Rasur.*
[d] sundder. [e] *So.* [f] *S. 91, nur zu einem Drittel beschrieben.*

nymant schal na sunte Mertens dage[1], negest tokomende, meer in de molen senden to eme bere to bruwende men xi dromet, by pyne unde broke, alze vorscreven steyt.

XLVI, 1418[2].

Anno[a] Domini m°ccccxviii in festo ascencionis Domini[3] domini mei proconsules et consules, novi et veteres, infrascripta statuta firmiter observanda concorditer statuerunt:

1. Primo ipsi byspraken omnes libertates hujus civitatis intus et exterius; quia, si quis de eisdem se intromiserit, civitati x mr. argenti emendabit.

2. Item nemo loquatur maliciose super dominos, principes, virgines ac alios probos homines, spirituales atque seculares, sub pena x marcarum argenti.

3. Item, quod unusquisque civium habeat sua arma promta, quia, prochdolor, tam per terram quam per mare est insecuritas. Volunt eciam domini consules circuire et arma civium videre; si quis civium arma sua promta non habuerit, volunt ea sibi de propriis comparare, et cum hoc civitati tres mr. argenti emendabit.

4. Item unusquisque videat, cui sua bona accomodat, quia domini consules potentes esse volunt sue securitatis et conductus. Et dicatur ulterius de conductu seriose.

5. Item nemo proiceat ballast in portum civitatis, sub obtentu bonorum atque vite.

6. Item[b], quod nemo onustet ballast in quascumque naves vel ad schüten, pramones vel ad bote, quod submergantur, sub pena c marcarum argenti.

7. Item nemo dabit seu recipiat ballast de una navi in aliam, nisi fiat cum consensu dominorum consulum, sub pena xx^ti marcarum argenti; quod unusquisque civium suis hospitibus intimabit, prout eciam hec tria statuta in porta civitatis clarius scripta reperiuntur.

8. Item, quod tempore pluvie nullus proiceat stercora ad ronnas

---

[a] *S. 92.* [b] *S. 93.*

[1] Nov. 11.

[2] Burmeister S. 36.

[3] Mai 5.

platearum; quod si factum fuerit, hospes cum tribus marcis argenti et servus vel ancilla cum dimidio talento[a] emendabunt.

9. Item, quod nullus emere debet cum pecuniis hospitum ad manus alicujus hospitis, sub pena trium marcarum argenti.

10. Item, quicumque in negociacionibus suis utitur mensuris atque ponderibus, potest absque ullo timore et exessu accedere servum nostrum juratum Hinr. Dargetzowen et facere eas equari; quia, si quis cum injustis mensuris vel ponderibus repertus fuerit, stare debet ad dictamen consulum, qualiter hoc et cum quo hoc emendare debebit.

11. Item[b], quandocumque Deus cum aliqua muliere graciam suam fecerit in nativitate alicujus pueri, quod tunc non plures mulieres ibi ad edendum et bibendum manere debeant quam xx[ti]. Et quando puer baptisatur, sex mulieres accessum cum puero ad baptismum dumtaxat[c] habeant, et eedem ibi comedant, et non plures; nec aliquis virorum hujusmodi commestioni se immisceat, sub pena trium marcarum argenti. Et non plures mulieres quam quinque debent habere accessum ad ecclesiam tempore purificacionis cum muliere, cum qua Deus suam graciam fecerit, et illis[d] debent species ministrari, et quelibet ad domum propriam debet reverti, sub pena trium marcarum argenti.

12. Idem est observandum, quando exequie alicujus defuncti peraguntur. Tunc quinque mulieres, et non plures debent cum domina domus ad domum reverti, nec plures de mane cum ea exire. (Sub[e] pena trium marcarum argenti.)

13[f]. (Item dat vadderghelt.)

14. Item de nupciis volunt observari, quod dumtaxat habeantur duodecim schutelle, et non plures; neque alique chorce vespertine neque ghevelbeer fiant, cum aliis condicionibus, sub pena x marcarum argenti.

15. Item[g], quod nullus, clerus sive laicus, de vespere post pulsum majoris campane in plateis transsire debeat, nisi legitimo habito negocio, neque arma in plateis tempore nocturno portare debeat: quia, si quis contrarium fecerit (et[h] repertus fuerit), incarcerari debet usque mane et civitati iii mr. argenti emendabit.

---

[a] tallento. [b] *S. 94.* [c] *Urspr.:* dumtaxant. [d] *Flektionssilbe frei ergänzt.* [e] sub—argenti *nachgetragen.* [f] *§ 13 ist am Rande nachgetragen.* [g] *S. 95.* [h] et—fuerit *nachgetragen.*

16. Item quilibet caute ad ignem suum videat, quod nullum ex hoc dampnum eveniat. Et quicumque exercuerit agriculturam, annonam suam nullibi quam ad orrea deferre debebit, sub pena trium marcarum argenti.

17. Item, si aliquis servorum vel ancillarum sine licencia in non debito tempore a domino vel domina sua recederet, extunc talis debet manere extra civitatem per annum et diem; et si aliquis civium talem servum vel ancillam clam conveniret et tenere vellet, vadiabit civitati iii mr. argenti[a].

18. Item[b] domini consules firmiter statuerunt observandum, non plures in hac civitate debere esse contubernias, proprie ghilde, quam ab antiquo per dominos consules graciose sunt admissa.

19. Nulli[c] eciam civium nec aliqua officia convenire debent singulares domus vel habitaciones pro collacionibus eorum specialiter observandis, sed quicumque habent negociari ad invicem, transseant ad communes tabernas, sub pena x marcarum argenti.

20[d]. Item nulla domina sive virgo[e] debet portare smyde exterius supra amplis manicis nec apertas manicas vario subductas, sub pena x marcarum argenti.

21. Item[f] statuerunt, quod nullus villanorum debet venire et morari in civitate, nisi prius fecerit suo vero domino omnia, que ex justicia tenetur facere. Nec aliquis civium debet cum potencia afferre[g] vel juvare afferri hujusmodi villanum ad civitatem contra voluntatem domini sui, sub pena x marcarum. Et si consules vel civitas aliquas expensas vel dampna ex premissis incurrerent[h], ista debent civitati emendare.

22. Item publice infamate mulieres non debent morari in amplis publicis[i] plateis, ubi est communis transsitus honestarum dominarum, nec debent deferre aliquod smyde neque velamina lintea in capitibus ultra valorem quatuor solidorum, sub pena trium marcarum argenti[k].

---

[a] *Mit spitzer Feder und fast ohne Tinte sind unten an den Rand zwei Paragraphen gekritzelt, anscheinend:* Item de cultell. Item de parua (porcis?). [b] *S. 96.* [c] Nuulli. [d] *§ 20 war vorher anders gefaßt:* Item nulla domina debet deferre amplas apertas manicas cum smyde exterius ornatas nec intus cum vario subductas. [e] sive virgo *über der Zeile.* [f] *S. 97.* [g] *Angefangen war:* auffer. [h] incurreret. [i] publicis *nachgetragen.* [k] *Ursprünglich:* Lub.

23. Item nullus debet peregrinari, nisi fiat cum consensu dominorum consulum, ne quis ex hoc dampnum incurrat, propter causas vobis sepius expressas et sub pena sepius intimata.

24. Item[a] quilibet civium habens[b] actionem cum alio cive debet stare contentus in jure nostro Lubicensi, et non debet aliquem civem impetere coram judice spirituali nec hoc committere vel resingnare alicui spirituali persone; si quis contrarium fecerit, debet manere extra civitatem et vadiare civitati 1 mr. Lubicenses.

25. Item nullus causa preempcionis debet emere frumenta sive lingna vel quecumque alia bona extra valvas civitatis, sub pena trium marcarum argenti.

26. Item nullus debet habere speciales pastores. Eciam nullus debet pellere oves vel capras ad campum, antequam frumenta de campo sunt deportata, sub pena trium marcarum argenti.

27. Item nullus de nocte pecora sua per speciales pastores tempore nocturno pascere faciat; quia, si quis in frumentis suis ex hoc dampnum reciperet, hujusmodi dampnum debet restaurare et civitati tres mr. argenti emendare.

28. Item[c] de preempcionibus frumentorum domini consules observari volunt, ut prius est intimatum, sub pena trium marcarum argenti.

29. Item nullus debet metsecundus vel tercius aliquam domum sustentare ad braxandum, sed, quicumque vult[d] braxare, ille debet solitarie unam domum habere vel sustentare, sub pena x marcarum argenti. Et si aliqui contra hoc simul braxaverunt, illi debent se separare infra hinc et festum nativitatis Johannis baptiste[1] et debent venire ad dominos vadiatores et emendare civitati eorum penam. Et si post dictum festum beati Johannis[1] simul permanerent et braxarent, tunc pro qualibet braxatura debent civitati emendare tres mr. argenti.

30[e]. Item alia statuta circa festum Martini[2] de braxatura publicata volunt firmiter observari.

31. Item dicatur de vigiliis et de fossato civitatis, prout est consuetum.

---

[a] *S. 98.* [b] habenti. [c] *S. 99.* [d] w[1].

[e] *§ 30 ist oben am Rande nachgetragen mit Einweisung.*

[1] Juni 24.

[2] Nov. 11. Gemeint ist XLV.

32. Item volunt omnia communia civiloquia sub penis in eisdem expressis strictius observari.

33. Item consules nominentur.

34. Item de pistoribus, prout consuetum est, dicatur.

XLVII. 1419[1].

Anno[a] Domini m°ccccxix in festo ascencionis Domini[2] domini mei proconsules et consules, novi et veteres, infrascripta statuta firmiter observanda concorditer statuerunt:

1. Primo ipsi byspraken omnes libertates hujus civitatis intus et exterius; quia, si quis de eisdem se intromiserit, x mr. argenti emendabit.

2. Item nemo loquatur maliciose super principes, dominos, virgines ac alios probos homines, spirituales atque seculares, sub pena x marcarum argenti.

3. Item, quod unusquisque habeat sua arma parata et prompta, quia, prochdolor, tam per terram quam per mare est insecuritas. Volunt eciam domini mei consules circuire et arma civium pervidere; si quis civium arma sua prompta non habuerit, volunt ea sibi de suis propriis comparare, et cum hoc civitati tres mr. argenti emendabit.

4. Item unusquisque videat, cui sua bona accomodat, quia[b] domini consules potentes esse volunt sue securitatis et conductus. Et dicatur ulterius de conductu seriose.

5. Item nemo proiceat ballast in portum civitatis, sub optentu bonorum atque vite.

6. Item nemo onustet ballast in quascumque naves vel ad schůten, pramones vel ad bote, quod submergantur, sub pena c marcarum argenti.

7. Item nemo dabit seu recipiat ballast de una navi in aliam, nisi fiat cum consensu dominorum consulum, sub pena xx[ti] marcarum argenti. Et hoc unusquisque civium suis hospitibus intimabit, prout[c] eciam hec tria statuta in porta civitatis clarius scripta reperiuntur.

8. Item, quod tempore plůvie nullus proiceat stercora ad ronnas

---

[a] *S. 100.* [b] *S. 101.* [c] *Es folgte zuerst:* hoc.

[1] Burmeister S. 39.

[2] Mai 25.

platearum. Quod si factum fuerit, hospes cum tribus marcis argenti et servus vel ancilla cum dimidio talento[a] emendabunt.

9. Item, quod nullus debet emere cum pecuniis hospitum ad manus alicujus hospitis, sub pena trium marcarum argenti.

10. Item[b], quicumque in negociacionibus suis utitur mensuris atque ponderibus, potest absque ullo timore et exessu accedere servum nostrum juratum Hinr. Dargetzowen et facere eas equari. Quia si quis cum injustis mensuris vel ponderibus repertus fuerit, stare debet ad dictamen consulum, qualiter hoc et cum quo hoc emendare debebit.

11. Item de nataliciis et baptismo puerorum et de visitacione ecclesie tempore purificacionis et exequiarum cum mulieribus volunt esse observandum, ut in precedenti anno est intimatum[c].

12. Item nullus debet puero, quem levat de fonte, plus dare quam iiii[or] sol. Lubicenses, sub pena trium marcarum argenti.

13. Item de nupciis et vespertinis choreis ut prius.

14. Item nullus de vespere post pulsum majoris campane in plateis transsire debet, nisi habeat legitimum negocium, sive sit laicus sive clericus, neque arma in plateis tempore nocturno deferre, sub pena iii marcarum argenti.

15. Item[d] quilibet debet caute respicere ad ignem suum, quod nullum inde dampnum alicui eveniat. Et quilibet agricultura[e] debet annonam suam ponere ad orrea et non alibi, sub pena trium marcarum argenti.

16. Item, si aliquis servus vel ancilla[f] sine licencia in non debito tempore a domino suo vel domina recederet, extunc sic recedens debet manere extra civitatem per annum et diem; et si quis civium talem servum vel ancillam clam conveniret et tenere vellet, vadiabit civitati tres mr. argenti.

17. Item non plures debent esse hic contubernie sive ghilde, quam ab antiquo per dominos consules sunt admisse (sub[g] pena x marcarum argenti).

18. Item nulla domina sive virgo debet portare smyde exterius super amplis manicis nec apertas manicas vario subductas, sub pena x marcarum argenti.

---

[a] tallento. [b] *S. 102.* [c] imtimatum.
[d] *S. 103.* [e] *So.* [f] anccilla. [g] sub — argenti *nachgetragen.*

19. Item de villanis intrantibus civitatem sine consensu dominorum suorum, ut prius.

20. Item[a] de publice[b] imfamatis mulieribus[c], ut prius.

21. Item quilibet civis haben[s][d] actionem cum alio cive debet stare contentus in jure nostro Lubicensi et non debet aliquem civem impetere coram judicio spirituali nec hoc committere vel resingnare alicui spirituali persone. Quia, si quis contrarium fecerit, debet manere extra civitatem et vadiare civitati l mr. Lubicenses.

22. Item nullus causa preempcionis debet emere frumenta sive lingna vel quecumque alia bona extra valvas civitatis, sub pena trium marcarum argenti.

23. Item nullus debet habere speciales pastores; eciam nullus debet pellere oves vel capras ad campum, antequam frumenta de campo sunt deportata, sub pena trium marcarum argenti.

24. Item nullus de nocte pecora sua per speciales pastores tempore nocturno pascere faciat; quia, si quis in frumentis suis ex hoc dampnum reciperet, hujusmodi[e] dampnum debet restaurare et civitati tres mr. argenti emendare.

25. Item de[f] preempcionibus frumentorum domini consules observare volunt, ut prius est intimatum, sub pena trium marcarum argenti.

26[g]. Item nullus civium debet sibi facere metiri frumenta apud aquas et ad saccos suos recipere, nisi empcio sit totaliter, plenarie et racionabiliter prius facta super eisdem; si contrarium factum fuerit, tam emptor quam venditor x mr. argenti civitati vadiabit.

27. Item, quod nullus debet peregrinari, nisi fiat cum consensu dominorum consulum. Specialiter nullus civium debet peregrinari versus Aken, Eensedelingen[h] sive Eenwolde, sub pena x marcarum argenti. Eciam nullus servus sive ancilla debet ibi peregrinari; qui contrarium fecerit, civitati carebit.

28[i]. (Item nullus debet emere sua propria bona, sub pena x marcarum et perdicione bonorum.)

---

[a] *S. 104.* [b] *Die letzte Silbe ist abgekürzt.* [c] mlicribus. [d] habenti. [e] *S. 105.* [f] de *fehlt.* [g] *§ 26 folgt auf § 27, indessen ist die Umstellung durch Zeichen vorgeschrieben.* [h] *Am Rande nachgetragen.* [i] *§ 28 ist unten am Rande nachgetragen.*

29. Item[a] nullus braxator ad tabernas debet latoribus tempore, quo gustant cervisiam et tabernatrices apportant, aliquod prandium sive commestionem vel species dare[b], sub pena trium marcarum argenti; et si aliquis lator aliquod premissorum reciperet, debet carere civitati.

30. Eciam nullus debet majorare dregheghelt sive mekelghelt ipsorum latorum ultra duos denarios, sub pena prius expressa.

31. Item nullus braxator debet suo mesterknechte plus dare pro uno medio anno quam in estate iiii[or] mr. et in hieme quinque mr. Lubicenses, dominus sub pena x marcarum argenti, et servus plus recipiens iii mr. argenti civitati emendabit et civitati carebit.

32. Item nullus debet emere lagenas sive tunnas antiquas alterius braxatoris; qui contrarium fecerit, domini consules stricte volunt judicare.

33. Item[c] nullus debet ferre trusilia in civitate, nisi cives proprias hereditates habentes, sub pena trium marcarum argenti, ut prius est intimatum.

34. Item, quod duo vel tres non debent simul braxare in una domo, sub pena prius intimata.

35. Item, quod nullus in taberna debet propinare cervisiam Butzowensem; si contrarium aliquis fecerit, pro qualibet tunna iii mr. argenti civitati emendabit.

36. Item dicatur de vigiliis et de fossato civitatis, prout est consuetum.

37. Item volunt omnia communia civiloquia sub penis in eisdem expressis strictius observari.

38. Item consules nominentur.

39. Item de pistoribus, prout consuetum est, dicatur.

XLVIII, 1420[1].

Anno[d] Domini m°ccccxx in festo ascencionis Domini[2] domini mei proconsules et consules, novi et veteres, infrascripta statuta firmiter observanda concorditer statuerunt:

---

[a] *S. 106.* [b] dare debet. [c] *S. 107.* [d] *S. 108.*

[1] Burmeister S. 42.

1. Primo ipsi bispraken omnes libertates hujus civitatis intus et exterius; quia, si quis de eisdem se intromiserit, x mr. argenti emendabit.

2[a]. (Item de communibus civiloquiis.)

3. Item nemo loquatur maliciose super principes, dominos, virgines ac alios probos homines, spirituales atque seculares, sub pena x marcarum argenti.

4. Item unusquisque habeat arma, equos et armigeros suos paratos, ut domini consules hoc mandaverunt.

5. Item unusquisque videat, cui sua bona accomodet, quia domini consules volunt esse potentes sue securitatis et salvi conductus.

6. Item nemo proiceat ballast in portum civitatis, sub optentu bonorum atque vite.

7. Item nemo onustet ballast in quascumque naves, schuten sive prame, quod submergantur, sub pena c mr. argenti.

8. Item[b] nemo dabit seu recipiat ballast de una navi in aliam, nisi fiat cum consensu dominorum consulum, sub pena xx[u] marcarum argenti; et hoc unusquisque civium suis hospitibus intimabit, et reperiuntur[c] hec tria statuta in porta clarius scripta.

9. Item, quod tempore pluvie nullus proiceat stercora ad ronnas platearum; quod si factum fuerit, hospes cum tribus mr. argenti et servus vel ancilla cum dimidio talento[d] emendabunt.

10[e]. (Item dicatur de drekkaren.)

11. Item nullus debet emere cum pecuniis hospitum ad manus alicujus hospitis, sub pena trium marcarum argenti.

12. Item, quicumque in negociacionibus suis utitur mensuris atque ponderibus, potest adire Hinr. Dargetzowen etc., ut in antiquo.

13. Item nullus debet puero, quem levat de fonte, pro vaddergelt plus dare quam iiii[or] sol. Lubicenses, sub pena trium marcarum argenti.

14. Item de nataliciis et baptismo puerorum et de[f] visitacione ecclesiarum tempore purificacionis et exequiarum cum mulieribus volunt esse observandum, ut prius sepe est intimatum.

15. Item de nupciis et vespertinis choreis, ut prius.

---

[a] *§ 2 am Rande nachgetragen.* [b] *S. 109.* [c] repiuntur. [d] tallento. [e] *§ 10 ursprünglich nach § 24 mit dem Zusatze:* prout conceptum est. [f] *S. 110.*

16. Item nemo debet filie aut congnate sue (seu alicui sponse)[a] in nupciis preciosiorem lodicem dare quam de sigeldune (de duobus frustis)[b], quotlibet frustum de vii marcis Lubicensibus vel circa. et nulle preciosiores[c] lodices debent poni super lectos in nupciis et in puerperiis.

17. Item non debent plures cussini (in dote dari sive)[a] poni supra lectum in nupciis et puerperiis quam sex.

18. Item non debent alique schirelakene poni supra lectum in nupciis vel puerperiis, nec debent pendi ante ostia domorum tempore exequiarum; sed alba lintiamina possunt domine et mulieres habere secundum antiquam consuetudinem, et in illis non debet esse contextum pardůrwerk nec sericum nec aurum nec argentum nec alique margharite, sub pena (x marcarum argenti)[d].

19. Item nulla sponsa debet habere specialem treek, sed debet in illa domo sponso copulari, in qua debent simul condormire.

20. Item[e] nulle[f] mulieres debent portare alias togas quam cottidianas in missis[g] defunctorum, et non debent deferre togas butene bremet[h]. (Et debent offerre hora octava, sub pena x marcarum argenti.)[i]

21. Item nulla domina sive virgo debet portare smyde exterius super amplis manicis nec amplas apertas manicas vario subductas, sub pena x marcarum argenti.

22. Item eo tempore, quo aliqua begwina acceptatur ad aliquem conventum, ibi dumtaxat debent interesse due seculares mulieres et non plures et nulli viri[k], et ibi non debent fieri alique expense, nec intus nec extra conventum.

23. Eo autem tempore, quando aliqua begwina investitur, tunc de vespere non debent ibi esse alique seculares virgines nec mulieres nec aliqui viri; sed de mane possunt interesse quatuor viri et xx[ti] mulieres, et non plures, et ille eciam possunt visi|tare[l] cum ea ecclesiam, offerre et prandere. Et ultra premissa[m] non debent mitti alique

---

[a] *Über der Zeile.* [b] *Am Rande.* [c] preciosores. [d] *Nachgetragen.* [e] *S. 111.* [f] nulle *über der Zeile, zuerst:* mulieres non debent. [g] missis *mit abgekürzter Endsilbe.* [h] togas butene bremet, *ursprünglich:* bremede hoykene. [i] *Nachgetragen.* [k] et nulli viri *am Rande.* [l] *S. 112.* [m] premissa *mit abgekürzter Endsilbe.*

expense sive cibaria aliis personis nec intra conventum nec extra conventum nec ad claustra[a] et nullibi.

24. Et ille, qui facit hujusmodi investituram et expensas, debet[b] die judiciali extunc inmediate sequenti venire ad consistorium et coram consulatu juramento suo firmare premissa[c] observasse, sub pena x marcarum argenti.

25[d]. (Item de reysis claustralibus cum xvi lanceis et iiii[or] speetwaghene ut ab antiquo volunt observari.)

26. Item nullus debet hic portare cervisiam Butzowensem ad civitatem[e] venalem, sub perdicione bonorum atque iii marcarum argenti.

27. Item nullus debet eandem cervisiam in tabernis propinare nec aliquis herbergerer suis hospitibus, sub pena trium marcarum argenti pro qualibet lagena.

28. Item[f] nullus alienus mercator sive landvering debet hic pluries servare et tenere suum forum quam semel in anno (ultra nundinas, et hoc facere debet juxta consilium proconsulum)[g].

29. Item quilibet nauta, qui conducitur ad velandum trans Sund[h], ille in prefixo suo termino debet esse paratus ad velandum et velare reysam suam cum bonis, quibus est onustatus; si vero alicujus conducentis spacium vacuum duceret, quod probabile esset, iste eque bene debet solvere[i] secundum juris exigenciam (sub pena x marcarum argenti)[k].

30. Item nullus de vespere post pulsum majoris campane in plateis transsire debet, nisi habeat legitimum negocium, sive sit laicus sive clericus, neque arma in plateis tempore nocturno deferre, sub pena iii marcarum argenti.

31. Item quilibet caute respiciat ad suum ingnem, quod nullum inde dampnum alicui eveniat.

32. Et[l] quilibet pistor debet bene custodire fornacem suam et

---

[a] claustra *mit abgekürzter Endsilbe.* [b] debent.
[c] premissa *mit abgekürzter Endsilbe.* [d] *An Stelle von § 25, der nachträglich eingeschoben ist, stand ursprünglich § 10 mit seinem Zusatze.* [e] civitatem, *urspr.:* forum.
[f] *S. 113.* [g] *Nachgetragen.* [h] trans Sund *am Rande nachgetragen.* [i] *nach* solvere *Raum für zwei Worte; mit* secundum *beginnt eine neue Zeile.*
[k] *Nachgetragen, eine neue Zeile beginnend.* [l] *S. 114.*

unum camminum quilibet superedificare infra hinc et festum Mychaelis[1], sub pena iii marcarum argenti.

33. Et quilibet agricultura debet annonam suam ponere ad orrea. et non ad domos, sub pena trium marcarum argenti.

34. Item, si aliquis servus vel ancilla in non debito tempore sine licencia a domino suo sive domina recederet, extunc recedens debet manere extra civitatem per annum et diem; et si quis civium talem servum vel ancillam clam conveniret et tenere vellet, vadiabit civitati tres mr. argenti.

35. Item non debent esse plures contubernie sive ghilde, quam ab antiquo per dominos consules sunt admisse, sub pena x marcarum argenti.

36[a]. (Item de officiis, quod non faciant vel recipiant novas expensas; si contrarium fecerint, domini consules volunt judicare juxta eorum arbitrium.)

37. Item de villanis intrantibus civitatem sine consensu dominorum suorum etc., ut prius.

38. Item[b] de publice[c] infamatis mulieribus ut prius.

39. Item nullus civium debet alium civem trahere ad judicium spirituale nec causam suam spirituali persone resingnare, sub pena carencie civitatis et l marcarum Lubicensium denariorum.

40. Item nullus causa preempcionis debet emere frumenta, lingna sive quecumque alia bona extra valvas civitatis, sub pena trium marcarum argenti.

41. Item de preempcionibus frumentorum domini consules observare volunt, ut prius est intimatum, sub pena trium marcarum argenti.

42. Item nullus debet habere speciales pastores; eciam nullus debet pellere oves vel capras ad campum, antequam frumenta de campo sunt deportata, sub pena trium marcarum argenti.

43. Item[d] nullus de nocte pecora sua per speciales pastores tempore nocturno pascere faciat; quia, si quis in frumentis suis ex hoc dampnum reciperet, hujusmodi dampnum debet restaurare et civitati tres mr. argenti emendare.

---

[a] *§ 36 ist nachgetragen und hierher gewiesen.* [b] *S. 115.* [c] *Die letzte Silbe von* publice *ist abgekürzt.* [d] *S. 116.*

[1] Sept. 29.

44. Item nullus debet peregrinari, nisi faciat cum consensu dominorum consulum etc., ut prius.

45. Item nullus civium debet sibi facere metiri frumenta apud aquas et ad saccos suos recipere, nisi empcio, hoc est kop, sit totaliter facta super eisdem; si contrarium factum fuerit, tam emptor quam venditor x mr. argenti civitati emendabit. (Metitor carere debet officio suo.)[a]

46. Item nullus debet emere sua propria bona, sub perdicione bonorum (et x marcarum argenti)[a].

47. Item nullus debet fieri braxator de novo, nisi[b] habeat cc mr. Lubicenses in propriis bonis.

48. Item duo vel tres non debent simul braxare in una domo (sub pena prius intimata)[a].

49. Item nullus braxator debet suo mesterknechte plus pro mercede dare pro uno medio anno quam in estate iiii[or] mr. et in hyeme quinque mr. Lubicenses, dominus sub pena x marcarum argenti, et servus plus recipiens iii mr. argenti civitati emendabit et civitati carebit.

50. Item nullus debet emere lagenas sive tunnas antiquas alterius braxatoris; si qui contrarium fecerint, domini consules stricte volunt judicare.

51. Item nullus debet ferre trusilia in civitate, nisi cyves possessiones habentes, sub pena trium marcarum argenti, ut prius est intimatum.

52[c]. (Item[d] nullus debet fodere argillam sive arenam statim prope aggera civitatis, sub pena iii marcarum argenti.)

53. Item dicatur de vigiliis et fossato civitatis, prout est consuetum.

54. Item consules nominentur.

55. Item de pistoribus, prout consuetum est, dicatur.

XLIX, 1421[1].

Anno Domini m°ccccxxi in festo ascencionis Domini[2] domini mei proconsules et consules, novi et veteres, infrascripta statuta firmiter observanda concorditer statuerunt:

---

[a] *Nachgetragen.* [b] *S. 117.* [c] *§ 52 ist nachgetragen.* [d] *S. 118.*

[1] Burmeister S. 46.

[2] Mai 1.

1. Primo ipsi bispraken omnes libertates hujus civitatis intus et exterius; quia, si quis de eisdem se intromiserit, x mr. argenti emendabit.

2. Item volunt communia civiloquia sub penis in eisdem expressis strictius observari.

3. Item nemo loquatur maliciose super principes, dominos etc., sub pena x marcarum argenti.

4. Item[a] unusquisque habeat arma sua parata, cum quibus velit corpus et honorem defendere tempore oportuno.

5. Item unusquisque videat, cui sua bona accomodet, quia domini consules volunt esse potentes in salvo[b] conductu et securitate.

6. Item nemo proiciat ballast ad portum civitatis, sub optentu bonorum atque vite.

7. Item nemo onustet ballast ad pramones etc., quod submergantur, sub pena c marcarum argenti.

8. Item nemo recipiat ballast de una navi ad aliam, nisi fiat cum consensu dominorum consulum, sub pena xx[ti] marcarum argenti; et hoc unusquisque debet intimare hospitibus suis.

9. Item nullus debet proicere stercora ad ronnas, quando pluit, hospes sub pena trium marcarum, et servus vel ancilla sub pena medii talenti[c].

10. Item, quicumque habet confractas naues, wrak dictas, in portu, debet deportare infra hinc et festum penthecostes[d] [1], sub pena perdicionis ejusdem wrakes (et trium marcarum argenti)[e].

11[f]. (Item quilibet nauta trans Sund conductus in termino suo prefixo debet velare; et si alicujus conducentis spacium vacuum duceret, quod probabile esset, eque bene debet sibi solvi fructus, sub pena x marcarum argenti.)

12. Item[g] nullus debet emere cum pecuniis hospitum ad manus alicujus hospitis, sub pena trium marcarum argenti.

13[h]. (Item van der munte.)

14. Item, qui utitur mensuris vel ponderibus, transseat ad Hinr. Dargetzowen, ut prius.

---

[a] *S. 119.* [b] saluo *über der Zeile.* [c] tallenti. [d] penthcostes [e] *Nachgetragen.* [f] *§ 11 ist nachgetragen.* [g] *S. 120.* [h] *§ 13 ist nachgetragen, später als § 11.*

[1] Mai 11.

15[a]. (Item de carbonibus.)

16. Item de vaddereghelde, ut prius.

17. Item de nataliciis, baptismo et transsitu mulierum ad ecclesiam post puerperium et post funera volunt esse observandum, ut prius sepe est intimatum; et debent offerre hora octava.

18. Item de nupciis et vespertinis choreis.

19. Item de suppellectilibus, lodicibus, cussinis et lintiaminibus, ut prius.

20. Item nulla domina sive virgo debet deferre smyde in amplis manicis nec amplas apertas manicas vario subductas, sub pena x marcarum argenti.

21. Item nullus debet congnate sue tempore desponsacionis pro dote dare vestes cum bremelisse subductas, nisi dederit eciam ei c mr. Lubicenses pro dote; et hoc debet firmare juramento suo coram consulatu.

22. Item[b] nulla mulier debet defferre togas cum bremelisse subductas, illis dumtaxat exeptis qui dederint civitati talliam omni anno pro c marcis, et hoc quilibet debet firmare juramento suo coram camerariis, quando talliam civitati persolverit.

23. Item de investitura begwinarum et expensis earum volunt esse observandum ut prius, sub pena x marcarum argenti.

24. Item de cervisia extranea Butzowensi ut prius, sub pena trium marcarum argenti ut prius.

25[c]. Item nullus extraneus mercator debet pluries suum forum hic servare quam semel in anno ultra nundinas communes, et hoc facere debet secundum consilium proconsulum.

26. Item nullus debet deferre trusilia, nisi sit erffseten borger, sub pena trium marcarum argenti irremissibili.

27[d]. (Nota de homicidis et eos hospitantibus.)

28. Item[e] nullus de vespere post pulsum majoris campane in plateis transsire debet, nisi habeat legitimum negocium, sive sit clericus sive laicus, neque arma de nocte in plateis deferre, sub pena trium marcarum argenti.

29. Item nullus debet impingnorare sive appropriare stantes hereditates vel jacentes fundos hujus civitatis quibuscumque personis

---

[a] *§ 15 ist nachgetragen, gleichzeitig mit § 13.* [b] *S. 121.* [c] *§ 25 ist gestrichen.* [d] *§ 27 ist mit spitzerer Feder besonders nachgetragen.* [e] *S. 122.*

ecclesiasticis, nisi faciat hoc cum consilio consulum[a]; et si contrarium factum fuerit, totum debet esse irritum (et sine vigore)[b].

30. Item nullus civium debet alium trahere ad judicium spirituale nec causam suam spirituali persone resingnare, sub pena carencie civitatis et l marcarum Lubicensium denariorum.

31. Item domini consules nolunt habere neque fieri plures (et novas)[b] contubernias sive ghilde, quam ab antiquo fuerunt et admisse sunt, sub pena x marcarum argenti.

32. Item de officiis, quod non recipiant sive faciant novas expensas in admissione alicujus eorum consortis; et si contrarium fecerint, domini consules[c] volunt hoc stricte judicare juxta eorum arbitrium.

33. Item nulle mulieres publice infamate, brakvrowen[d], debent deferre togas plicas et fimbrias habentes, eciam non debent deferre smyde neque doke (sub pena trium marcarum et perdicione vestimentorum)[e]. Eciam si hujusmodi infamata mulier postea matrimonium intraret vel intrasset, illo non obstante eque bene non debet deferre smyde et aliis honestis dominabus se assimulare[f].

34. Item nulla mulier publice infamata debet morari in arta illa platea, qua itur de cimiterio beati Nicolai versus Barvotos, neque in Alta platea, qua itur de cimiterio beati Georgii versus plateam Lubicensem. (Et debent exire ante festum penthecostes[1], sub pena trium marcarum argenti.)[g]

35. Item, si aliquis servus vel ancilla in non debito tempore sine licencia a domino suo recederet, extunc recedens debet manere extra civitatem per annum et diem; et si quis civium talem servum vel ancillam clam conveniret et tenere vellet, civitati tres marcas puri vadiabit.

36. Item[h] quilibet caute ad ignem suum respiciat, ut nulli inde dampnum eveniat, et nullus debet annonam suam alibi quam ad orrea deferre, et non ad domos habitacionis, sub pena trium marcarum argenti.

37. Item nullus debet habere speciales pastores, neque capras

---

[a] consulum *auf Rasur.* [b] *Nachgetragen.*
[c] *S. 123.* [d] brakvrowen (*für* wrakvrowen) *über der Zeile.*
[e] *Nachgetragen.* [f] assimulari. [g] *Nachgetragen.*
[h] *S. 124.*

[1] Mai 11.

vel oves ad campum pellere, antequam frumenta de campo sunt deportata, sub pena trium marcarum argenti.

38. Item nullus de nocte pecora sua tempore nocturno pascere faciat, quia, si quis in frumentis suis dampnum inde reciperet, hujusmodi dampnum debet restaurare et civitati tres mr. emendare.

39[a]. (De ortis et cauletis.)

40. Item nullus debet peregrinari, nisi faciat cum consensu dominorum consulum, ut prius. (Sub pena xx[ti] marcarum argenti.)[b]

41. Item nullus causa preempcionis[c] debet emere frumenta, lingna sive quecumque alia bona extra valvas civitatis, sub pena trium marcarum argenti.

42. Item de preempcionibus frumentorum domini consules observare[d] volunt, ut prius est intimatum, sub pena trium marcarum argenti.

43. Item nullus civium debet sibi facere metiri frumenta apud aquas et ad saccos suos recipere, nisi contractus empcionis sit factus; et si contrarium factum fuerit, tam emptor quam venditor x mr. argenti civitati emendabunt et metitor officio suo carere debet.

44. Item nullus debet emere sua propria bona, sub perdicione bonorum et x marcarum argenti.

45[e]. Item nullus debet emere antiquas lagenas alterius braxatoris; si contrarium factum fuerit, domini consules stricte judicare volunt.

46. Item nullus debet fieri braxator de novo, nisi habeat in propriis bonis cc mr. Lubicenses.

47. Item duo vel tres non debent simul braxare in una domo, sub pena prius intimata.

48. Item nullus tabernator debet ab ancilla sua recipere determinatam pecuniam pro qualibet lagena[f] cervisie ducillenda, sed debet ducillare suam cervisiam sub proprio suo dampno. Hoc hospes servare debet sub pena iii marcarum argenti, ancilla vero contrarium faciens extra civitatem manebit per diem et annum.

49. Item de servitoribus braxatorum ut prius.

50. Item nullus debet fodere argillam sive arenam juxta aggera civitatis, sub pena trium marcarum argenti.

---

[a] *§ 39 gleichzeitig mit § 13 und § 15 nachgetragen.*
[b] *Nachgetragen.* [c] causa preempcionis, *gestrichen.*
[d] *S. 125.* [e] *§ 45 ist gestrichen.* [f] *S. 126.*

51[a]. (Item de fimo etc.)

52. Item dicatur de vigiliis et fossato civitatis, prout est consuetum.

53. Consules nominentur.

54. Item de pistoribus, prout consuetum est, dicatur.

L, 1422[1].

Anno[b] Domini m°ccccxxii° in festo ascencionis Domini[2] domini mei proconsules et consules, novi et veteres, infrascripta statuta firmiter observanda concorditer statuerunt:

1. Primo ipsi bispraken omnes libertates hujus civitatis intus et exterius; quia si quis de eisdem se intromiserit, x mr. argenti emendabit.

2. Item nemo loquatur maliciose super dominos, principes etc., sub pena x marcarum argenti.

3. Item unusquisque habeat arma sua parata, cum quibus velit corpus et honorem defendere tempore oportuno; quia domini mei volunt facere circuire et arma uniuscujusque pervidere (etc.)[c].

4[c]. (Item volunt communia civiloquia sub penis in eisdem expressis strictius observari etc.)

(Cetera ut in precedenti anno.)[c]

LI, 1423[3].

Anno[d] Domini m°ccccxxiii° in festo ascencionis Domini[4] domini mei consules, novi et veteres, infrascripta statuta firmiter observanda concorditer statuerunt:

1. Primo ipsi bispraken omnes libertates civitatis intus et exterius; quia, si aliquis se de eisdem intromiserit, x mr. argenti emendabit.

2. Item nemo loquatur maliciose super dominos, principes, mu-

---

[a] *§ 51 nachgetragen.* [b] *S. 127.* [c] *Nachgetragen mit anderer Feder.* [d] *S. 128.*

[1] Burmeister S. 50.

[2] Mai 21.

[3] Burmeister S. 50.

[4] Mai 13.

lieres, virgines et singulos probos et honestos homines, sub pena (x marcarum argenti)[a].

3. Item unusquisque habeat arma sua parata, cum quibus velit corpus et honorem defendere tempore oportuno.

4. Item unusquisque videat, cui bona sua accomodat, quia domini consules volunt esse potentes in salvo conductu et securitate.

5. Item nullus debet deferre trusilia in plateis, nisi ipse sit erffseten civis, sub pena trium marcarum argenti.

6. Item nullus debet zelare, hoc est vorhelen, sive hospitare (interfectorem sive)[b] homicidam hic in civitate; quia, si talis homicida in hospicio alicujus repertus fuerit, domini consules volunt stricte judicare hospitem sive zelantem cum homicida.

7. Item de troners sanis mendicantibus.

8[c]. (De[d] libro civitatis.)

9. Item de piscinis civitatis, quod nemo habeat piscaturam inibi (neque ova recipiat)[e]; quia, si aliquis exedens[f] repertus fuerit, domini consules volunt stricte judicare.

Cetera ut in anno xxi°.

LII, 1424[1].

Anno Domini m°ccccxxiiii° in festo ascencionis Domini[2] domini mei consules, novi et veteres, infrascripta statuta firmiter observanda concorditer statuerunt:

1. Primo ipsi byspraken omnes lybertates civitatis etc.

2[g]. Item omnia communia civiloquia debent servari.

3. Item nemo loquatur maliciose super dominos etc.

4[h]. (De missa.)

5. Item unusquisque habeat arma sua parata etc.

6. Item unusquisque videat, cui bona sua accomodet etc.

7. Item nullus debet deferre trusilia (gentzen)[i] in plateis, nisi ipse sit erffseten civis, sub pena trium marcarum argenti.

---

[a] *Nachgetragen.* [b] *Nachgetragen.* [c] *§ 8 ganz oben am Rande nachgetragen.* [d] *S. 129.* [e] *Nachgetragen.* [f] *So.* [g] *§ 2 am Rande, eingewiesen hinter § 3.* [h] *§ 4 am Rande, später.* [i] *Am Rande, gleichzeitig mit § 4.*

[1] Burmeister S. 51.

[2] Juni 1.

8. Item nullus debet vorhelen sive hospitare interfectorem vel homicidam hic in civitate; quia, si hujusmodi malefactor in hospicio alicujus repertus fuerit, domini mei volunt stricte judicare hospitem et zelantem cum malefactore.

9. Item de troners (truckelers)[a] sanis mendicantibus, quod non debent esse hic in civitate.

10. Item nemo proiceat ballast ad portum civitatis, sub optentu bonorum atque vite.

11. Item nemo onustet ballast ad pramones etc., quod submergantur, sub pena c marcarum argenti.

12. Item[b] nemo recipiat ballast de una navi ad aliam, nisi fiat cum consensu dominorum consulum, sub pena xx[ti] marcarum argenti; et hoc unusquisque debet intimare hospitibus suis, etc.

13. Item nemo debet proicere stercora ad ronnas, ut prius.

14[c]. Item nemo debet facere mesvalde in civitate super libertate civitatis nec permittere fimum suum jacere, quem educit de curia, per noctem in plateis, sub pena iii marcarum argenti.

15. Item, quicumque habet wrak in portu civitatis, ille debet deportare infra hinc et festum penthecostes[1], sub pena perdicionis ejusdem wrakes et sub pena trium marcarum argenti.

16. Item quilibet nauta trans Sund conductus in termino suo prefixo debet esse paratus et velare, prout est conductus, sub pena x marcarum argenti. Et si alicujus conducentis spacium vacuum duceret, quod probabile esset, eque bene debent sibi solvi fructus.

17. Item nullus debet emere cum pecuniis hospitum ad manus alicujus hospitis, sub pena trium marcarum argenti. (Et nullus debet mercare[d] sive emere et vendere hic in civitate[d], quin debet esse civis factus; quociens contrarium fecerit, tres marcas argenti civitati emendabit.)[e]

18[f]. Item, qui utitur mensuris sive ponderibus, ille potest transsire ad Hinr. Dargetzowen[g] etc.

---

[a] *Über der Zeile, gleichzeitig mit § 4.* [b] *S. 130.* [c] *§ 14 ist gestrichen, jedoch haben die Striche wieder weggradirt werden sollen.* [d] mercare—civitate *auf Rasur.* [e] *Unten am Rande mit Einweisung.* [f] *§ 18 auf Rasur.* [g] Dargertzowen.

[1] Juni 11.

19[a]. Item, quod nullus emat sal sine pondere.

20[b]. Item quilibet habeat respectum, quod non sublevet illos novos florenos, quorum scriptura est »dux Arnoldus«.

21[b]. Item multe domine offerunt in ecclesiis cupreos Danenses denarios jam nullibi currentes, et hoc videtur consulatui non esse racionabile; ergo quevis domina sit havisata, ne amplius talia offerat.

22. Item[c] de vadderenghelde ut prius.

23. Item nullus tempore baptismatis pueri sui debet invitare aliquos viros hospites ad prandium; et si contrarium factum fuerit, tam hospes activus quam invitatus, quilibet eorum tres marcas argenti civitati emendabit.

24[d]. (De vino et clareto.)

25. Item de nataliciis, de baptismo puerorum et transsitu mulierum ad ecclesiam et cum exequiis funerum[e] (eciam extra territorium descessorum)[f] quoad sequelam mulierum, de nupciis, vespertinis choreis et suppellectilibus dominarum (de investitura begwinarum)[g] volunt esse observandum, ut prius est intimatum.

26. Item nulla domina sive virgo debet deferre smyde in amplis manicis nec amplas apertas manicas vario subductas, sub pena x marcarum argenti

27[h]. (Item nyn bremlisse nedde[ne][i] etc.)

28. Item nullus debet congnate sue tempore desponsacionis dare vestes cum bremelisse exterius ornatas, nisi dederit eciam ei pro dote centum mr. Lubicenses, et hoc debet firmare juramento suo coram consulatu.

29. Item nulla mulier debet deferre togas cum bremelisse exterius ornatas, quin satisfaciat civitati in tallia pro c mr. Lub., et hoc quilibet debet firmare juramento suo pro sua uxore coram camerariis, quando talliam suam portabit.

30. Item nullus de vespere post pulsum majoris campane in plateis transsire debet, nisi habeat legitimum negocium, sive sit

---

[a] *§ 19 nachträglich eingeklemmt.* [b] *§ 20 u. § 21 gestrichen.* [c] *S. 131.* [d] *§ 24 oben am Rande, neben § 23 hinverwiesen.* [e] *Von* funerum *ist die letzte Silbe abgekürzt auf Rasur.* [f] *Am Rande ohne Einweisung.* [g] *Am Rande, hierher verwiesen.* [h] *§ 27 am Rande, gleichzeitig mit § 4.* [i] nedde.

clericus sive laicus, neque arma de nocte in plateis deferre, sub pena trium marcarum argenti.

31[a]. (Item de empcione salis et de Hinrico Dargetzow.)

32. Item[b] nullus debet impingnorare sive appropriare stantes hereditates sive jacentes fundos hujus civitatis quibuscumque personis ecclesiasticis, nisi faciat hoc cum consilio et consensu consulum; et si contrarium factum fuerit, totum debet esse irritum et sine vigore, et contrarium faciens xx[ti] mr. argenti civitati emendabit.

33. Item nullus civium debet alium trahere ad judicium spirituale nec causam suam spirituali persone resingnare et debet stare contentus jure Lubicensi, sub pena carencie civitatis et l marcarum Lubicensium denariorum, quas civitati emendabit.

34. Item domini consules volunt, quod non debent fieri plures nove contubernie sive ghilde, quam ab antiquitus sunt admisse, sub pena x marcarum argenti.

35[1]. (Item, quod non debent esse braxatores.)[c]

36. Item de officiis, quod non recipiant neque faciant novas expensas in admissione alicujus eorum consortis; et si contrarium factum fuerit, domini consules juxta eorum arbitrium volunt hoc stricte judicare.

37. Item, quod nulle mulieres publice imfamate, scilicet meretrices, debent deferre togas plicas et fimbrias habentes, eciam non debent deferre smyde neque doke (ruffos calceos[d]), eciam si matrimonium intrasset, sub pena trium marcarum argenti et sub pena perdicionis vestimentorum atque smydes.

38. Item hujusmodi mulieres non debent morari in arta platea, qua itur de cimiterio ecclesie sancti Nicolai versus Minores, nec in platea, qua itur de sancto Georgio ad plateam Lubicensem[e] (nec in platea Begwinarum)[f], et debent exire ante festum beati Johannis baptiste[2], sub pena trium marcarum argenti.

39. Item nulla hujusmodi infamata mulier debet aliquam domum

---

[a] *§ 31 am Rande, gleichzeitig mit § 4.* [b] *S. 132.* [c] *§ 35 am Rande, gleichzeitig mit § 4.* [d] ruffos calceos *am Rande, gleichzeitig mit § 4.* [e] *S. 133.* [f] *Oben am Rande, gleichzeitig mit § 4.*

[1] Vgl. § 55.

[2] Juni 24.

in Hega ut hospita tenere, sed debet inde recedere ante festum Mychaelis[1] (sub pena x marcarum argenti)[a].

40. Item quelibet hospita in Hegha debet habere dumtaxat unam ancillam ducillantem, et talis[b] non debet dare[b] pro qualibet lagena ad ducillandum determinatam pecuniam, sed debet cervisiam ducillare sub lucro et dampno hospitis[c], hospes sub pena trium marcarum argenti et ancilla sub carencia civitatis per diem et annum.

41[d]. (Item de vlaskellerschen.)

42. Item, si aliquis servus vel ancilla in non debito tempore sine licencia a domino suo recederet, extunc recedens debet carere civitati per diem et annum, et conducens hujusmodi illicenciatum civitati tres mr. argenti emendabit.

43. Item nullus debet morari in clausis[e] curiis domorum, nisi sint aperti transsitus, et debent inde recedere ante festum Johannis baptiste[2], sub pena trium marcarum.

44. Item quilibet caute ad ingnem suum respiciat, ut nulli inde dampnum eveniat. Et nullus debet annonam suam alibi quam ad orrea deferre, et non ad domos habitacionis, sub pena trium marcarum argenti.

45. Item[f] nullus emptor equorum sive vorkoper debet equos suos ad pratum civitatis portare sine consensu consulum, et nullus debet ibi portare equos sufferratos, et non alias nisi per pramones.

46. Item nullus debet habere speciales pastores nec capras vel oves ad campum pellere, antequam frumenta de campo sunt deportata, sub pena trium marcarum argenti.

47. Item nullus pecora sua tempore nocturno pascere faciat, quia, si quis in frumentis suis dampna inde reciperet, hujusmodi dampnum debet dominus pecoris[g] restaurare et iii mr. argenti emendare.

48[h]. (Item de porcis.)

49. Item nullus debet peregrinari etc., sub pena xx[ti] marcarum argenti.

---

[a] *Nachgetragen.* [b] talis, dare, *urspr.:* tali, dari. [c] *Flektionssilbe ergänzt.* [d] *§ 41 auf S. 132 unten am Rande später nachgetragen, ohne Einweisung.* [e] clausis *über der Zeile.* [f] *S. 134.* [g] *Flektionssilbe ergänzt.* [h] *§ 48 am Rande, gleichzeitig mit § 4.*

[1] Sept. 29.

[2] Juni 24.

50[a]. (Item de crucebroderen.)

51. Item nullus debet emere aliqua bona ante valvas civitatis, sub pena trium etc.

52. Item nullus preemptor debet emere frumenta uppe vorkóp ante festum Nicolai[1], sub pena trium etc.

53. Item nullus civium debet sibi facere metiri etc., ut prius.

54. Item nullus debet emere propria sua bona, sub perdicione bonorum et x marcarum argenti.

55[b]. (Item nullus manualis debet esse braxator.)

56[c]. Item nullus debet fieri novus braxator, nisi habeat in propriis bonis cc mr. Lub.

57[c]. Item nec duo vel tres debent insimul braxare in una domo, sub pena prius intimata.

58[d]. (Item de cervisia Bůtzowensi.)

59. Item nullus lator debet plus recipere quam duos denarios pro deportacione unius lagene, sub perdicione civitatis per diem et annum, et nemo debet ei plus dare, sub pena iii marcarum argenti.

60. Item de servitoribus braxatorum volunt esse observandum ut prius.

61. Item nullus debet fodere argillam vel arenam juxta aggera civitatis, sub pena trium marcarum argenti.

62. Item dicatur de vigiliis et fossato civitatis et piscinis[e].

63. Consules nominentur.

64. Item de pistoribus.

LIII, 1425[2].

Anno[f] Domini m°ccccxxv[to] in festo ascencionis Domini[3] domini mei consules, novi et veteres, infrascripta statuta firmiter observanda concorditer statuerunt:

1. Primo ipsi byspraken omnes libertates civitatis intus et extra etc.

---

[a] *§ 50 am Rande, gleichzeitig mit § 4.* [b] *§ 55 am Rande, gleichzeitig mit § 4.* [c] *§ 56 und § 57 gestrichen.* [d] *§ 58 am Rande, gleichzeitig mit § 4.* [e] et piscinis *auf Rasur.* [f] *S. 135.*

[1] Dez. 6.

[2] Burmeister S. 55.

[3] Mai 17.

2. Et nemo debet facere mesvalde in civitate super libertate civitatis nec permittere fimum suum jacere in plateis per noctem, quem eduxit de curia sua, sub pena trium marcarum argenti.

3. Eciam nemo debet facere mesvålde an den biwegen penes aggera civitatis etc., sub pena predicta.

4. Item nemo loquatur maliciose super dominos, principes etc., et si quis hoc fecerit, hoc debet stare apud dominos meos consules, quam stricte et quam alte hoc velint judicare.

5. Item omnia communia et antiqua civiloquia debent firmiter observari.

6. Item unusquisque debet arma sua habere parata etc.

7. Item unusquisque videat, cui bona sua accomodet, quia domini consules volunt esse potentes in salvo conductu et securitate etc.

8. Item nemo debet alteri procurare salvum conductum apud proconsules pro deservito precio, nec illi, qui jam judicialiter est detentus; et contrarium faciens per se debet respondere ad querelam satisfaciendo querenti.

9. Item[a], qui utitur mensuris atque ponderibus in negociacionibus suis, transseat ad servum juratum Hinr. Dargetzowen etc., ut prius.

10. Item nemo debet emere carbones såmkopes, sed debet eas facere metiri, sub pena trium marcarum argenti.

11. Item, qui emit sal, debet hoc facere ponderare[b] et emere juxta pondus, sub pena trium marcarum argenti.

(Reliqua[c] ut in precedenti anno.)

LIV, 1426[1].

Anno Domini m^{o}ccccxxvi^{to} in festo ascencionis Domini[2] domini mei consules, novi et veteres, statuerunt:

1. Omnia statuta[d] in priori anno et in anno xxiiii^{to} statuta et pronunctiata firmiter observanda.

2. Item domini mei econverso admiserunt schirelakene in

---

[a] *S. 136.* [b] ponderare *mit abgekürzter Endsilbe.*
[c] *Von anderer Hand.* [d] stuta.

[1] Burmeister S. 55.

[2] Mai 9.

nupciis etc. et stricte inhibuerunt pardurewerk, guldene et zidenborden et halenede cum serico in albis lyntiaminibus.

Cetera ut in precedenti anno.

LV, 1427[1].

Anno Domini m°ccccxxvii^mo in festo ascencionis Domini[2] domini mei consules, novi et veteres, statuerunt:

1. Omnia statuta ut in anno precedenti, prout in anno xxiiii^to est notatum.

2. Item[a] eodem anno fuit statutum, quod mulieribus alias mulieres in puerperio visitantibus non debet propinari claretum, sub pena trium marcarum argenti.

3. Item, quod nullus debet emere sal, quin debeat facere ponderare, sub pena trium marcarum argenti.

4. Item dictum fuit de vlaskellerschen etc.

5. Item, quod nullus manuale officium habens debet esse braxator, nec aliquis braxatorum debet esse manualis[b] officians, sed quilibet debet gaudere et frui officio suo, sub pena (x marcarum argenti)[c].

LVI. Beschwerden der Bürger, 1427[3].

Item eodem anno, videlicet anno xxvii^to in vigilia beati Bartholomei apostoli[4] do handeleden de borghere myt dem rade desse nascrevenen articule, alze de menen borghere de ghesand hadden to voren deme rade vormyddelst[d] xxiiii borgheren unde xii werkmesteren van xii ampten etc.

1. Dat erste werff, dat de borghere hadden werven laten to dem rade, dat was umme olde rechticheyt, scilicet dat de rad de borghere[e] wolde[f] laten by older rechticheyt etc., unde de rad ok bleve by older rechticheyd.

---

[a] *S. 137.* [b] manualis *mit abgekürzter Endsilbe.*
[c] *Anscheinend nachgetragen.* [d] vormyddest.
[e] de rad de borghere *auf Rasur.* [f] *S. 138.*

[1] Burmeister S. 55.
[2] Mai 29.
[3] Burmeister S. 56. Vgl. Mekl. Jahrb. 55, S. 31 f.
[4] August 23.

2. Item umme de daghereyze to ridende, scilicet dat de rad de vormynren wolden, alze ze best konden.

3. Item, weret dat unse borghere werff hadden vor dem rade, dat men se gûtliken hore unde vordere see in ereme rechte unde wise se vruntliken van zik.

4. Item, weret dat dem rade ene sware sake anvelle, so bidde wii borghere dar umme, dat gii gichtiswes dar umme spreken myt den borgheren.

5. Item, dat de rad nycht en leyde vor borgher schult.

6. Item umme de hoppenmetere unde de kalendreghere, scilicet dat de borghere mochten kopen sameskopes unde remmen sunder metent.

7. Item umme de tzise, scilicet dat men gheve van der tunne beres na sunte Mychele[1] men ii ß tor tzise.

8. Item[a] alse umme de reyse vor dem Berghe unde vor Kopenhavene, dat de rad de borghere vorbode, de dar mede weren, unde vorvare, offt[b] yemand[b] schult hebbe an der vorsumnisse, uppe dat wii uthe deme qwaden ruchte komen.

9. Item, weret dat de krych zik vorlengede, dat men ghûd volk unde gûd harnsch uthmake unde dat id ok like to gha myt volke uthtomakende.

10. Item umme de wachte, scilicet dat de råd de wachte bet bestelle. Et nota, de borghere brachten ii slote, de se van den porten taghen hadden sunder slotele.

11. Item umme de articule, de an dem brede stan, de uns unreddeliik unde alto na dunken wesen.

12. Item, dat de nyen articule in den nyen eden, dat gii uns de vorlaten; wes wii unsen erffheren[c] lovet unde sworen hebben, dat wille wii holden alse bedderve lude.

13. Item umme dat bruwend, dat men x beer bruwe to dem jare van Unser Vrowen nativitatis[2] negest volghende an to rekende, by der ere eyn jewelk bruwer dat to holdende.

---

[a] *S. 139.* [b] *Danach kleine Rasuren.*
[c] *S. 140.*

[1] Sept. 29.
[2] Sept. 8.

LVII, 1428[1].

Anno Domini m°ccccxxviii in festo ascencionis Domini[2] domini mei consules statuerunt:

1. Statuta prioris anni, et addiderunt:
2. Quod nemo debet deferre gentzen etc.
3. Item statutum de missa rogacionum, quod tempore misse manuales debent celebrare etc.
4. Sed statutum de salvo conductu non pronunctiaverunt.

LVIII, 1429[3].

Item anno xxix ascencionis[4] communia ut supra et maxime ut anno xxiiii.

LIX, 1430[5].

Anno Domini m°ccccxxx ascencionis Domini[6] domini mei consules infrascripta statuerunt statuta firmiter observanda:

1. Primo bispraken omnes civitatis libertates intus et extra etc.
2. Item, quod omnia communia civiloquia debent generaliter observari.
3. Item nemo loquatur maliciose super dominos, principes etc.; et[a] si quis maliciosa et inhonesta loqueretur super aliquam honestam personam et non posset probare, ille debet penam suam apud mediastinum sustinere et carere civitati.
4. Item quilibet videat, cui bona sua accomodat, quia consules volunt esse plenipotentes super salvum conductum.
5. Item, quod unusquisque debet libenter feriis sextis missam rogacionum pro pace visitare et tempore misse celebrare.
6. Item unusquisque debet habere arma sua parata, cum quibus poterit vitam et honorem suum defendere; et domini consules volunt visitare etc., ut prius in antiquis.

---

[a] *S. 141.*

[1] Burmeister S. 57.

[2] Mai 13.

[3] Burmeister S. 57.

[4] Mai 5.

[5] Burmeister S. 57.

[6] Mai 25.

7. Item nullus civium debet peregrinari, sub pena (xx^{ti} mr. argenti)[a].

8. Item nullus debet ferre trusilia in plateis, nisi sit possessionatus civis, sub pena (trium marcarum argenti)[a].

9. Item nullus debet deferre gentzen, sub eadem pena.

10. Item nullus debet hospitare sive vorhelen homicidas sive interfectores maleficos; contrarium facientes volunt domini consules stricte judicare cum reo.

11. Item domini consules prohibent den troners et trucgelers, ne transseant hic pro pane in prejudicium verorum pauperum; alias bedellus debet eos extra civitatem deportare.

12. Item nemo proiceat ballast ad portum civitatis, sub obtentu bonorum atque vite.

13. Item nemo onustet ballast ad pramones vel alias naves, quod submergantur, sub pena c marcarum argenti.

14. Item[b] nemo recipiat ballast[c] de una navi in aliam, nisi fiat cum consensu dominorum consulum, sub pena xx^{ti} marcarum argenti; et hoc unusquisque debet intimare hospitibus suis.

15. Item quilibet debet recipere et fodere ballast in dem strande, et non de pascuis civitatis sive de virida[d] terra, sub pena trium marcarum argenti.

16. Item, quicumque habet wrak in portu civitatis, ille debet hoc deportare infra hinc et festum penthecostes[1], sub pena perdicionis eiusdem wrakes et sub pena trium marcarum argenti.

17. Item nullus proiceat stercora ad ronnas platearum tempore pluvie, hospes sub pena trium marcarum argenti et servus vel ancilla sub dimidio talento[e].

18. Item quilibet debet fimum suum extra civitatem facere deportare et non permittere jacere per noctem in plateis, sub pena trium marcarum argenti; et non debet eum portare super aggera neque ad bivia civitatis, sed ultra singna, scilicet pale, ad hoc posita, sub eadem pena.

19. Item nullus debet deferre stercora vel fimum extra Novam valvam, neque extra Helleporten, sub eadem pena.

---

[a] *Nachgetragen.* [b] *S. 142.* [c] ballast *fehlt.* [d] *So.* [e] tallento.

[1] Juni 4.

20. Item nullus debet fodere argillam vel arenam prope aggera civitatis vel prope biwegen[a], sub pena trium marcarum argenti.

21. Item currus vectorum debent stare juxta fossam Advocati in spacio ibi deputato, et non alibi, sub pena trium marcarum argenti.

22. Item[b] nullus debet esse karenvorer, nisi prius habeat licenciam a dominis consulibus, sub pena trium marcarum argenti.

23. Item nullus debet morari in clausis curiis domorum, nisi sint aperti transsitus antiquitus admissi; et talibus inhabitantes debent inde recedere ante festum beati Johannis baptiste[1], sub pena trium marcarum argenti.

24. Item imfamate mulieres, videlicet publice meretrices, non debent morari in arta platea, qua itur de cimiterio beati Nicolai ad Minores, nec in platea Begwinarum apud beatam Virginem nec in Alta platea apud sanctum Georgium, sub pena trium marcarum argenti.

25. Item tales infamate mulieres non debent ferre smyde ultra quatuor solidos neque preciosa[c] doke, eciam si matrimonium intrassent: nec debent equaliter transsire in plateis cum honestis dominabus nec cum eis stare in eodem stallo in ecclesiis, sub pena trium marcarum argenti et perdicionis smydes etc.

26. Item quilibet respiciat caute ad ingnem suum, ut nulli inde dampnum eveniat. Et nullus debet annonam suam ponere ad domum habitacionis, sed debet eam ad orrea deferre, sub pena trium marcarum argenti.

27[d]. (Item de humulo.)

28. Item nullus debet currere ad ingnem sive incendium tempore nocturno sive diurno, nisi cum instrumentis ad ingnem extinguendum necessariis[e]; nec aliquis togatus accedere debet, sub privacione toghe; nec alique mulieres accedere debent[f] nisi pro earum propriis bonis salvandis. Et si quis ibidem in furtu compertus fuerit, cum perdicione vite emendabit.

29. Item de vadderenghelde, ut prius.

30. Item nullus debet invitare aliquos viros hospites ad prandium eo tempore, quo puerum suum baptisari fecerit; et si contrarium

---

[a] *Über der letzten Silbe von* biwegen *versehentlich ein Strich.* [b] *S. 143.* [c] *So.* [d] *§ 27 nachgetragen, am Rande.* [e] neciis. [f] *S. 144.*

[1] Juni 24.

factum fuerit, tam hospes activus quam passivus, quilibet eorum civitati tres mr. argenti emendabit.

31. Item eo tempore, quo Dominus graciam suam cum aliqua domina dederit, extunc in dem kyndelbere nemo debet propinare claretum neque vinum exessive, sub pena trium marcarum argenti. Et circa baptismum puerorum et cum transsitu mulierum ad ecclesiam et eciam in exequiis funerum quoad sequelam mulierum debent observare, ut prius est intimatum.

32. Item de nupciis et suppellectilibus dominarum et specialiter cum vespertinis choreis volunt observari ut prius, ita quod nullo modo debet fieri aventdantze, et sponsa non debet habere circa se plures virgines quam tres, sub pena x marcarum argenti.

33. Item nulla domina sive virgo debet deferre smyde in amplis manicis nec amplas apertas manicas vario subductas nec bremelisse exterius super sonam, sub pena x marcarum argenti.

34. Item nullus debet congnate sue tempore desponsacionis dare vestes cum bremelisse exterius ornatas, nisi de|derit[a] eciam ei pro dote c mr. Lubicenses; et hoc debet firmare juramento suo coram consulatu.

35. Item nulla mulier debet deferre togas cum bremelisse exterius ornatas, quin satisfaciat de bonis suis civitati in tallia pro c mr. Lub.; et hoc quilibet debet firmare juramento suo coram camerariis eo tempore, quando talliam suam eis portaverit.

36. Item nullus debet facere reysas claustrales extra civitatem nec amicos suos ad hoc invitare, nisi prius loquatur cum dominis proconsulibus audiendo ab ipsis ante omnia, qualiter in premissis se regere debeat et tenere.

37. Item eo tempore, quo aliqua begwina acceptatur ad aliquem conventum hujus civitatis, ibi dumtaxat debent interesse due seculares mulieres, et non plures et nulli viri, et ibi eciam non debent fieri alique expense, nec intus nec extra conventum; eo autem tempore, quando aliqua begwina investitur, tunc de vespere non debent in conventu esse alique seculares virgines nec mulieres nec aliqui viri, sed de mane possunt interesse quatuor viri et xx[u] mulieres seculares, et non plures, et ille eciam possunt intrare ecclesiam cum acceptata begwina, offerre et prandere; et ultra premissa non debent mitti alique expense sive cibaria aliis personis, nec intra nec extra con-

---

[a] *S. 145.*

ventum nec ad claustra[a], et simpliciter nullibi. Et ille qui facit hujusmodi investituram et expensas, debet die extunc[b] inmediate sequenti venire ad consistorium et coram consulatu juramento suo firmare premissa observasse, sub pena x marcarum argenti.

38. Item de officiis, quod non recipiant neque faciant novas expensas in admissione alicujus eorum consortis; quia, si contrarium factum fuerit, domini consules volunt hoc stricte judicare.

39. Item domini consules volunt, quod non debent esse neque fieri plures contubernie neque ghilde, quam ab antiquitus sunt admisse, sub pena x marcarum argenti.

40. Item nullus debet impingnorare sive appropriare stantes hereditates vel jacentes fundos hujus civitatis quibuscumque personis ecclesiasticis, nisi faciat hoc cum consilio et consensu dominorum consulum; et si contrarium factum fuerit, hoc debet esse irritum et sine vigore, et contrarium faciens xx[ti] marcas argenti civitati emendabit.

41[c]. (Item de pannen.)

42. Item nullus civis debet alium trahere ad forum ecclesiasticum nec causam suam alicui persone ecclesiastice committere, sed quilibet debet stare contentus in jure Lubicensi etc., sub pena carencie civitatis et l marcarum Lubicensium denariorum.

43. Item quilibet, qui utitur mensuris vel ponderibus in negociacionibus suis, ille potest secure, sunder vare, adire Hinr. Dargetzowen et facere equare etc.

44. Item nullus debet mercare[d] sive emere in plateis civitatis, quin debet esse prius civis factus, sub pena trium marcarum argenti.

45. Item nullus debet mercare[d] cum pecuniis hospitum ad manus alicujus hospitis, sub pena trium marcarum argenti.

46. Item[e] nullus preemptor debet emere frumenta uppe vorkoep ante festum beati Nicolai[1], sub pena iii mr. argenti.

47. Item nullus debet emere aliqua bona extra valvas civitatis, sub eadem pena.

48. Item nullus debet emere sua propria bona, sub perdicione bonorum et sub pena x marcarum argenti.

---

[a] *Endung von* claustra *ergänzt.* [b] *S. 146.* [c] *§ 41 am Rande nachgetragen.* [d] *Endung von* mercare *ergänzt.* [e] *S. 147.*

[1] Dez. 6.

49. Item, domini consules prohibent cervisiam Butzowensem, quam nemo debet apportare hic ad civitatem nec ad libertatem civitatis, sub pena perdicionis bonorum et sub pena trium marcarum argenti; et proditor debet habere medietatem bonorum.

50. Item nullus debet braxare cervisiam, nisi veri braxatores, ne consulatus in taxisa defraudetur; et unusquisque debet dominis tziseheren in scriptis[a] notificare, ubi cervisia sua sit deventa, et taxisam nullomodo subducere; contrarium facientes[b] volunt domini consules stricte judicare et punire.

51. Item nullus manualis debet esse braxator, nec braxator debet esse manualis, sed quilibet debet uti officio suo et in illo stare contentus, sub pena x marcarum argenti.

52. Item nullus lator debet plus recipere quam duos denarios pro deportacione unius lagene, sub perdicione civitatis per diem et annum; et nemo debet ei plus dare, sub pena trium marcarum argenti.

53. Item nullus lator debet laborare aliquam cervisiam ante ortum solis neque post occasum, sub pena trium marcarum argenti.

54. Item[c] de servitoribus braxatorum volunt domini consules esse observandum, ut prius est intimatum.

55. Item, si servus vel ancilla in non debito tempore sine licencia frivole a domino suo recederet, extunc ille recedens debet carere civitati per diem et annum, et ille qui hujusmodi recedentem conduxerit et receperit, debet civitati tres mr. argenti emendare.

56. Item nullus debet equos suos ad pratum civitatis portare sine licencia dominorum consulum, sub pena trium marcarum argenti.

57. Item nullus debet habere speciales pastores.

58. Item nullus debet capras vel oves ad campum pellere, antequam frŭmenta sunt deportata, sub pena trium marcarum argenti.

59. Item nullus debet facere pasci porcos in campo, nisi pellat illos ante pastorem, sub pena iii mr. argenti.

60. Item nullus debet habere nocturnales custodias in campo cum pecoribus suis, ne faciant dampnum alicui in frumentis suis; contrarium faciens dampnum debet restaurare et civitati tres marcas argenti emendare.

---

[a] *Endung von* scriptis *ergänzt.* [b] *Endung von* facientes *ergänzt.* [c] *S. 148.*

61. Item nullus debet transsire de vespere in plateis post pulsum majoris campane, nisi habeat negocium racionabile, sub pena trium marcarum argenti. Et nullus debet nocturno tempore ferre aliqua arma, sive clericus sive laicus; contrarium faciens debet recludi in clausuram[a] civitatis, et debet stare in arbitrio consulum, quam stricte[b] hoc volunt judicare.

62. Item nullus debet visitare fossata vel piscina sive lantwere civitatis probando, frangendo vel perambulando, sub optentu vite sue.

63. Et quilibet ad vigiliam ordinatus debet eam taliter custodire, prout super isto velit respondere; quia stare debet in arbitrio consulatus, qualiter neglientem[c] volunt punire. Et quilibet vigil equitans debet redire ante pretorium de mane et manifestare se servo jurato, alias debet puniri, ac si non vigilasset.

64. Et braxatores et pistores debent braxare et pistorare juxta temporis exigenciam dando hominibus pro eorum pecuniis competenter.

LX, 1435[1].

Item anno xxxv[to] ascencionis Domini[2] ultra suprascripta domini mei statuerunt infrascripta:

1. Primo, quod nullus bona sive mercimonia sua debet alibi ad naves ducere quam in portu civitatis; quia nullus debet[d] circa nostram civitatem novos portus querere[e] et facere nostre civitati in prejudicium, sub pena perdicionis bonorum; et ultra hoc debet hoc stare in arbitrio consulatus, qualiter exedens debet judicari.

2. Item quilibet, qui vult[f] gaudere privilegiis civitatis et defencione consulatus, ille non debet bona sua alicui dare vel vendere super vitalicia, nec intra nec extra civitatem, nisi hoc fiat de consensu consulatus; alias hoc debet esse irritum et sine roboris firmitate.

3. Item omnis ecclesiastica potestas, que intromisit se de stantibus hereditatibus vel jacentibus fundis hujus civitatis, debet hujusmodi econverso deducere ad manus seculares infra hinc et festum beati Michaelis[3] proxime futurum, sub pena x marcarum argenti.

---

[a] *Endung von* clausuram *ergänzt.* [b] *S. 149.* [c] *So.* [d] *S. 150.* [e] quere. [f] wult.

[1] Burmeister S. 62.

[2] Mai 26.

[3] Sept. 29.

LXI, 1436[1].

Item[a] anno xxxvi omnia sicud in priori anno, sed additum fuit:

1. Si negliencia[b] alicujus incendium[c] ex parte alicujus ancille vel servi deveniret, hoc domini consules volunt cum supremo judicio stricte judicare.

2. Item, quod quilibet civis habens hereditatem debet habere duas scalas[d] in longitudine xx pedum.

3. Item, quod nullus debet emere aliquos equos in valore decem marcarum et ultra, nisi prius deveniant ad hospicia ibidem pernoctando.

LXII, 1437[2].

Item anno xxxvii iterum sicud in anno precedenti.

LXIII, 1438[3].

Item anno xxxviii consimiliter.

LXIV, 1439[4].

Item[e] anno xxxix ascencionis Domini[5] consimiliter prout in prioribus tribus annis.

LXV, 1440–1451[6].

Item in annis subsequentibus domini mei nichil innovaverunt, sed pronunciarunt prout in annis precedentibus.

LXVI, 1452[7].

Sed de anno Domini m°cccc°lii° domini mei mandaverunt,
quod nemo, sive sit civis sive familiaris alicujus vectoris vel

---

[a] *S. 151.* [b] *So.* [c] incendii. [d] schalas.
[e] *S. 152.*

[1] Burmeister S. 62.
[2] Burmeister S. 63.
[3] Burmeister S. 63.
[4] Burmeister S. 63.
[5] Mai 14.
[6] Burmeister S. 63.
[7] Burmeister S. 63.

agricultoris, debet defferre magnum cultellum[a], proprie dictum Hildensemensem, sub pena trium marcarum argenti et perdicionis dictorum cultellorum.

LXVII, 1453[1].

Item anno etc. liii° domini mei mandaverunt,

quod omnes facientes sive scindentes linea vestimenta et sacculos humulorum et caligas lineas debent morari in bodis consulatus circa forum, et non alibi, sicud actenus observatum est, sub pena trium marcarum argenti et perdicionis dictorum bonorum.

LXVIII, 1480[2].

In[b] den jaren na Gades geburt dusent verhundert an deme achtigisten jahre an dem sondage na den achte tagen des hilligen lichames[c] [3], do leth der erlike rath desser stadt Wißmer desse nachschrevene gesette, so vele do behorlick was, apenbar von deme raththuse afkundigen und darna thohandt an desse tafelen schriven, umme dat ein jewelick sick vor brake bewaren moge.

1. Tho deme ersten bispraket der rath alle der stadt vrygheit butten unde binnen, der schall sick nemandt unterwinden, by x mr. sülvers.

2. De radt will geholden hebben alle olde meine burgersprake by alsodanen bråken unde pinen, alse zee van oldinges gebaden unde uthgespraken sindt unde nu jegenwerdig hir geschreven stan.

3. Item nemandt soll spreken up hern, up forsten, frowen edder jungkfrowen, up nene erlike lude geistlick effte werlick; und efft dat jemandt dede[d] unde ni[ch]t[e] nhabringen köndte, alse he secht

---

[a] cutellum. [b] *fol. 1r.* [c] Johannes. *Der Tag fällt aber, von andern Bedenken abgesehen, mit visitationis Marie zusammen. Bei den Schriftzügen der Vorlage lag die Verwechslung sehr nahe. Zu allem Überflusse hat ein Blatt des 16. Jhs., das diese Einleitung und § 70 enthält:* lichammes, *und verzeichnet das Weinbuch i. J. 1480 zur Bürgersprache gelieferten Wein dominica post octavas corporis Cristi (p. 216).* [d] *fol. 1v.* [e] nit.

[1] Burmeister S. 63.

[2] Fehlt bei Burmeister.

[3] Juni 11.

hadde, de schall der stadt wedden x mr. sulvers, offte he schall sine pyne darumme liden by deme kake.

4. Item ein jewelck schall sin harnisch und sine wehre berede hebben, so dat he darmede rede si, id sie dach effte nacht, wanner dat man eme thosecht, by der stadt wahninge.

5. Item nemandt schall husen effte haven morders, dottschlegers, deve edder jennige mißthetige lude hyr in desser stadt; unde dede dat jemandt, so schal men den werth richten alse den gast.

6. Item nemandt schall wandern pelegrinnacie butten landes sunder orloff des rades, by xx mr. Lubesch.

7. Item de rath buth, dat hir scholen nene karsche, welige lude umme brot gan, andern armen luden tho vorfange; unde de nene tekinge von deme rade hebben, de schall de vrone uth der stadt bringen.

8. Item nemandt schall ballast werpen an[a] der stadt havene, by live unde gude.

9. Item nemandt schall vorlasten prame edder ander schepe, dat see in der havene in de grundt gan, by pine hundert marck Lubesch.

10. Item nemandt schall nemen ballast bortt over bortt, ane id sche na rade des rades.

11. Item ein jewelck, dede pallast behoff hefft, de schal ze nemen by deme strande, unde nicht von der weyde, by xx marcken sülvers, so alse dat schreven steit vor der porten.

12. Item de radt will de havene zuvern laten und buth eneme jewelcken inwahnere, wen de dreger bunghe geith, dat he mit sineme rethschop[b] gha unde [zuvere de][c] havene; wente de raed hefft dartho geschicket veer uthe dem rade, de darup scholen waren, wen dat water lege is.

13. Item nemandt schall jenigerley kopenschop[d] schepen anderswor den in unser stadt havene.

14. Item nemandt schall vorsoken sonderige havene hir ummelangk, unser stadt tho vorfange, by vorlust des gudes, und id schall vürder by dem rade stan, wo he dat richten will.

15. Item, we dar wrack ligende hefft in der stadt havene, de

---

[a] *fol. 2*r. [b] rechenschop. [c] zuvere de *fehlt*.
[d] *fol. 2*v.

schall dat henwech bringen, by dreen marcke[n][a] sülvers, twischen hir unde sunte Johannes dage[1].

16. Item nemandt schall har edder muel veghen in de ronne, wenner idt regent, de werth by dre marck sülvers, unde de knecht unde de magd by einem halven punde.

17. Item ein jewelck schal sein vegelse bringen von der stratten unde laten dat bringen buten dat dohr edder in sinen hoff, by dre mark sullvers.

18. Item[b] nemandt schall sinen meß ligen latten in den stratten over de nacht, sunder he schall ene bringen latten buttene de pale, by drey marck sulvers.

19. Item nemandt schal syn vegelse, meß, muel effte jenigerley vulenisse by de Grawe monneke, up de Wagebrugke, Schwynebrugke, up datt Hoppenmarcket [bringen][c]; men we darna vulenisse bringet up de vorgesechte stedte, den will de rath panden laten up tein schilling Lübsch.

20. Ock schall nemandt leem edder zanth graven by der stadt demmen edder by den bywegen, by dree marck sülvers.

21. Item mit den vorwagen unde mit den karenfüren dat will de rath so hebben gehalten, alse id eer gebaden is.

22. Item[d] nemandt schall ein karrenfürer werden sunder orloff der burgermeister.

23. Item de vorlude schalen ere wagene voren up dat rume by de Vulen groven von stundt an, wenner dat volck afgesetten is, so alse idt eer gebaden is, by dree marck sulvers.

24. Item nemandt schall wahnen in boschlottenen haven, ane id sin apene genge, de van oldinges thogelaten sin, by drey marck sulvers.

25. Item de apenbaren brakevrowecken schalen nicht wanen in den stratten, alse en eer gebaden is, by drey mr. sulvers.

26. Ock schalen de sülven frowecken neen schmide dregen edder doke baven vere schillinge guedt, by vorlust des gudes.

27. Ock schalen de sulven froweken mit ehrlicken frowen nicht stan in den stuelen[e] in der kercken, by dree marck sulvers.

---

[a] marcke. [b] *fol. 3r*. [c] bringen *fehlt*.
[d] *fol. 3v*. [e] *fol. 4r*.
[1] Juni 24.

28. Item ein jewelck schall seen tho sineme füre, dat dar nemandt schaden af neme; unde queme dar vorsumenisse to von jennigem knechte edder magett, datt will de rath richten in sin högeste.

29. Item, offt hir vür loß wurde, dat Gott vorbede, dar schal nemandt tholopen, ane he will helpen loschen unde hebbe towe, dar he mede loschen möge.

30. Ock schal dar nemandt tolopen mit hoykenen, by vorlust des hoykens. Ock schalen dar nyne frowen tholopen ane umme reddinge willen ehres ehgenen gudes. Unde were id sake, dat jemandt mit deverye dar begrepen wurde, de schal dat sundere gnade mit sinem live beteren.

31. Item, we de ledern spanne, de dartho gemaket sin, enthelde edder vorbrochte, den wil de rath richten an sin högeste.

32. Item[a] nemandt schall sin korne leggen in sin wanhuß, men he schall dat bringen laten in de scheune, by dree mark sulvers.

33. Item ein jeßlick schall sinen hoppen plucken buten der stadt unde schall de rancken nicht bringen in die stadt, by xx marcke[n][b] sulvers.

34. Item den doden tho volgende unde tho begravende will de radt geholden hebben, alze id eer gebaden is.

35. Item mit den lickstenen, doden nagelecht, will de rath geholden hebben by teyn marck sülvers, alze id eer gebodden is.

36. Item nemandt schall kopschlagen mit gheste gelde tho geste handt, by xx mr. zulvers unde by vorlust des gudes.

37. Item nemandt schall hir kopschlagen, he sy borger unde d[o][c] borger recht, by drey marck sulvers.

38. Item[d] ein jewelck, dede kolen [ko]fft[e], de schall se meten laten den schworen koldregeren, by dreen marcken sülvers.

39. Ock schall nemandt kolen kopen uppe vorkop, by dree marck sulvers.

40. Ock schal nemandt kolen kopen butten den doren, by der sülven peene.

41. Item nemandt scholl zolt kopen edder vorkopen an den tunnen sünder wicht desser stadt, by peene dre marck sülvers.

42. Item nemandt schall zolt uthhaken unde vorköpen by schepelen unde by vaten, ane allene de zolthaken, by vorlust des gudes unde by peene dre marcke sulvers.

---

[a] *fol. 4*ᵛ. [b] marcke. [c] de. [d] *fol. 5*ʳ. [e] hefft.

43. Item so vorbütt de rath den pl[uck]erschen[a] unde den vorkoperschen, dat see den borgern nenen vorkop doen in den stratten unde vor den doren offte up dem marckede; werden se darover gefunden, men schall zee setten[b] in der stadt schlotte, und de rath will dat strengeliken richten.

44. Item nemandt schall sin bruwehuß thobreken, pannen edder br[u]wfatte[c] daruth tho brengen, sunder vülbort des raedes, by vorlust des gudes unde pinen xx marcke sulvers.

45. Item de bruwer schall nicht mehr thor molen senden tho eneme gantzem beere denne twelff dremet moltes, unde dede halve beere bruwen, die scholen nicht mehr wan söß drömet tor molen senden, ein jewelck by vorlust des gudes und bröke vöfftig mark Lübesch, so de rath mit den bruweren alsodane[s][d] is eins geworden na lude unde inhalde der schrifft, de de rath den bruweren in vortyden darup gesettet[e] unde vorkundiget hefft.

46. Item de bruwer schalen nicht mehr den 14 werve bruwen des jahres, by bröke hundert mr.

47. Item nemandt schall beer bruwen den de rechten bruwere.

48. Item[f] nemandt schall winpotte vorbringen uth deme winkellere, by dreen marcken zulvers.

49. Item de erliken ampte scholen nene nige koste upbrengen, wanner see wehne in ere ampt entfangen; dede dar jemandt entjegen, dat wil de rath strengeliken richten.

50. Ock scholen dar nene ghilde mehr wesen hir in desser stadt, dan van oldinges sint thogelatten; unde de jenne, de alsodanekes begundt hebben, scholen des vortigen van stundt an.

51. Item nemandt schall vorpanden edder voreghenen stande erve, ligende grunde desser stadt, ane dat schee vor deme rade edder vor der stadt boke, und nicht mit instrumenten effte besegeltten breven; unde schege hyr wes entjegen, dat schall machtloß wesen, unde[g] de jenne de hyr entjegen deith, de schal wetten vöfftich marck.

52. Item nen borger edder borgersche schal den anderen theen vor ein geistlick recht, ock nenen geistlicken personen syn recht updreghen, by der stadt waninge unde by broke vöfftig Lübsch[e][h] marck.

---

[a] plerterschen. [b] *fol. 5*[v]. [c] brwfatte. [d] alsodane. [e] gesettettet. [f] *fol. 6*[r]. [g] *fol. 6*[v]. [h] Lübsch.

53. Item nemandt schall sin gut maken tho liffgedhinge, ane dat schee na rade des rades, anders schal dat machtloß wesen.

54. Item nemandt schall holt setten uppe de listen by den stratten, by dree marck sülvers.

55. Item de rath büdt, dat alle linewandtschniderschen, dede linnen cledere maken unde linnen hasen unde hoppensecke umme geldt, de schalen wohnen in der stadt boden by deme marckete, unde anders nerghene, alse[a] idt von olders gewesen is, by dree mr. sulvers.

56. Item nen vorköper schal korne köpen up vorköp vor sunte Nicolaus tage[1], by dree marck sulvers.

57. Ock schal nemandt kopschlagen butten den doren, by dreen marcken sulvers.

58. Ock schal nemandt kopschlagen an der havene, sonder[lick][b] by deme bollwercke, by xx mr. sulvers.

59. Item nemandt schall köpen syn egene gudt, by vorlust des gudes unde by tein mr. sulvers.

60. Ock schall nemandt perde kopen, sonder se hebben thovoren in der herberge gewest, by dreen mr. sulvers.

61. Item, offt jennich knecht effte maget to bytiden von sineme heren mit frevele töghe, de schall der stadt entberen[c] jare unde dach, unde weret dat jemandt den wedder medede jegen sines herren willen, de schall wedden dree mr. sulvers.

62. Item nemandt schall perde bringen up der stadt wische sunder orloff des rades, by dree mr. sulvers.

63. Item mit der hude, de dar quick hebben, will der radt [id][d] geholden hebben by alsodanen pinen, alse idt ehr geboten is.

64. Item alle die jehnen, de dar schape unde tzegen hebben, de schalen sick der quitt maken vor sunte Johannes tage negest komende[2], unde darna schall nemandt schape edder tzegen tho felde driven, by vorlust des gudes.

65. Item nemandt schall na glocken tidt uppe der stratten gan, ane he hebbe redelick werff, by dreen marcken sulvers.

66. Item[e] nemandt schal wapen dregen in nachttydten upe[f] der

---

[a] *fol. 7*r. [b] sonder. [c] *fol. 7*v. [d] id *fehlt.*
[e] *fol. 8*r. [f] *So.*

[1] Dez. 6.
[2] Juni 24.

stratten; we darmede begrepen werdt, den schall men setten in der stadt schlotte, und schal stan in deme wilkure des rades, wo he dat richten will.

67. Item nemandt schall vorsoken der stadt gravene, der stadt vischedicke unde der stadt landtwehre, darover tho gande offte tho brekende edder holde offte struck daruth tho hawende, by vorlust sines lives.

68. Item nemandt schall stroigen in den stratten, vor den doren unde by der stadt demmen, by dreen marcken sülvers.

69. Item so schall nemandt erve edder ligende grunde vorvolgen sunder allenen vor den hovetstüel unde binnenjarsche rente, de buttenjarsche rente schall me manen von den jennen, de den egendhom hebben.

70. Vurder so bud de rath, dat alle burger unde inwahnre desser stadt schalen schaten zwischen sunte[a] Michaelis[1] und Nicolaus[2] tagk; we dat nicht en deit, den will de rath panden laten sunder gnaden, den riken alse den armen.

71. Item mit deme vadderengelde und brutlachten, ingedometen, baghinen kledinge unde klosterreysen will de rath [id][b] gehalden hebben, alse dat geschreven steit in der tafelen uppe dem radthuse.

72. Vürder so budt de radt, wo vormittelst gnade des almechtigen Gades ein kindt wert gebaren, tho deme kindelbere schall noch vader noch moder mehr wen xx frowen bitten, deshalven nene gestebode noch vor edder na to donde, ock nicht des avendes man edder frowen tho biddende, by broke dree marcke sülvers; dar wil de rath nemande ane begnaden.

73. Ock bud de rath, dat alle de jenen, de in brudegammes wise von deme marckede willen trecken mit ehren frunden, de scholen up[c] den middach noch man edder frowen tho gaste hebben, by peene dre mr. sülvers.

74. Ock vorbud de erlike radt alle vromede beer; de schal hir nemandt inbringen de tho brukende in brutlachten edder in kindelberen, ock schall de nemandt tappen vor geldt in jennigen krogen, herbergen edder husen, by vorlust des gudes unde by peenen dree mr. sülvers. Weme overst gelevet tho drinckende vrömede

---

[a] *fol. 8*v. [b] id *fehlt.* [c] *fol. 9*r.

[1] Sept. 29.

[2] Dez. 6.

beer, de mach se vor sin geldt halen lathen uth deme menen kelre desser stadt.

75. De rath büd, dat nemandt schal zode todempen unde werpen edder tolegen[a] hir in desser stadt; unde dede datt jemandt na desser tydt, dat will de rath strengiglichen richten. Wor de ock brocksammich unde buwfellig sindt[b], dar scholen alle de jennen to helpen unde toleggen, de darto behören van alder tydt.

76. De rath desser stadt, de buth allen eren borgern unde inwohneren, dath se unter einander offte mit gesten edder andersweme uppe de hilligen sondage, festdage und firdage noch binnen der stadt edder vor den doren nicht kopschlagen scholen, by peene dre marck sülvers.

77. Unde de rath hefft up de landtkerken schriven laten, de hußlude to warschuwende[c], dat se up de sondage, vestdage unde virdage nicht schalen thor stadt vöhren, wente der stadt dore deßhalben nicht schalen geöpent werden noch in offte uth tho vorende kopenschop tho dryfende offte jennigerley arbeit.

78. Item nemandt schall hir in desser stadt aventdantze holden na desseme dage[d], by peene dree mr. süllvers; we dar jegen deith, dar will de rath den brake von nemen, wente de rath is des eindrachtig geworden, dat nemandt binnen offte butten rades sodane mehr öven schole; unde ock schall nümment sin huß dartho lehnen offte upschluten, by deme sülven br[a]ke[e]. Ock schall nemandt dorane von den ledematen des rades vorbeeden offte beschermet werden, sunder de weddeherrn schalen sodanes richten unde straffen.

79. De dreghere desser stadt scholen von stundt an affdon alsodane vorbunth unde gesette, alse see sunder orloff des rades jegen de borgere unde bruwere upgesettet unde gebruket hebben von deme uthbringende des beers unde kovents, umme clage willen, de deme rade deshalven lange tydt heer von den burgeren unde[f] bruweren vorgekamen is; unde ein jewelck dreger, de dor eschet wert beer unde kovent uth der bruwere kelre to bringende, de mach holen uth der bruwer kelre beer unde kaventh unde bringen dat, wor mee id hebben will, sünder jenigerley brake.

---

[a] tolegen *statt* toleggen; *die mittlere Silbe ist unsicher, könnte auch* bo *gelesen werden, die letzte abgekürzt.*
[b] *fol. 9*v. [c] warschuwede. [d] *fol. 10*r. [e] brüke.
[f] *fol. 10*v.

80. De bruwer, wen see bruwen hebben, so schalen se noch dreger noch kroger offte krogerschen nicht tho gaste bitten, dar nene koste up to donde, by dree marck sülvers; dessett scholen de weddeheren richten unde straffen.

81. Item ein jewelck de mit mathe unde mit wichte umme gayt, de mach sonder vare ghan tho der stadt wachtschrivere unde lathen see wroghen unde lyken; unde wurde jemandt mit unrechter mathe edder wichte begrepen, datt will[a] de rath strengelicken richtten.

82. Ock leven borgere is lange tydt heer vele unde vakene claghe vor den rath gekomen, wo de jennen, de dar nachthude laten holden en teil mit perden en deel mit andereme queke, groten schaden don an der lude korne unde in eren wischen, sodanes vorpedden unde des nachtes, ock wol des tages affhoden: worumme buth de rath, dat nemandt so vormeten sy alsulkenth na desseme dage meer to donde. De jene, de alzodanes doet unde sine perde offte vee an des anderen korne edder wische beseen werden na tüchnisse, schall der stadt wedden dree marck sulvers unde deme clegere dartho sinen schaden vorboten; queme ock ein man alleine sunder tughe[b] dartho, dat jummendes vee offte perde in siner wisch offte korne gingen ehme tho schaden, unde kan he de nicht panden van wedderstals wegen de eme beschuth, wil de cleger dat vorrichten unde is de schade bewißlick, denne schall de beklagede dat den weddeheren betteren mit dreen marcken sulvers unde deme clegere synen schaden vorbothen.

83. Nemandt schall ock eines anderen wydenholt ummelangk unde by den bomgorden, wischen, ackere uppem veltmarckede unde by den landtwehren stande unde wassende desser stadt thohawen edder affhowen, by broke dree marck unde by vorbo[t]e[c] tho donde deme clegere na legenheit der walt unde des schaden.

84. Ock doen de leddigghengers groten schaden, de dar angelen gan an den landtwehren unde dyken desser stadt[d]: worumme vorbuth de rath, dat nümment na desseme daghe schole angelen in den landtwehren, gravenen unde dyken desser stadt; wert dar wol aver befunden, den scholen alle de jennen panden, de den befinden; blifft he ungepandet unde entwerd hee tho der tydt, hee schal allike wol pinighet werden dorch de weddeherren na willen des raedes.

---

[a] *fol. 11r.* [b] *fol. 11v.* [c] vorbode.
[d] *fol. 12r.*

85. Ock schal nemandt de schlote, krampen offte yseren henge buten der stadt von den garten unde haven entferdighen; wert jemandt dormede beherdet offte beclaget, dat will de rath strengeliken richten.

86. De rath de buth alle den jennen, watterleigh de syn, de dar eigendohm offte jarlike rentte hebben in den vorwosteden worden edder in den vorbrandten stedten hyr in desser stadt belegen, dat see alsodane vorwostede worde unde vorbrandte stedte mit husen unde[a] boden na gebör unde legenheit einer jewelcken stedte binnen jahr unde dag bebuwen unde bewedemen; were id ock also, dat de gesechten eigendömmer offte rentener sodanes binnen jahr unde dag nicht en deden, will de radt denne sodane stedten von der stadt wegen antasten, darmede der stadt beste keesen unde den egendömmern unde rentenern na der tydt fürder nergene tho anthworden.

87. Ock leven burger, alse gy alle wol seen vor oghen, vele lude in desser stadt eigendom kopen in husen unde boden vor ringhe geldt unde bewanen de to etliken jahren, mit vorsate unde wrevele sodane vorfallen unde vorgahn laten der stadt tho hone unde den renthenern tho schaden: worumme hefft de rath endrachtliken geschlaten tom besten desser stadt, dat alle de jennen, de dar kofft hebben unde noch kopen mögen stande erve unde boden desser stadt, scholen de holden yn erem wesende, buwen unde beteren, wor des bewißlicken[b] noth unde behoff is, binnen jahr unde dagh; wee sodanes vorsümen wolde den rentenern offte sinen naberen n[a][c] legenheit tho schaden, alse he van den sülven eschet unde warschuwet is, schal tho alleme schaden den jennen antwerden, den sodanes belangende is.

88. Item leven borger, nachdeme de steendam in den stratten desser stadt gemeinliken beteringe behavet, worumme buth juw[d] de rath, dat ein jewe[li]ck[e] vor syneme huse, boden unde kelren, wor des behoff is, in den straten sin andeel upneme unde bettere; we dat vorsumeth, wen de rath em leth thosegken, de schal der stadt wedden x schillinge Lübsch tho deme ersten, unde tho deme andern male ene mark sülvers.

89. Ock leven fründe, grotte untucht unde unehre beschüth von

---

[a] *fol. 12*v [b] *fol. 13*r. [c] no. [d] jw.
[e] jeweck.

unredeligken menschen mit vulnisse unde beerwede hir vor deme rathuse, dar vrömede erlike lude, ghestelick unde werlick, scholen uth unde in gan: worum[m]e[a] buth de[b] rath juw[c] allen, junck unde oldt, dat nummendt na desseme dage sine vulnisse edder beerwede vor unde ummelangk dat rathuß doen, maken edder bringen schole; wee daraver beseen oftte begrepen werdt, den scholen des fronen knechte panden uppe söes penninge.

90. Item leven borgere, alze ghy alle wol weten, dat hir vele argkhes geldes manck den luden is, tho sunderghen de Denschen witte, de hyr van den Denschen luden werden gebracht unde doch in betalinge nicht willen wedder nemen: worumme buth de radt so eer geboden is, dat numment den Denschen witten hoger schal upbören edder uthgeven wen twe penninge in desser stadt, by brocke tein Lübsch[e][d] schillinge.

LXIX, vor 1572. (Bruchstück.)

Ein Doppelblatt (fol. 17 und 26), das nur deshalb erhalten ist, weil Laurenz Niebur die mittleren Paragraphen bei der Schlußredaktion der folgenden Bürgersprachen einzuschieben Veranlassung nahm. Die hier wiedergegebenen Artikel hat er außer § 61 und § 83—91 gestrichen. Ich habe die ursprüngliche Zählung der uno tenore aufeinander folgenden Paragraphen beibehalten, an der in der Vorlage mehrfach geändert ist: § 40—42 sind zunächst zu § 50—52 umgeschrieben, die folgenden vielleicht zu § 53—55, endlich alle zu § 68—84.

39. Nemandt schole nicht mehr dan iiii ß tho vadderngelde geven, by pene v mr. Lub.

40. Nemandt schal[e] jennige mans tho gaste bitten, wenner he syn kindt karsten leth, sunder allein de vi fruwen und nemande mehr, by pene v mr. Lub.

41. Dem[f] gleichen schal idt geholden werden, wenner de fruwe thor kercken gheitt, by der sulvigen pene.

42. Alle de jennige, de sick alhir setten wil und wanhafftig

---

[a] worume. [b] *fol. 13v. Die folgenden beiden Blätter sind, abgesehen von einigen Notizen auf fol. 15r von Laurenz Nieburs Hand, unbeschrieben.* [c] jw. [d] Lübsch. [e] schal uth *(Vorlage:* ock?*).* [f] *So.*

werdt, schal de burgerschop winnen twischen dith und Johannis[1], by pene dre mr. Lub.

50—54 = *LXX § 10—13.*

58. Idt[a] schollen ock alle geringe sache [sich][b] baven v mr. Lub. nicht vorstreckende, item smhehe-, scheltworde im neddersten gerichte afgerichtet sin und darin kein appellation vorstadeth werden, doch alles ohne ansehung der personen und minschlichen affect, vorbehaltig der injurierten personen standes und . . .

61. Gleichsfals[c] schal nemandt, wenner idt regent, den dreck in de ronsteine fegen laten, by pene iiii ß Lubesch.

62. Nemandt schal kopschlagen, kopen edder vorkopen, buten der stadt doren jennigerley war, by vorlust und pene der werde des gudes, dath he buten dhores kofft.

65. Ock schall nemandt in den stratten edder twischen [den][d] doren edder by der stadt muren mesfalde maken, sundern darsulvest rein holden und den meß henuth bringen vor de dore, dar andere meßfalde sindt, by straffe des rades.

72 = *LXX § 56.*

74 = *LXX § 54.*

83. Idt[e] scholen ock keine dienstmegede golt an den tuffeln, sammit an den kragen, keddele an de[n][f] rocken, ock van cragen nicht hocher dan cammellut dragen, by verlust des jennen, darinne se avertreden, welchs ehnen durch des richts knecht schal genahmen werden.

89. Kein bruwer schal sich vordristen des sondages fuer under de panne tho bringen eher jegen den avent, dat alle dinck in den kercken geendigt ist, by broke i dalers.

91. Ock schall men in den hilligen dagen kein beer, wyn edder clarett tappen noch yn den wynkeller edder up der abteken, edder [in][g] andern beerkrogen vor middage tappen, idt sy den sake, dat alle dinck in den kercken vor middage uthe ist, by schwarer straffe des rades.

---

[a] *fol. 17*[v]. [b] sich *fehlt.* [c] *fol. 26*[r].
[d] den *fehlt.* [e] *fol. 26*[v]. [f] de. [g] in *fehlt.*

[1] Juni 24.

Anhang von der Hand Laurenz Nieburs:

1. Wer ausgeschifftes mell vorfalschet, wie der zu straffen.
2. Becker.
3. Daglohnern kein kost zu geben.
4. Flescher-, beckerordnung.
5. Das von adell frembde bier herinfuhren zu ihren hochzeiten.

LXX, 1572—1578.

De[a] burgersprācke zur Wismar
anno 72. 73. 74. 75. 76. 77. 78 abgelesen[b].

Ersamen vorsichtigen leven burgere und besondere gude freunde, nachdeme wy durch de gnade Gades und wegen unser gnedigen landesfursten eine gude stadt hebben und dan tho erholdinge guder policie ein olt lofflich gebruck ist, juw[c] up dissen dach der stadt statuta und gesette upt korteste tho vormelden, darmit sich ein jeder darna richte und vor schaden wahre:

1. So bespreckt erstlich ein ratt alle der stadt freyheytt buten und binnen, der schall sich nemandt underwinnen, by liff und gude[d].

2. Niemandt schal sich vordristen an der stadt demmen und bywegen edder by der stadt muren leem edder sandt tho graven, by straffe lx mr.

3. Niemandt schal grueß, steine, meß edder anders by der stadt demmen in de bywege bringen, sondern alle[e] sonnavende up die negesten welle foren, by straffe iii mr. Lub.

4. Ock schal nemandt einen eigenen herden holden up der stadt freyheitt und weide, sondern schall ein jeder syn vehe vor den gemeinen herden jagen, by straffe des rades und der pfandinge[f].

5. Vorthmehr schall nemandt den jennen, de vormals under den eddelluden edder in andern stetten gewanet und hir in de stadt tho wanen theen[g], sin[h] huse, boden edder keller verhuren edder vorkopen ohne wetent der hern kemerere, wente, so desulven hußlude

---

[a] *fol. 16r.* [b] *Überschrift von der Hand Laurenz Nieburs (später bezeichnet als* L. N.). [c] jw. [d] *Ein Paragraph, den L. N. am Rande einschiebt, ist als gleich mit § 73 wieder gestrichen.* [e] *fol. 16v. fol. 17 s. LXIX.* [f] *L. N. fügt am Rande hinzu:* uorlust des uiehes, *gestrichen.* [g] theen *geändert in* thut. [h] *Urspr.:* sine.

von den eddelluden (angefochten wurden, so will ein rath se uth der stadt bringen und buten der stadt gebede den eddelleuten)[a] wedder thostellen laten, die andern ock, so sie van ehrer overicheitt, dar se thovorn under gewahnet, kein bewyß eres guden wandels und affscheides mitbringen, in disser guden stadt tho wanende nicht gestaden.

6. Nemandt schall in der stadt bedeln gahn, he sy frommet[b] edder inwohner (he[c] hebbe dan der stadt tecken; den alle die[d] jennen, de ane des rats tecken befunden werden, scholen durch den fronen und praggervagt uth der stadt gejagt werden, die olden so woll als die jungen).

7. Wen einem manne sine fruwe affstervet edder der frauwen er man, dar se mede beervet ist, so schal sich de nablyvende levendyge nicht vorandern edder sich laven laten, idt sy dan vorerst den kindern erffschichtinge geschehen edder uthgespraken worden, by straff des rades (x mr. sulverß)[e].

8. Und scholen de jennen, de sich vorandern willen, eren kindern vormundere kesen vor jenniger[f] erffschichtinge, by straffe xx mr.

9. Ock schal sich nemandt vorandern, idt sy den sake, dat den erven von beiden syden erstlich erbschichtinge[g] geschehen sy na stattrechte.

10[h]. (Idt schollen ock nemande uth der stadt jenige erffguder erfolgen und vorstadett werden, sunder he hebbe denne vorerst sine gebordt alhir vor dem rade getuget edder myt loffwerdigen bestendigen segelen wargemaket, dat he de negste erve tho dem erffgude sy.)

---

[a] angefochten—eddelleuten *von L. R. am Rande nachgetragen.* [b] *fol. 18*[r]. [c] he—jungen *am Rande von L. N. statt des frühern gestrichenen Schlusses, der zunächst wesentlich gleich lautete, dann aber fortfuhr:* wo overst welche befunden, so ohne vorloffligsten *(so!)* betteln gan worden, schall idt mit demsulve[n] also geholden werden, alß dat sulvige von dem predigstule abgekundiget ist und die sulven gewahrschuwet sein. [d] die die. [e] *Zusatz von L. N., der andere Bemerkungen an den Rand geschrieben, aber gestrichen hat.* [f] jenniger, *L. N. ändert in:* eyniger *und auch später mehrfach entsprechend.* [g] *fol. 18*[v]. [h] *§ 10—13 von L. N. aus LXIX hier eingeschaltet.*

11. (Und ock von alle den erfflichen gudern, nichts buten bescheiden, schal der stadt kemerern de tein[de][a] ₰ by verlust[b] der guder gegeven werden.)

12. (Darmith ock in solchen erffgudern nemandt vorkorteth [werde][c] und in den tein[den][d] penning de stadt unvers[um]eth[e] [blive][f], so moghe de radt dat sulvige gudt so woll den erven thom besten edder sunst durch eren secretarien beschrieven laten.)

13. (Idt schal ock durch de erven in geburlicher tidt, nemblich von den inwonern inwendig iiii weken und durch de uth[eimisch]en[g] binnen jar und dages, by den inhebbern der gudere gefurderth und bygesprochen werden, by verlust des gudes.)

14. Ock gebutt ein rath, datt sich nemandt umb jenniger erffgerechtigkeitt edder anderer thospracke willen anhe erkentnus des rechten tho dem andern insette, sonder[n][h] sick an rechte gnogen late und sine thospracke mit rechte fordere, by straffe 1 mr.

15. Alle milde giffte, so in den testamenten edder sunst tho der stadt haven, tho stegen edder wegen, tho kercken und armenheusern edder sonst tho andern milden wercken und gadesdiensten gegeven werden, de scholen alsoforth nach erofnynge der testamente entrichtet werden, edder idt scholen de jennen, den se gegeven sindt, up ere ansokent one jennich rechtgandt edder disputerent richtlich darin gewyset werden, unangesehen ob de testamente confirmeret werden edder nicht.

16. Mytt brutlachts[i] und kindelbers ordnungen[k] will idt ein radt geholden hebben, alse de vor der[l] kemerie befunden werdt, by sodanen straffen, alse dar invorlyvet[m].

17. Nemandt schall sich underwinden jenniger unmundigen kindere guderc, sonder mit willen des rades, by straffe 3 mr. sulvers.

18. De mit wicht und matte umbgeitt, schall se wrogen laten

---

[a] x, de *fehlt.* [b] *fol. 17 v.* [c] werde *fehlt.* [d] x, den *fehlt.* [e] vnuerseuueth. [f] blive *fehlt.* [g] *Ursprüngliches* vnnussigen *scheint in* vthmissigen *geändert zu sein.* [h] sonder. [i] brutslachts. [k] *Urspr.:* ordnungen deme geliken mit erffgerechtigkeitten. [l] *fol. 19r.* [m] *Urspr. folgte:* weil averst befunden, dat vele mißbrucks hirinne, will ein ratt erstes dages dieselben vorendern und vornien (*geändert in* anordnen), worna sick ein jeder richten soll.

durch den wachtschryver; dan wurde jemandt mit unrechter matte und wicht beschlagen, dat will ein radt ernstlich straffen.

19. Alle de jennen, de solt feil hebben und dat uthmeten willen, scholen jerlich up Martini[1] der stadt viii ß geven.

20. De ock solt bei heilen fodern uthsellen, scholen idt durch die hußdenere meten laten, by straff x marck Lub.

21. Nemandt[a] schal ungesichtet mehl kopen, by straffe iii[b] mr. Lub.

22. Ock schall nemandt by helen vodern mehl kopen der armut tho vorfange, eher idt dri stunden tho marckede geholden und de wraker darby gewesen, by straffe tein gulden.

23. Watt den hoppenkoep und handlinge belanget, darvan schall ein jeder beschrevene ordninge finden by den hoppenmeteren, dorna sich ein jeder schal richten.

24. Ock schal nemandt buten dores kalen kopen; dan woll se buten dores gekofft, dem scholen se nicht gemeten werden und der koper iii mr. dartho wedden; und de meter, de se mett, schall dubbelt gestraffet werden.

25. Idt scholen ock de samkoper keine molden und schuffeln kopen, eher des morgens de klocke negen schleitt.

26. Furder[c] schall nemandt jennich levendich vehe kopen buten den waterporten, sondern dat sulve kamen laten binnen de stadt, alß von oldings gewesen, uthgenammen lemmer und schweine.

27. Darmit ock ein jeder sine notturfft an perden desto bett bekamen moge, so wil ein rath beide frombden und einwanern vorgunstiget und vorlovet hebben alle Donnerdage morgen alhie up dem marckede ein frye perdemarckt tho holdende.

28. Wen ein saamkop in ethelwar (am strand oder uff dem merckde)[d] geschuet, so schall ein burger mechtig wesen tho behoeff syner koken umb den inkoep und bar betalinge sine notdurft darvan tho nemen.

29. Und dieweil dan ock ein wraker by dem strande gesettet ist, so schal nemandt hering, aal, dorsch, vleisch edder andere wahr kopen, so forder geschepet werden schal, idt sy den erstlich besehen,

---

[a] *fol. 19v.* [b] *Der dritte Strich zwar lang, aber sehr fein gezogen, indessen ist im Vergleich mit § 24 an der 3 nicht zu zweifeln.* [c] *fol. 20r.* [d] am — merckde *von L. N. am Rande hinzugefügt.*

[1] Nov. 11.

gewraket, gefullet und alles na syner werde gezirckelt, by verlust des gudes.

30. De[a] tunnen, de tho klein syndt, scholen durch den wraker gestreuffet und tho nichte gemaket werden.

31. Ock gebutt ein radt, dat nemandt schal kopschlagen mit frombden gelde, ock kein gast mit gaste; deitt dar woll jegen, den will ein radt ernstlich straffen.

32. Alle de jennen, de mhel in tonnen schepen, scholen dat vull packen und wegen laten und koepmans gutt levern, by verlust des gudes und straffe iii mr. sulvers.

33. Idt scholen ock alle de jennen, de molt edder hart korn schepen willen, dat sulve besehen und meten laten durch de geschwarene metere, by straffe des rades.

34. Nemandt schall ballast edder anders in der stadt haven werpen, by lyff und gude.

35. Nemandt schal ballast edder andere wahr bortt aver[b] bortt nehmen ahne willen des rades, ock nicht van dem Steinhovede, by straffe xx mr.

36. Ock scholen de boßlude nicht mechtig wesen ballast tho vorkopen ahne der herrn kemerere willen, by straffe 2 mr. Lubsch[c].

37. Nemandt schall ballast edder bruggesteine halen van dem strande ane willen der herrn kemerere edder der strandthern, by straffe (3 mr. Lubsch)[d].

38[e]. Ock schal nemandt vorlasten prame edder andere schepe, dat se in der haven in grundt gan, by straffe c mr.

39. Alle de wrack liggende hebben in der stadt haven, scholen dat sulvige vor Johannis dage[1] weckbringen; dan darna will ein rath alle wragk laten uphalen und in der stadt beste keren.

40. Ock schal men van jederer last gudes alhir in der haven tho schepen nicht mehr dan einen schilling tho pramgelde geven.

41. Nemandt schal schuldig wesen unsen schippern, de twischen hir und Lubeck segeln, jennich prymgelt tho[f] geven, alse dat van oldings gewesen.

---

[a] *fol. 20*[v]. [b] *fol. 21*[r]. [c] Lubsch *nachgetragen*.
[d] *Verbessert, urspr. verschrieben:* c mr. *Vgl. § 38.*
[e] *§ 38 war zuerst versehentlich übergeschlagen; vgl. die vorangehende Anm.* [f] *fol. 21*[v].

[1] Juni 24.

42. Nemandt schal sine schepe vorkopen, eher se soß jahr lang der stadt gedenet hebben; deit dar wol jegen, de schal der stadt geven so mennige veer gulden, alß dat schip van lasten ist.

43. Forder gebutt ein rath, datt nemandt schall vorpanden, vorkopen edder vorgeven stande erve edder liggende grunde, sondern vor dem rade und der stadt boke, und nicht myt instrumenten effte vorsegelden breven; ock scholen keine husere jennygen frombden verkofft werden, sondern ein burger dem andern, idt sy dan mitt willen undt volbordt des rades. Geschehe dar wes entgegen, dat schall machtloß wesen und[a] dartho 1 mr. Lub. wedden.

44. Ock mach ein jeder rentener sodane huse edder liggende grunde, darin de rente vorschreven, alse[b] syn pandt verfolgen so woll vor de buwfelligkeitt alse vorsetene rente und sick mit rechte dar in wysen laten.

45. Doch schal nemandt hoger manen up stande erve edder liggende grunde alse den hovetstull und twe jahr vorsettene rente; dat ander mach de rentener manen alse schulde.

46. Ferner gebutt ein radt, dat ein jeder syne buwfelligen[c] huse und wusten steden upbuwen und bettern schall bynnen jahr und dage, edder de radt will se antasten und der stadt tho[m][d] besten upbuwen edder den jennigen geven, de se buwen willen.

47. Idt will ock ein radt, dat ein jeder van sinen boden, de he tho stellen, garden und dorwegen gemaket hefft, der stadt gerechtigkeitt do[e], alse offt se bewanet wurden, gelick sinem naber nedden und baven, by straffe der pandinge.

48. Hiernamals[f] averst will idt ein radt nycht ge[stadet][g] hebben, dat men mehr boden tho stellen, garden edder dorwegen macket, by straffe 3 mr. sulvers.

49. Ein radt gebutt ock, dat ein jeder vor sinem huse seinen steindam betern late twischen nu und Michaelis dage[1]; sonst wil idt ein radt dhon laten[h] und de unkost an panden wedder halen laten.

50. Ein jeder schal tho synem fure sehen, dat dar nemandt schaden van neme; schege dar jennige vorseumnysse by, idt were

---

[a] *L. N. hatte eingefügt* der uorkeuffer, *gestrichen.*
[b] *fol. 22r.* [c] bewf. [d] tho. [e] dohn *gebessert in* dohe. [f] *fol. 22v.* [g] gehatt, *woran geändert ist.*
[h] *L. N. am Rande:* sollen es die kemerheren thuen

[1] Sept. 29.

durch knechte edder megede, dat wil ein radt yn sein hogeste richten.

51. Ock gebutt ein ratt, dat nemandt syn korn leggen schall in ein huß, dat men bewahnen kan, by straffe 3 mr. sulvers.

52. Wor sode gebrechlich sindt, dar scholen alle de tholeggen und helpen, de van oldings dartho gehoret hebben.

53. Furder[a] gebutt ein radt, dat alle burgere undt inwahner scholen tho schatte gahn twischen Martini[1] und wynachten.

54. Und schall ein jeder, de alhir wanen will, nemandt uthgenammen, der stadt schott und unpflicht geven alse syn naber nedden und baven, de eine so woll alß de ander.

55. Ock schall ein jeder schaten van alle synen gudern binnen und buten der stadt; welches nicht vorschattet wert, schal an den ratt vorfallen syn, idt sy by synem levende edder na synem dode, welchs ein radt also ernstlich wil geholden hebben und dartho den avertreder alse einen meineider an seinem lyve straffen.

56[b]. (Ock schall die man, und nicht die fruwe tho schate gan.)

57. Ein ratt gebutt ock, dat alle de jennen, de ere huse und boden jennigem frombden vorhueren, de van buten her inkumpt und hir kein burger ist, scholen vorpflichtet syn der frombden schott und wachtgelt[c] tho geven, soferne de fromde solch burgerlich unpflicht uththogeven unwillig ist, welchs ock ein radt van dem eigendomer will fordern laten.

58. Alle de jennen, de pande up der kemerie stande hebben, scholen se wedder losen binnen acht dagen negst kamende; de averst ungeloset bliven, de wil ein radt vorkopen und in der stadt beste wenden.

59. Idt schall ock ein jeder von den getappeden frombden beeren den hern kemerern den zysen geven, by vorlust des beers.

60. Nemandt schall Rinschen wyn tappen edder ock andere hette wyne, by vorlust des wynß.

61. Landtwyne averst tho tappende schall einem jedern burger frey syn, doch schall he erstlich den herrn kemerern van jederer amen geven eine marck tho zyse und ehnen proven laten, eher he de wyne inbringen lett, by verlust des wyneß.

---

[a] *fol. 23*[r]. [b] *§ 56 ist von L. N. eingeschoben.*
[c] *fol. 23*[v].

[1] Nov. 11.

62. Nemandt[a] schal syn gutt tho liffgedinge maken, ock nein lyffgedinge buten der stadt kopen ane willen des rades, by straffe I mr.

63. In gerichthendlen will es ein ratt also geholden hebben, als in der upgerichten gerichtsordnung vormeldet, so vor der kemerie tho befinden.

64. Ock schall nein burger den andern vor einen frombden gerichte vorclagen, sondern alhie vor dem rade mit Lubeschen rechte ansprechen, und nergen anders, by straffe des rades.

65. Ock schall nemandt einem frombden syn recht updragen, by verlust der stadt waninge und I mr. Lubsch.

66. Nemandt schall bynnen der stadt ungewonliche wehr dragen, vordecket edder unvordecket; wert dar jemandt aver befunden, deme scholen dye richtsknechte sodane wehre nehmen.

67. Nemandt[b] schal morder, deve edder uthtredere, sacramenterer und wedderdoper edder sonst vordechtige personen husen, hegen edder upholden; wert dar jemandt mede begrepen, so will ein ratt den wert richten alß den gast.

68. Ein ratth gebutt ock, dat alle lose wyvere, de sich nicht betern und nicht in den ehestandt begeven wyllen, de stadt rhumen scholen binnen achte dagen; de darna befunden werden, will ein ratt uthwysen laten.

69. De wyle ock dat laster der horerie thonimpt und[c] gemeine wert, so wil ein radt, wen hernamals befunden wert, datt woll geschwecket ist, datt alsdanne de deder dem wyvesbilde nicht mehr geven schall alse viii ß und iiii ₰ mit einer mutzen und dem gerichte affdrach dohn.

70. Ock ist ein rath bedacht na disser tidt alle de megede, de framen luden nicht denen wyllen, sondern[d] umb eres freyen levendes willen sick up ere eigene handt mit neygende neddersetten und under dem schine vaken grotte untucht dryven, henfurder nicht tho lyden, sondern der stadt vorwysen tho laten, ock de jennen, de se husen und hegen, in ernste straffe tho nehmen.

71. Und gebutt demnach ein rath, datt alle de jennen, so by den olderen kein underholt hebben konen, framen luden denen scholen, bett datt se thon eehren beraden werden.

---

[a] *fol. 24r.* [b] *fol. 24v.* [c] vnd vnd.
[d] *fol. 25r.*

72. Woll verdechtige fruwes[a] personen by sich hefft, de schall se van sich laten twischen dit und pingsten, edder idt will ein radt ehne in ernste straffe nehmen.

73. Ock gebutt ein rath, dat keiner den andern mit schandtschriften und leden in sine ehre grypen edder besingen, sondern van hern und fursten, ock frowen und jungfrawen und[b] andern ehrlichen luden einen hovesche[n][c] mundt hebben schole; wol darjegen deitt, den will ein radt in syn freye hogeste straffen.

74. Ock schall ein jeder mit sinen harnsch und wehre gerustet und im reiden syn, wen ehme thogesecht wert, idt sy by dage edder by nacht, by verlust der stadt waninge.

75. Gleichsfals schal ein jeder im reiden syn mit schuffeln und spaden, wen eme thogesecht wert, in de welle und stadt (graven, ock in die haven und)[d] dicke tho gande by der pandinge (und straffe des rats)[d].

Aver disse statuta will ein radt mit ernste holden und van den avertredern de straffe ernstlich innehmen laten, darnach sich ein jeder mack richten. (Jedoch will ein rath nottwendige vorenderung und vorbeteringe disser burgersprack sick vorbeholden hebben.)[e]

LXXI, 1580–1608[1].

Borgersprake[f] der stadt[g] Wißmar.

Ersame vorsichtige leven borgere und besondere guden freunde, nadem wy dorch de gnade Gadeß und[h] wegen unser gnedigen landesforsten eine gude stadt hebben und den tho erholdinge guder policei ein oldt loflick gebruck iß juw[i] up diessen dach der stadt

---

[a] fruwes *geändert* in frauwes. [b] *fol. 25v. fol. 26 s. LXIX. Auf fol. 27 ein Artikel von L. N. über Testamente und Inventare. fol. 28 frei.* [c] hovesche. [d] *Von L. N. eingeschoben.* [e] *Zusatz von L. N.* [f] *fol. 63r.* [g] *A (geändert) BCD, zur urspr. A Pl,* der stadt Wißmar statuta oder burgersprach *E.* [h] van *D.* [i] jw.

[1] Drucke einzelner Rezensionen bei Schröder, Kurtze Beschreibung der Stadt und Herrschafft Wismar S. 577—595 (2. Aufl. S. 571—580); Burmeister S. 89 ff.

statuta und gesette upt korteste tho vormelden, darmit sick ein jeder darna richte und vor schaden wahre, so gebudt erstlick ein radt[a]:

1. Alle de in der stad Wißmar wanen und sick wesentlick entholden[b] willen, scholen sick christlicker lehre und levendeß beflyhtigen, alleß flöckens, schwerens und gadeslasterens entholden, by ernster unnalatlicker[c] straff[d] na[e] gestalt der vorwergkinge gegen einen idern vorthonemen.

2. An allen sondagen und fyrdagen scholen de cyngelen vor den stadtdohren thogeholden und under der vörmiddages[f] predige nemand tho roße, wagen edder vote in edder ut der stadt gelaten werden ane erloffnis[g] deß wordthebbenden borgermeisters; handelde ein dorwechter darwedder, schall he idt[h] mit 6 ß Lub. wedden.

3. Nemandt schall am sondage edder fyrdage vor middage under der predigt und vorrekinge deß hilligen aventmalß geste setten, brande win[i], beer edder ander gedrencke tho drincken, idt sy in huseren, apoteken, win- edder beerkelleren, by straffe 8 ß Lub., welcke de weert vor[k] idern gast geven schall.

4. Nemand[l] schall under der predige edder ock vorrekinge deß hilligen aventmalß in den[m] kercken hinder dem chor paßeren gan, by straf 4 ß Lub.

5. Ein jeder hußvader und hußmoder schall sine kinder und denstbaden van dem chore, wen darinne de vortruwinge geschuht, afholden, by[n] peen 2 ß Lub. vor jeder kind und denstbaden tho erleggen, edder in mangell deß geldeß by straffe deß halßiseren[n].

6. Nemand schall de kerckhove vorunreinigen, by straf deß halßiseren.

7. Nemand schall sacramentirer, wedderdoper, rodtengeiste, morder, deve, uttreder edder andere[o] vordechtige personen wetentlick husen, hegen und upholden, by hoger straff deß radeß.

---

[a] *Zu A hat L. N. eine andere Einleitung an den Rand geschrieben, sie ist aber gestrichen. Die Einleitung ist in C gestrichen.* [b] *APl BC*, erholden *DE*. [c] *Gestrichen CE.* [d] *E setzt nachträglich hinzu* des rades.
[e] *fol. 63*v. [f] *Gestrichen D.* [g] verloffnuß *A.*
[h] idt *fehlt Pl DE. D trägt nach* solchs [i] brandewin, rechten win *A Pl.* [k] van *DE.* [l] *fol. 64*r.
[m] der *A.* [n—n] *D ändert nachträglich:* bei vormidung wilkorlicher straff. [o] *fol. 64*v.

8[a]. (Vom[b] kayser und koningen, hern und forsten, van ehrlicken frouwen und jungkfrauwen hoges und neddriges standes schall ein ider einen hoveschen mundt hebben, bi hoger straff des rades.)

9. Kein vader und moder schall sin kind aver dre dage ungedofft liggen laten, by straff eineß dalers der parkercken tho entrichten[c].

10. Ein ider borger und inwaner, de alhir in der stadt friet, schall[d] in der stadt sick dorch einen sineß kaspels prediger sine brudt vortruwen laten und alhir hochtidt in der stadt holden, by straff 40 mr. Lub., edder in mangell deß geldeß[e] der vorwisinge[f].

11. Alle ehelicke vorlofnis, de twischen borgeren und inwaneren disser stadt upgerichtet werden, scholen[g] in einer diesser stadt kercken vullentagen werden, by peen 4[h] mr. Lub.

12. Gesellen, fruwen[i], jungkfruwen scholen sick ahne vorbewust und bewilligung ehrer oldern edder vormunder wedder in noch buten der stadt ehelick vorlaven, by wilkorlicker straff deß radeß.

13. Nemand schall sick der stadt freiheit underwinnen, binnen[k] noch buten der stadt, by lif und gode.

14. Nemand schall sick vordristen an der stadt demmen, bywegen[l] edder by der stadt muren lehm edder sandt tho graven, by straf 60[m] mr. Lub.

---

[a] *§ 8 von L. N. am Rande eingeschoben. In A nach § 93 als § 94:* Keiner schall den andern in noch ausserhalb gericht mitt schmehe- edder drauworden angripen, vel weiniger mitt schmeheschrifften und ledern in sine ehre gripen edder besingen, sondern van herrn und forsten, ock frowen und junckfrowen und andern ehrlicken luden eine hovesche mundt hebben, bei vormidung hoher straffe des rades. *So auch urspr. in B (1580) § 94. Fehlt Pl.* [b] *BC,* von *DE.* [c] *C ändert:* dalers welcker den parkercken, darinne das kindt gedofft werdt, entrichtett werden schall. [d] *In C ändert L. N.:* schal sine brudt in d. st. dorch einen der stadt prediger sick vortruwen *usw.* [e] *CD schieben nachträglich ein:* bi straff. [f] der stad vorwisinge *A Pl.* [g] *fol. 65r.* [h] *CDE ändern nachträglich:* 1, *E noch später:* peen, wie der publicirten hochzeittordnung ist einverleibt. [i] fruwen vnd *A Pl Wd, nachgetragen CE.* [k] binnen *fehlt A.* [l] bywegen *nachgetragen DE.* [m] *CE ändern zu* 6.

15. Nemand schall einen eigen herden holden up der stadt[a] freiheid und weide, sonder schall ein ider sin vehe vor den gemeinen herden jagen, by panding deß vehes, darvan[b] jedeß hovet mit 4 ß Lub. schall[c] geloset werden.

16. Ein ider schall sinen steenwech maken, und wen he thobraken[d] iß, beteren laten; sonst will idt ein radt[e] na geschehener vorwarning[f] dohn laten und de unkost twefoldig an panden van dem, dem de steenwech tho beteren gehoret[g], halen laten[h].

17. Nemand schall vor sinen garden edder acker einen nien graven maken edder sonsten erde upwerppen ahne vorweten und willen der kemerhern, by straff deß inwerpens und 6 mr. Lub.

18[i]. (Ein[k] ider schall mit synem harnsch undt wehre gerustet undt im reden syn, wen ehme thogesecht wert, idt sy by dage edder by nacht, by vorlust der statt waninge.)

19[l]. (Ein[m] ider schall im reden syn mit schuffeln undt mit[n] spaden, wen eme thogesecht werdt, in die welle undt[o] stattgraven, ock in[p] die haven undt dicke tho gande, by straffe der pandinge.)

20[q]. Nemand[r] schall in der stadt bedelen gahn, he sy frombder edder inwaner, he hebbe den der stadt teken; den alle de jennen de ahne deß radeß teken befunden werden, scholen dorch den fronen und prachervaget uth der stadt vorwiset werden, de olden sowoll alß de jungen.

---

[a] *fol. 65*[v]. [b] daruor *A*. [c] schall *fehlt Pl*.
[d] gebrocken *D*. [e] *C fügt nachträglich ein:* jedoch.
[f] na geschehener vorwarning *fehlt urspr. in A und demgemäß in Pl*. [g] *In A folgte urspr.* vff geschehene vorwarnung, *so Pl*.
[h] *Randbemerkung in D:* hir where die Groeve midt inthobringen.
[i] *§ 18 in A nach § 93 als § 92, auch in B (1580) urspr. nach § 93 als § 94, hier am Rande nachgetragen; fehlt Pl.*
[k] *A und urspr. B (1580):* ock schall ein j. [l] *§ 19 in A nach § 93 als § 93, auch in B (1580) urspr. nach § 93 als § 95, hier am Rande nachgetr., fehlt Pl.* [m] *A und urspr. B (1580)* gelickes falles schal ein ider. [n] mit *fehlt A u. urspr. B.* [o] und in de *A u. urspr. B (1580).*
[p] in *fehlt DE.* [q] *§ 20 gestrichen DE. E am Rande:* mitt den bettlern, armen und notturftigen leuden soll es dermassen, wie die publicirte bedtlers ordnung vormagk, gehalten werden. [r] *fol. 66*[r].

21. Keine Tateren[a] edder Zyganer[b] scholen in der stadt und stadtgebede, geleidet edder ungeleidet[c], vorstadet werden, sondern de sulvigen jedermenniglicken priß gegeven sin.

22. Ein jedeß testament, welckes dorch einen[d] unser[e] secretarien[f] vorferdiget und dorch twe rattßpersonen up unsere kemerie averantwordet worden iß, schall na utgang der veer weken von[g] deß testatoris afsterven anthoreken, ungeachtet dat nemand umb eropeninge deß testaments ansokinge deit[h], up[i] vorgande citirung der erven[i] gerichtlick eropenet[k], abgelesen und[l] in dat dartho vorordente bock wortlick geschreven und den[m] secretarien vor[n] dat inschriven[n] ut deß testatoris vorlatenschop ein daler, mehr edder weiniger na grote edder geringheit deß testaments, entrichtet werden.

23. Alle[o] tho der stadt haven, tho[p] stegen und wegen, tho kercken, scholen, den predigern, schollmeistern, schollgesellen, tho armenhusern, tho vorbeteringe und erholdinge der stadt gebeuden, tho wellen und muren, tho utsturinge armer megde edder andern milden saken in[q] testamenten geschehene[r] vormakenisse undt gaven[r] scholen alsofordt na gerichtlicher eropeninge der testamenten[s] entrichtet edder de jenige, den[t] se gegeven[u], up ehr ansoken ane einig rechtgangk und disputiren dorch unsere vorordente an und in gewisen werden, unangesehen, efft dat testament bestediget werdt edder nicht.

---

[a] Taddern *DE*. [b] Ziganern *A*, Zigeiner *DE*. [c] ungeleidet in der statt! *A*. [d] einen *gestr. C, gestr. u. wiederhergestellt D, fehlt E*. [e] unsern *CE, in D wieder in* unser *geändert*. [f] secretarien gerichtschriuer edder monitoren *A Pl.* oder gerichtsschreiber *trägt D nach*. [g] *fol. 66*[v]. [h] *C ändert:* ansocht, *so E*. [i] up—erven *in A nachgetr., fehlt Pl.* [k] geopenet *A Pl.* [l] und dorch einen (der *trägt A nach*) vorgemeldeter (*A ändert:* vorgemeldten) personen *A Pl.* [m] dem *A Pl C D E*. [n] daruor *A Pl.* [o] *C ändert:* alle uormakenisse vnd gauen, so einer in sinem testament von sinen wollerworuenem gode tho. [p] tho *fehlt A*. [q] in den *A*. [r] geschehene—gaven. *C ändert:* vorordenet. [s] geschehene—testamenten *war in B anfangs versehentlich ausgelassen*. [t] *fol. 67*[r]. [u] gegeuen werden *C*. *L. N. ändert dort:* den vorgesetdeder maten in testamenten etwas gegeuen worden ist.

23a[a]. Stervet jemand ane testament und let na sick sone und dochter und van einem edder mehr albereit vorstorvenen sohne und dochter kinder, so treden de kindeß kinder in ehrer vorstorvenen oldern stede in delinge ehres grotevaders und grotemoders nagelatenem gode.

23b[b]. Gelicker gestalt: stervet ein man edder fruwe unbeervet ahne testament und let na sick vollsuster und broder und siner thovorn vorstorvenen suster und broder kinder, so treden deß vorstorvenen volsuster edder broders kinder an[c] ehreß vadern stede und nemen neven ehreß vadern brodern edder sustern den deel, welcken ehr vader, do ehr den fall erlevet hedde, nemen scholde[d].

24[e]. Stervet ein unvorehligter borger edder borgerinne unbeervet ahne testament, so scholen deß vorstorvenen guter up erfordern der erven edder creditorn[f] alsobaldt dorch einen[g] deß radeß secretarien edder[h] gerichtsschriver[i] vorsegeldt und folgendts den erven, glovigeren und borgen thom besten inventeret[k] werden.

25. Stervet ein unbeerveder[l] borger edder borgerinne und lete frembde edder borger und frembde tho gelick tho erven na, so gehoret der kemerie van alle dem jennigen, dat den frembden[m] ut deß vorstorvenen gudern thokumpt, der teinde penningk[n], welcker by

---

[a] *§ 23a gestrichen B (nach 1580), fehlt CDE.*
[b] *§ 23b gestrichen B (nach 1580), fehlt CDE.* [c] *fol. 67v.*
[d] hedde nemen scholen *Pl.* [e] *§ 24 in A urspr.:* steruet ein eheman (widwer) edder wedewe unbeeruet, so schal dadt godt alsebaldt dorch einen des raths secretarien edder gerichtsschriuer versegelt vnd folgends des mannes gleubigern borgen und aruen thom besten inuentirt werden. *Durch mehrfache Änderungen umgestaltet wie oben, aber* vnbefrieter. [f] *B ändert (vor 1580):* glouigern, *so CDE.* [g] einen *gestrichen in CE.*
[h] den *trägt C nach.* [i] gerichtsschriuern *CE.*
[k] *B ändert (vor 1580):* beschriuen. beschreuen *CDE.*
[l] Wißmarscher *fügt B über der Zeile ein, streicht es vor 1580, es fehlt CDE. A urspr.:* vnb. man edder frowe, *geändert wie oben, aber* wism. vnbefrigeder b. e. b. [m] *fol. 68r.*
[n] *A führt urspr. fort:* vnd schal dadt gudt, sobaldt der unbeerueder steruet, dorch vnsern secretarium vorsegelt, inuentirt vnd forderlichst getheilet werden, *was durch L. X. zu dem Texte umgestaltet ist, den B urspr. bietet.*

vorlust deß dem frembden geborenden erfdelß[a] der kemerie schall entrichtet werden, eher dat gudt ut der stadt gebracht werdt; darmit[b] aver de kemerie, creditorn[c] und erven nergen an vorkortet werden, scholen deß vorstorvenen guder, wo ferne derselbige kein testament daraver upgerichtet, sobalde der unbeerveder vorstervet, dorch einen unser secretarien versegeldt, folgents inventeret und forderlichst gedelet werden[d].

26[e]. Stervet einer alhir[f] wanender man edder fruwe, de kein borger iß, beervet edder unbeervet, so gehoret[g] ut allen deß vorstorvenen gudern der[h] kemerey der teinste penningk, welcker den[i] kemerhern, eher de guder gedelet, geflocket und gefuhret, by intehunge und vorlust der guder entrichtet werden schall.

27. Nemand, he[k] sy deß vorstorvenen sohn edder dochter, suster edder broder, borger edder frembde, man effte fruwe[k] schall sick umme jeniger erffgerechticheit edder ander thosprake willen ane utdrucklick vorlöfnys deß radeß edder gerichtlicker inwisinge thom andern insetten in ein huß, hoff, acker edder gudt, sonder sick an rechte genogen laten und sine wedder den besitter edder an dem

---

[a] *C ändert:* des erffdels, so d. f. geborett.
[b]—[d] darmit—werden *gestrichen in B und dafür von L. N. vor 1580 an den Rand geschrieben:* darmit auer in solcken erffellen nemandt vorkortet vnd die stadt in dem teigenden pfenningk nicht uorsumet werde, so mag de rath dessuluigen godt den eruen thom besten edder sonst dorch eren secretarien beschriuen laten. *Auch das ist gestrichen (nach 1580). C und D bieten den Randtext von B, aber statt* dessuluigen godt *nachträglich ändernd:* des vorstorbenen guter, woferne kein testament darauer vpgerichtet. *Sie streichen hernach den Absatz, der in E fehlt. C*[1] *ohne Berücksichtigung der nachträglichen Änderung, aber* dattsuluige gudt, *was auch urspr. in C geschrieben war.*
[c] cr. *zu* glouigeren *in B geändert.* [e] *§ 26 ist in A erst nachträglich eingeschoben.* [f] *E schiebt nachträglich ein:* eingekomner vnd. [g] *Hierher versetzt L. N. in C* der kemerie, *so E von Anfang an.* [h] *fol. 68*[v].
[i] *A urspr.:* durch vnsere kemerhern eingefurdert werden soll, ehe die guder *usw.* [k] he—fruwe *gestrichen in B nach 1580, fehlt CDE;* borger—fruwe *war in A von L. N. nachgetragen.*

gude hebbende thosprake[a] mit recht fordern, by straff 50[b] mr. Lub. und[c] vorlust siner an den gudern hebbender gerechtig heit[d], welcke an de kemerye vorfallen sin und dorch de kemerhern alßbald ingefordert werden schall[c].

28. Wehr tho erfgode befoget sin will, iß he ein borger edder inwaner der stadt, so schall he inwendig veer weken, de uthwesende averst und frembde binnen jar und dach den inhebber der erfschop beschicken und de erfschop bespreken, bey[e] verlust des gudes[e].

29. Wehr erfgudt fordert, schall sine gebordt alhir vorm rade tugen mit lofwerdigen tugen edder breflicken kundtschoppen und war maken, dat he de negeste sy tho der erffschop, sonst[f] blifft datt gutt bei der kemerey[f].

30. Kein[g] beerveder wittwer edder wedwe schall sick wedderumb befreyen, he edder se hebben den thovorn den kindern voriger ehe vormunder gekaren undt densulven erffschichtinge edder na Lubeschem rechte einen uthsprocke gedan; wurde[h] averst ein mit seinem vorstorvenen ehgaden beervede wedwer edder wedwe vor gedaner erffschichtinge edder uthsprocke sine koste holden, so scholen die kinder voriger ehe des vorstorvenen ehgaden gutt gantz voruth nemen undt, so[i] se noch unmundig oder minderjerig, datt sulvige dorch einen der vorordenten vormunder vorwaldten laten, undt nicht desto weiniger ehren sich wedderumb vorehlichten vader edder[k] moder sampt ehren halffsustern undt brodern erven[l].

---

[a] *L. N. ändert in C:* vnd de tosprake, so he ... to hebben vormenet, *so in E.* [b] 50 *in A nicht ursprünglich.*
[c] und—schall *gestrichen in B vor 1580, fehlt CDE.*
[d] *fol. 69r.* [e] bey—gudes *gestrichen in B (vor 1580) C, fehlt ADE, steht in C¹.* [f] sonst—kemerey *Nachtrag von L. N. in A, gestrichen in B (nach 1580) C, fehlt DEC¹.*
[g] *fol. 69v.* [h—l] wurde—erven *gestrichen in B, fehlt CDE. C:* by peen xx (*urspr.:* x) mr. suluers, *dann geändert:* by vorlust des vorstorbenen egaden guter, welche an dessuluen kinder vorfallen sein sollen. *C¹ wie C vor der letzten Änderung, Strafsatz:* xx mr. suluers. *D:* by peen 10 mr. suluers, *geändert zunächst wie in C, dann aber:* kinder allein alsobaldt verfallen sein sollen vnd nicht desto weiniger *usw. wie urspr. in B. E wie im geänderten C, aber mit Einschiebung von* alßbaldt.
[i] *A* do. [k] *A urspr.:* vnd.

31. Kein[a] unbeerveder wedewer edder wedewe schall sick vor gedaner erffschichtinge[b] wedderumb befreien[c]; wurde[d] averst ein unbeerveder[e] wedewer edder wedewe vor gedahner erffschichtinge sick wedderumb befrien, so schall datt deell, welchs ehme edder er sonsten aus des vorstorvenen ehegaden gudern na stattrecht geborde, ahn die kemerey vorfallen sin[f].

32. Niemandt schall sich underwinnen unmundiger kinder, wedewen, krancker edder ock vorstorvener lude guder ohne vorgehende vorordening der hern burgermeister, bei straffe 100[g] mr. Lub.[h]

33. Ein iglicher vormundt, wen he von den burgermeistern thom vormunder bestediget[i] iß, schall alsobaldt[k] ein inventarium aver alle[l] gudere durch einen[m] des radts secretarien (oder[n] richtschreiber)[o] vorfertigen undt[p] up die kemerey averantwerden laten, dar idt beth tho ending der vormundtschop vorwahret werden schall, bei peen 50 mr. Lub. undt entsetzung seines ampts[q].

33a[r]. Ein[s] iglicher vormundt[t] schall alle jahr by straff 100 mr. Lub. undt afsetting von der vormundtschop des rades vorordenten siner vorwaldtung halven unstraffbare rechnung[u] dohn.

34. Wer (anders wor gewanet hefft undt alhir)[v] die borger-

---

[a] *B ändert vor 1580:* glicher gestalldt schall kein, *so CDE.* [b] vor gedaner erffschichtinge *gestrichen C, fehlt C*[1]. [c] *L. N. trägt in C nach:* er hebbe den thouorn den eruen sines uorstoruen ehegaden erffschichting gedan. [d–f] wurde–sin *gestrichen in B vor 1580, fehlt CDE. B ändert vor 1580:* by peen x mr. silbers. *C* by peen xx mr. suluers, *geändert in:* x mr. Lub., *ausgelassen in C*[1]. *DE:* by straffe 100 mr. Lubisch. [e] *fol. 70*[r]. [g] *A urspr.:* 40 *od.* 50. [h] *D wie B. C:* 100 mr. *geändert zu:* 3 mr. suluers, *so E.* 3 mr. Lub. *C*[1]. [i] *A urspr.:* gestediget. [k] alsbalt *gestrichen C, fehlt C*[1]. [l] siner mundelin *trägt L. N. in C nach.* [m] einen *gestrichen CE, fehlt C*[1]. [n] *C trägt* dem *nach.* [o] *fehlt AC*[1], *trägt B (vor 1580) nach.* [p] vnd dorch en *A.* [p–q] undt–ampts *gestrichen B, dafür (1580)* laten by straffe des radts, *so CDE.* [r] *§ 33a gestrichen B (nach 1580), fehlt CDE.* [s] *fol. 70*[v]. [t] *A trägt nach:* so der vnmundigen guter vnter handen hatt *gestrichen.* [u] reckenschop *A.* [v] *fehlt A, trägt B (nach 1580) nach, haben CDE.*

schop winnen[a] will, schall kundschop bringen, datt he von siner vorigen herschop mit gude gescheiden sei, undt sick in der statt Wissmar hußlick nedder don, undt alsobaldt na gewonnener borgerschop sine[b] binnen undt buten der statt hebbende guder[b] jarliks vorschaten undt alle borgerlicke unplicht gehorsamlick[c] dem rade undt der statt leisten.

35. Wer die borgerschop upkundigt, schall den teinden penningk aller siner in undt uterhalven der statt Wissmar bebbenden guder[d] der kemerey bey vorlust seines gudes[e] entrichten[f].

35a[g]. Wer[h] under einer andern herschop thovorn gewahnet hefft, deme schall die stattwahnung vorweigert werden, beth datt he von siner vorigen herschop kundschop bringe sines levendes undt erlangeden abscheides.

36. Ein jeder borger undt inwahner schall der statt schott, tollen, zisen undt andere unplicht geven, de eine sowoll alß de ander[i].

37. Ein jeder schall jerlichs bei seinem eide schaten von allen seinen gudern, binnen undt buten der statt, twischen Martini[1] undt winachten; watt nicht vorschatet wertt, schall an den ratt vorfallen sein, idt[k] sy by seinem levende edder na sinem dode, undt, der untrewlich schatet[l], schall dartho alß ein meineidiger am live gestraffet werden[m].

---

[a] *A u. B urspr.:* gewinnen, so *CDE.* [b—b] sine—guder *A urspr.:* sin guett. *L. N. ändert in C:* sine goder, so er . . . hefft. [c] gehors. *versetzt L. N. in C nachträgl. vor* lesten. [d] *L. N. ändert in C:* siner goder, so er in vnd buten der stadt hefft. [e] bei vorlust seines gudes *streicht C.* [f] *L. N. trägt in C nach:* bei uorlust des godes. [g] *§ 35a gestrichen B (nach 1580), fehlt CDE.* [h] *fol. 71*[r]. [i] *Nachtrag in D wieder gestrichen, nicht lesbar.* [k—m] idt—werden *gestrichen B (nach 1580) C. C, wo bis* dode *mit schwärzerer Tinte gestrichen ist, trägt dafür nach:* befunde sick ock, datt de vorstoruener nicht recht geschatet (vorschattet *E*) hette. so scholen dessen *(D ändert* sine, *so E)* cruen datt jennige, watt der vorstoruener nicht recht vorschatet hefft, der kemerei zu entrichten schuldig sein. *D streicht nur bis* dode *und ändert wie C. Diesen Text (auf Grund der ersten Änderung in C) bietet C*[1]. *E gemäß C mit den angegebenen Abweichungen. In C ist der ganze Passus wieder gestrichen.* [l] *A.:* geschatet.

[1] Nov. 11.

38. Ock schall de man, undt nicht de frowe tho schate gahn[a] by straffe des dubbelden schates.

39. Niemandt[b] schall sin huß, boden edder kellern[c] einem frombden vorhueren edder ock umbsonst tho wahnen indohn ohne der kemerhern vorweten undt bewilligung, by peen 30 mr. Lub.[d]

40. Kein[e] borger edder inwahner der statt schall einem frembden sin huß thor hochtidt[f] vormeden edder vorgonnen ahne vorloff der borgermeister, by peen 10 mr. Lub.

41. Nemandt schall stande erve, höfe, acker edder ander in der statt Wissmar undt deren gebede liggende grunde einem der kein[g] borger iß vorkopen, vorpanden, in edder utherhalven testaments geven edder in einem andern titell alieniren undt thoeigenen, ock[h] van andern burgern einem frembden tho gude nicht kopen[h], idt sy den mit willen undt volbordt des rades; geschege dar watt entjegen, schall solchs nicht allein machtloß wesen, sondern ock datt huß, acker, hove undt liggende grunde[i] neven deme, watt de frembder darkegen gegeven undt uthgewesseldt[k], an de statt erffeigendomlich vorfallen sin undt[l] beides, sobaldt die vorenderung oder köp[m] kundtbar, durch de kemerhern ingetagen undt ingefordert werden[n].

42[o]. Kommen stande erve edder liggende grunde dorch erffall edder sonsten ahn einen oder mehr frembde, so schall der frembder datt butenschott jehrlichs up Martini[p] [1] der kemerey entrichten undt die stande erve undt liggende grunde ahne bewilligung des radts keinem frembden bei verlust der erve undt heuser, sonder allein einem borger vorhueren, vorkopen oder sonsten alieniren.

43[q]. Kein borger schall[r] ein erve edder liggende grunde, die he einem frembden tho gode gekofft[s], in der statt bocke sick tho-

---

[a] *A trägt nach:* so ferne der man tho huß iß.
[b] *fol. 71v.* [c] *L. N. ändert in C:* keller, *so DE.*
[d] Lub. *fehlt C.* [e] nen *DE.* [f] tho holding seiner hochtidt *trägt L. N. in C. nach.* [g] nen *DE.*
[h] ock—kopen *in A nachgetragen.* [i] *fol. 72r.*
[k] *L. N. trägt in C nach:* hefft. [l—n] undt—werden *streichen CD, fehlt E, steht noch in C¹ mit unbedeutenden Änderungen, die L. N. in C gemacht hatte.* [m] od. k. *fehlt A.*
[o] *§ 42 in A nachgetragen.* [p] *A trägt nach:* bi inzihung der guter. [q] *§ 43 in A nachgetragen.* [r] schall sich *A.* [s] kofft *A.*

[1] Nov. 11.

schriven laten, bei peen 100 mr. Lub. undt vorlust des erves undt grundes. so der kemerey erfeigendomlick heimfallen schall.

44. Wen[a] ein borger dem andern stande erve undt liggende grunde vorkopen, vorpanden edder vorgeven[b] will, schall he[c] vor dem rade undt dem stattbocke, undt nicht mit instrumenten effte segell undt breffen solcks[d] dohn, edder[e] de vorpandung, gave[f] undt köp machtloß sein.

45. Ein jeder rentener mag sodane heuser edder liggende grunde, darin ehme de rente vorschreven[g], alß sein pandt vorfolgen, sowoll vor die buwfelligheit alß die[h] vorsetene rente undt sich mit rechte dar inwisen laten.

46. Doch schall nemandt hoger mahnen up stande erve edder liggende grunde alß den hovetstull undt twe jahr vorsetene rente, datt ander mag der rentener mahnen alse schulde.

47. Ein jeder[i] schall sine buwfellige huser undt wuste steden binnen jahr undt dage buwen undt[k] betern, edder[l] der ratt will se[l] antasten undt der statt thom besten upbawen edder den jennigen geven, de sie buwen willen, undt schall dem eigendomer darna alle thosprake benahmen syn.

48. Wen ein erve tho schaden kumpt, schall der eigendomer mitt dem rentener innerhalb jahr und dag sick vorglicken undt de wuste stede bebuwen, edder der ratt will de wuste stedde dem eigendomer[m] thoeigenen undt avergeven. Wolde aver der eigendomer[m] de wuste stede[n] innerhalb einer vom rade eme angesetteder tidt tho[o] bebuwen[p] nicht[q] annemen[q], so[r] will ein ratt de sulvige dem

---

[a] *fol. 72v.* [b] *C ändert:* geuen, *so E.* [c] *L. N. trägt in C nach:* solkes, *desgl. D, wo es wieder gestrichen ist.* [d] *Gestrichen C von L. N.* [e] *L. N. in C u. E tragen nach:* schall. [f] gave *fehlt A, nachgetragen in B (nach 1580) C (später) E.* [g] *C trägt nach:* syn, *so C*[1]. [h] vor de *trägt L. N. in C nach.* [i] *D trägt nach* der des vormugens ist, *so E.* [k] *fol. 73r.* [l] *D ändert:* der vnuormugenen aber will ein rath, *so E.* [m] *A urspr.:* rentener, *so stellt L. N. in C wieder her.* [n] *L. N. trägt in C nach:* nicht annemen vnd desuluige. [o] *L. N. ändert in C:* nicht. [p] *D trägt nach:* wegen der rente, *so E.* [q] *Streicht L. N. in C.* [r] so—wurde *in A nachgetragen, in C später gestrichen.*

rentener thoeigenen; so aver der sulvige gleichsfals de stedde inwendig einer angesetteden tidt nicht bebuwen wurde[a], so schall die stede ahn den[b] ratt[b] vorfallen syn.

49. Ein jeder schall van seinen boden, de he tho stellen, garden undt dorwegen gemaket heft, der statt gerechtigheit dohn, alß effte se bewahnet werden, gelick sinem naber nedden undt baven; by straffe der pandinge.

50. Hirnamals[c] schall nemandt seine boden tho stellen, garden edder dorwege maken, by straffe 50 mr. Lub.

51. Ein jeder schall tho sinem fuhre sehen, datt dar nemandt schaden van neme; geschege dar jenige vorsumeniß by, idt wehre dorch knechte edder megde, datt will ein ratt in sin hogeste richten.

52[d]. Nemandt schall sin ungedrosket korn undt hoy leggen in ein hauß, datt men bewahnen kan, by straffe 10[e] mr. Lub.

53. Nemandt schall sin gutt tho liffgedinge maken, ock nen liffgedinge buten der statt kopen ohne willen des rades, by straff 50 mr. Lub.

54. Kein borger undt inwahner schall den andern[f] borger undt[g] inwahner wedder[h] ehn[i] hebbenden borgerliken undt pinliken thosprake halven[h] anderswohr den vor der statt Wissmar gerichte undt mit Lubschem rechte vorclagen, by vorlust der statt waninge undt straff 100 mr. Lub.[k]

55. Kein borger undt inwaner der statt Wissmar schall syne[l] wedder den andern borger undt inwahner hebbende borgerlicke edder

[a] so—wurde *in A nachgetragen, in C später gestrichen.* [b] *C (später) und D ändern:* die statt, *so E.* [c] *fol. 73v.* [d] *§ 52 urspr. in A ebenso, aber mit einem spätern, gestrichenen Entwurfe am Rande, worin* sin *fehlt, und der Schluß lautet:* in sein wanhauß oder ander wuste heuser, so bei andern heusern auff der rege stan vndt wen die gebuwet woll bewohnet werden konnen *usw.* [e] 10 *in A nicht ursprünglich. Wd.:* 15, *E.:* 50. [f] Wismarschen *trägt L. N. in C nach, so E.* [g] edder *A.* [h] wedder—halven *L. N. ändert in C:* der thosprake haluen, so er wedder en (w. e. *fehlt E*) tho hebben vormenet, se sin borgerlick vnd (edder *E*) pinlyck, *so E.* [i] *fol. 74r.* [k] *L. N. verweist diesen Artikel hinter § 35, wo C[1] ihn bringt.* [l] syne—tosprake *L. N. ändert in C:* de thosprake, so er wedder einen andern Wismarschen b. v. i. tho hebben vormeinet, se sin borgerlick edder pynlick edder, *so E.*

peinlicke thosprake[a], wo de ock nahmen haben mag[b], einem utherhalven[c] der statt wahnenden[c] updragen, by vorlust der statt wahnung undt 50 mr. Lub. straff[d].

56. Nemandt schall binnen der statt ungewonlike were dragen, vordecket edder unvordecket; werdt dar jemandt aver befunden, deme scholen de richtsknechte sodane wehre nehmen.

57. Nemandt schall binnen der statt wedder by dage noch by nachte ein geladenes rohr affscheten[e], by vorlust des rohrs; undt schall ein jeder werdt seinen gast des vorbadenen affschetens vorwarnen.

58[f]. Gleicher gestaldt scholen keine schlotelbussen affgeschoten, sondern den jungen durch unsere[g] richtsdiener[g] genamen undt ein[h] junge dartho mit 3 ß Lub. gestraffet edder der junge ahn das halßisern gestellet[h] werden.

59. Kemandt schall theer up der straten edder up siner dehlen liggen hebben baven dre dage, sondern in de keller bringen, bei peen 3 ß Lub. vor eine jede tunne.

60. Wor söde gebrecklich sindt, dar scholen alle de tholeggen undt helpen, de van oldings dartho gehoret hebben.

61. Alle[i] bei den ratt, kemerhern, weddehern undt gerichtsvogten gebrachte pande[i] scholen innerhalff[k] veertein dagen wedderumb geloset, edder darna alsobaldt vorkaufft undt [dat][l] darvor gelosede kopgeldt ahne einige ferner thosprake in der statt beste angewendet

---

[a] sync—tosprake *L. N. ändert in C:* de thosprake, so er wedder einen andern Wismarschen b. v. i. tho hebben vormeinet, se sin borgerlick edder pynlick edder, *so E.* [b] *L. N. ändert in C:* mogen, *so E.* [c] utherhalven—wahnenden *L. N. ändert in C:* der *(fehlt E)* buten der st. Wismar wanett *(*wahnenden *E), so E.* [d] straff *fehlt D. Diesen Paragraphen verweist L. N. in C vor § 36, wo C[1] ihn bringt.* [e] *fol. 74*[v]. [f] *§ 58 in D gestrichen.* [g] *L. N. ändert in C:* des rades diener, *so E.* [h—h] *E ändert:* gestrafft. [i] alle—pande *L. N. ändert in C:* alle die pfande so ... gebracht werden, *so E.* [k] *fol. 75*[r]. [l] dat *fehlt A Wd B C. L. N. ändert in C:* vnd dath kopgelt, so uth den uorkofften pfanden geloset werdt.

undt dem jennigen, deme de[a] pande[a] thogehoret hebben, nichts erstattet werden.

62. Nemandt schall kopschlagen mit frembdem gelde der gemeinen borgerschop edder gemeiner statt tho vorfange edder schaden, by vorlust deß gudes[b].

63. Ock schall kein gast mit gaste uterhalff den freien marckeden kopschlagen, by vorlust des gudes.

64. De mit wicht undt mate ummegeit, schall de wrogen laten durch den wachtschriver; den wurde jemandt mit unrechter mate undt wicht beschlagen[c], schall dersulvige ahn ehr undt gude gestraffet werden.

65. Alle[d] de jennen, de soldt feill hebben undt datt uthmeten willen, scholen jehrlichs up Martini[1] der statt 8 ß Lub. geven.

66[e]. Nemandt schall ungesichtet mell kopen, by straffe 3 mr. Lub.

67. Ock schall nemandt by helen fodern mehll kopen der armott tho vorfange, eher idt drey stunde tho marckede geholden undt de wraker darbei gewesen sy[f], by straff 10 fl.

68. Nemandt schall mehll vorsellen[g] by hehlen edder[h] halven schepeln noch by vaten utherhalffe des melhuses, bei peen 8 ß Lub. vor[i] jedern schepell[k].

69. Watt den hoppenkop undt handell anlanget, darvon[l] findet[m] ein jeder beschrevene ordenung[n] by den hoppenmetern, darna sick ein jeder schall richten.

70. Ock schall nemandt buten dores kalen kopen, den woll se buten dores gekofft[o], deme scholen sie nicht gemeten werden undt der koper 3 mr. dartho wedden, undt de meter, de se meth, schall dubbeldt gestraffet werden.

---

[a] *A urspr.* se, *so Wd.* [b] *L. N. in C u. D tragen nach:* so er mit fremdem gelde an sick gebracht hefft, *so E.* [c] *L. N. schiebt in C* so ein. [d] *fol. 75*v. [e] *§ 66 ist in E gestrichen, aber wiederhergestellt.* [f] *L. N. ändert in C* syn, *D ändert* ist, *E ändert erst* syn, *dann* ist. [g] *A urspr.* vtsellen, *so Wd.* [h] *L. N. trägt in C nach:* bi. [i] *Wd:* van. [k] *Wd:* schepel vtgehakeden meles. [l] *fol. 76*r. [m] schal *A Wd u. urspr. B. (vor 1580).* [n] o. finden *A Wd u. urspr. B (vor 1580).* [o] kofft *DE, L. N. trägt in C nach:* hefft.

[1] Nov. 11.

71. Idt scholen ock die samkoper keine molden undt schuffeln kopen, eher des morgens de klocke negen schleit.

72. Forder[a] schall nemandt levendig vehe kopen buten den Waterporten, sondern dassulvige kamen laten binnen de statt, alß von oldings gewesen, uthgenahmen lemmer undt schweine, bei vorlust des vehes.

73. Alle[b] Donnerdage schall ein frey perdemarcket vor den frombden sowoll alß den borgern up dem marckede vorgunstigt sein.

74. Wen ein samekop ahn etellwahre am strande edder up dem marckede geschicht, so schall ein borger mechtig wesen tho behoff seiner koken[c] umb den inkop undt bare betalinge sine notturfft darvon[d] tho nehmen.

75. Nemandt schall dorsch[e], heringk, aell, flesch edder andere wahre kopen, so forder geforet undt geschepet werden schall, idt sei den erstlich dorch des rades wraker besehen[f], gewraket, gefullet undt alles na siner werde gecirckeldt, bei vorlust des gudes.

76. De tunnen, de tho klein sein, scholen dorch den wraker gestropet[g] undt tho nichte gemaket werden.

77. Alle[h] de jennen, de mell in tonnen schepen, scholen datt mell sichten, de tunnen full packen undt wegen laten undt also unvorfalschet[i] kopmans gutt lefern, by vorlust des gudes undt straffe 20 mr. Lub.

78. Alle de jennen, de moldt edder hardt korn schepen willen, scholen dattsulve besehen undt meten laten durch des rades geschwarne meter, bei straff 10 mr. Lub.

79[k]. Nemandt schall der statt tolle, accise undt havengeldt underschlan, bei vorlust des gudes.

80. Nemandt schall ballast edder anders in der statt have werpen, bei liff undt gude.

81. Nemandt[l] schall ballast edder ander wahr bordt aver bordt

---

[a] *E ändert:* nemandt schall. [b] *fol. 76v.* [c] *L. N. schiebt in C ein:* uon den etellwaren, die ein ander borger im samkope gekaufft hefft. [d] *Gestrichen C.* [e] dorsch *in A u. Wd hinter* aell, *auch urspr. in B (vor 1580).* [f] gesehen *A.* [g] gestreuffet *A Wd, urspr. auch B.* [h] *fol. 77r.* [i] *Von L. N. in A nachgetragen, fehlt Wd.* [k] *§ 79 gestrichen C (später) D, fehlt E, steht in C'.* [l] *fol. 77v.*

nehmen ahne willen des rades, ock nicht von dem Steinhovede, by straffe 20 mr. Lub.[a]

82. Ock scholen de boeßlude nicht mechtig wesen, ballast tho vorkopen ahne der hern kemerhern willen, bei straffe 2 mr. Lub.

83[b]. Nemandt schall ballast edder bruggesteine halen van dem strande ahne willen der hern kemerhern, bei straff 3 mr. Lub.[c]

84. Ock schall nemandt vorlasten prame edder ander schepe, datt sie in der haven in grundt[d] gahn, bei straffe 100 mr. Lub.

85. Alle[e], de wrack liggen hebben in der statt haven, scholen dattsulve vor Johannis dage[1] weg bringen, den darna will ein ratt alle wrack laten uphalen undt in der statt beste kehren.

86. Nemandt schall schuldig wesen unsern schippern, de twischen hier undt Lubeck segeln, jennig primgeldt tho geven[f], alß datt von oldings gewesen[g].

87. Nemandt[h] schall seine schepe vorkopen, eher se soß jahr langk der statt gedenet hebben; deit dar woll jegen, de schall der statt geven so mennige veer gulden, alß datt schip van lasten iß.

88. Ein[i] jeder schall van einer jeden tonnen des frembden beers den hern[k] kemerhern[k] 6 ß Lub. thor zise geven[l], bei vorlust des beers.

89. Niemandt schall Rinschen wyn[m], bastardt, muscatell, malvasier edder derglicken hete wyne tappen, bei vorlust des wines.

90. Gubbenische, Merckesche undt Frantzosische wyne averst tho tappende schall einem jeden borger frey sein; doch scholen solcke wine, eher sie ingelecht werden, van des rades winschencken geprovet undt van einer jeden amen den weinhern tho zise ein marck gegeven werden, bei vorlust des wines.

91[n]. Alle[o] de megde, de framen luden nicht denen willen,

---

[a] Lub. *fehlt A Wd.* [b] *§ 83 fehlt C.* [c] *D trägt nach:* niemandt schall steingruß anders worhen fuhren laten dan in die statt beiwege, bei straffe des radts. [d] tho grunde *DE.* [e] *fol. 78r.* [f] *L. N. trägt in C nach:* anders. [g] *L. N. trägt in C nach:* ist. [h] *L. N. ändert in C:* ken borger. [i] *fol. 78v.* [k] *E ändert:* verordneten weinherrn. [l] thor z. g. *E ändert:* entrichten. [m] *E trägt nach:* Reinischen brandewein. [n] *§ 91 und 92 gestrichen DE.* [o] *fol. 79r.*

[1] Juni 24.

sondern umme eres freyen levendes willen sick up ehre eigene handt nedder setten undt under dem scheine untucht driven, scholen na befundener untucht in der fronerey gestupet undt[a] der statt ewiglich vorwieset werden.

92[b]. Wehr ein unvorehlichts wivesbilde up ehre anreitzen schwecket, schall der geschweckeden, so ferne he dersulvigen die ehe nicht thogesecht heft, 8 ß Lub. 4 ₰ mit einer mutzen geven, datt[c] kindt underholden undt neben der geschweckden vam gerichte gestraffet werden.

93. Keimandt schall vordechtige frowespersonen by sich hebben, bei straffe des radts.

93a[d] = *§ 18.*

93b = *§ 19.*

94. Keiner schall den andern in noch uterhalff gericht mit schmehe- edder drowwordten angripen, vele weiniger mit schmehschrifften undt ledern in sine ehre[e] gripen edder besingen (bei hoger straff des rades)[f].

Aver disse statuta will ein ratt mit ernste holden undt van den avertrederen de straffe ernstlich innehmen laten, darna sich ein jeder mag richten. Jodoch will ein ratt nottwendige vorenderung dieser borgerspracke sich vorbeholden hebben[g].

---

[a] *C trägt nach:* vth. [b] *§ 91 und 92 gestrichen DE.*
[c] *L. N. trägt in C nach:* vnechte. [d] *fol. 79v.*
[e] *fol. 80r.* [f] bei—rades *in B (nach 1580) nachgetragen. Die ältere Fortsetzung (nach 1580) in der Anm. zu § 8.*
[g] *E hat im J. [1602] den Schluß (fol. 116r) folgendermaßen gestaltet:* Dewile aber uhtt dem vöfften art deß furstlichen vertrags tho ersehen, datt diße statuten mitt bewilliging der borgerschop wedderumb schölen revidert werden, so will ein erb. rahtt sich solchem art. deß izt gedachten verdrages ock gemeß verholden undt de vörsehing dohn, dat solcke reviderung forderlichst schal tho wercke gerichtet werden. — *Danach:* Ao. 1603 ist der appendix allso abgeredt: uber diese statuta will ein erb. rahtt mitt ernste haltten; wofern aber davon ettwas ab oder zu zu thun sein soltte, deßwegen will ein erb. rahtt sich künfftiglich nach gelegenheitt mitt der ehrliebenden bürgerschafft vermüeg deß uffgerichten fürstlichen vertrags vereinigen und vergleichen. — *Endlich (fol. 116v):* Wegen publicirung der hochzeittordnung ist ao. 1602 allso appendicirt: dieweil dan auch nunmehr die verlobnuß-, hoch-

Wegen der Abkündigung finden sich bei den verschiedenen Texten folgende Aufzeichnungen:

in B auf fol. 80r:

Relecta 8 May ao. 1580 praesentibus consulibus et senatoribus:

h. Matties Kock	
h. Dionysius Sager	h. Jurgen Treyman
h. Henrich Schabbeldt	h. Jochim Hoffmeister
h. Johan Bulow	h. Lorentz Luder
h. Mattias Kladow	h. Johan von Campen
h. Heinrich Meyer	h. Johan Reimars
h. Johan Harder	
h. Daniell Sandow	
h. Johan Hoppenacke	
h. Nicolaus Boldte	
h. Johan Schmitt	
h. Augustin Durjahr	
h. Jurgen Steinfeldt.	

Ebd. fol. 80v:

Relecta in curia in lobio dominica rogationum, quae fuit 30 Aprilis, ao. 1581 praesentibus consulibus et senatoribus subscriptis:

h. Jurgen Treyman	consulibus	h. Heinr. Schepell
h. Dionysius Sager		h. Iheronymus Grell
h. Mattias Kock		h. Gregorius Jule
h. Heinrich Schabbeldt		h. Jurgen Steinfeldt
h. Johan Bulow		h. Jochim Hoffmeister
h. Lorentz Luder		h. Johan Reimars.
h. Johan Harder		abfuerunt:
h. Daniell Sandow		h. Mattias Kladow
h. Johan Hoppenake		h. Heinrich Meier
h. Nicolaus Bolte		h. Johan von Campen
h. Johan Schmitt		h. Augustin Durjar.

---

zeit- undt kindelbier-ordnung dürch Gottes gnade ist publicirt worden, so will ein erb. rahtt einen jeden bürger undt einwahner hiemitt nochmaln ernstlich ermahnen sich derselben ordnung in künfftiger zeitt allerdings gemeß zu verhaltten, oder es soll gegen die verbrecher ohne ansehen der persohnen mitt der außgedrückten straff unnachleßlich verfahren werden; wornach sich allso menig-lich zu richten undt für schaden zu hüetten.

Recitata die Philippi et Jacobi, quae fuit 1 Maii, a consule Georgio Treyman.

Außerdem ist f. 63ʳ neben der Überschrift vermerkt: ao. 1580 (*urspr.* 1579) publiciret. *In C begegnen fol. 43ʳ dieselben Subskriptionen (allerdings gestrichen) mit der Abweichung, daß die Namen in zwei Spalten gesetzt sind (während in B die erste Subskription dasselbe Bild bietet wie der Druck, die zweite aber die Namen in Einer Reihe folgen läßt, deren zweite Hälfte hier in die zweite Spalte verwiesen ist), daß das in B nachgetragene* in curia in lobio *fortgelassen ist, daß in der zweiten Subskription H. Joch. Hoffmeister und H. Johan Reimars als Kämmerer bezeichnet sind, und daß endlich im Gegensatze zu B, wo der Name h. Aug. Durjar und der letzte Satz* (recitata) *sich als Nachtrag zu erkennen gibt, die ganze Unterfertigung, in einem Zuge niedergeschrieben, abgeschrieben ist. Die Namen in der ersten Subskription aber sind so eigentümlich geordnet, daß sie hier genau wie in der Vorlage wiederholt werden müssen. Bei der zweiten Subskription setzt die zweite Spalte in C die erste fort.*

h. Matthies Kock	h. Dionisius Sager
h. Jurgen Treiman	h. Heinrich Schabbelt
h. Johan Bulow	h. Joachim Hoffmeister
h. Matthias Kladow	h. Lorentz Luder
h. Heinrich Meier	h. Johan von Kampen
h. Johan Harder	h. Johan Reimars
h. Daniel Sandow	h. Nicolaus Bolte
h. Johan Hoppenacke	h. Johan Schmidt
h. Jurgen Steinfelt	h. Augustin Duerjahr.

Außerdem ist auf dem Umschlagblatte (fol. 29ʳ) zu lesen:

Diese burgersprach ist ao. 1585 mondages nach rogationum durch hern Jurgen Treiman burgermeistern abgeretet worden.

Auf dem Umschlagblatte endlich von E (fol. 98ʳ) ist eingezeichnet:

Abgeredet ao. 95 per d. Joannem Hoppenacken consulem, vocem jucunditatis.

Eadem statuta per eundem consulem publicata ao. 97.

Diese statuta sein auch abgeredt anno 99 per dnm. cos. Henr. Scabbelium.

Diese statuta sein auch abgeredt per dn. Gregorium Juhlen anno 1601.

Eadem statuta sein ao. 1603 30. Maii auch abgeredet per cons. h. Caspar Schwartzkopffen.

Ferners sein diese statuta abgeredet durch h. Caspar Schwartzkopffen den 6. Maii 1605.

Anno 1607 vocem jucund. per h. Caspar Trendelnburgen.

Anno 1608 2. Maii sein diese statuta abermahlen durch h. Caspar Schwarzkopfen abgeredt.

LXXII. 1610[1].

Wismarische[a] statuta oder bürgersprach, wie dieselbe von einer gantzen ehrliebenden bürgerschafft approbirt undt bewilligt worden 11. Maii anno 1610.

Der[b] heiligen hochgelobten dryfalttigkeitt zue ehren, zue erhalttung unßer wahren christlichen religion, auch bestendiger einigkeitt, uffnehmen undt wollfahrtt dieser guten statt hatt ein erb. rahtt mitt beliebung deß bürgerlichen außschoßes, auch folgendts der ganzen erbgeseßenen bürgerschafft nach gegenwärttiger zeitte gelegenheitt ettliche articull receßes weise verfaßen laßen, welche nach reiffsamer erwegung so wol von gedachtem erbarn rahtt alß auch dem außschoß undt erbgeseßenen bürgerschafft in dato den 11. Maii anno 1610[c] vor statuten, bürgersprach undt stattrecht zue haltten sein angenommen undt bewilligt worden, inmaßen wie folget[d]:

1. Alle die in der statt wohnen und sich wesentlich verhalten

---

[a] *fol. 118r.* [b] *fol. 118v. Einleitung von 2. Hand nachgetragen.* [c] *Datum nachgetragen.* [d] *Auf fol. 119r folgt ein durchstrichener Paragraph:* Wer *(2. Hand:* alle frembde so) in dieser statt Wißmar wohnen und seine (ihre) eigne haußhaltung anzufahen gemeinet, er sei eingeborner oder frembder (e. s. e. o. f. *gestrichen*), soll (*2. Hand:* sollen) sich für den hern bürgermeistern sistiren und deren consens und erleübnuß datzu erlangen, daruff sich zu den kemerhern verfüegen, mit denselben des statt- und waßergeldts halber vergleichen und den gewohnlichen bürgereidt leisten; wer dawider handelt, soll in der statt nicht gelitten werden. *Vgl. § 29.*

[1] v. Kamptz, Mekl. Civilrecht I, 2 S. 244. Burmeister S. 133.

wollen[a], sollen sich christlicher lehre und lebens befleißigen, alles fluchens, schwerens und gotteslesterns enthaltten, bei ernster straff des rahtts.

2. Niemandt soll am sontage oder feirtage untter den[b] predigten und verreichung des heiligen abendtmalß geste setzen, brandewein, bier oder ander getrencke zu trincken, eß sei in heüßern, apoteken, wein- oder bierkellern, bei straff 8 ß Lübisch, welche der wirtt für jeden gast geben soll.

3. Niemandt soll sacramentschender, widerteüffer, rottengeister[c], mörder, diebe, Tatern oder Ziegoner, außtretter oder andere verdechtige persohnen wißentlich hausen, hegen und uffhaltten, bei ernstlicher straff deß rahtts.

4. Niemandt soll die kirchhöffe verunreinigen, bei straff des halßeisen; also auch ein jeder sein viehe davon abhaltten, bei unnachleßlicher pandung deßelben.

5. Kein vatter oder[d] mutter soll sein kindt uber drei tage ungetaufft liegen laßen, bei straff eines thalers, welcher der pfarkirchen, darein daß kindt getaufft wirt, entrichtet werden soll.

6. Ein[e] jeder bürger und einwohner, der alhie in der statt freihet, soll seine brautt in der statt dürch einen der statt prediger sich vertrawen laßen und alhie seine hochtzeitt in der statt halten, bei straff funfftzig gülden, oder in mangell des geldts bei straff der verweisung.

7. Gesellen, frawen und jungfrawen sollen sich ohne vorwißen und bewilligung ihrer elttern oder vormünder weder in noch auß der statt ehelichen verloben, bei wilkührlicher straff des rahtts.

8. Niemandt[f] soll sich der statt freiheitt unterwinden in noch auß der statt, bei leib und guhtt.

9. Niemandt soll sich unternehmen an der statt demmen oder beiwegen lehm oder sandt zu graben, bei straff zehen mr. Lüb., oder in mangell des geldts der gefengknuß.

10. Niemandt soll einigen mistvaldt oder[g] misthauffen an den kirchoffen[h] oder andern freien[i] plätzen in der statt liegende haben,

---

[a] *fol. 119v.* [b] *Urspr.:* der. [c] *fol. 120r.*
[d] *Urspr.:* vnd. [e] *fol. 120v.* [f] *fol. 121r.*
[g] mistv. oder *nachgetragen.* [h] *Statt* an den kirchoffen *urspr.:* vff den gaßen. [i] freien *nachgetragen.*

viel weiniger den mist an die stattmauren bringen und anschlagen, sondern denselben alßbaldt auß der statt für die thöre an[a] die gewohnliche ortter[a] führen laßen, bei straff 20 fl.

11. Niemandt[b] soll einen eignen hirtten haltten uff der statt freiheitt und weide, sondern es soll ein jeder sein viehe vor den gemeinen hirten jagen, bei pfandung des viehes, darvon jeder heüpt mit 4 ß Lübisch soll gelöset werden.

12. Ein jeder soll seinen steinwegk uff der gaßen machen, und wan er zerbrochen ist, beßern laßen; also auch die an der Frischen gruben wohnen, sollen dieselbige, ein jeder für seiner thüer uffsetzen laßen und in wesentlichen gebew erhaltten. Sonst will eß ein rahtt, jedoch nach geschehener ver warnung[c], thun laßen und die uncosten zweifachtig an pfanden von deme, so solches zu beßern gehöeret, holen laßen.

13. Niemandt soll für seinem garten oder acker einen newen graben machen oder sonst erde uffwerffen der freiheitt und gemeinen weide zu nahe, ohne vorwißen und besichtigung der kemerhern, bei straff deß einwerffens und zehen fl.

14. Ein jeder, so in heüßern, so zu lahte geschrieben stehen, wohnet, soll mit seinem harnisch, wie auch inß gemein alle, so in der statt wohnen, mit ihrer[d] obern und underwehr gerüstet und fertig sein, wan ihnen[e] zugesagt wirt, eß sei bei tage oder nacht, bei verlust der statt wohnungen.

15. Mitt den bettlern, armen und notturfftigen leuten soll eß dermaßen, wie die publicirte bettlers ordnung vermagk, gehaltten werden.

16. Ein jedeß testament, welches uff erleübnuß deß worttshaltenden hern bürgermeisters dürch einen unser secretarien verfertiget und dürch zwei rahttspersohnen uff unser kemerei uberandtworttet worden ist, soll nach außgange der vier wochen, von deß testatoris absterben an zu rechnen, uff vorgehende citirung[f] der erben eröffnet, abgelesen und, wofern keine öffentliche nullitet[g] darein befunden, ohne alle weittleüfftigkeitt vom erb. rahte confirmirt und bestettigt werden.

---

[a] an—orter *nachgetragen.* [b] *fol. 121*[v]. [c] *fol. 122*[r]. [d] *Urspr.:* seiner. *fol. 122*[v]. [e] *Urspr.:* ihm. [f] *fol. 123*[r]. [g] *Urspr.:* apparens nullitas.

17. Alle vermachnußen und gaben, so einer in seinem testament von seinem wollgewonnenem guete zu der statt haven, zu stegen und wegen, zu kirchen und schulen, den predigern, schulmeistern und schulgesellen, zu armenheüßern, zu verbeßerung und erhaltung der statt gebewden, zu wellen und mauren, zu außsteürung armer megde oder andern milden sachen verordnet, sollen innerhalb 14 tagen [a] nach eröffnung der testamenten bey [b] doppelter erlegung [b] entrichtet oder den jenigen [c], so vorgesetzter maßen in testamenten ettwas gegeben worden, uff ihr ansuchen ohne einig rechtganck und disputiren dürch unsere verordnete an- und eingewiesen werden, unangesehen ob daß testament bestettigt wirt oder nicht [d].

18. Stirbt ein unverehelichter bürger oder bürgerin ohne testament, so sollen des verstorbenen güeter uff erfürdern der erben oder gleübigern alßbaldt dürch einen des rahtts secretarien versiegeldt und folgendts den erben, gleübigern und bürgen zum besten beschrieben werden.

19. Stirbet [e] ein bürger oder bürgerinne ohne leibserben und ließe frembde oder bürger und frembde zugleich zu erben nach, so gehöeret der kemerei von alle dem jenigen, daß den frembden auß des verstorbenen güetern zukompt, der zehende pfenningk, welcher bei verlust des erbtheils, so den frembden gebühret, der kemerei soll entrichtett werden, ehe daß gutt auß der statt gebracht wirdt.

20. Niemandt soll sich umb jeniger erbgerechtigkeitt oder ander zuesprach willen ohne außtrückliche erlaubnuß des rahtts oder gerichtlicher einweisung zum andern einsetzen in ein hauß, hoff, acker oder [f] gutt, sondern sich an rechte gnüegen laßen und die zusprach, so er wider den besitzer oder an dem gute zu haben vermeinet, mit recht fodern, bei straff der [g] entsetzung undt [g] 50 mr. Lübisch.

21. Und wer dan erbschichtung zu thunde schüldig, er sei manß oder frawß persohn, soll innerhalb vier wochen, wan die fraw zuvor sich mitt vormundern versehen [h], ein rechtmeßiges inventarium aller erbgüeter dürch einen alhie geseßenen notarium verfertigen laßen und nach außgange derselbigen 4 wochen den rechten und

---

[a] *Urspr.:* alßfortt. [b] bey—erlegung *nachgetragen.* [c] *fol. 123v.* [d] *Hier war nachgetragen:* welche legata innerhalb 14 tagen bey doppelter erlegung sollen entrichtet werden. [e] *fol. 124r.* [f] *fol. 124v.* [g] der—undt *nachgetragen.* [h] wan—versehen *nachgetragen.*

negsten erben ohne weittleüfftigen rechtsganck erbschichtung thun, bei straff der einweisung in die[a] erbgüeter, und folgendts uff beharlichen ungehorsamb bei verlust der erbgerechtigkeitt und gentzlicher entsetzung auß den güetern.

22. Wer erbguhtt fodert, soll seine geburtt alhie fürm rade zeügen mitt glaubwürdigen zeügen oder brieflichen kundtschafften und wahr machen, daß er der negste zur erbschafft sei.

23. Kein beerbter wittwer oder wittwe soll sich widerumb befreien, er oder sie habe dan zuvor den kindern voriger ehe vormünder gekoren und denselben von deß verstorbenen ehegaten güettern[b] erbschichtung oder nach statt gebrauche[c] einen außspruch[d] gethan, bei verlust des verstorbenen[e] güeter, welche an deßelben kinder alßbaldt verfallen sein sollen. Eß[f] soll aber dem außsprechenden vatter oder muttern frey sein ein kindtstheil für sich zu behaltten, wie sie[g] dan auch die abnützung der außgesprochenen güetter biß zue der kinder mündigen jahren, die sie hingegen zu alimentiren schuldig seint[h], zu genießen haben sollen.

24. Wan[i] der kinder[i] eins oder mehr[k], welchen ein[l] außspruch bescheen ist, verstirbett, so soll der verstorbenen antheill uff die andern brüder und schwester von voller gebuhrtt und die uberlebende elttern, eß sei vatter oder mutter[m], zugleich fallen und untter ihnen in heübter zahll getheilet werden. Ebenmeßig[n] soll es auch damitt, wan den kindern in ihrer minderjehrigkeitt ettwan ein erbfall ansterben würde undt[o] einß derselben kinder daruff mitt todte abginge[o], gehaltten werden.

25. Stirbt jemandt und verleßet kinder erster, zweiter oder dritten[p] ehe benebenst seiner wittwen, beerbet oder unbeerbet, hinter sich am leben, so soll den kindern voriger ehe ihr außspruch, wofern

---

[a] *fol. 125*r. [b] von—güettern *nachgetragen.* [c] nach statt gebrauche *statt ursprüngliches* na Lübischem rechte. [d] *fol. 125*v. [e] *Es folgte:* ehegatten. [f] *Von hier bis zu Ende des Paragraphen nachgetragen; es folgte § 26.* [g] *Urspr.:* er. [h] *Der Relativsatz nachträglich eingeschoben.* [i] wan—kinder *statt ursprüngliches* der außspruch aber so. [k] *Es folgte:* der kinder. [l] *Urspr.:* der. [m] *fol. 126*r. [n] *Von hier bis zu Ende des Paragraphen nachgetragen.* [o] undt—abginge *nachträglich eingeschoben.* [p] *So.*

derselbe noch nicht entrichtet, und der wittwen ihr beweißlich zugebrachtes gutt vorherauß erstattet und gefolget, in der ubrigen verlaßenschafft aber die wittwe den kindern gleich geachtet werden und allein ein kindtstheill zu gewartten haben.

26[a]. Eß[b] soll sich auch kein unbeerbter wittwer oder wittwe für gethaner erbschichtung widerumb befreien noch[c] hochzeitt halten[c], bei straff 100 mr. Lübisch.

27. Niemandt soll sich unterwinden unmündiger kinder, wittwen, krancker oder auch verstorbener leüte güeter ohne vorgehende verordnung der hern bürgermeistere, bei straff sechszigk marck Lubisch[d].

28. Ein jeglicher vormundt, wan er von den hern burgermeistern zum vormünder bestettigt ist, soll alßbaldt ein inventarium uber alle güeter dürch den[e] obersten deß rahtts secretarien oder[e] einen[f] andern alhie geseßenen notarium[f] verfertigen[g] laßen, bei straff des rahdes.

29. Wer anderßwo gewohnet hatt und in gemein wer[h] alhie die bürgerschafft gewinnen will, soll sich[i] für den hern bürgermeistern sistiren, undt der frembde soll[i] kundtschafft bringen, daß er von seiner vorigen herschafft mit gutem willen[k] gescheiden sei, auch[l] sich in der statt Wißmar heüßlich niderthuen und alßbaldt nach gewonnener bürgerschafft, deßwegen[m] er sich mitt den cemerhern zu vergleichen schüldig[m], seine in und außer der statt habende undt[n] in der Wißmarischen jurisdiction belegene[n] güeter jehrliches verschossen[o] und alle borgerliche unpflichte gehorsamblich dem rade und der statt leisten.

30. Eß soll keiner zum bürger und einwohner dieser[p] statt angenommen werden, der ettwa den ehrlichen embtern und ihren rollen

---

[a] *§ 26 anfangs schon nach § 23.* [b] *fol. 126*[v].
[c] noch—halten *nachgetragen.* [d] *Urspr.:* 3 mr. silbers, *anfangs durch* oder *mit dem spätern Ansatze verbunden*
[e] den—oder *Nachtrag, dem später* [f]—[f] (einen—notarium) *zugefügt ist; urspr.:* des rahtts secretarien oder gerichtsschreiber; *der erste Nachtrag war fortgesetzt durch:* den verordneten vormundtschaft notarien. [g] *fol. 127*[r]. [h] i. g. w. *nachgetragen.* [i] sich—soll *nachgetragen.*
[k] gutem willen *geändert st.* gude. [l] *Urspr.:* vnd.
[m] deßwegen—schüldig *nachgetragen.* [n] undt—belegene *späterer Nachtrag.* [o] *Hieran ist geändert.*
[p] *fol. 127*[v].

und gerechtigkeitten zuwiedern zu arbeitten oder[a] einige handelung furzunehmen[a] gemeinet, sondern[b] ihme die burgerschafft gentzlich abgeschlagen werden.

31. Also sollen auch keine störer der ehrlichen embter oder böhnhasen, wie sie genennet werden, in dieser statt hin und wider nicht[c] gelitten, sondern zur wette gefodert, gestraffet und der statt und deßen gebiete verwiesen werden.

32. Wer die bürgerschafft uffkündigt, soll den ze'henden[d] pfenningk aller seiner in und außer der statt Wißmar habende güeter der kemerei bei verlust seines guhtes entrichten.

33. Kein börger und einwohner soll den andern Wißmarschen bürger und einwohner der zuspruch[e] halber, so er wider ihne zu haben vermeinet, sie sein burg[er]lich[f] oder peinlich, wie[g] die nahmen haben müegen[g], anderßwo dan vor der statt Wißmar gerichte und mit Lübischem rechte verklagen, noch[h] auch solche zuspruch einen, der außerhalb der statt Wißmar wohnet undt daselbst kein bürger ist, ufftragen[h], bei verlust der statt wohnung und straff 100 mr. Lübisch.

34. Niemandt soll seine güeter zue lehen machen noch lehengüeter an sich kauffen ohne bewilligung deß rahtts, bei straff 200 mr. Lub.[i]

35. Ein jeder börger und einwohner[k] soll[l] der statt schoß, lottgülden, zollen, accise und andere unpflicht an Turckensteür, landtbede, collecten und wachtgeldt unnachleßig und zu rechter bestimbter[m] zeitt geben, der eine so woll alß der ander, bei straff der pfandung, welche ohne ansehendt der persohn soll furgenommen

---

[a—a] oder—furzunehmen *nachgetragen.* [b] *Von hier bis zu Ende des Paragraphen statt ursprüngliches:* eß sei dan sache, daß er deßwegen von den hern bürgermeistern und rahte ein sonderlichs privilegium und freiheitt erlanget habe. [c] *Nachgetragen.* [d] *fol. 128r.* [e] *So.* [f] burglich. [g—g] wie—müegen *späterer Nachtrag.* [h] noch—ufftragen *späterer Nachtrag an Stelle eines urspr. folgenden Paragraphen, der im übrigen mit § 33 gleichlautend war.* [i] *Urspr.:* 50 mr. Lübisch. [k] *Es folgte:* außbenommen deren, so vom erb. rahte außtrücklich befreiet. [l] *fol. 129r, die Wende des vorigen Blattes fällt in den gestrichenen Paragraphen (s. Anm. b).* [m] *Nachgetragen.*

werden. Viel[a] weiniger soll jemandt der statt zölle, acciß, dam- oder wege- undt havengeldt untterschlan, bey verlust deß gutts.

36. Ein jeder soll jehrlich bei seinem geleisten burgereide[b], wofern[c] er sich mitt der cemerey eines gewißen schoßes halber nicht vergleichen würde[c], schoßen von allen seinen güetern in und auß der statt und in derselben jurisdiction belegen zwischen Martini[1] und weihnachten. Nach[d] weihnachten sollen alle seumige ohne ferner verwahrnung unnachlessig gepfandet werden[e] und darzu daß pfandtgeltt zu endtrichten schuldig sein[d]. Undt[f] waß dan allso nicht trewlich verschoßet wirt, soll an den rahtt verfallen sein[g].

37. Auch soll der man, und nicht die frawe, deren man zu hauße gesundt und im leben ist, zu schoße gehen, bei wilkührlicher straff des rahtß.

38. Niemandt[h] soll sein hauß, boden oder keller der[i] stadt gerechtigkeitt und intraden zu vorfange[i] einem frembden verheüren oder auch umbsonst zu wohnen einthun ohne der kemerhern vorwißen und bewilligung, bei peen 50 mr., welche der eigenthüemer ohne einige begunstigung erlegen soll.

39. Kein bürger und einwohner der statt soll einem frembden sein hauß zu haltung seiner hochtzeitt vergonnen und einreumen[k] ohne erlaubnuß der bürgermeister, bei peen 20 mr. Lübisch.

---

[a] *Von hier bis ans Ende des Paragraphen späterer Nachtrag, urspr. selbständiger Artikel nach § 66.* [b] geleisten burger *ist nachgetragen.* [c] wofern — würde *späterer Nachtrag.* [d] nach—sein *nachgetragen statt ursprüngliches:* datzu dan die ersten zehen tage s. Marien kirspell, die andern zehen s. Nicolai und die dritten zehen tage s. Georgii kerspill *(so!)* peremptorie angesetzet sein sollen. [e] werden *nachgetragen, steht vor* gepfandet *mit unklarer Einweisung: daher die falsche Stellung in allen Abschriften.* [f] *fol. 129v, die Blattwende fällt in den gestrichenen Passus.* [g] *Es folgte:* vnd der vntrewlich schoßet, dartzu alß ein meineidiger am leibe gestraffet werden; befünde sich auch, daß der verstorbener nicht recht geschoßet hette, so sollen deßelben erben daß jenige, waß der verstorbener nicht recht verschoßet hatt, der kemerei zu entrichten schuldig sein. [h] *fol. 130r.* [i] der—vorfange *nachgetragen.* [k] und einreumen *nachgetragen.*

[1] Nov. 11.

40. Niemandt soll stehende erbe, höeffe, acker oder anderß in der statt Wißmar und deren gepiete liegende gründe [a] einem, der kein bürger ist, verkauffen, verpfanden, in oder außerhalb testaments geben oder in einem andern titell alieniren und zueignen, auch von andern bürgern einem frembden zu gute nicht kauffen, eß sei dan mit willen und volbortt deß rahtts. Geschege ettwaß dawider, soll solches nicht allein machtloß sein, sondern auch daß hauß, acker, höffe und liegende gründe neben deme, waß die frembden dakegen gegeben und außgewechseltt haben, an die statt eigenthumblich verfallen sein.

41. Kommen stehende erbe und ligende gründe dürch erbfall oder sonsten an einem oder mehr frembde, so [b] soll der frembder daß außenschoß, alß von jedem 100 mr. Lüb. eine mr. Lübisch, jehrlichen uff Martini [1] der kemerei entrichten und die stehende erbe und liegende gründe ohne bewilligung des rahtts keinem frembden bei verlust der erbe und heüser, sondern allein einem bürger verheüren, verkauffen und sonst alieniren.

42. Kein bürger soll ein erbe oder ligende gründe, die er einem frembden zu gute gekaufft, in der statt buch sich gefehrlicher weisse [c] zuschreiben laßen, bei peen 100 mr. Lübisch und verlust des erbes und grundes, so der kemerei erbeigenthumblich heimbgefallen sein soll.

43. Wan [d] ein bürger dem andern stehende erbe und liegende gründe verkauffen, verpfanden oder vergeben will, soll er solches für dem eltisten bürgermeister und kemerhern wie auch [e] dem stattbuche uff der kemerei oder für den bürgermeistern sembtlich in der schreiberei, und nicht mit instrumenten oder siegell und brieffen thun, oder eß soll die verpfandung und kauff zu [f] behaubtung deß eigenthumbs oder pfandtschafft [f] machtloß und von keinen würden sein.

44. Wer seine heüßer, boden, ecker, hoffe und inß gemein seine liegende und unbewegliche güeter im [g] stattbuche uf vorgesetzte weisse [g] verpfandet hatt und dieselben mit renten beschweret [h], soll dem gleübigern alle jahr zu bestimbter zeitt die zinße oder rente unnachleßig außgeben, oder eß soll nach zweien jahren wegen des

---

[a] *fol. 130*^{v}. [b] *fol. 131*^{r}. [c] gefehrlicher weisse *nachgetragen.* [d] *fol. 131*^{v}. [e] wie auch *statt urspr.* vnd. [f] zu—pfandtschafft *nachgetragen.* [g] im—weisse *nachgetragen.* [h] *fol. 132*^{r}.

[1] Nov. 11.

heübtstulß und der verseßenen rente dem gleübigern der eigenthumb ohne weittleüfftigen process adjudiciret und[a] zugeschrieben werden. Wegen[b] der besserung aber soll sich der eigenthumbmer mitt dem creditore innerhalb jar und tag zu vergleichen schuldig sein, oder er soll nach der zeitt ferner nicht gehoret werden.

45. Ein jeder soll seine bawfellige heüser und wüeste stetten innerhalb jahr und tage bawen und beßern lassen[c], oder der rahtt will sie angreiffen und der statt zum besten uffbawen oder den jenigen geben, die sie bawen wollen, und soll dem eigenthüemer darnach alle zusprache benommen sein.

46. Wan[d] ein erbe bawfellig wirt oder sonsten zu schaden kombt, soll der eigenthümer mit dem rentener innerhalb jahr und tage sich vergleichen und die bawfellige oder wüeste stette bebawen, oder der rahtt will die bawfellige oder wüeste stette dem rentener zueignen und ubergeben. Woltte aber der rentener die bawfellige oder wüeste stette nicht annehmen und dieselbige innerhalb einer vom rahte ihme gesatzter zeitt nicht bebawen, so[e] soll die stette an den rahtt verfallen sein.

47. Ein jeder soll von seinen buden, die er zu stellen, garten[f] und tohrwegen gemachet hat, der statt gerechtigkeitt thun und[g] gewohnliche unpflichte leisten[g], alß ob sie bewohnet werden, gleich seinen nachbarn unten und oben, bei straff der pfandung.

48. Hernacher soll niemandt seine buden zu stellen, garten und thorwegen machen, bei straff der reparation oder wiederbawung[h] und 50 mr. Lübisch.

49. Ein jeder soll zu seinem feüre sehen, daß da niemandt schaden geschehe; geschege da jennige verseümbnuß bei, eß were dürch knechte oder megde, daß will ein rahtt in sein högste richten.

50. Wan[i] irgent ein feür in dieser statt, daß Gott gnediglich verhüeten wolle, außqueme, soll sich ein jeder der für der kemerei uffgehengten feürordnung, bei straff dar einverleibet, gehorsamblich verhaltten.

---

[a] adj. und *nachgetragen.* [b] *Von hier bis zu Ende des Paragraphen nachgetragen.* [c] lassen *nachgetragen.* [d] *fol. 132*[v]. [e] so *nachgetragen.* [f] *fol. 133*[r]. [g—g] *Nachgetragen.* [h] oder widerbawung *nachgetragen.* [i] *fol. 133*[v].

51. Niemandt soll sein ungedröschet korn und hew legen in ein hauß, daß bewohnet wirtt[a], bei straff 10 mr. Lübisch.

52. Alle die pfande, so beim rahte, kemerhern, wettehern und gerichtsvogten, auch uff die acciseboden gebracht werden, sollen innerhalb[b] 14 tagen widerumb gelöset, oder darnach alßbaldt verkaufft und daß kauffgeldt, so auß den verkaufften pfanden gelöset wirt, ohne einige fernere zuspruch in der statt beste angewendet, und dem jenigen, so die pfande zugehöeret haben, wegen[c] seines beharlichen ungehorsambs[c] nichts erstattet werden.

53. Niemandt soll kauffschlagen mit frembden gelde, der gemeinen bürgerschafft oder der statt zu vorfange oder schaden, bei verlust des guhtts, so er dürch frembdem gelde an sich gebracht hatt. Wie[d] dan auch kein gast mit gaste außerhalb den freien marckten soll[e] kauffschlagen, bei verlust deß guhtts.

54. Der mit wicht und maße umbgehet, soll die wrögen laßen dürch den wachtschreiber; dan würde dar jemandt mit unrechter maße und wicht beschlagen, so soll derselbige an ehr und güetern gestrafft werden.

55. Auch soll niemandt bei gantzen füedern meell kauffen, der armuhtt zu vorfange, ehe eß drei stunde uff dem marckte gehaltten und der wraker[f] dabei gewesen sei, bei peen 10 fl.

56. Niemandt soll meell versellen bei halben oder gantzen scheffeln noch bei vaten außerhalb des meelhaußes, bei peen 8 ß für jeden scheffell.

57. Waß den hopffenkauff und handel anlangt, davon findet ein jeder beschriebene ordnung bei den hopffenmeßern, darnach sich ein jeder soll richten.

58. Auch soll niemandts außen thores kohlen kauffen; dan wer sie außerhalb thores gekaufft hatt, deme[g] sollen sie nicht gemeßen werden, und der keüffer 3 mr. dartzu wedden, und der meßer, der sie mißet, soll doppeltt gestraffet werden.

59[h]. Imgleichen soll niemandt so weinig außerhalb den landt-

---

[a] *Urspr.:* man bewohnen kan. [b] *fol. 134r.* [c] wegen—ungehorsambs *nachgetragen.* [d] *fol. 134v.* wie dan *nachgetragen.* [e] soll *urspr. nach* auch. [f] *fol. 135r.* [g] *fol. 135v.* [h] *§ 59 später am Rande nachgetragen, wofür ein auf § 60 folgender Artikel (= LXXI § 72) gestrichen ist.*

thoren alß waßerpforten lebendig viehe, korn oder dergleichen keüffen, sondern solches in die statt undt zu marckte kommen laßen, bey willkuhrlicher straff deß gewettes. Lemmer undt schweine aber soll außer den Waßerthoren zue kauffen vergonnet sein.

60. Die sahmkeüffer sollen[a] keine molden und schüffeln keüffen, ehe deß morgens die glocke 9 schlehet[b].

61. Alle[c] Donnerstage soll ein frei pferdemarckt vor den frembden so woll alß den burgern uff dem marckte vergönstiget sein.

62. Wan ein sahmkauff an victualien am strande oder uff dem marckte geschicht, so soll ein bürger mechtig sein zu behueff seiner küchen von denselbigen wahren, die ein ander burger im sahmkauff gekaufft, umb den einkauff und bahre betzahlung seine notturfft zu nehmen.

63. Niemandt soll dörsch, heringk, ahll, fleisch oder[d] andere wahr kauffen, so ferner geführet und geschiffet werden soll, eß sei dan erstlich dürch des rahtts wraker besehen, gewraket, gefüllet und alles nach seiner wirde gezirckeltt[e], bei verlust des guhtts.

64. Die tonnen, die zu klein sein, sollen dürch den wraker geströffet und zu nichte gemachet werden.

65. Alle die jenigen, so mehll in tonnen schiffen, sollen daß mehll besichtigen, die tonnen voll packen[f] und wegen laßen und also unverfelschett kauffmanßguhtt lieffern, bei verlust deß guhtts und 20 mr. Lübisch.

66. Alle die jenigen, so maltz oder ander hartt korn schiffen wollen, sollen daßelbige besehen und meßen laßen dürch des rahtts geschwornen meßer, bei straff 10 mr. Lübisch[g].

67. Niemandt[h] soll ballast oder anders in der statt haven werffen, bei leib und guhtt.

68. Niemandt soll ballast oder andere wahre bortt uber bortt

---

[a] *Urspr.:* eß sollen auch d. s. [b] *Wegen des urspr. folgenden Paragraphen s. Anm. zu § 59.* [c] *fol. 136*[r]. [d] *fol. 136*[v]. [e] *Am Rande:* NB. hierbei ist von der burgerschafft begeret worden, den wraker zu vermahnen, diessem statuto vleissig nachzuleben und alles gutt zu erfullen. [f] *fol. 137*[r]. [g] *Der urspr. folgende Paragraph (= LXXI § 79) gestrichen. Vgl. § 35 Schluß.* [h] *fol. 137*[v].

nehmen, ohne willen deß rahtts, sondern[a] es soll der ballast an den ortten werden eingenommen, da der have kein schaden kan zugefüeget werden[a], bei straff 20 mr. Lübisch.

69. Auch sollen die boßleütt keinen[b] ballast von dem Steinheübte nehmen wie auch[b] nicht mechtig sein ballast zu verkauffen ohne der hern kemerer willen, bei ernster willkührlicher[c] straff.

70. Auch[d] soll niemandt prame uberlasten oder andere schiffe, daß sie in der haven zu grunde gehen, bei straff 100 mr. Lübisch.

71. Alle die wrack liegende haben in der statt haven, sollen daßelbe für Johannis tage[1] wegkbringen; dan darnach will ein rahtt alle wrake laßen uffholen und in der statt beste kehren.

72. Niemandt soll schüldig sein unsern schiffern, die zwischen hier und Lüebegk siegeln, jenig primgeldt[e] zu geben anders, alß von altters gewesen ist.

73. Kein bürger soll sein alhie gebawtes schiff verkauffen, ehe eß sechs jahr langk der statt gedienet hatt; thuet jemandt dawider, der soll der statt geben so mannige 4 fl., alß daß schiff von lasten ist.

74. Ein jeder soll von einer jeden tonnen des frembden biers den verordneten weinhern 8 ß Lüb. entrichten, bei verlust deß bierß.

75. Niemandt[f] unser bürger soll Reinschen wein oder Reinschen brandtwein, bastert, muscatell, malvasier oder dergleichen hitzige weine zapffen, bei wilküerlicher straff.

76. Gubbensche, Merckische und Frantzösische weine aber zu zapffen soll einem jeder[g] burgern frei sein; doch sollen solche weine, ehe sie eingelegt werden, von des rahtts deputirten gepröeffet und von einer jeden ahmen den weinhern 1 mr. Lüb. zur accise gegeben werden[h], bei verlust deß weinß.

Uber diese statuta will ein rahtt mit ernste haltten und von den

---

[a] sondern — werden *nachgetragen statt urspr. folgendem:* auch nicht von dem Steinheüpte *(vgl. § 69). Änderung auf Erinnerung der Bürger (gestrichene Randnotiz, die teilweise im geänderten Texte benutzt ist).* [b] keinen — auch *späterer Nachtrag. Vgl. die vorige Anm.* [c] e. w. *späterer Nachtrag, urspr.:* bei straff 3 mr. Lübisch. [d] *fol. 138r.* [e] *fol. 138v.* [f] *fol. 139r.* [g] *So.* [h] *fol. 139v.*

[1] Juni 24.

ubertrettern die straffe gleichmessig[a] ohne ansehendt der person[a] einnehmen laßen, darnach sich ein jeder mag richten; jedoch soll[b] dem uffgerichten fürstlichen bürgervertrag hirdürch in nichtes worin derogirt sein noch demselben zuwidern einer oder mehr articull außgelegt oder verstanden werden, inmaßen sich dan auch sonsten[b] ein erb. rahtt nohttwendige verenderung dieser burgersprache mit zuthun deß bürgerlichen außschoßes und gehorsamen[c] burger¦schafft[d] will[e] vorbehaltten haben.

Wegen der Abkündigung ist auf dem Titelblatte (fol. 118r) zu lesen:

Diß ist das concept, darauß diese statuta der allgemeinen bürgerschafft publicirt worden. Actum uff der löbing ut supra.

Ao. 1623 uff vocem jucunditatis, den 19. Maii, hatt die bürgersprach h. Adam von Restorff abgeredet.

Anno 1624 montags nach vocem jucunditatis, 3. Maii, sein diese statuta auch abgeredet von h. bürgermeistern d. Daniele Eggebrechten.

Von einer andern Ausfertigung, ebenfalls in 4°, hat sich nur ein Vorsatzblatt erhalten mit originalen Aufzeichnungen über die Abkündigung.

Bürgersprach. — Diese statuta sein abgeredet per consulem dn. Danielem Eggebrechten, j. u. d., 3. Maii anno 1619.

Im gleichen dürch h. Adam v. Restorff den 22. Maii 1620.

Anno 1623 d. 19. Maii sein dieselbe widerumb von h. Adam Restorffen abgeredet.

Ao. 1624 3. Maii hatt der bürgermeister h. d. Daniel Eggebrecht diese statuta publicirt.

Anno 1625 d. 23. Maii hatt consul d. Michael Fuchsius diese statuta auch abgeredet.

Anno 1626 d. 15. Maii hatt ferners diese statuta abgeredet consul d. Daniel Eggebrecht.

Anno 1627 hatt der h. bürgermeister d. Michael Fuchsius diese statuta wider abgeredet.

Anno 1632 7. Maii hatt h. burgermeister Jacob Schabbelt diese

---

[a] gleichmessig — person *nachgetragen statt:* ernstlich.
[b] soll — sonsten *später nachgetragen statt:* will.
[c] *So.*
[d] *fol. 140r.*
[e] *Urspr.:* sich.

statuta, nachdem es etliche jahr wegen kriegesbeschwer verplieben, widerumb abgeredet.

27. Maii 633 hora 9. mat[utinali] hatt diese statuta h. burgermeister (senior)[1] Joachim Schmitt publicirt.

12. Maii 634 dn. cons. Jac. Schabbelt. — 4. Mai 635 dn. cons. Joach. Schmitt. — 23. Maii 636 dn. cons. Jac. Schabbelt. — 15. Maii 637 dn. cons. Eberh. von der Vehr. — 638 dn. cons. Botticher. — 639 et 640 dn. Schabbel. — 641 dn. dr. Botticher. — 642 dn. Scheffel. — 643 dn. Eggeb[recht]. — 644 dn. Schabbelt. — 645 dn. dr. Botticher. — 646 dn. Scheffel. — 1647 dn. Eggebrecht. — 1648 dn. cons. Botticher. — 1649 dn. cons. Scheffel. — 1652[1] dn. Eggeb[recht]. — 1653 intermissum. — 654 dn. cons. Eggebrecht. — 1655 dn. cons. Eggebrecht, 21. Maii. — 1656 dnus. cons. Rhateke.

Anlagen.

Anlage A.

Auf einem Bogen Papier. Wol vom J. 1581.

Wyr burgermeister und radt der stadt Wißmar fuegen unsern burgern und einwohnern hiermit nach entbietung unsers[a] grußes zu wißen: ob woll in unserer gemeinen burgerspraken, so biß anher gewonlich alle jar und noch jungsten am montage nach vocem jucunditatis[b] offentlich von der loven abgelesen und widerholet worden, zu erhaltung gueter policei, ordening, zugk und erbarkeit, auch gedeyen und auffnehmen dieser stadt heilsam, nutzlich und woll vorsehen, daß *inserantur articuli,* welchen ein jeder gehorsamer burger, und andere dergleichen hochnottige und nutzliche satzung, ordnung und statuten mehr darinne begriffen, vormuge seiner eide und pflichte, darmit ehr unß, dem rate, und der herschafft vorwandt, so woll auch die jenigen, so sich alhier haußlich aufzuhalten und von unß alß der obrigkeit schutz und schirm zu haben gedengken, gehorsamlich nachzusetzen und folge zu thun schuldig: so befinden wir doch, daß[c] viell derselbigen unser statuten von vielen burgern und einwonern ubertretten[d], und wan die ubertretter von unsern kemerhern, weddehern und gerichtsvogten vorbescheiden und von wegen irer ubertrettung gestraffet werden sollen, sich mit unwißenheit der statuten oder etlichen derselben einvorleibten artikell vormeinen zu entschuldigen. Wan aber[e] nach verordenungen und gebrauche deß orts, daselbst ehr sich wesentlich auffenthelt, nichts weiniger zu wißen[f] und denselben gehorsamlich zu geleben, dan wir darob festiglich zu halten schuldig und vorpflichtet: alß haben wir obgemelte unsere jungst abgelesene statuta und burgersprake ordentlich von artikeln zu artikeln abschreiben und auff einer tafeln vor unsere

---

[a] unsere. [b] judicunditatis. [c] dar. [d] ubertten.
[e] *Es fehlt:* ein jeder. [f] *Statt* zu wißen *war urspr. wol beabsichtigt:* sich zu richten.

gewonliche kemerei offentlich laßen anhengen, domit ein jeder burger und einwohner dieselben allewege besehen und lesen, und hinfurder nemandt, alß sein ime dieselben unbewust oder habe einen oder den andern artikell nicht recht vorstanden, so ehr darwider gehandelt, habe einzuwenden. Und begeren demnach ernstlich und wollen, daß alle und jede dieser stadt burger und einwoner sich denselben gemeß vorhalte, alß lieb ime ist unsere ernste verfolgung und darin benante peen zu vormeiden; darnach sich ein jeder habe zu richten.

Anlage B.

Nach der, an einzelnen Stellen zweimal, durchkorrigirten Aufzeichnung von der Hand Elmhoffs auf zwei Bogen Papier, aufbewahrt Tit. I N. 6 vol. 2. Gedruckt ist der ursprüngliche Text, in den Noten die Korrekturen, die ebenfalls von Elmhoffs Hand sind.

Instruction, was uff eines erbarn rahtts zusammenkunfft bey publicirung undt verlesung der bürgersprach in acht zu nehmen.

Nachdeme alttem löblichem gebrauch zufolge jährlich den montagk für himelfahrtt Christi[a] die bürgersprach oder statt-statuta von dem rahtthauße publicirt werden undt dazu den sontag zuvor der ganze rahtt sich in die haubtkirche zue s. Marien zur vesper versamblett undt nach geendigter vesper-predigt bey paren auff das rahtthauß, die statuta zu verlesen undt zu revidiren, auffgehett, undt dan einem erbarn rahtte vor die müeheselige hochbeschwerliche stetts wehrende arbeitt keine fröliche ergetzung undt zusammenkunfft verlaßen, alß allein diese einige, undt zwar dieselbige mehr zur beschwerung, dan zur erquickung, weil[b] anstatt des confects[1], so umb der uncost willen abgeschafft, butter, kese undt krabben auff der löbinge umbgetragen undt einem jeden davon zu nehmen dargereichet worden, welches zwar, das man dieses allso auß der handt eßen undt genießen müßen, nicht allein ein unstandt, sondern auch dem leibe beschwerlich gegen die nacht solche unverdawliche kost allso zu genießen, alß hatt ein erbar rahtt sich mitt einander darüber vergleichet. das es damitt hinferner allso gehaltten werden soll.

Zum ersten soll der wortthalttender bürgermeister den sontag

[a] den negsten montagk nach vocem jucunditatis.
[b] sintemahl.

[1] Vgl. Anlage C.

vocem jucunditatis uff den mittag die haußdiener umbschicken undt den rahtt bey peen zwen thaler uff den glockenschlag zwey in den rahttstuhl zu s. Marien kirchen sich einzustellen undt mitt uff das rahtthauß zu gehen fürdern laßen, daselbsten[a] eine jede rahttspersohn soll außwartten, biß die statuta verlesen undt darin ist geschloßen worden, undt soll ihnen darnach zu verharren oder wegzugehen frey stehen[a]. Allso soll auch des andern tags ein jeder sich gegen den schlag zwölffe[b] bey voriger[c] peen eines halben thalers[d] einstellen undt so lang warten, biß die bürgersprach abgeredet undt geendigt. Undt soll in diesem niemanden dan leibs schwacheitt entschüldigen, undt sollen die cemerherrn, alles einwendens ungeachtet, die vorgesezte straff unseümblich abfürdern; da sie aber darinnen seümig sein würden, sollen sie von den herrn bürgermeistern doppelt gestrafft werden.

Zum andern sollen sich die cemerherrn daruff gefast machen, das sie den sontag gegen fünff uhren[e], weil die statuta uff[f] der löbing gelesen undt berahtschlaget werden[f], anrichten laßen, allso das zu fünff schlegen[g] zum lengsten das eßen uff dem tisch stehe; sollen aber nicht mehr dan drey gerichte, alß zum ersten gesprengt fleisch oder grapenbrade, zum andern fische undt zum dritten das gebratens nebenst den krabben, keeß undt butter speisen. Ebnermaßen sollen die cemerherrn daranne sein, das den folgenden montagk[h], wan die bürgersprach abgeredet[h], uff den glockenschlag vier[i] die mahlzeitt bereittet seie. Inmittler[k] weil den herrn frey stehen soll, entweder die zeitt über uff der löbing zu verharren oder sich gegen angesezte zeitt, nemblich die glocke vier, widerumb anein zu verfüegen[k]. Eß soll auch alle zeitt der jüngste rahttsherr, so zugegen, das benedicite undt gratias zu tische beten, bey peen eines halben thalers.

---

[a] daselbsten—stehen *gestrichen*. [b] neun vormittags. [c] gleicher [d] eines halben thalers *als dem Vorangehenden widersprechend gestrichen*. [e] montag halbwege elffen vormittags: *zweite Korrektur; zuerst war* zwey *statt* fünff *hergestellt*.

[f] von dem burgermeister, deme die ordnung erreichet, abgeredet werden. [g] uf den klockenschlag halbwege elffen; halbwege elffen *ist 2. Korrektur, nachdem zuerst* zwey *hergestellt war*. [h] montagk—abgeredet: dienstagk. [i] halbwege elffen vormittags: *2. Korrektur; zuerst war* vier *in* zwey *geändert*.

[k] Inmittler—verfüegen *gestrichen*.

Furß dritte so soll deß rahtts fischer zeittlich avisirt werden, das er zue dieser collation undt ersten mahlzeitt den sontag[a] zum andern eßen so viel carueßen, alß hiezu nöttig, im gleichen des eltisten bürgermeisters fischer den montag[b] zur anderen mahlzeitt so viel lebendige hechte unseümblich bey straff der cemerhern einschicke, welches fischwerck beider zeitt der verordnete cemereydiener von benandten fischern zur küchen zu schaffen schüldig.

Wan auch jehrlich die statuta im[c] rahte gelesen[c] sein, soll diese anordnung gleichsfalß, das es nicht in vergeßung komme[d], abgelesen werden. Waß aber allso von[e] straffen, wie gemeldt fellig wirtt, solches sollen die cemerhern abfürdern undt den armen außtheilen laßen; da[!] sie auch hirin seümig und selbst bruchafttig würden, sollen sie nach ermeßigung (!) deß rahtts der straffe gewerttig sein.

Schließlich so soll uff beide tage diese zusammenkunfft, wan[f] die glocke zehen[g] geschlagen, nicht allein geendigt undt geschloßen werden[h], sondern es sollen auch die cemerherrn sich angelegen sein laßen, das so viel immer thunlich, die uncosten müegen eingezogen undt gemindert undt alle bißdahero hiebey eingerißene unordnungen wegen der diener[i] abgeschafft werden, welches man ihrer discretion, fleiß undt sorgfelttigkeitt will heimgestellet sein laßen. Revisum . . Maii 1604[k].

Anlage C.

Aus der Kämmereirechnung von 1602/03 S. 25 f.

Aussgabegeldt vor unkostung, wan die burgersprache wirt abgeredet.

1 mr. 8 ß dem klockenluder zu unser lieben Frowen vor das luden, wan die burgersprach wirdt abgeredet, auch wan der frede wirdt auß- und eingeleutet[1].

[a] montag. [b] dienstag. [c] vom rahthausse abgeredet. [d] binnen rahts *hinzugefügt.* [e] an. [f] zu abendt *hinzugefügt.* [g] neun. [h] sein. [i] undt sonsten *hinzugefügt.* [k] 30 Maji 1614; *am Datum scheint mehrmals geändert zu sein: 27 wird als erste Korrektur anzusehen sein, und es ist nicht unmöglich, wenn auch nicht wahrscheinlich, daß die 4 in der Jahreszahl durch Änderung aus einer 1 entstanden ist.*

[1] Das Friedeläuten bezieht sich auf den Pfingstmarkt und besteht noch jetzt Freitags vor Exaudi und vor Pfingsten, morgens 5 Uhr, vom

2 ß dem fronen
4 ß den reitenden dienern
6 ß Paweln[1] mit seiner frowen
3 ß dem wachtmeister
4 ß den kohlendregers
} rathsordnung.

1 mr. 10 ß vor zwo foder meystreuche uf das radthauß.

47 mr. 3½ ß vor grapenbrade, lambfleisch, hoener, fische, krabben, brodt, bottern, gewurtze, confect sambt andern so dartzu gehoret, welches auf den sontagk vocem jucunditatis und auf den folgenden montagk vor die hern und diener ist auffgespeissett.

62 mr. 13 ß vor 50¼ stubichen wein, so in den beiden tagen ist außgetruncken.

19 mr. 12½ ß vor Einbeckisch bier und Braunschwiegische mumme.

7 mr. 14 ß vor drey tonnen bier den dieners, so ihnen in den beiden tagen geburen.

1½ ß vor dasselbe einzubringen.

2 mr. 4 ß vor die kost zu kochen.

8 ß vor das zeugk und

12 ß vor dasselbe zu waschen[a] gegeben.

8 ß Pawell[1] des dieners seiner frowe ihre gebuer.

4 mr. 10 ß dem hern burgermeister d. Georg Platen vor die burgersprache abzureden den 7. Octob. anno 602[2].

1 mr. 6 ß dem hern secretario pro edulia.

4 mr. 2 ß den instrumentisten.

uff himmelfart.

1 mr. 8 ß dem hern secretario sein gebuer uff ascentionis Domini.

1 mr. dem wachtschreiber vor krabben.

12 ß den dieners vor bier.

---

[a] wachsen.

S. Marienturm aus. 1599 sind dafür 4 ß in Rechnung gestellt. Wegen der Ausdeutung, die der Volksmund diesem Geläute gegeben hat, s. Willgeroth, Bilder aus Wismars Vergangenheit S. 69, wo das Geläute aber irrtümlich auf den Sonnabend verlegt wird. Von zuverlässiger Seite ist mir berichtet worden, dafs bis 1866 die Juden vor den Toren dies Geläute abwarteten.

[1] Pawel Koßmus, Kämmereidiener.

[2] Datum der geleisteten Zahlung.

Im Wesentlichen stimmen die andern erhaltenen Kämmereirechnungen von 1599, 1603, 1604, 1608, 1616, 1617, 1626, 1628, 1662, 1684, 1691 hiermit überein. Der Posten für die Instrumentisten fehlt überall. — 1599 setzt nur 2 ß den klockenluderß *und zieht es zur Ratsordnung, eine Randbemerkung, die zuletzt 1603 erscheint. Seit 1608 werden 3 M. (jetzt nach dem Durchgange durch die N. ²/₃ Währung 3,50 M.) gezahlt, nach 1626* wegen des leutens auf vocem jucunditatis und in der jahrmarcketswoche. — *Der Fron, der nach den Rechnungen von 1608—1628 nur für das Fegen des Markts nach beendetem Jahrmarkt honorirt wird (was auch später bleibt), erhält 1662 und später 3 M.,* daß derselbe uff dem montagk nach v. j. vorm rahthause alten gebrauch nach die tafel geschlagen (schläget *1691*), *zuletzt 1818. — Die Zahlungen an die reitenden Diener und den Wachtmeister fehlen seit 1608, an den Kämmereidiener seit 1616. — Statt Kohlenträger steht in 1599* den kaelmeterß. *Ihre Gebühr wird allmählich erhöht: 1608 auf 8 ß* (wan die burgersprache wirt abgeredet), *dazu erhalten sie 1616 zuerst 4 ß zu* schwepengeldt, *ein Ansatz, der seit 1626 auf 1 M. erhöht, den andern verschwindenden wol absorbirt hat. — Zu der Ausgabe für Maisträucher, womit nach der Rechnung von 1662* die lauberung undt daß rahthauß außgestecket worden, *kommt 1603 hinzu:* 4 *ß* vor das graß zu strewen *(was 1616 die Wachtmeistersche zu tun hatte, 1626 und 1628 aber unterblieben zu sein scheint), 1604:* 4 *ß* vor das gras in die kirche zu strewen, *1662 und später: 1 M. 8 ß für die* persohnen *(es sind nach 1691 die Wachtleute),* welche daß graß meyen undt uffm sontage rogate in der kirchen undt uff dem rahthause außstreuwen, *wozu noch 4 ß* zu biergeldt *oder* zum trinckgelde (nach altem gebrauch) *hinzukommen, und nochmals* 1 mr. 8 *ß* fur daß kraut in der kirchen und auff der lauberung. *Nur in 1662 erscheinen* 12 *ß* für etliche stühle undt tische auff die läuberung zu verschaffen und zu tragen. *Noch jetzt werden zum Sonntage Rogate die Ratsstühle in der Kirche mit Blumen geschmückt, wofür der Kämmereidiener 1,75 M. (1 M. 8 ß N. ²/₃ entsprechend) erhält, während die ebenfalls noch gegenwärtig zu Rogate an die Nachtwächter geleistete Zahlung von 2,03 M. (1 M. 12 ß alten Geldes gleichwertig) rein aus Gewohnheit fortdauert und sich aus der Rechnung von 1691 erklärt. Wenn schliefslich die Kämmerei heutzutage zu Rogate den Kirchenvögten 3,78 M. (= 3 M. 4 ß alten Geldes) und dem Knechte beim Abfuhrwagen 0,30 M. (etwa 4 ß N. ²/₃) zahlt, so fehlt hierfür in den alten Rechnungen der genau entsprechende Ansatz, und es läfst sich nur aus dem J. 1691 dazu anführen:* 1 M. 4 ß e. e. rahts stühle in der kirchen zu st. Marien undt daß rahthauß rein zu machen, wie auch den mey in dem rahthauß umbher zu stecken *und* 10 ß denen prachervoigten *(das sind die Kirchenvögte),* daß sie auf v. j. durch die armen daß rahthauß rein machen laßen. — *Die Speisen sind 1599 nicht einzeln benannt, 1603 kommen Hasen, 1604* (auff den sontagk v. j. und den folgenden montagk, alß die burgersprach ist abgeredet) *auch noch Tauben und Krebse dazu, wogegen die Fische 1604 fortfallen. Dieser Posten (wie auch der folgende) fehlt von 1626 an, es fehlen aber auch die Rechnungen der nächsten Dezennien. — Für Wein gewährt das Weinbuch auf S. 216 schon eine Nachweisung vom J. 1480:* 4 st[oveken] wyns tho huß ghesanth den veer heren borghermesteren in der hemmelfard dage .... item dominica post octavas corporis Christi: sabbato 3 st. unde in die dominica 4 st. up dat radthuß tor borghersprake, item her Olrike *(Malchow, Bürgermeister)* 1¹/₂ st. dosulvest, item her Diderik Wilde *(Bürgermeister)* 2 st., item her Bertold Nigeman *(Kämmerer?)* ¹/₂ st., item her Gherd Lost *(Bürgermeister)* ¹/₂ st. upper scriverige Johannis *[Betzendorpes]. Diese ausnahmsweise genaueren Angaben mögen sich daraus erklären, dafs Nic. Bischop erst seit 1479 Juni 2 Weinschenk des Rats war und die Bürgersprache damals an einem ungewöhnlichen Termine abgehalten ist. Die zuletzt verzeichneten 4¹/₂ Stübchen sind vielleicht zu einer Sitzung der Bürgermeister und Kämmerer geliefert. Zur Bürgersprache scheinen in der zweiten Hälfte des 15. Jhs. zu Himmelfahrt und zum Tage vorher meist 7 oder 8 (auch wol 4 und 5) Stübchen gebraucht zu sein. Im Jahre 1599 sind für Wein 43 M. (35 Stübchen), 1603: 62 M. 8 ß, 1604: 63 M. 15 ß (52¹/₂ Stübchen) angesetzt. Für Braunschweigische Mumme und Eimbekisches Bier sind 1599 ausgegeben 10 M. 7¹/₂ ß (33¹/₂ Stübchen), 1603: 15 M., 1604: 25 M. 4 ß. Von 1626 an fällt auch diese Ausgabe fort, während die Diener nach wie vor ihre 3 Tonnen Bier bekommen haben.* 4 mr. 10 ß der apoteker vor gewurtze laut des cettelß *ist nur 1599 gebucht. — Für das Verlesen der Bürgersprache erhält der Bürgermeister i. J. 1599 nur 12 ß, 1616 und 1626 (1628 ist nichts gebucht) 5 M. 8 ß anstatt eines* engeloten, *1662 dagegen, 1684 und 1691 statt eines solchen 7 M 8 ß, wobei es bis 1831 geblieben ist, nur dafs später (sicher seit 1707) diese Gebühr unter die Bürgermeister verteilt worden ist.*

Berichtigungen.

S. 20 Anm. 3 Z. 2 lies vor der Kämmerei statt von der Kämmerei.
S. 32 Anm. 2 Z. 2 lies *wechvuren* statt *wechvoren*.
S. 40 Z. 16 l. LXX § 57 statt LXX § 37.
S. 99 Z. 4 l. 1428 § 2 statt 1428 § 1.
S. 105 Anm. Z. 6 l. S. 84 § 61 statt § 84 § 61.
S. 124 Anm. 3 lies 1420 statt 1418.
S. 143 Anm. Z. 9 l. 1800 Mai 20 statt 1810 Mai 20. Ich habe mich durch eine ältere Gesetzsammlung irreführen lassen.
S. 159 Z. 1 l. XLI statt XL.
S. 160 Anm. 3 Z. 6 l. 1539 statt 1537.
S. 179 Anm. 2 Z. 5 ist 1863 ausgefallen.
S. 272 in XXXVI Z. 2 l. asscencionis statt asscensionis.
S. 339 Anm. Z. 1 lies L. N. statt L. R.
S. 355 § 35 Z. 2 lies hebbenden statt bebbenden.

Nachträge zur Einleitung auf S. 234.

Ortsregister.

Personenregister.

Wort- und Sachregister.